GRöLS Verlage

„Bücher sind wie Fallschirme. Sie nützen uns nichts, wenn wir sie nicht öffnen."

Gröls Verlag

Redaktionelle Hinweise und Impressum

Das vorliegende Werk wurde zugunsten der Authentizität sehr zurückhaltend bearbeitet. So wurden etwa ursprüngliche Rechtschreibfehler *nicht* systematisch behoben, denn kleine Unvollkommenheiten machen das Buch – wie im Übrigen den Menschen – erst authentisch. Mitunter wurden jedoch zum Beispiel Absätze behutsam neu getrennt, um den Lesefluss zu erleichtern.

Um die Texte zu rekonstruieren, werden antiquarische Bücher von Lesegeräten gescannt und dann durch eine Software lesbar gemacht. Der so entstandene Text wird von Menschen gegengelesen und korrigiert – hierbei treten auch Fehler auf. Wenn Sie ebenfalls antiquarische Texte einreichen möchten, finden Sie weitere Informationen auf www.groels.de

Viel Freude bei der Lektüre wünscht Ihnen das Team des Gröls-Verlags.

Adressen

Verleger: Sophia Gröls, Im Borngrund 26, 61440 Oberursel

Externer Dienstleister für Distribution & Herstellung: BoD, In de Tarpen 42, 22848 Norderstedt

Unsere „Edition | Werke der Weltliteratur" hat den Anspruch, eine der größten und vollständigsten Sammlungen klassischer Literatur in deutscher Sprache zu sein. Nach und nach versammeln wir hier nicht nur die „üblichen Verdächtigen" von Goethe bis Schiller, sondern auch Kleinode der vergangenen Jahrhunderte, die – zu Unrecht – drohen, in Vergessenheit zu geraten. Wir kultivieren und kuratieren damit einen der wertvollsten Bereiche der abendländischen Kultur. Kleine Auswahl:

Francis Bacon • Neues Organon • **Balzac** • Glanz und Elend der Kurtisanen • **Joachim H. Campe** • Robinson der Jüngere • **Dante Alighieri** • Die Göttliche Komödie • **Daniel Defoe** • Robinson Crusoe • **Charles Dickens** • Oliver Twist • **Denis Diderot** • Jacques der Fatalist • **Fjodor Dostojewski** • Schuld und Sühne • **Arthur Conan Doyle** • Der Hund von Baskerville • **Marie von Ebner-Eschenbach** • Das Gemeindekind • **Elisabeth von Österreich** • Das Poetische Tagebuch • **Friedrich Engels** • Die Lage der arbeitenden Klasse • **Ludwig Feuerbach** • Das Wesen des Christentums • **Johann G. Fichte** • Reden an die deutsche Nation • **Fitzgerald** • Zärtlich ist die Nacht • **Flaubert** • Madame Bovary • **Gorch Fock** • Seefahrt ist not! • **Theodor Fontane** • Effi Briest • **Robert Musil** • Über die Dummheit • **Edgar Wallace** • Der Frosch mit der Maske • **Jakob Wassermann** • Der Fall Maurizius • **Oscar Wilde** • Das Bildnis des Dorian Grey • **Émile Zola** • Germinal • **Stefan Zweig** • Schachnovelle • **Hugo von Hofmannsthal** • Der Tor und der Tod • **Anton Tschechow** • Ein Heiratsantrag • **Arthur Schnitzler** • Reigen • **Friedrich Schiller** • Kabale und Liebe • **Nicolo Machiavelli** • Der Fürst • **Gotthold E. Lessing** • Nathan der Weise • **Augustinus** • Die Bekenntnisse des heiligen Augustinus • **Marcus Aurelius** • Selbstbetrachtungen • **Charles Baudelaire** • Die Blumen des Bösen • **Harriett Stowe** • Onkel Toms Hütte • **Walter Benjamin** • Deutsche Menschen • **Hugo Bettauer** • Die Stadt ohne Juden • **Lewis Caroll** • *und viele mehr….*

Alexander von Humboldt
Kosmos
Band IV

Inhalt

Einleitung

In einem vielumfassenden Werke, in dem Leichtigkeit des Verständnisses und Klarheit des Total-Eindrucks erstrebt werden, sind Composition und Gliederung in der Anordnung des Ganzen fast noch wichtiger als die Reichhaltigkeit des Inhalts. Dieses Bedürfniß wird um so fühlbarer, als in dem *Buche von der Natur* die Verallgemeinerung der Ansichten, sowohl in der Objectivität der äußeren Erscheinung als in dem Reflex der Natur auf das Innere des Menschen (auf seine Einbildungskraft und seine Gefühle), von der Herzählung der einzelnen Resultate sorgsam getrennt werden muß. Jene Verallgemeinerung, in welcher die Weltanschauung als ein Naturganzes auftritt; zugleich aber auch nachgewiesen wird, wie unter den verschiedensten Zonen, in dem Lauf der Jahrhunderte, allmälig die Menschheit das Zusammenwirken der Kräfte zu erkennen gesucht hat: ist in den ersten zwei Bänden des *Kosmos* enthalten. Wenn eine bedeutsame Anreihung von Erscheinungen auch an sich dazu geeignet ist den ursachlichen Zusammenhang erkennen zu lassen; so kann doch das *allgemeine Naturgemälde* nur dann einen lebensfrischen Eindruck hervorbringen, wenn es, in enge Grenzen eingeschlossen, nicht durch allzu große Anhäufung zusammengedrängter Thatsachen an Uebersichtlichkeit verliert.

Wie man in Sammlungen graphischer Darstellungen der Erdoberfläche oder der inneren Construction der Erdrinde generelle Uebersichtskarten den speciellen vorhergehen läßt; so hat es mir in der physischen Weltbeschreibung am geeignetsten und dem Verständniß des Vortrags am entsprechendsten geschienen, auf die Betrachtung des Weltganzen aus allgemeinen und höheren Gesichtspunkten in den zwei letzten Bänden meiner Schrift solche specielle Ergebnisse der Beobachtung abgesondert folgen zu lassen, welche den gegenwärtigen Zustand unseres Wissens vorzugsweise begründen. Es sind daher diese beiden Bände, nach meiner schon früher gemachten Erinnerung, nur als eine Erweiterung und sorgfältigere Ausführung des *allgemeinen Naturgemäldes* zu betrachten; und wie von beiden Sphären des Kosmos die *uranologische* oder *siderische* ausschließlich in dem dritten Bande behandelt worden ist, so bleibt die *tellurische* Sphäre dem jetzt erscheinenden letzten Bande bestimmt. Auf diese Weise ist die uralte, einfache und natürliche Scheidung des *Geschaffenen* in *Himmel* und *Erde:* wie sie bei allen Völkern, in den frühesten Denkmälern des Bewußtseins der Menschheit auftritt, beibehalten worden.

Wenn schon im Weltall der Uebergang von dem Fixsternhimmel, an welchem zahllose Sonnen: sei es isolirt oder um einander kreisend, sei es als ferne Nebel, leuchten, zu unserem Planetensysteme ein Herabsteigen von dem Großen und Universellen zu dem relativ Kleinen und Besonderen ist; so wird der Schauplatz der Betrachtung noch um vieles verengt, wenn man von der Gesammtheit des gestaltenreichen Sonnengebietes zu einem einigen um die Sonne kreisenden Planeten, zu dem Erdsphäroid, übergeht. Die Entfernung des nächsten Fixsternes, α Centauri, ist noch 263mal größer als der Durchmesser unseres Sonnengebietes, bis zum Aphel des Cometen von 1680 gerechnet; und doch liegt dieses Aphel schon 853mal weiter als unsere Erde von der Sonne. Diese Zahlen (die Parallaxe von α Cent. zu 0",9187 gerechnet) bestimmen annäherungsweise zugleich die Distanz einer uns nahen Region des *Fixsternhimmels* von der vermutheten äußersten Region des *Sonnengebietes*, wie die Entfernung dieser Grenze von dem Ort der Erde.

Die Uranologie, welche sich mit dem beschäftigt, was den fernen Weltraum erfüllt, bewahrt ihren alten Ruhm, den anregendsten Eindruck des *Erhabenen* auf die Einbildungskraft hervorzubringen, durch die Unerfaßbarkeit der Raum- und Zahlenverhältnisse, die sie darbietet; durch die erkannte Ordnung und Gesetzmäßigkeit in der Bewegung der Weltkörper; durch die Bewunderung, welche den errungenen Resultaten der Beobachtung und einer geistigen Forschung gezollt wird. Dieses Gefühl der Regelmäßigkeit und Periodicität hat sich so früh dem Menschen aufgedrängt, daß es sich oft in den Sprachformen reflectirt, welche auf den geordneten Lauf der Gestirne hindeuten. Dazu sind die erkannten Gesetze, die in der himmlischen Sphäre walten, vielleicht am bewundernswürdigsten durch ihre Einfachheit, da sie sich allein auf das Maaß und die Vertheilung der angehäuften ponderablen Materie und deren Anziehungskräfte gründen. Der Eindruck des Erhabenen, wenn er aus dem Unermeßlichen und sinnlich Großen entspringt, geht, uns selbst fast unbewußt, durch das geheimnißvolle Band, welches das Uebersinnliche mit dem Sinnlichen verknüpft, in eine andre, höhere Sphäre der Ideen über. Es wohnt dem Bilde des Unermeßlichen, des Grenzenlosen, des Unendlichen eine Kraft bei, die zu ernster, feierlicher Stimmung anregt und, wie in dem Eindruck alles geistig Großen und moralisch Erhabenen, nicht ohne Rührung ist.

Die Wirkung, welche der Anblick außerordentlicher Himmelserscheinungen so allgemein und gleichzeitig auf ganze Volksmassen ausübt, bezeugt den Einfluß einer solchen Association der Gefühle. Was in erregbaren Gemüthern schon der bloße Anblick der gestirnten Himmelsdecke hervorbringen kann, wird durch tieferes Wissen und durch Anwendung von Werkzeugen vermehrt, die der Mensch erfunden, um seine Sehkraft und mit ihr den Horizont seiner Beobachtung zu vergrößern. Dabei gesellt sich zu dem uranologischen Eindruck des Unerfaßlichen im Weltall, durch die Gedankenverbindung mit dem Gesetzlichen und der geregelten Ordnung, auch der Eindruck des Friedlichen. Er benimmt der unergründlichen Tiefe des Raumes wie der Zeit, was bei aufgeregter Einbildungskraft ihnen Schauerliches zugeschrieben wird. Unter allen Himmelsstrichen preist der Mensch, bei der einfach natürlichen Empfänglichkeit seines Gemüthes, „die stille Ruhe einer sternklaren Sommernacht".

Wenn nun Raum- und Massengröße dem *siderischen* Theile der Weltbeschreibung vorzugsweise angehören, und das Auge in ihm das einzige Organ der Weltanschauung ist; so hat dagegen der *tellurische* Theil den überwiegenden Vorzug, eine größere, wissenschaftlich unterscheidbare Mannigfaltigkeit in den vielfachen elementarischen Stoffen darzubieten. Mittelst aller unserer Sinne stehen wir mit der irdischen Natur in Contact; und so wie die Astronomie, als Kenntniß der *bewegten leuchtenden Weltkörper* einer mathematischen Bearbeitung am zugänglichsten, Veranlassung geworden ist den Glanz der höheren *Analysis* und den Umfang des weiten Gebiets der *Optik* erstaunenswürdig zu vermehren: so ist die irdische Sphäre allein durch ihre *Stoff-Verschiedenheit* und das complicirte Spiel der Kraftäußerung dieser Stoffe die Gründerinn der *Chemie*, und solcher *physikalischen* Disciplinen geworden, welche Erscheinungen behandeln, die bisher noch von den wärme- und lichterzeugenden Schwingungen getrennt werden. Jede Sphäre hat demnach durch die Natur der Probleme, welche sie der Forschung darbietet, einen verschiedenen Einfluß auf die Geistesarbeit und die Bereicherung des Wissens der Menschheit ausgeübt.

Alle Weltkörper, außer unserem Planeten und den Aërolithen, welche von diesem angezogen werden, sind *für unsere Erkenntniß* nur homogene gravitirende Materie: ohne specifische, sogenannte elementare Verschiedenheit der Stoffe. Eine solche Einfachheit der Vorstellung ist aber keinesweges in der inneren Natur und Constitution jener fernen Weltkörper selbst, sie ist allein in der Einfachheit der Bedingungen gegründet, deren Annahme hinreicht die Bewegungen im Weltraume zu erklären und vorherzubestimmen. Sie entsteht, wie wir schon mehrfach zu erinnern Gelegenheit gehabt haben, durch die Ausschließung von allem Wahrnehmbaren einer *Stoff-Verschiedenheit;* sie bietet dar die Lösung des großen Problems einer *Himmels-Mechanik*, welche alles Veränderliche in der uranologischen Sphäre der alleinigen Herrschaft der Bewegungslehre unterwirft.

Periodische Wechsel von Lichterscheinungen auf der Oberfläche des Mars deuten freilich nach Verschiedenheit der dortigen Jahreszeiten auf meteorologische Processe und, durch Kälte erregte Polar-Niederschläge in der Atmosphäre jenes Planeten. Durch Analogien und Ideenverbindungen geleitet, mögen wir hier auf Eis oder Schnee (Sauer- und Wasserstoff), wie in den Eruptiv-Massen des Mondes oder seinen flachen Ringebenen auf Verschiedenheit der Gebirgsarten im Monde, *schließen;* aber unmittelbare Beobachtung kann uns nicht darüber belehren. Auch erlaubte sich Newton nur Vermuthungen über die *elementare* Constitution der Planeten, die zu demselben Sonnengebiete gehören: wie wir in einem wichtigen, zu Kensington mit Conduit gepflogenen Gespräche vernehmen. Das einförmige Bild stoffgleicher, gravitirender Materie, zu Himmelskörpern geballt, beschäftigt auf mannigfaltige Weise die ahndende Phantasie des Menschen; ja die Mythe leiht der lautlosen Einöde des Weltraums selbst den Zauber der Töne.

In dem unendlichen Reichthum chemisch verschiedener Stoffe und dem Spiel ihrer Kraftäußerungen; in der gestaltenden, formbildenden Thätigkeit der ganzen organischen Natur und vieler anorganischen Substanzen; in dem *Stoffwechsel*, der den ewig wandelnden Schein des Werdens und der Vernichtung darbietet: strebt der ordnende Geist, bei Durchforschung des irdischen Reichs, oft mißmüthig nach einfachen Bewegungs-Gesetzen. Schon in der Physik des Aristoteles heißt es: „die Grundprincipien aller Natur sind das Veränderliche und die Bewegung; wer diese nicht anerkannt hat, erkennt auch die Natur nicht" (*Phys. auscult.* III, 1 p. 200 Bekker); und: auf Stoff-Verschiedenheit, „Unterschied in der Wesenheit", hindeutend, nennt er Bewegung in Bezug auf die Kategorie des *Qualitativen: Umwandlung*, ἀλλοίωσις; sehr verschieden von der bloßen *Mischung*, μίξις, und einer Durchdringung, welche das Wiedertrennen nicht ausschließt (*de generat. et corrupt.*).

Das ungleiche Steigen der Flüssigkeiten in Haarröhren; die in allen organischen Zellen so thätige Endosmose, welche wahrscheinlich eine Folge der Capillarität ist; die Verdichtung von Gas-Arten in den porösen Körpern (des Sauerstoff-Gases im Platinmohr: mit einem Drucke, der einer Kraft von mehr als 700 Atmosphären gleich ist; der Kohlensäure in Buchsbaum-Kohle, von der mehr als ⅓ an den Wänden der Zellen in tropfbar-flüssigem Zustand verdichtet wird); die chemische Wirkung der *Contact-Substanzen*, welche durch ihre Gegenwart (*catalytisch*) Verbindungen veranlassen oder zerstören, ohne selbst einen Antheil daran zu nehmen: – alle diese Erscheinungen lehren, daß die Stoffe in unendlich kleinen Entfernungen eine Anziehung gegen einander ausüben, die von ihrer specifischen Wesenheit abhängt. Solche Anziehungen können nicht ohne, durch sie erregte, aber unserem Auge entschwindende, Bewegungen gedacht werden.

In welchem Verhältnisse die *gegenseitige Molecular-Attraction*, als eine Ursach perpetuirlicher Bewegung auf der Oberfläche des Erdkörpers, und höchst wahrscheinlich in seinem Inneren, zu der *Gravitations-Attraction* steht, welche die Planeten sowohl als ihre Centralkörper eben so perpetuirlich bewegt: ist uns noch völlig unbekannt. Schon durch die theilweise Lösung eines solchen rein physischen Problems würde das Höchste und Ruhmvollste erreicht werden, was auf diesen Wegen Experiment und Gedankenverbindung erreichen können. Ich nenne in dem eben berührten Gegensatze die Anziehung, welche in den Himmelsräumen in grenzenlosen Entfernungen wallet, und sich umgekehrt wie das Quadrat der Entfernung verhält, nicht gern, wie man gewöhnlich thut, ausschließlich die *Newton'sche*. Eine solche Bezeichnung enthält fast eine Ungerechtigkeit gegen das Andenken des großen Mannes, der schon beide Kraftäußerungen anerkannte: doch aber keinesweges so scharf von einander trennte, daß er nicht, wie in glücklichem Vorgefühl künftiger Entdeckungen, es hätte versuchen sollen, in seinen Zusätzen zur *Optik*, Capillarität, und das Wenige, was damals von chemischer Affinität bekannt war, der allgemeinen Gravitation zuzuschreiben. (*Laplace, expos. du Syst. su Monde* p. 384)

Wie in der Sinnenwelt vorzugsweise an dem Meerhorizont Trugbilder aufdämmern, die dem erwartungsvollen Entdecker eine Zeit lang den Besitz eines neuen Landes verheißen; so sind am idealen Horizont in den fernsten Regionen der Gedankenwelt dem ernsten Forscher auch manche Hoffnungen vielverheißend aufgegangen und wieder verschwunden. Allerdings sind großartige Entdeckungen neuerer Zeit geeignet gewesen die Spannung zu erhöhen: so die Contact-Electricität; der Rotations-Magnetismus, welcher selbst durch tropfbare oder zu Eis erstarrte Flüssigkeiten erregt wird; der glückliche Versuch, alle chemische Verwandtschaft als Folge der electrischen Relationen von Atomen mit einer prädominirenden Polarkraft zu betrachten; die Theorie isomorpher Substanzen in Anwendung auf Krystallbildung; manche Erscheinungen des electrischen Zustandes der belebten Muskelfaser; die errungene Kenntniß von dem Einfluß des Sonnenstandes (der temperaturerhöhenden Sonnenstrahlen) auf die größere oder geringere magnetische Empfänglichkeit und Fortpflanzungskraft von einem Bestandtheil unserer Atmosphäre, dem Sauerstoffe. Wenn unerwartet in der Körperwelt etwas aus einer noch unbekannten Gruppe von Erscheinungen aufglimmt, so kann man um so mehr sich neuen Entdeckungen nahe glauben, als die Beziehungen zu dem schon Ergründeten unklar oder gar widersprechend scheinen.

Ich habe vorzugsweise solche Beispiele angeführt, in denen *dynamische* Wirkungen *motorischer* Anziehungskräfte die Wege zu eröffnen scheinen, auf welchen man hoffen möchte der Lösung der Probleme von der ursprünglichen, unwandelbaren und darum *elementar* genannten *Heterogeneität der Stoffe* (Oxygen, Hydrogen, Schwefel, Kali, Phosphor, Zinn), und von dem Maaße ihres *Verbindungs-Bestrebens* (ihrer chemischen Affinität) näher zu treten. Unterschiede der *Form* und *Mischung* sind aber, ich wiederhole es hier, die Elemente unseres ganzen Wissens von der Materie; sie sind die Abstractionen, unter denen wir glauben das allbewegte *Weltganze* zu *erfassen*, messend und zersetzend zugleich. Das Detoniren knallsaurer Salze bei einem leisen *mechanischen* Drucke; und die noch furchtbarere, von Feuer begleitete, Explosion des Chlor-Stickstoffs contrastiren mit der detonirenden Verbindung von Chlorgas und Wasserstoffgas bei dem Einfall eines directen (besonders violetten) Sonnenstrahls. Stoffwechsel, Fesselung und Entfesselung bezeichnen den ewigen Kreislauf der Elemente, in der anorganischen Natur wie in der belebten Zelle der Pflanzen und Thiere. „Die Menge des vorhandenen Stoffes bleibt aber dieselbe, die Elemente wechseln nur ihre relative Lage zu einander."

Es bewährt sich demnach der alte Ausspruch des Anaxagoras: daß das *Seiende* sich weder mehre noch vermindere im Weltall; daß das, was die Hellenen das Vergehen der Dinge nennen, ein bloßes Entmischen sei. Allerdings ist die *irdische* Sphäre, als Sitz der, unserer Beobachtung zugänglichen, *organischen* Körperwelt, scheinbar eine Werkstatt des Todes und der Verwesung; aber der große Naturproceß *langsamer Verbrennung*, den wir *Verwesung* nennen, führt keine Vernichtung herbei. Die entfesselten Stoffe vereinigen sich zu anderen Gebilden; und durch die treibenden Kräfte, welche diesen inwohnen, entkeimt neues Leben dem Schooße der Erde.

B.
Ergebnisse der Beobachtung aus dem tellurischen Theile der physischen Weltbeschreibung.

Bei dem Streben ein unermeßliches Material der mannigfaltigsten Objecte zu beherrschen: d. h. die Erscheinungen so an einander zu reihen, daß die Einsicht in ihren Causal-Zusammenhang erleichtert werde; kann der Vortrag nur dann Uebersicht und lichtvolle Klarheit gewähren, wenn das Specielle, besonders in dem errungenen, lange durchforschten Felde der Beobachtung, den höheren Gesichtspunkten *kosmischer* Einheit nicht entrückt wird. Die *tellurische* Sphäre, der uranologischen entgegengesetzt, zerfällt in zwei Abtheilungen: in das *anorganische* und *organische* Gebiet. Das *erstere* umfaßt: Größe, Gestalt und Dichtigkeit des Erdkörpers; innere Wärme, electromagnetische Thätigkeit, mineralische Constitution der Erdrinde; Reaction des Inneren des Planeten gegen seine Oberfläche: dynamisch wirkend durch Erschütterung, chemisch wirkend durch steinbildende und steinumändernde Processe; theilweise Bedeckung der festen Oberfläche durch Tropfbar-Flüssiges, das Meer; Umriß und Gliederung der gehobenen Feste (Continente und Inseln); die allgemeine, äußerste, gasförmige Umhüllung (den Luftkreis). Das zweite oder *organische Gebiet* umfaßt nicht die einzelnen Lebensformen selbst, wie in der Naturbeschreibung: sondern die räumlichen Beziehungen derselben zu den festen und flüssigen Theilen der Erdoberfläche, die Geographie der Pflanzen und Thiere, die Abstufungen der specifisch einigen Menschheit nach Racen und Stämmen.

Auch diese Abtheilung in zwei Gebiete gehört gewissermaßen dem Alterthum an. Es wurden schon damals geschieden die elementarischen Processe, der Formenwechsel und Uebergang der Stoffe in einander von dem Leben der Pflanzen und Thiere. Der Unterschied beider Organismen war, bei fast gänzlichem Mangel an Mitteln die Sehkraft zu erhöhen, nur auf ahndungsvolle Intuition, und auf das Dogma von der Selbsternährung (*Aristot. de Anima* II, 1 T. I. p. 412, a 14 Bekker) und dem inneren Anlaß zur Bewegung gegründet. Jene Art der geistigen Auffassung, welche ich Intuition nannte, und mehr noch die dem Stagiriten eigene Schärfe fruchtbringender Gedankenverbindung leiteten ihn sogar auf die scheinbaren Uebergänge von dem Unbelebten zu dem Belebten, von dem Elementarischen zu der Pflanze; ja zu der Ansicht, daß es bei den sich immer höher gestaltenden Bildungsprocessen allmälige *Mittelstufen* gebe von den Pflanzen zu den niederen Thieren (*Aristot. de part.*

Animal. IV, 5 p. 681,a 12 und *hist. Animal.* VIII, 1 p. 588,a 4 Bekker). Die *Geschichte* der Organismen (das Wort *Geschichte* in seinem ursprünglichen Sinne genommen – also in Beziehung auf frühere Zeitepochen, auf die der alten *Floren* und *Faunen*) ist so innig mit der Geologie, mit der Reihenfolge über einander gelagerter Erdschichten, mit der Chronometrik der Länder- und Gebirgs-Erhebung verwandt: daß es mir wegen Verkettung großer und weit verbreiteter Phänomene geeigneter schien die, an sich sehr natürliche Sonderung des *organischen* und *anorganischen* Erdenlebens in einem Werke über den *Kosmos* nicht als ein Haupt-Element der Classification aufzustellen. Es handelt sich hier nicht um einen morphologischen Gesichtspunkt, sondern vorzugsweise um eine nach Totalität strebende Ansicht der Natur und ihrer wirkenden Kräfte.

I.

Größe, Gestalt und Dichtigkeit der Erde. – Innere Wärme und Vertheilung derselben. – Magnetische Thätigkeit: sich offenbarend in Veränderungen der Inclination, Declination und Intensität der Kraft unter dem Einfluß des lufterwärmenden und luftverdünnenden Sonnenstandes. Magnetische Gewitter; Polarlicht.

Was alle Sprachen, wenn gleich etymologisch unter verschiedenartig symbolisirenden Formen, mit dem Ausdruck *Natur* und, da zuerst der Mensch alles auf seinen heimathlichen Wohnsitz bezieht, mit dem Ausdruck *irdische Natur* bezeichnen; ist das Resultat von dem stillen Zusammenwirken eines *Systems treibender Kräfte*, deren Dasein wir nur durch das erkennen, was sie *bewegen, mischen* und *entmischen:* ja theilweise zu organischen, sich gleichartig wiedererzeugenden, Geweben (lebendigen Organismen) ausbilden. *Naturgefühl* ist für ein empfängliches Gemüth der dunkle, anregende, erhebende Eindruck dieses Waltens der Kräfte. Zuerst fesseln unsere Neugier die räumlichen Größen-Verhältnisse unseres Planeten: eines Häufchens geballter Materie im unermeßlichen Weltall. Ein System zusammenwirkender, einigender oder (polarisch) trennender, Thätigkeiten setzt die Abhängigkeit jedes Theils des Naturganzen von dem anderen, in den elementaren Processen (der anorganischen Formbildung) wie in dem Hervorrufen und der Unterhaltung des Lebens, voraus. Die Größe und Gestalt des Erdkörpers, seine Masse (Quantität materieller Theile): welche, mit dem Volum verglichen, die Dichtigkeit und durch diese, unter gewissen Bedingungen, die Constitution des Inneren wie das Maaß der Anziehung bestimmt; stehen unter sich in mehr erkennbarer und mehr mathematisch zu behandelnder Abhängigkeit, als es diejenige ist, welche wir bisher in den eben genannten Lebensprocessen, in den Wärme-Strömungen, den tellurischen Zuständen des Electro-Magnetismus oder den chemischen Stoffwechseln wahrnehmen. Beziehungen, die man in complicirten

Erscheinungen noch nicht quantitativ zu messen vermag, können deshalb doch vorhanden sein und durch Inductionsgründe wahrscheinlich gemacht werden.

Wenn auch die beiden Arten der *Anziehung:* die, welche in *bemerkbaren* Entfernungen wirkt (wie Schwerkraft, Gravitation der Weltkörper gegen einander); und die, welche in *unmeßbaren* kleinsten Entfernungen statt findet (Molecular- oder Contact-Attraction); in dem gegenwärtigen Zustande unseres Wissens nicht auf ein und dasselbe Gesetz zu reduciren sind: so ist es darum doch nicht minder glaublich, daß Capillar-Anziehung und die, für das Aufsteigen der Säfte und für Thier- und Pflanzen-Physiologie so wichtige Endosmose von dem Maaße der Schwere und ihrer localen Vertheilung eben so afficirt werden als die electromagnetischen Processe und der chemische Stoffwechsel. Man darf annehmen, um an extreme Zustände zu erinnern, daß auf unserem Planeten, wenn derselbe nur die *Masse* des Mondes und also eine fast 6mal geringere Intensität der Schwere hätte, die meteorologischen Processe, das Klima, die hypsometrischen Verhältnisse der gehobenen Gebirgsketten, die Physiognomie (facies) der Vegetation ganz verschieden sein würden. Die *absolute Größe* unseres Erdkörpers, mit der wir uns hier beschäftigen werden, erhält ihre Wichtigkeit für den gesammten Haushalt der Natur bloß durch das Verhältniß, in dem sie zur *Masse* und zur *Rotation* steht; denn auch im Weltall würden, wenn die Dimensionen der Planeten, ihre Stoffmengen, Geschwindigkeiten und Distanzen von einander in einer und derselben Proportion zu- oder abnähmen, in diesem idealen Makro- oder Mikrokosmos, alle von den Gravitations-Verhältnissen abhängige Erscheinungen unverändertbleiben.

a. Größe, Figur (Abplattung) und Dichtigkeit der Erde.

(Erweiterung des Naturgemäldes)

Der Erdkörper ist *gemessen* und *gewogen* worden: zur Ermittelung seiner Gestalt, seiner Dichtigkeit und Masse. Die Genauigkeit, nach welcher man unausgesetzt in diesen *terrestrischen* Bestimmungen gestrebt, hat nicht weniger als die Auflösung der Probleme der *Astronomie* gleichzeitig zu der Vervollkommnung der Meßinstrumente und der analytischen Methoden beigetragen. Ein entscheidender Theil der Gradmessung ist übrigens selbst astronomisch; Sternhöhen bedingen die Krümmung des Bogens, dessen Länge durch Auflösung eines trigonometrischen Netzes gefunden ist. Der höheren Mathematik ist es geglückt Wege zu eröffnen, um aus gegebnen numerischen Elementen die schwierigen Aufgaben der Gestalt der Erde, der Figur des Gleichgewichts einer flüssigen homogenen oder dichten, schalenähnlich ungleichartigen Masse zu lösen, welche sich um eine feste Achse gleichförmig dreht. Seit Newton und Huygens sind die berühmtesten Geometer des achtzehnten Jahrhunderts mit dieser Lösung beschäftigt gewesen. Es ist ersprießlich, stets daran zu erinnern, daß alles, was Großes durch Intensität geistiger Kraft und durch mathematische Ideen-Combination erlangt wird, seinen Werth nicht bloß von dem hat, was aufgefunden und der Wissenschaft angeeignet worden ist; sondern vorzugsweise von dem, was dieses Auffinden zur Ausbildung und Verstärkung des analytischen Werkzeugs beigetragen hat.

„Die *geometrische* Figur der Erde, der *physischen* entgegengesetzt, bestimmt diejenige Oberfläche, welche die Oberfläche des Wassers in einem mit dem Ocean zusammenhangenden, die Erde überall bedeckenden und durchkreuzenden Netze von Canälen annehmen würde. Die *geometrische Oberfläche* durchschneidet die Richtungen der Kräfte *senkrecht,* welche aus allen von den einzelnen Theilchen der Erde ausgehenden Anziehungen, verbunden mit der, ihrer Umdrehungs-Geschwindigkeit entsprechenden Centrifugalkraft, zusammengesetzt sind. Sie kann im ganzen nur als eine dem *elliptischen Rotations-Sphäroid* sehr nahe zugehörige betrachtet werden; denn Unregelmäßigkeiten der Massenvertheilung im *Inneren* der Erde erzeugen bei local veränderter Dichtigkeit ebenfalls Unregelmäßigkeit in der *geometrischen* Oberfläche, welche das Product der Gesammtwirkung ungleich vertheilter Elemente ist. Die *physische* Oberfläche ist unmittelbar durch die wirklich vorhandene des Festen und Flüssigen auf der *äußeren* Erdrinde gegeben." Wenn es schon aus geologischen Gründen nicht unwahrscheinlich ist, daß zufällige Veränderungen, welche in den geschmolzenen: trotz des Druckes, den sie erleiden, leicht bewegten Theilen des Inneren durch *Ortswechsel in den Massen* vorgehen, selbst die *geometrische Oberfläche* in Krümmung der Meridiane und Parallele in kleinen Räumen nach sehr langen Zeitabschnitten modificiren; so ist die *physische Oberfläche* in ihrer oceanischen Region durch Ebbe und Fluth (locale Depression und Anschwellung des Flüssigen) sogar periodisch einem *Ortswechsel der Massen* ausgesetzt. Die Kleinheit des Gravitations-Effectes in den continentalen Regionen kann einen sehr allmäligen Wechsel der wirklichen Beobachtung entziehen; und nach Bessel's Berechnung muß, um die Polhöhe eines Orts nur um 1" zu vergrößern, in dem Inneren der Erde eine Ortsveränderung von einer Masse vorausgesetzt werden, deren Gewicht, ihre Dichtigkeit der mittleren Dichtigkeit der Erde gleich gesetzt, das von 114 geographischen Cubikmeilenist. So auffallend groß auch dieses Volum der ortsverändernden, bewegten Masse uns erscheint, wenn wir es mit dem Volum des Montblanc, oder Chimborazo, oder Kintschindjinga vergleichen; so sinkt doch bald das Erstaunen über die Größe des Phänomens, wenn man sich erinnert, daß das Erdsphäroid über 2650 Millionen solcher Cubikmeilen umfaßt.

Das Problem der *Figur der Erde:* dessen Zusammenhang mit der *geologischen* Frage über früheren *liquiden* Zustand der planetarischen Rotations-Körper schon in der großen ZeitAuf die theoretischen Arbeiten jener Zeit sind gefolgt die von Maclaurin, Clairaut und d'Alembert, von Legendre und Laplace. Der letzteren Epoche ist beizuzählen das (1834) von Jacobi aufgestellte Theorem: daß Ellipsoide mit drei ungleichen Axen eben so gut unter gewissen Bedingungen *Figuren des Gleichgewichts* sein können als die beiden früher angegebnen Umdrehungs-Ellipsoide. (S. den Aufsatz des Erfinders, der seinen Freunden und Bewunderern so früh entrissen wurde, in *Poggendorff's Annalen der Physik und Chemie* Bd. XXXIII. 1834 S. 229–233.) von

Newton, Huygens und Hooke erkannt wurde; ist mit ungleichem Erfolge auf drei Wegen zu lösen versucht worden: durch geodätisch-astronomische *Gradmessung*, durch *Pendel-Versuche*, und durch *Ungleichheiten* in der Länge und Breite des *Mondes*. Die erste Methode zerfällt wieder in zwei Unterarten der Anwendung: *Breitengrad-Messungen* auf einem Meridian-Bogen, und *Längengrad-Messungen* auf verschiedenen Parallelkreisen.

Ohnerachtet bereits sieben Jahre verflossen sind, seitdem ich die Resultate von Bessel's großer Arbeit über die *Dimensionen des Erdkörpers* in das allgemeine Naturgemälde aufgenommen habe; so kann doch diese Arbeit bis jetzt noch nicht durch eine mehr umfassende, auf neuere Gradmessungen gegründete, ersetzt werden. Einen wichtigen Zuwachs und eine Vervollkommnung aber hat sie zu erwarten, wenn die bald vollendete russische Gradmessung, welche sich fast vom Nordcap bis zum schwarzen Meere erstreckt, wird veröffentlicht werden; und die indische, durch sorgfältige Vergleichung des dabei gebrauchten Maaßes, in ihren Ergebnissen mehr gesichert ist. Laut Bessel's, im Jahr 1841 bekannt gemachten Bestimmungen ist der mittlere Werth der Dimensionen unseres Planeten nach der genauen Untersuchungvon zehn Gradmessungen folgender: die *halbe große Axe* des elliptischen Rotations-Sphäroids, welchem sich die unregelmäßige Figur der Erde am meisten nähert, 3272077^{t},14; die *halbe kleine Axe* 3261139^{t},33; die Länge des *Erd-Quadranten* 5131179^{t},81; die Länge eines *mittleren Meridiangrades* 57013^{t},109; die Länge eines *Parallelgrades* bei 0° Breite, also eines *Aequatorgrades*, 57108^{t},520; die Länge eines *Parallelgrades* bei 45° Breite 40449^{t},371; *Abplattung* $^{1}/_{299,152}$; die Länge einer *geographischen Meile*, deren 15 auf einen Grad des Aequators gehn, 3807^{t},23. Die folgende Tafel zeigt die Zunahme der *Länge* der *Meridiangrade* vom Aequator gegen die Pole hin, wie sie aus den Beobachtungen gefunden ist, also modificirt durch locale Störungen der Anziehung:

Länder	geogr. Breite der Mitte des gemessenen Bogens	Länge des gemessenen Bogens	die aus den Beobachtungen folgende Länge eines Grades für die Breite der Mitte des gemessenen	Beobachter

							Bogens in Toisen	
Schweden	6 6° 66°	2 0' 19'	10″ 37″	1° 0°	3 7' 57'	19″, 6 30″,4	57195^{t},8 57201^{t},8	Svanberg Maupertuis
Rußland	5 6°	3'	55″, 5	8 °	2'	28″, 9	57137^{t},0	Struve, Tenner
Preußen	5 4°	5 8'	26″, 0	1°	3 0'	29″, 0	57145^{t},2	Bessel, Baeyer
Dänemark	5 4°	8'	13″, 7	1°	31 '	53″, 3	57093^{t},1	Schumacher
Hannover	52 °	3 2'	16″, 6	2 °	0'	57″, 4	57126^{t},4	Gauß
England	52 ° 52°	3 5' 2'	45″, 0 19″,4	3 ° 2°	5 7' 50'	13″, 1 23″,5	57075^{t},0 57071^{t},8	Roy, Mudge, Kat er
Frankreich	4 4°	51 '	2″,5	1 2°	2 2'	12″, 7	57012^{t},5	Delambre, Méch ain, Biot, Arago
Nordamerik a	3 9°	12 '	0	1°	2 8'	45″, 0	56889^{t},6	Mason, Dixon
Ostindien	16 ° 12°	8' 32'	21″, 5 20″,8	1 5° 1°	5 7' 34'	40″ ,7 56″,4	56773^{t},6 56759^{t},0	Lambton, Everest Lambton

Quito (südl. Br.)	1°	31 '	0", 4	3 °	7'	3",5	56864^{t},6	La Condamine, Bouguer
Vorgeb. d. g ut. Hoffn. (südl. Br.)	33 ° 35°	1 8' 43'	30" 20"	1° 3°	13 ' 34'	17", 5 34",7	57035^{t},6 56932^{t},5	Lacaille Maclear

Die Bestimmung der Figur der Erde durch Messung von *Längengraden auf verschiedenen Parallelkreisen* erfordert eine große Genauigkeit in den Unterschieden der Ortslängen. Schon Cassini de Thury und Lacaille bedienten sich 1740 der Pulver-Signale, um einen Perpendikel auf dem Meridian von Paris zu messen. In neuerer Zeit sind bei der großen trigonometrischen Aufnahme von England mit weit besseren Hülfsmitteln und größerer Sicherheit Längen der Bogen auf Parallelkreisen und Unterschiede der Meridiane bestimmt worden zwischen Beachy Head und Dunnose, wie zwischen Dover und Falmouth: freilich nur in Längen-Unterschieden von 1° 26' und 6° 22'. Die glänzendste dieser Operationen ist aber wohl die zwischen den Meridianen von Marennes, an der Westküste von Frankreich, und Fiume gewesen. Sie erstreckt sich über die westlichste Alpenkette und die lombardischen Ebenen von Mailand und Padua, in einer directen Entfernung von 15° 32' 27"; und wurde ausgeführt von Brousseaud und Largeteau, Plana und Carlini, fast ganz unter dem sogenannten *mittleren* Parallel von 45°. Die vielen Pendel-Versuche, welche in der Nähe der Gebirgsketten gemacht worden sind, haben hier den schon früher erkannten Einfluß von localen Anziehungen, die sich aus der Vergleichung der astronomischen Breiten mit den Resultaten der geodätischen Messungen ergeben. Eine sehr genaue und um so wichtigere Parallelgrad-Messung, als sie zur Vergleichung des Niveau's des mittelländischen und atlantischen Meeres geführt hat, ist auf den *Parallelkreisen der Pyrenäen-Kette* von Coraboeuf, Delcros und Peytier ausgeführt worden., auf eine merkwürdige Weise bestätigt.

Nach den zwei Unterarten der unmittelbaren Gradmessung: a) auf *Meridian-* und b) auf *Parallelbogen*, ist noch eine rein astronomische Bestimmung der Figur der Erde zu nennen. Es gründet sich dieselbe auf die Einwirkung, welche die Erde auf die Mondbewegung (auf die Ungleichheiten in der Länge und Breite des Mondes) ausübt. Laplace, der zuerst die Ursach dieser Ungleichheiten aufgefunden, hat auch deren Anwendung gelehrt; und scharfsinnig gezeigt, wie dieselbe den großen Vorzug gewährt, welchen vereinzelte Gradmessungen und Pendel-Versuche nicht darzubieten vermögen: den Vorzug, die *mittlere* Figur (die Gestalt, welche dem *ganzen* Planeten zugehört) in einem einzigen, einfachen Resultate zu offenbaren. Man erinnert hier gern wieder an den glücklichen Ausdruck des Erfinders der Methode: „daß ein Astronom, ohne seine Sternwarte zu verlassen, in der Bewegung eines Himmelskörpers die individuelle Gestalt der Erde, seines Wohnsitzes, lesen könne.“ Nach einer letzten Revision der beiden

Ungleichheiten in der Länge und Breite unseres Satelliten, und durch die Benutzung von mehreren tausend Beobachtungen von Bürg, Bouvard und Burckhardtfand Laplace vermittelst dieser seiner Lunar-Methode eine Abplattung, welche der der Breitengrad-Messungen ($^1/_{299}$) nahe genug kommt: nämlich $^1/_{306}$

Ein drittes Mittel, die Gestalt der Erde (d. i. das Verhältniß der großen zur kleinen Axe, unter der Voraussetzung einer elliptisch sphäroidischen Gestalt) durch Ergründung des Gesetzes zu finden, nach welchem vom Aequator gegen die Rotations-Pole hin die *Schwere* zunimmt; bieten die *Schwingungen der Pendel* dar. Zur Zeitbestimmung hatten sich dieser Schwingungen zuerst die arabischen Astronomen und namentlich Ebn-Junis, am Ende des 10ten Jahrhunderts, in der Glanzperiode der Abbassidischen Chalifen . Am frühesten ist wohl die Anwendung des Isochronismus der Pendel-Schwingungen in den astronomischen Schriften der Araber von Eduard Bernard in England erkannt worden; s. dessen Brief aus Oxford vom April 1683 an Dr. Robert Huntington in Dublin, bedient; auch, nach sechshundertjähriger Vernachlässigung, Galilei und der Pater Riccioli zu Bologna.Durch Verbindung mit Räderwerk zur Regulirung des Ganges der Uhren (angewandt zuerst in den unvollkommenen Versuchen von Sanctorius zu Padua 1612, dann in der vollendeten Arbeit von Huygens 1656 hat das Pendel in Richer's Vergleichung des Ganges derselben astronomischen Uhr zu Paris und Cayenne (1672) den ersten materiellen Beweis von der verschiedenen Intensität der Schwere unter verschiedenen Breiten gegeben. Picard war zwar mit der Ausrüstung zu dieser wichtigen Reise beschäftigt, aber er schreibt sich deshalb nicht das Verdienst des ersten Vorschlages zu. Richer verließ Paris im October 1671; und Picard: in der Beschreibung seiner Breitengrad-Messung, die ebenfalls im Jahr 1671 erschien, erwähnt bloß „einer Vermuthung, welche in einer der Sitzungen der Akademie *von einem Mitgliede* geäußert worden sei, und nach welcher wegen der Rotation der Erde die Gewichte eine geringere Schwere unter dem Aequator als unter dem Pole haben möchten.“ Er fügt zweifelnd hinzu: „daß allerdings nach einigen Beobachtungen, welche in London, Lyon und Bologna angestellt seien, es scheine, als müsse das Secunden-Pendel verkürzt werden, je näher man dem Aequator komme; aber andererseits sei er auch nicht genug von der Genauigkeit der angegebenen Messungen überzeugt, weil im Haag die Pendellänge trotz der nördlicheren Lage ganz wie in Paris gefunden werde.“ Wann Newton zuerst die ihm so wichtige Kenntniß von den durch Richer 1672 erlangten, aber erst 1679 durch den Druck veröffentlichten Pendel-Resultaten, oder von Cassini's, schon vor 1666 gemachter Entdeckung der Abplattung des Jupiter erhalten hat; wissen wir leider nicht mit derselben Genauigkeit, als uns seine sehr verspätete Kenntniß von Picard's Gradmessung erwiesen ist. In einem Zeitpunkte, wo in einem so glücklichen Wettkampfe theoretische Ansichten zu Anstellung von Beobachtungen anregten und wiederum Ergebnisse der Beobachtung auf die Theorie reagirten, ist für die Geschichte der mathematischen Begründung einer physischen Astronomie die genaue Auszählung der einzelnen Epochen von großem Interesse.

Wenn die *unmittelbaren Messungen von Meridian- und Parallelgraden* (die ersteren vorzugsweise in der französischen Gradmessungzwischen Br. 44° 42' und 47° 30'; die zweiten bei Vergleichung von Punkten, die östlich und westlich liegen von den grajischen, cottischen und Meer-Alpen schon große *Abweichungen* von der mittleren ellipsoidischen Gestalt der Erde verrathen; so sind die Schwankungen in dem Maaße der Abplattung, welche geographisch verschieden vertheilte *Pendellängen* und ihre Gruppirungen geben, noch um vieles auffallender. Die Bestimmung der Figur der Erde durch die zu- oder abnehmende Schwere (Intensität der örtlichen Attraction) setzt voraus, daß die Schwere an der Oberfläche des rotirenden Sphäroids dieselbe blieb, welche sie zu der Zeit der Erstarrung aus dem flüssigen Zustande war; und daß nicht spätere Veränderungen der Dichtigkeit daselbst vorgingen.Trotz der großen Vervollkommnung der Instrumente und Methoden durch Borda, Kater und Bessel sind gegenwärtig in beiden Erdhälften: von den Maloninen: wo Freycinet, Duperrey und Sir James Roß nach einander beobachtet haben, bis Spitzbergen: also von 51° 35' S. bis 79° 50' N. B.; doch nur 65 bis 70 unregelmäßig zerstreute Punkteanzugeben, in denen die *Länge* des einfachen Pendels mit derselben Genauigkeit bestimmt worden ist als die Orts-Position in Breite, Länge und Höhe über dem Meere.

Sowohl durch die Pendel-Versuche auf dem von den französischen Astronomen gemessenen Theile eines Meridianbogens wie durch die Beobachtungen, welche Cap. Kater bei der trigonometrischen Aufnahme in Großbritannien gemacht, wurde anerkannt, daß die Resultate sich keinesweges einzeln durch eine Variation der Schwere im Verhältniß des Quadrats des Sinus der Breite darstellen ließen. Es entschloß sich daher die englische Regierung (auf Anregung des Vice-Präsidenten der Royal Society, Davies Gilbert) zur Ausrüstung einer wissenschaftlichen Expedition: welche meinem Freunde Eduard Sabine, der als Astronom den Capitän Parry auf seiner ersten Nordpol-Unternehmung begleitet hatte, anvertraut wurde. Dieselbe führte ihn in den Jahren 1822 und 1823 längs der westlichen afrikanischen Küste, von Sierra Leone bis zu der Insel S. Thomas, nahe am Aequator; dann über Ascension nach der Küste von Südamerika (von Bahia bis zum Ausfluß des Orinoco), nach Westindien und Neu-England; wie im hohen arctischen Norden bis Spitzbergen, und zu einem von gefahrdrohenden Eiswällen verdeckten, noch unbesuchten Theile des östlichen Grönlands (74° 32'). Dieses glänzende und so glücklich ausgeführte Unternehmen hatte den Vorzug, daß es seinem Hauptzwecke nach nur auf Einen Gegenstand gerichtet war, und Punkte umfaßte, die 93 Breitengrade von einander entfernt sind.

Der Aequinoctial- und arctischen Zone weniger genähert lag das Feld der französischen Gradmessungen; aber es gewährte dasselbe den großen Vortheil einer linearen Gruppirung der Beobachtungsorte, und der unmittelbaren Vergleichung mit der partiellen Bogenkrümmung, wie sie sich aus den geodätisch-astronomischen Operationen ergeben hatte. Biot hat die Reihe der Pendel-Messungen von Formentera aus (38° 39' 56"), wo er früher mit Arago und Chaix beobachtete, im Jahr 1824 bis nach

Unst, der nördlichsten der Shetlands-Inseln (60° 45' 25"), fortgesetzt: und sie mit Mathieu auf den Parallelen von Bordeaux, Figeac und Padua bis Fiume erweitert.Diese Pendel-Resultate, mit denen von Sabine verglichen, geben für den ganzen nördlichen Quadranten allerdings die Abplattung von $^1/_{290}$: aber, in zwei Hälften getrennt, um so abweichendere Resultate findet aus allen den 13 Stationen seiner Pendel-Expedition, trotz ihrer so großen Zerstreutheit in der nördlichen Erdhälfte, $^1/_{288,3}$; aus diesen, vermehrt mit allen Pendel-Stationen des British Survey und der französischen Gradmessung (von Formentera bis Dünkirchen), im ganzen also durch Vergleichung von 25 Beobachtungspunkten, wiederum $^1/_{288,9}$. Auffallender ist es, wie schon der Admiral Lütke bemerkt, daß, von der atlantischen Region weit westlich entfernt, in den Meridianen von Petropawlowsk und Nowo-Archangelsk die Pendellängen eine noch viel stärkere Abplattung, die von $^1/_{267}$, geben. Wie die früher allgemein angewandte Theorie des Einflusses von der das Pendel umgebenden Luft zu einem Rechnungsfehler führe und eine, schon 1786 vom Chevalier de Buat etwas undeutlich angegebene Correction nothwendig mache (wegen Verschiedenheit des Gewichts-Verlustes fester Körper, wenn sie in einer Flüssigkeit in Ruhe oder in schwingender Bewegung sind); hat Bessel mit der ihm eigenen Klarheit analytisch entwickelt in *den Untersuchungen über die Länge des einfachen Secundenpendels* S. 32, 63 und 126–129. „Bewegt sich ein Körper in einer Flüssigkeit (Luft), so gehört auch diese mit zum bewegten Systeme; und die bewegende Kraft muß nicht bloß auf die Massentheile des festen bewegten Körpers, sondern auch auf alle bewegten Massentheile der Flüssigkeit vertheilt werden.“ Ueber die Versuche von Sabine und Baily, zu welchen Bessel's praktisch wichtige Pendel-Correction (Reduction auf den leeren Raum) Anlaß gegeben hatte, s. John *Herschel* im *Memoir of Francis Baily* 1845 p. 17–21.: vom Aequator bis 45° gar $^1/_{276}$, und von 45° bis zum Pol $^1/_{306}$. Der Einfluß der umgebenden dichteren Gebirgsmassen (Basalt, Grünstein, Diorit, Melaphyr; im Gegensatz von specifisch leichteren Flöz- und Tertiär-Formationen) hat sich für beide Hemisphären (wie der, die Intensität der Schwere vermehrende Einfluß der vulkanischen Eilande. Dasselbe Werk enthält eine merkwürdige Tabelle über die Natur der Gebirgsarten in 16 Pendel-Stationen (p. 239) von Melville-Insel (Br. 79° 50' N.) bis Valparaiso (Br. 33° 2' S.).) in den meisten Fällen erkennbar gemacht; aber viele Anomalien, die sich darbieten, lassen sich nicht aus der uns sichtbaren geologischen Bodenbeschaffenheit erklären.

Für die südliche Erdhälfte besitzen wir eine kleine Reihe vortrefflicher, aber freilich auf großen Flächen weit zerstreuter Beobachtungen von Freycinet, Duperrey, Fallows, Lütke, Brisbane und Rümker. Es bestätigen dieselben, was schon in der nördlichen Erdhälfte so auffallend ist: daß die Intensität der Schwere nicht an Oertern, welche gleiche *Breite* haben, dieselbe ist; ja daß die Zunahme der Schwere vom Aequator gegen die Pole unter verschiednen Meridianen *ungleichen* Gesetzen unterworfen zu sein scheint. Wenn Lacaille's Pendel-Messungen am Vorgebirge der guten Hoffnung und die auf der spanischen Weltumseglung von Malaspina den Glauben hatten verbreiten können, daß die südliche Hemisphäre im allgemeinen beträchtlich mehr abgeplattet sei als die nördliche; so haben, wie ich schon an einem anderen Orteangeführt, die Maloninen-Inseln und Neu-Holland, verglichen mit Neu-York, Dünkirchen und Barcelona, in genaueren Resultaten das Gegentheil erwiesen.

Aus dem bisher Entwickelten ergiebt sich: daß das Pendel (ein nicht unwichtiges geognostisches Untersuchungsmittel; eine Art Senkblei, in tiefe, ungesehene Erdschichten geworfen) uns doch mit geringerer Sicherheit über die Gestalt unseres Planeten aufklärt als Gradmessungen und Mondbewegung. Die concentrischen, elliptischen: einzeln homogenen, aber von der Oberfläche gegen das Erd-Centrum an Dichtigkeit (nach gewissen Functionen des Abstandes) zunehmenden Schichten können: in einzelnen Theilen des Erdkörpers nach ihrer Beschaffenheit, Lage und Dichtigkeits-Folge verschieden, an der Oberfläche locale Abweichungen in der Intensität der Schwere erzeugen. Sind die Zustände, welche jene Abweichungen hervorbringen, um vieles neuer als die Erhärtung der äußeren Rinde, so kann man sich die Figur der Oberfläche als örtlich nicht modificirt durch die innere Bewegung der geschmolzenen Massen denken. Die Verschiedenheit der Resultate der Pendel-Messung ist übrigens viel zu groß, als daß man sie gegenwärtig noch Fehlern der Beobachtung zuschreiben könnte. Wo auch durch mannigfach versuchte Gruppirung und Combination der Stationen Uebereinstimmung in den Resultaten oder erkennbare Gesetzmäßigkeit gefunden wird, ergeben immer die Pendel eine *größere Abplattung* (ohngefähr schwankend zwischen den Grenzen $^1/_{275}$ und $^1/_{290}$) als die, welche aus den Gradmessungen hat geschlossen werden können.

Beharren wir bei dieser, wie sie nach Bessel's letzter Bestimmung gegenwärtig am allgemeinsten angenommen wird, also bei einer Abplattung von $^1/_{299,152}$; beträgt die *Anschwellung*unter dem Aequator eine Höhe von 3272077^t-3261139^t = 10938 Toisen oder 65628 Pariser Fuß: ohngefähr $2^4/_5$ (genauer 2,873) geographische Meilen. Da man seit frühester Zeit gewohnt ist eine solche Anschwellung oder convexe Erhebung der Erdoberfläche mit wohlgemessenen Gebirgsmassen zu vergleichen: so wähle ich als Gegenstände der Vergleichung den höchsten unter den jetzt bekannten Gipfeln des Himalaya, den vom Oberst Wangh gemessenen Kintschindjinga von 4406 Toisen (26436 Fuß); und den Theil der Hochebene Tibets, welcher den Heiligen Seen Rakas-Tal und Manassarovar am nächsten ist, und nach Lieut. Henry Strachey die mittlere Höhe von 2400 Toisen erreicht. Unser Planet ist demnach nicht ganz dreimal so viel in der Aequatorial-Zone angeschwollen, als die Erhebung des *höchsten Erdberges* über der Meeresfläche beträgt; fast fünfmal so viel als das östliche Plateau von Tibet.

Es ist hier der Ort zu bemerken, daß die durch bloße Gradmessungen oder durch Combinationen von Grad- und Pendel-Messungen sich ergebenden Resultate der *Abplattung* weit geringere Verschiedenheiten“Mir scheint es oft, als nenne man bisweilen die Abplattung der Erde fast nur deshalb etwas zweifelhaft, weil man zu große

Genauigkeit erreichen will. Nimmt man die Abplattungen zu $^1/_{310}$, $^1/_{300}$, $^1/_{290}$, $^1/_{280}$; so erhält man den Unterschied beider Halbmesser gleich 10554, 10905, 11281 und 11684 Toisen. Das Schwanken von 30 Einheiten im Nenner erzeugt nur ein Schwanken von 1130 Toisen in dem Polar-Halbmesser: eine Größe, die vergleichungsweise mit den sichtbaren Ungleichheiten der Oberfläche der Erde so wenig wesentlich erscheint, daß ich wirklich oft erstaune, wie die Experimente noch innerhalb solcher Grenzen zusammenstimmen. *Zerstreute Beobachtungen,* auf weiten Flächen *vereinzelt,* werden uns allerdings wenig mehr lehren, als wir schon wissen; aber wichtig wäre es, wenn man alle Messungen über die ganze Oberfläche von Europa mit einander verbände und alle astronomisch bestimmten Punkte in diese Operation hineinzöge." (*Bessel* in einem Briefe an mich vom December 1828.) Nach diesem Vorschlage würde man aber doch nur die Erdgestaltung von dem kennen lernen, was man als die gegen Westen vortretende Peninsular-Gliederung des großen asiatischen Continents, in kaum 66½ Längengraden, betrachten kann. – Die Steppen des nördlichen Asiens, selbst die mittlere Kirghisen-Steppe, von der ich einen beträchtlichen Theil gesehen, sind oft hügelig und in Hinsicht der Raumverhältnisse *ununterbrochener Söhligkeit* im großen keinesweges mit den *Pampas von Buenos Aires* und den *Llanos von Venezuela* zu vergleichen. Diese letzteren: weit von Gebirgsketten entfernt, und in der nächsten Erdrinde mit Flözformationen und Tertiärschichten von sehr gleicher und geringer Dichtigkeit bedeckt, würden durch Anomalien in den Ergebnissen der Pendel-Schwingungen sehr reine und sehr entscheidende Resultate über die örtliche Constitution der *tiefen inneren Erdschichten* liefern können. Vergleiche meine *Ansichten der Natur* in der Höhe der *Aequinoctial-Anschwellung* darbieten, als man auf den ersten Anblick der Bruchzahlen zu vermuthen geneigt sein könnte. Der Unterschied der Polar-Abplattungen $^1/_{310}$ und $^1/_{280}$ beträgt für die Unterschiede der größten und kleinsten Erdachse nach den beiden äußersten Grenzzahlen nur etwas über 6600 Fuß: nicht das Doppelte der kleinen Berghöhen des Brockens und des Vesuvs; ohngefähr nur um $^1/_{10}$ abweichend von der Anschwellung, welche die Abplattung $^1/_{299}$ giebt.

Sobald genauere, unter sehr verschiedenen Breiten gemachte Gradmessungen gelehrt hatten, daß die Erde in ihrem Inneren nicht *gleichförmig* dicht sein könne, weil die aufgefundnen Resultate der Abplattung die letztere um vieles geringer darstellen, als Newton ($^1/_{230}$); um vieles größer, als Huygens ($^1/_{578}$), der sich alle Anziehung im Centrum der Erde vereinigt dachte, annahmen: mußte der Zusammenhang des Werthes der Abplattung mit dem *Gesetze der Dichtigkeit* im Inneren der Erdkugel ein wichtiger Gegenstand des analytischen Calcüls werden. Die theoretischen Speculationen über die Schwere leiteten früh auf die Betrachtung der Anziehung großer Gebirgsmassen, welche frei, klippenartig sich auf dem trocknen Boden des *Luftmeeres* erheben. Schon Newton untersuchte in seinem *treatise of the System of the World in a popular way* 1728, um wie viel ein Berg, der an 2500 Pariser Fuß Höhe und 5000 Fuß Durchmesser hätte, das Pendel von seiner lothrechten Richtung abziehen würde. In dieser Betrachtung liegt wahrscheinlich die Veranlassung zu den wenig befriedigenden Versuchen von Bouguer am Chimborazo, von Maskelyne und Hutton am Berg Shehallien in Perthshire nahe bei Blair Athol, zu der Vergleichung von Pendellängen auf dem Gipfel einer 6000 Fuß erhabenen Hochebene mit der Pendellänge am Meeresufer (Carlini bei dem Hospitium des Mont Cenis, und Biot und Mathieu bei Bordeaux), zu den feinen und allein entscheidenden Experimenten von Reich (1837) und Baily mit dem von John Mitchell erfundenen und durch Wollaston zu Cavendish übergegangenen sinnreichen Apparate der *Drehwage*. Es ist von den drei Arten der Bestimmung der Dichtigkeit unseres Planeten (durch Bergnähe, Höhe einer Bergebene und Drehwage) in dem Naturgemälde so umständlich gehandelt worden, daß nur noch die in Reich's neuer Abhandlungenthaltenen, in den Jahren 1847 und 1850 von diesem unermüdlichen Forscher angestellten Versuche hier erwähnt werden müssen. Das Ganze kann nach dem gegenwärtigen Stande unseres Wissens folgendermaßen zusammengestellt werden:

Shehallian (nach dem Mittel des von Playfair gefundenen Max. 4,867 und Min. 4,559)	4,713
Mont Cenis, Beob. von Carlini mit der Correction von Giulio	4,950
Drehwage: Cavendish nach Baily's Berechnung Reich 1838 Baily 1842 Reich 1847–1850	5,448 5,440 5,660 5577

Ein noch weit größeres Resultat für die Dichte der Erde, als Baily (1842) und Reich (1847–1850) erhalten haben, ergeben Airy's mit so musterhafter Vorsicht in den Bergwerken von Harton angestellte Pendel-Versuche im Jahre 1851. Nach diesen Pendel-Versuchen ist die Dichte 6,566: mit dem wahrscheinlichen Fehler 0,182 (Airy in den *Philos. Transact.* for 1856 p. 342). Eine kleine Modification dieses numerischen Werthes, vom Professor Stockes hinzugefügt wegen des Effects der Rotation und Ellipticität der Erde, verändert die Dichtigkeit für Harton, das in 54° 48' nördlicher Breite liegt, in 6,565; für den Aequator in 6,489.

Das Mittel der beiden letzten Resultate giebt für die Dichtigkeit der Erde 5,62 (die des Wassers = 1 gesetzt) [s. nebenstehenden Zusatz]: also viel mehr als die dichtesten feinkörnigen *Basalte* (nach Leonhard's zahlreichen Versuchen 2,95–3,67), mehr als *Magneteisenerz* (4,9–5,2), um weniges geringer als *gediegen Arsen* von Marienberg oder Joachimsthal. Wir haben bereits oben bemerkt, daß bei der großen Verbreitung von Flöz-, Tertiär-Formationen und aufgeschwemmten Schichten, welche den uns sichtbaren, continentalen Theil der Erdoberfläche bilden (die plutonischen und vulkanischen *Erhebungen* erfüllen inselförmig überaus kleine Räume), die *Feste* in der oberen Erdrinde kaum eine Dichtigkeit von 2,4 bis 2,6 erreicht. Wenn man nun mit Rigaud das Verhältniß der *Feste* zur flüssigen *oceanischen* Fläche wie 10:27 annimmt, und erwägt, daß letztere nach Versuchen mit dem Senkblei über 26000 Pariser Fuß *Wasserdicke* erreicht; so ist die ganze Dichtigkeit der oberen Schichten des Planeten unter der *trocknen* und *oceanischen* Oberfläche kaum 1,5. Es ist gewiß mit Unrecht: wie ein berühmter Geometer, Plana, bemerkt, daß der Verfasser der *Mécanique céleste* der oberen Erdschicht die Dichtigkeit des Granits zuschreibt und diese auch, etwas hoch, = 3 ansetzt: was ihm für das Centrum der Erde die Dichtigkeit von 10,047 giebt. Letztere wird nach Plana 16,27, wenn man die oberen Erdschichten = 1,83 setzt: was wenig von 1,5 oder 1,6 als *totale* Erdrinden-Dichtigkeit abweicht. Das Pendel, das senkrechte wie das horizontale (die Drehwage), hat allerdings ein geognostisches Instrument genannt werden können; aber die Geologie der *unzugänglichen* inneren Erdräume ist, wie die Astrognosie der *dunklen Weltkörper*, nur mit vieler Vorsicht zu behandeln. Ich muß ohnedies noch in dem vulkanischen Abschnitt dieses Werkes die, schon von Anderen angeregten Probleme der Strömungen in der allgemeinen Flüssigkeit des Inneren des Planeten, der wahrscheinlichen oder unwahrscheinlichen periodischen Ebbe- und Fluth-Bewegung in einzelnen, nicht ganz gefüllten Becken, oder der Existenz undichter Räume unter den gehobenen Gebirgsketten, berühren. Es ist im *Kosmos* keine Betrachtung zu übergehen, auf welche wirkliche Beobachtungen oder nicht entfernte Analogien zu leiten scheinen.

b. Innere Wärme des Erdkörpers und Vertheilung derselben.

(Erweiterung des Naturgemäldes)

Die Betrachtungen über die innere Wärme des Erdkörpers, deren Wichtigkeit durch ihren jetzt so allgemein anerkannten Zusammenhang mit *vulkanischen* und *Hebungs-Erscheinungen* erhöht worden ist, sind gegründet theils auf directe und daher unbestreitbare Messungen der Temperatur in Quellen, Bohrlöchern und unterirdischen Grubenbauen; theils auf analytische Combinationen über die allmälige Erkältung unseres Planeten und den Einfluß, welchen die Wärme-Abnahme auf die Rotations-Geschwindigkeitund auf die Richtung der inneren Wärme-Strömungen in der Urzeit mag ausgeübt haben. Die Gestalt des abgeplatteten Erdsphäroids ist selbst wieder von dem Gesetze der zunehmenden Dichtigkeit abhängig in concentrischen, über einander liegenden, nicht homogenen Schalen. Der erste, experimentale und darum sichrere Theil der Untersuchung, auf den wir uns hier beschränken, verbreitet aber nur Licht über die uns allein zugängliche, ihrer Dicke nach unbedeutende *Erdrinde:* während der zweite, mathematische Theil, der Natur seiner Anwendungen nach, mehr negative als positive

Resultate liefert. Den Reiz scharfsinniger Gedankenverbindungendarbietend, leitet dieser zu Problemen, welche bei den Muthmaßungen über den Ursprung der vulkanischen Kräfte und die Reaction des geschmolzenen Inneren gegen die starre äußere Schale nicht ganz unberührt bleiben können. Platons geognostische Mythe vom Pyriphlegethon, als Ursprung aller heißen Quellen wie der vulkanischen Feuerströme, war hervorgegangen aus dem so früh und so allgemein gefühlten Bedürfniß, für eine große und verwickelte Reihe von Erscheinungen eine gemeinsame Ursach aufzufinden.

Bei der Mannigfaltigkeit der Verhältnisse, welche die Erdoberfläche darbietet in Hinsicht auf *Insolation* (Sonnen-Einwirkung) und auf Fähigkeit die Wärme *auszustrahlen*, bei der großen Verschiedenheit der *Wärme-Leitung* nach Maaßgabe der in ihrer Zusammensetzung und Dichte heterogenen Gebirgsarten: ist es nicht wenig zu bewundern, daß da, wo die Beobachtungen mit Sorgfalt und unter günstigen Umständen angestellt sind, die Zunahme der Temperatur mit der Tiefe in sehr ungleichen Localitäten meist so übereinstimmende Resultate gegeben hat. Bohrlöcher: besonders wenn sie noch mit trüben, etwas durch Thonverdickten, den inneren Strömungen minder günstigen Flüssigkeiten gefüllt sind, und wenig Zuflüsse seitwärts in verschiedenen Höhen durch Queerklüfte erhalten; bieten bei sehr großer Tiefe die meiste Sicherheit dar. Wir beginnen daher, eben dieser Tiefe wegen, mit zweien der merkwürdigsten *artesischen* Brunnen: dem von *Grenelle* zu Paris, und dem von *Neu-Salzwerk* im Soolbade *Oeynhausen* bei Minden. Die genauesten Bestimmungen für beide sind die, welche hier folgen:

Nach den Messungen von Walferdin, dessen Scharfsinn man eine ganze Reihe seiner Apparate zur Bestimmung der Temperatur in den Tiefen des Meeres oder der Brunnen verdankt, liegt die Bodenfläche des Abbatoir du Puits de Grenelle $36^{m},24$ über dem Meere. Der obere Ausfluß der aufsteigenden Quelle ist noch $33^{m},33$ höher. Diese Total-Höhe der steigenden Wasser ($69^{m},57$) ist im Vergleich mit dem Niveau des Meeres ohngefähr 60 Meter niedriger als das Ausgehen der Grünsand-Schicht in den Hügeln bei Lusigny, südöstlich von Paris, deren Infiltrationen man das Aufsteigen der Wasser im artesischen Brunnen von Grenelle zuschreibt. Die Wasser sind erbohrt in 547^{m} (1683 Pariser Fuß) Tiefe unter dem Boden des Abattoirs, oder $510^{m},76$ (1572 Fuß) unter dem Meeresspiegel; also steigen sie im ganzen $580^{m},33$ (1786 Fuß). Die Temperatur der Quelle ist $27°,75$ Cent. ($22°,2$ R.). Die Zunahme der Wärme ist also $32^{m},3$ (99½ Fuß) für 1° des hunderttheiligen Thermometers.

Das Bohrloch zu *Neu-Salzwerk* bei *Rehme* liegt in seiner Mündung 217 Fuß über der Meeresfläche (über dem Pegel bei Amsterdam). Es hat erreicht unter der Erdoberfläche: unter dem Punkte, wo die Arbeit begonnen ist, die absolute Tiefe von 2144 Fuß. Die Soolquelle, welche mit vieler Kohlensäure geschwängert ausbricht, ist also 1926 Fuß unter der Meeresfläche gelegen: eine *relative Tiefe*, die vielleicht die größte ist, welche die Menschen je im Inneren der Erde erreicht haben. Die Soolquelle von Neu-Salzwerk

(*Bad Oeynhausen*) hat eine Temperatur von 32°,8 (26°,3 R.); und da die mittlere Jahres-Temperatur der Luft in Neu-Salzwerk etwas über 9°,6 (7°,7 R.) beträgt, so darf man auf eine Zunahme der Temperatur von 1° Cent. für 92,4 Fuß oder 30 Meter schließen. Das Bohrloch von Neu-Salzwerkist also, mit dem von Grenelle verglichen, 461 Fuß *absolut* tiefer; es senkt sich 354 Fuß mehr unter die Oberfläche des Meeres, und die Temperatur seiner Wasser ist 5°,1 höher. Die Zunahme der Wärme ist in Paris für jeden hunderttheiligen Grad um 7,1 Fuß, also kaum um $^1/_{14}$ schneller. Ich habe schon obendarauf aufmerksam gemacht, wie ein von Auguste de la Rive und Marcet zu *Brégny* bei Genf untersuchtes Bohrloch von nur 680 Fuß Tiefe ein ganz gleiches Resultat gegeben hat, obgleich dasselbe in einer Höhe von mehr als 1500 Fuß über dem mittelländischen Meere liegt.

Wenn man den drei eben genannten Quellen, welche zwischen 680 und 2144 Fuß absoluter Tiefe erreichen, noch eine: die von *Monk Wearmouth* bei *Newcastle* (die Grubenwasser des Kohlenbergwerks, in welchem nach Phillips 1404 Fuß *unter* dem Meeresspiegel gearbeitet wird), hinzufügt; so findet man das merkwürdige Resultat, daß an vier von einander so entfernten Orten die Wärme-Zunahme für 1°Cent. nur zwischen 91 und 99 Pariser Fuß schwankt.Diese Uebereinstimmung kann aber nach der Natur der Mittel, welche man anwendet, um die innere Erdwärme in bestimmten Tiefen zu ergründen, nicht überall erwartet werden. Wenn auch angenommen wird, daß die auf Höhen sich infiltrirenden Meteorwasser durch hydrostatischen Druck, wie in communicirenden Röhren, das Aufsteigen der Quellen an tieferen Punkten bewirken: und daß die unterirdischen Wasser die Temperatur der Erdschichten annehmen, mit welchen sie in Contact gelangen; so können die erbohrten Wasser in gewissen Fällen, mit senkrecht niedergehenden Wasserklüften communicirend, doch noch einen anderen Zuwachs von Wärme aus uns unbekannter Tiefe erhalten. Ein solcher Einfluß, welchen man sehr von dem der verschiedenen Leitungsfähigkeit des Gesteins unterscheiden muß, kann an Punkten stattfinden, die dem Bohrloch sehr fern liegen. Wahrscheinlich bewegen sich die Wasser im Inneren der Erde bald in beschränkten Räumen, auf *Spalten* gleichsam *flußartig* (daher oft von *nahen* Bohrversuchen nur einige gelingen); bald scheinen dieselben in horizontaler Richtung weit ausgedehnte Becken zu bilden: so daß dieses Verhältniß überall die Arbeit begünstigt, und in sehr seltenen Fällen durch Anwesenheit von Aalen, Muscheln und Pflanzenresten einen Zusammenhang mit der Erdoberfläche verräth. Wie nun aus den oben bezeichneten Ursachen die aufsteigenden Quellen bisweilen wärmer sind, als nach der geringen Tiefe des Bohrlochs zu erwarten wäre; so wirken in entgegengesetztem Sinne kältere Wasser, welche aus seitwärts zuführenden Queerklüften hervorbrechen.

Es ist bereits bemerkt worden, daß Punkte, welche im Inneren der Erde bei geringer Tiefe in derselben Verticallinie liegen, zu sehr verschiedenen Zeiten das Maximum und Minimum der durch Sonnenstand und Jahreszeiten veränderten Temperatur der Atmosphäre empfangen. Nach den, immer sehr genauen Beobachtungen von

Queteletsind die täglichen Variationen schon in der Tiefe von $3^4/_5$ Fuß nicht mehr bemerkbar; und zu Brüssel trat die höchste Temperatur in 24 Fuß tief eingesenkten Thermometern erst am 10 December, die niedrigste am 15 Juni ein. Auch in den schönen Versuchen, die Forbes in der Nähe von Edinburg über das Leitungsvermögen verschiedener Gebirgsarten anstellte, traf das Maximum der Wärme im basaltartigen Trapp von Calton-Hill erst am 8 Januar in 23 Fuß Tiefe ein. Nach der vieljährigen Reihe von Beobachtungen Arago's im Garten der Pariser Sternwarte sind im Laufe eines ganzen Jahres noch sehr kleine Temperatur Unterschiede bis 28 Fuß unter der Oberfläche bemerkbar gewesen. Eben so fand sie Bravais noch 1° in 26½ Fuß Tiefe im hohen Norden zu Bosekop in Finmark (Br. 69° 58'). Der Unterschied zwischen den höchsten und niedrigsten Temperaturen des Jahres ist um so kleiner, je tiefer man hinabsteigt. Nach Fourier nimmt dieser Unterschied in geometrischer Reihe ab, wenn die Tiefe in arithmetischer wächst.

Die *invariable Erdschicht* ist in Hinsicht ihrer Tiefe (ihres Abstandes von der Oberfläche) zugleich abhängig von der Polhöhe, von der Leitungsfähigkeit des umgebenden Gesteins, und der Größe des Temperatur-Unterschiedes zwischen der heißesten und kältesten Jahreszeit. In der Breite von Paris (48° 50') werden herkömmlich die Tiefe und Temperatur der Caves de l'Observatoire (86 Fuß und 11°,834) für Tiefe und Temperatur der invariablen Erdschicht gehalten. Seitdem (1783) Cassini und Legentil ein sehr genaues Quecksilber-Thermometer in jenen unterirdischen Räumen, welche Theile alter Steinbrüche sind, aufgestellt haben, ist der Stand des Quecksilbers in der Röhre um 0°,22 gestiegen. Ob die Ursach dieses Steigens einer zufälligen Veränderung der Thermometer-Scale, die jedoch von Arago 1817 mit der ihm eigenen Sorgfalt berichtigt worden ist, oder wirklich einer Wärme-Erhöhung zugeschrieben werden müsse; ist noch unentschieden. Die mittlere Temperatur der Luft in Paris ist 10°,822. Bravais glaubt, daß das Thermometer in den Caves de l'Observatoire schon *unter* der Grenze der invariablen Erdschicht stehe, wenn gleich Cassini noch Unterschiede von zwei Hunderttheilen eines Grades zwischen der Winter- und Sommer-Temperatur finden wollte: aber freilich die wärmere Temperatur im Winter. Wenn man das Mittel vieler Beobachtungen der Bodenwärme zwischen den Parallelen von Zürich (47° 22') und Upsala (59° 51') nimmt, so erhält man für 1° Temperatur-Zunahme die Tiefe von 67½ Fuß. Die Unterschiede der Breite steigen nur auf 12 bis 15 Fuß Tiefe, und zwar ohne regelmäßige Veränderung von Süden nach Norden, weil der gewiß vorhandene Einfluß der Breite sich in diesen, noch zu engen Grenzen der Verschiedenheit der Tiefen mit dem Einfluß der Leitungsfähigkeit des Bodens und der Fehler der Beobachtung vermischt.

Da die Erdschicht, in der man anfängt keine Temperatur-Veränderung mehr den ganzen Jahres-Cyclus hindurch zu bemerken, nach der Theorie der Wärme-Vertheilung um so weniger von der Oberfläche entfernt liegt, als die Maxima und Minima der Jahres-Temperatur weniger von einander verschieden sind; so hat diese Betrachtung meinen Freund, Herrn Boussingault, auf die scharfsinnige und bequeme Methode geleitet, in der

Tropengegend, besonders 10 Grad nördlich und südlich vom Aequator, die mittlere Temperatur eines Orts durch die Beobachtung eines Thermometers zu bestimmen, das 8 bis 12 Zoll in einem *bedeckten Raume* eingegraben ist. Zu den verschiedensten Stunden, ja in verschiedenen Monaten (wie die Versuche vom Oberst Hall nahe am Littoral des Choco, in Tumaco; die von Salaza in Quito; die von Boussingault in Vega de Zupia, Marmato und Anserma im Cauca-Thale beweisen), hat die Temperatur nicht um zwei Zehntel eines Grades variirt; und fast in denselben Grenzen ist sie identisch mit der mittleren Temperatur der Luft an solchen Orten gewesen, wo letztere aus stündlichen Beobachtungen hergeleitet worden ist. Dazu blieb diese Identität, was überaus merkwürdig scheint, sich vollkommen gleich: die *thermometrischen Sonden* (von weniger als 1 Fuß Tiefe) mochten am heißen Ufer der Südsee in Guayaquil und Payta, oder in einem Indianer-Dörfchen am Abhange des Vulkans von Puracé, das ich nach meinen Barometer-Messungen 1356 Toisen (2643,2 Meter) hoch über dem Meere gefunden habe, angestellt werden. Die mittleren Temperaturen waren in diesen Höhen-Abständen um volle 14° verschieden.

Eine besondere Aufmerksamkeit verdienen, glaube ich, zwei Beobachtungen, die ich in den Gebirgen von Peru und Mexico gemacht habe: in Bergwerken, welche höher liegen als der Gipfel des Pic von Teneriffa; höher als alle, in die man wohl bis dahin je ein Thermometer getragen hatte. Mehr als zwölftausend Fuß über dem Meeresspiegel habe ich die unterirdische Luft 14° wärmer als die äußere gefunden. Das peruanische Städtchen Micuipampaliegt nämlich nach meinen astronomischen und hypsometrischen Beobachtungen in der südlichen Breite von 6° 43' und in der Höhe von 1857 Toisen, am Fuß des, wegen seines Silberreichthums berühmten Cerro de Gualgayoc. Der Gipfel dieses fast isolirten, sich castellartig und malerisch erhebenden Berges ist 240 Toisen höher als das Straßenpflaster des Städtchens Micuipampa. Die äußere Luft war fern vom Stollen-Mundloch der Mina del Purgatorio 5°,7; aber in dem Inneren der Grubenbaue, ohngefähr in 2057 Toisen (12342 Fuß) Höhe über dem Meere, sah ich das Thermometer überall die Temperatur von 19°,8 anzeigen: Differenz 14°,1. Das Kalkgestein war vollkommen trocken, und sehr wenige Bergleute arbeiteten dort. In der Mina de Guadalupe, die in derselben Höhe liegt, fand ich die innere Luft-Temperatur 14°,4: also Differenz gegen die äußere Luft 8°,7. Die Wasser, welche hier aus der sehr nassen Grube hervorströmten, hatten 11°,3. Die mittlere jährliche Luft-Temperatur von Micuipampa ist wahrscheinlich nicht über 7°½. In Mexico, in den reichen Silberbergwerken von Guanaxuato, fand ich in der Mina de Valenciana die äußere Luft-Temperatur in der Nähe des Tiro Nuevo (7122 Fuß über dem Meere) 21°,2; und die Grubenluft im Tiefsten, in den Planes de San Bernardo (1530 Fuß unter der Oeffnung des Schachtes Tiro Nuevo), volle 27°: ohngefähr die Mittel-Temperatur des Littorals am mexicanischen Meerbusen. In einer Strecke, welche 138 Fuß höher als die Sohle der Planes de San Bernardo liegt, zeigt sich, aus dem Queergestein ausbrechend, eine Quelle mit der Wärme von 29°,3. Die von mir bestimmte nördliche Breite der Bergstadt Guanaxuato ist 21° 0'; bei einer

Mittel-Temperatur, welche ohngefähr zwischen 15°,8 und 16°,2 fällt. Es würde ungeeignet sein hier über die Ursachen vielleicht ganz localer Erhöhung der unterirdischen Temperatur in Gebirgshöhen von sechs- bis zwölftausend Fuß, schwer zu begründende Vermuthungen aufzustellen.

Einen merkwürdigen Contrast bieten die Verhältnisse des Bodeneises in den Steppen des nördlichsten Asiens dar. Trotz der frühesten Zeugnisse von Gmelin und Pallas war selbst die Existenz desselben in Zweifel gezogen worden. Ueber die Verbreitung und Dicke der Schicht des unterirdischen Eises hat man erst in der neuesten Zeit durch die trefflichen Untersuchungen von Erman, Baer und Middendorff richtige Ansichten gewonnen. Nach den Schilderungen von Grönland durch Cranz, von Spitzbergen durch Martens und Phipps, der Küsten des karischen Meeres von Sujew, wurde durch unvorsichtige Verallgemeinerung der ganze nördlichste Theil von Sibirien als vegetationsleer, an der Oberfläche stets gefroren, und mit ewigem Schnee selbst *in der Ebene* bedeckt beschrieben. Die äußerste Grenze hohen Baumwuchses ist im nördlichen Asien nicht, wie man lange annahm und wie Seewinde und die Nähe des Obischen Meerbusens es bei Obdorsk veranlassen, der Parallel von 67°; das Flußthal des großen Lena-Stromes hat hohe Bäume bis zur Breite von 71°. In der Einöde der Inseln von Neu-Sibirien finden große Heerden von Rennthieren und zahllose Lemminge noch hinlängliche Nahrung.Die zwei sibirischen Reisen von Middendorff: welchen Beobachtungsgeist, Kühnheit im Unternehmen und Ausdauer in mühseliger Arbeit auszeichnen, waren 1843 bis 1846 nördlich im Taymir-Lande bis zu 75°¾ Breite und südöstlich bis an den oberen Amur und das Ochotskische Meer gerichtet. Die erste so gefahrvoller Reisen hatte den gelehrten Naturforscher in eine bisher ganz unbesuchte Region geführt. Sie bot um so mehr Wichtigkeit dar, als diese Region gleich weit von der Ost- und Westküste des Alten Continents entfernt ist. Neben der Verbreitung der Organismen im höchsten Norden, als hauptsächlich von klimatischen Verhältnissen abhängig, war im Auftrage der Petersburger Akademie der Wissenschaften die genaue Bestimmung der Boden-Temperatur und der Dicke des unterirdischen Bodeneises ein Hauptzweck der Expedition. Es wurden Untersuchungen angestellt in Bohrlöchern und Gruben von 20 bis 57 Fuß Tiefe, an mehr denn 12 Punkten (bei Turuchansk, am Jenisei und an der Lena), in relativen Entfernungen von vier- bis fünfhundert geographischen Meilen.

Der wichtigste Gegenstand solcher geothermischen Beobachtungen blieb aber der Schergin-SchachtDer Kaufmann Fedor Schergin, Verwalter vom Comptoir der russisch-amerikanischen Handlungs-Gesellschaft, fing im Jahr 1828 an in dem Hofe eines dieser Gesellschaft gehörigen Hauses einen Brunnen zu graben. Da er bis zu der Tiefe von 90 Fuß, die er 1830 erreichte, nur gefrorenes Erdreich und kein Wasser fand, so gab er die Arbeit auf: bis der Admiral Wrangel, der auf seinem Wege nach Sitcha im russischen Amerika Jakutsk berührte, und einsah, welches große wissenschaftliche Interesse an die Durchsenkung der unterirdischen Eisschicht geknüpft sei, Herrn Schergin aufforderte das Vertiefen des Schachtes fortzusetzen. So erreichte derselbe bis 1837 volle 382 englische Fuß unter der Oberfläche, immer im Eise bleibend. zu Jakutsk (Br. 62° 2') Hier war eine unterirdische Eisschicht durchbrochen worden in der Dicke von mehr als 358 Par. Fuß (382 engl. Fuß). Längs den Seitenwänden des Schachtes wurden Thermometer an 11 über einander liegenden Punkten zwischen der Oberfläche und dem Tiefsten des Schachtes, den man 1837 erreichte, eingesenkt. In einem Eimer (Kübel) stehend, Einen Arm beim Herablassen an einem Seil befestigt, mußte der Beobachter die Thermometer-Scalen ablesen. Die Reihe der Beobachtungen, deren mittleren Fehler man nur zu 0°,25 anschlägt, umfaßte den Zeitraum vom April 1844 bis Juni 1846. Die Abnahme der Kälte war im einzelnen zwar nicht den Tiefen proportional; doch fand man folgende, im ganzen zunehmende Mittel-Temperaturen der über einander liegenden Eisschichten:

50	engl.	Fuß	.....	-6°,61 R.
100	"	"	.....	-5,22
150	"	"	.....	-4,64
200	"	"	.....	-3,88
250	"	"	.....	-3,34
382	"	"	.....	-2,40

Nach einer sehr gründlichen Discussion aller Beobachtungen bestimmt Middendorff die allgemeine Temperatur-Zunahmefür 1 Grad Réaumur zu 100 bis 117 engl. Fußen, also zu 75 bis 88 Pariser Fuß auf 1° des hunderttheiligen Thermometers. Dieses Resultat bezeugt eine schnellere Wärme-Zunahme im Schergin-Schachte, als mehrere sehr übereinstimmende Bohrlöcher im mittleren Europa gegeben haben (s. oben). Der Unterschied fällt zwischen ¼ und ⅛. Die mittlere jährliche Temperatur von Jakutsk wurde zu -8°,13 R. (-10°,15Cent.) angenommen. Die Oscillation der Sommer- und Winter-Temperatur ist nach Newerow's funfzehnjährigen Beobachtungen (1829 bis 1844) von der Art, daß bisweilen im Juli und August 14 Tage hinter einander die Luftwärme bis 20° und 23°,4 R. (25° und 29°,3 Cent.) steigt, wenn in 120 *auf einander folgenden* Wintertagen (November bis Februar) die Kälte zwischen 33° und 44°,8 (41°,2 und 55°,9 Cent.) unter dem Gefrierpunkt schwankt. Nach Maaßgabe der bei Durchsenkung des Bodeneises gefundenen Temperatur-Zunahme ist die Tiefe unter der Erdoberfläche zu berechnen, in welcher die Eisschicht der Temperatur 0°, also der unteren Grenze des gefrorenen Erdreichs, am nächsten ist. Sie würde in dem Schergin-Schacht nach Middendorff's Angabe, welche mit der viel früheren Erman's ganz übereinstimmt, erst in 612 oder 642 Fuß Tiefe gefunden werden. Dagegen schiene nach der Temperatur-Zunahme, welche in den, freilich noch nicht 60 Fuß tiefen und kaum eine Meile von

Irkutsk entfernten Mangan-, Schilow- und Dawydow-Gruben, in der hügeligen Kette des linken Lena-Ufers, beobachtet wurde, die Normal-Schicht von 0° schon in 300 Fuß, ja in noch geringerer Tiefe zu liegen.Ist diese Ungleichheit der Lage nur scheinbar, weil eine numerische Bestimmung, auf so unbedeutende Schachttiefen gegründet, überaus unsicher ist und die Temperatur-Zunahme nicht immer demselben Gesetze gehorcht? Ist es gewiß, daß, wenn man aus dem Tiefsten des Schergin-Schachtes eine horizontale (söhlige) Strecke viele hundert Lachter weit ins Feld triebe, man in jeder Richtung und Entfernung gefrornes Erdreich und dieses gar mit einer Temperatur von 2½ Grad unter dem Nullpunkt finden würde?

Schrenk hat das Bodeneis in 67°½ Breite im Lande der Samojeden untersucht. Um Pustojenskoy Gorodok wird das Brunnengraben durch Anwendung des Feuers beschleunigt. Mitten im Sommer fand man die Eisschicht schon in 5 Fuß Tiefe. Man konnte sie in der Dicke von 63 Fuß verfolgen, als plötzlich die Arbeit gestört ward. Ueber den nahen Landsee von Ustje konnte man 1813 den ganzen Sommer hindurch in Schlitten fahren. Auf meiner sibirischen Expedition mit Ehrenberg und Gustav Rose ließen wir bei Bogoslowsk (Br. 59° 44'), an dem Wege nach den Turjin'schen Gruben, im Ural einen Schurf in einem torfigen Boden graben. In 5 Fuß Tiefe traf man schon auf Eisstücke, die breccienartig mit gefrorener Erde gemengt waren; dann begann dichtes Eis, das in 10 Fuß Tiefe noch nicht durchsenkt wurde.

Die *geographische Erstreckung des Eisbodens:* d. i. der Verlauf der Grenze, an der man im hohen Norden von der skandinavischen Halbinsel an bis gegen die östlichen Küsten Asiens im August und also das ganze Jahr hindurch in gewisser Tiefe Eis und gefrorenes Erdreich findet; ist nach Middendorff's scharfsinniger Verallgemeinerung des Beobachteten, wie alle geothermischen Verhältnisse, noch mehr von örtlichen Einflüssen abhängig als die Temperatur des Luftkreises. Der Einfluß der letzteren ist im ganzen gewiß der entscheidendste; aber die Isogeothermen sind, wie schon Kupffer bemerkt hat, in ihren convexen und concaven Krümmungen nicht den klimatischen Isothermen, welche von den Temperatur-Mitteln der Atmosphäre bestimmt werden, parallel. Das Eindringen der aus der Atmosphäre tropfbar niedergeschlagenen Dämpfe, das Aufsteigen warmer Quellwasser aus der Tiefe, und die so verschiedene wärmeleitende Kraft des Bodensscheinen besonders wirksam zu sein. „An der nördlichsten Spitze des europäischen Continents, in Finmarken, unter 70° und 71° Breite, ist noch kein zusammenhangender Eisboden vorhanden. Ostwärts in das Flußthal des Obi eintretend, 5 Grade südlicher als das Nordcap, findet man Eisboden in Obdorsk und Beresow. Gegen Ost und Südost nimmt die Kälte des Bodens zu: mit Ausnahme von Tobolsk am Irtysch, wo die Temperatur des Bodens kälter ist als bei dem 1° nördlicheren Witimsk im Lena-Thale. Turuchansk (65° 54') am Jenisei liegt noch auf ungefrorenem Boden, aber ganz nahe der Grenze des Eisbodens. Amginsk, südöstlich von Jakutsk, hat einen eben so kalten Boden als das 5° nördlichere Obdorsk; eben so ist Oleminsk am Jenisei. Vom Obi bis zum Jenisei scheint sich die Curve des anfangenden Bodeneises wieder um ein paar Breitengrade nordwärts zu erheben: um dann, in ihrem südlich gewandten Verlaufe, das Lena-Thal fast 8° südlicher als den Jenisei zu durchschneiden. Weiter hin in Osten steigt die Linie wiederum in nördlicher Richtung an."Kupffer, der die Gruben von Nertschinsk besucht hat, deutet darauf hin, daß, abgesehen von der *zusammenhangenden* nördlichen Gesammtmasse des Eisbodens, es in südlicheren Gegenden auch ein *inselförmiges* Auftreten des Phänomens giebt. Im allgemeinen ist dasselbe von den Vegetations-Grenzen und dem Vorkommen hohen Baumwuchses vollkommen unabhängig.

Es ist ein bedeutender Fortschritt unseres Wissens, nach und nach eine generelle, ächt kosmische Uebersicht der Temperatur-Verhältnisse der Erdrinde im nördlichen Theile des Alten Continents zu erlangen; und zu erkennen, daß unter verschiedenen Meridianen die Grenze des Bodeneises, wie die Grenzen der mittleren Jahres-Temperatur und des Baumwuchses, in sehr verschiedenen Breiten liegt: wodurch perpetuirliche Wärme-Strömungen im Inneren der Erde erzeugt werden müssen. Im nordwestlichsten Theile von Amerika fand Franklin den Boden, Mitte August, schon in einer Tiefe von 16 Zoll gefroren. Richardson sah an einem östlicheren Punkte der Küste, in 71° 12' Breite, die Eisschicht im Julius aufgethaut bis 3 Fuß unter der krautbedeckten Oberfläche. Mögen wissenschaftliche Reisende uns bald allgemeiner über die geothermischen Verhältnisse in diesem Erdtheile und in der südlichen Hemisphäre unterrichten. Einsicht in die Verkettung der Phänomene leitet am sichersten auf die Ursachen verwickelt scheinender Anomalien; auf das, was man voreilig Ungesetzlichkeit nennt.

c. Magnetische Thätigkeit des Erdkörpers in ihren drei Kraftäußerungen: der Intensität, der Neigung und der Abweichung. – Punkte (magnetische Pole genannt), in denen die Neigung 90° ist. – Curve, auf der keine Neigung beobachtet wird. (Magnetischer Aequator.) – Vier Punkte der größten, aber unter sich verschiedenen Intensität. – Curve der schwächsten Intensität. – Außerordentliche Störungen der Declination (magnetische Gewitter). – Polarlicht.

(Erweiterung des Naturgemäldes)

Die *magnetische Constitution* unseres Planeten kann nur aus den vielfachen Manifestationen der *Erdkraft*, in so fern sie *meßbare* Verhältnisse im *Raume* und in der *Zeit* darbieten, geschlossen werden. Diese Manifestationen haben das Eigenthümliche, daß sie ein *ewig Veränderliches* der Phänomene darbieten: und zwar in einem weit höheren Grade noch als Temperatur, Dampfmenge und electrische Tension der unteren Schichten des Luftkreises. Ein solcher ewiger Wechsel in den mit einander verwandten magnetischen und electrischen Zuständen der Materie unterscheidet auch wesentlich die Phänomene des Electro-Magnetismus von denen, welche durch die primitive Grundkraft der Materie, ihre *Molecular-* und *Massen-Anziehung* bei unveränderten Abständen, bedingt werden. Ergründung des *Gesetzlichen* in dem *Veränderlichen* ist aber das nächste Ziel aller Untersuchung einer Kraft in der Natur. Wenn auch durch die Arbeiten von Coulomb und Arago erwiesen ist, daß in den verschiedenartigsten Stoffen der electromagnetische Proceß erweckt werden kann; so zeigt sich in Faraday's glänzender Entdeckung des *Diamagnetismus*, in den Unterschieden nord-südlicher und ost-westlicher Achsenstellung doch wieder der, aller Massen-Anziehung fremde Einfluß der *Heterogeneität der Stoffe*. Sauerstoffgas, in eine dünne Glasröhre eingeschlossen, richtet sich unter Einwirkung eines Magneten, *paramagnetisch*, wie Eisen, nord-südlich; Stickstoff-, Wasserstoff- und kohlensaures Gas bleiben unerregt; Phosphor, Leder und Holz richten sich, *diamagnetisch*, äquatorial von Osten nach Westen.

In dem griechischen und römischen Alterthume kannte man: Festhalten des Eisens am Magnetstein; Anziehung und Abstoßung; Fortpflanzung der anziehenden Wirkung durch eherne Gefäße wie auch durch Ringe, die einander kettenförmig tragen, so lange die Berührung eines Ringes am Magnetstein dauert; Nicht-Anziehen des Holzes oder anderer Metalle als Eisens. Von der polarischen *Richtkraft*, welche der Magnetismus einem beweglichen, für seinen Einfluß empfänglichen Körper mittheilen könne, wußten die westlichen Völker (Phönicier, Tusker, Griechen und Römer) nichts. Die Kenntniß dieser Richtkraft: welche einen so mächtigen Einfluß auf die Vervollkommnung und Ausdehnung der Schifffahrt ausgeübt, ja dieser materiellen Wichtigkeit wegen so anhaltend zu der Erforschung einer allverbreiteten und doch vorher wenig beachteten Naturkraft angereizt hat, finden wir bei jenen westlichen europäischen Völkern erst seit dem 11ten und 12ten Jahrhunderte. In der Geschichte und Aufzählung der Hauptmomente physischer Weltanschauung. hat das, was wir hier summarisch unter Einen Gesichtspunkt stellen, mit Angabe der einzelnen Quellen, in mehrere Abschnitte vertheilt werden müssen.

Bei den Chinesen sehen wir Anwendung der *magnetischen Richtkraft*, Benutzung der Süd- und Nord-Weisung durch auf dem Wasser schwimmende Magnetnadeln bis zu einer Epoche hinaufsteigen, welche vielleicht noch älter ist als die dorische Wanderung und die Rückkehr der Herakliden in den Peloponnes. Auffallend genug scheint es dazu, daß der Gebrauch der *Süd-Weisung* der Nadel im östlichsten Asien nicht in der *Schifffahrt*, sondern bei *Landreisen* angefangen hat. In dem Vordertheil der *magnetischen Wagen* bewegte eine frei schwimmende Nadel Arm und Hand einer kleinen Figur, welche nach dem Süden hinwies. Ein solcher Apparat, sse-nan (Andeuter des Südens) genannt, wurde unter der Dynastie der Tscheu 1100 Jahre vor unserer Zeitrechnung Gesandten von Tunkin und Cochinchina geschenkt, um ihre Rückkehr durch große Ebenen zu sichern. Der Magnetwagenbediente man sich noch bis in das 15te Jahrhundert nach Christus. Mehrere derselben wurden im kaiserlichen Palaste aufbewahrt und bei Erbauung buddhistischer Klöster zur Orientirung der Hauptseiten der Gebäude benutzt. Die häufige Anwendung eines magnetischen Apparats leitete allmälig die Scharfsinnigeren unter dem Volke auf physikalische Betrachtungen über die Natur der magnetischen Erscheinungen. Der chinesische Lobredner der Magnetnadel, Knopho (ein Schriftsteller aus dem Zeitalter Constantins des Großen), vergleicht, wie ich schon an einem anderen Orte angeführt, die Anziehungskraft des *Magnets* mit der des geriebenen *Bernsteins*. Es ist nach ihm „wie ein *Windeshauch*, der beide geheimnißvoll durchweht und pfeilschnell sich mitzutheilen vermag.“ Der symbolische Ausdruck Windeshauch erinnert an den gleich symbolischen der *Beseelung*, welche im griechischen Alterthume der Gründer der ionischen Schule, Thales, beiden attractorischen Substanzen zuschrieb. Aristoteles selbst (*de Anima* I, 2) spricht nur von der *Beseelung* des Magnetsteins als einer Meinung des Thales. Diogenes Laertius dehnt aber die Meinung bestimmt auf den Bernstein aus, indem er sagt: „Aristoteles und Hippias behaupten von der Lehre des Thales . . . .“ Der Sophist Hippias aus Elis, der alles zu wissen wähnte, beschäftigte sich mit Naturkunde, und so auch mit den ältesten Traditionen aus der physiologischen Schule. Der „anziehende *Windeshauch*“, welcher, nach dem chinesischen Physiker Knopho, „den Magnet und den Bernstein durchweht“, erinnert, nach Buschmann's mexicanischen Sprachuntersuchungen, an den aztekischen Namen für den Magnet: tlaihioanani tetl, bedeutend: „der durch den Hauch an sich ziehende Stein“ (von ihiotl Hauch, Athem, und ana ziehen). Seele heißt hier das innere Princip bewegender Thätigkeit.

Da die zu große Beweglichkeit der chinesischen schwimmenden Nadeln die Beobachtung und das Ablesen erschwerte; so wurden sie schon im Anfang des 12ten Jahrhunderts (nach Chr.) durch eine andere Vorrichtung ersetzt, in welcher die nun in der Luft frei schwingende Nadel an einem feinen baumwollenen oder seidenen Faden hing: ganz nach Art der suspension à la Coulomb, welcher sich im westlichen Europa zuerst Gilbert bediente. Mit einem solchen vervollkommneten Apparatebestimmten die Chinesen ebenfalls schon im Beginn des 12ten Jahrhunderts die Quantität der *westlichen Abweichung*, die in dem Theile Asiens nur sehr kleine und langsame Veränderungen zu erleiden scheint. Von dem Landgebrauche ging endlich der Compaß zur Benutzung auf dem *Meere* über. Unter der Dynastie der Tsin im 4ten Jahrhundert unserer Zeitrechnung besuchen chinesische Schiffe, vom Compaß geleitet, indische Häfen und die Ostküste von Afrika.

Schon zwei Jahrhunderte früher, unter der Regierung des Marcus Aurelius Antoninus (An tun bei den Schriftstellern der Dynastie der Han genannt), waren römische Legaten zu Wasser über Tunkin nach China gekommen. Aber nicht durch eine so vorübergehende Verbindung, sondern erst als sich der Gebrauch der Magnetnadel in dem ganzen indischen Meere an den persischen und arabischen Küsten allgemein verbreitet hatte, wurde derselbe im *zwölften Jahrhundert* (sei es unmittelbar durch den Einfluß der Araber, sei es durch die Kreuzfahrer, die seit 1096 mit Aegypten und dem eigentlichen Orient in Berührung kamen) in das europäische Seewesen übertragen. Bei historischen Untersuchungen der Art ist mit Gewißheit nur die Epoche festzusetzen, welche man als die späteste Grenzzahl betrachten kann. In dem politisch-satirischen Gedichte des Guyot von Provins wird (1199) von dem Seecompaß als von einem in der Christenwelt längst bekannten Werkzeuge gesprochen; eben dies ist der Fall in der Beschreibung von Palästina, die wir dem Bischof von Ptolemais, Jacob von Vitry, verdanken und deren Vollendung zwischen 1204 und 1215 fällt. Von der Magnetnadel geleitet, schifften die Catalanen nach den nord-schottischen Inseln wie an die Westküste des tropischen Afrika, die Basken auf den Wallfischfang, die Normannen nach den Azoren, den Bracir-Inseln des Picigano. Die spanischen Leyes de las Partidas (del sabio Rey Don Alonso el nono), aus der ersten Hälfte des dreizehnten Jahrhunderts, rühmen die Nadel als „treue Vermittlerinn (medianera), zwischen dem Magnetsteine (la piedra) und dem Nordstern". Auch Gilbert, in seinem berühmten Werke: *de Magnete Physiologia nova*, spricht vom Seecompaß als einer *chinesischen* Erfindung, setzt aber unvorsichtig hinzu: daß sie Marco Polo, qui apud Chinas artem pyxidis didicit, zuerst nach Italien brachte. Da Marco Polo seine Reisen erst 1271 begann und 1295 zurückkehrte, so beweisen die Zeugnisse von Guyot de Provins und Jacques de Vitry, daß wenigstens schon 60 bis 70 Jahre vor der Abreise des Marco Polo nach dem Compaß in europäischen Meeren geschifft wurde. Die Benennungen zohron und aphron, die Vincenz von Beauvais in seinem *Naturspiegel* dem südlichen und nördlichen Ende der Magnetnadel (1254) gab, deuten auch auf eine Vermittelung *arabischer* Piloten, durch welche die Europäer die chinesische Boussole erhielten. Sie deuten auf dasselbe gelehrte und betriebsame Volk der asiatischen Halbinsel, dessen Sprache auf unsren Sternkarten nur zu oft verstümmelt erscheint.

Nach dem, was ich hier in Erinnerung gebracht, kann es wohl keinem Zweifel unterworfen sein, daß die allgemeine Anwendung der Magnetnadel auf der oceanischen Schifffahrt der Europäer seit dem *zwölften Jahrhundert* (und wohl noch früher in eingeschränkterem Maaße) von dem Becken des Mittelmeeres ausgegangen ist. Den wesentlichsten Antheil daran haben die maurischen Piloten, die Genueser, Venetianer, Majorcaner und Catalanen gehabt. Die letzten waren unter Anführung ihres berühmten Seemannes Don Jayme Ferrer 1346 bis an den Ausfluß des Rio de Ouro (N. Br. 23° 40') an der Westküste von Afrika gelangt; und, nach dem Zeugniß von Raymundus Lullus (in seinem nautischen Werke *Fenix de las maravillas del orbe* 1286), bedienten sich schon lange vor Jayme Ferrer die Barceloneser der Seekarten, Astrolabien und Seecompasse.

Von der Quantität der, gleichzeitig durch Uebertragung aus China, den indischen, malayischen und arabischen Seefahrern bekannten magnetischen Abweichung (*Variation* nannte man das Phänomen früh, ohne allen Beisatz) hatte sich die Kunde natürlich ebenfalls über das Becken des Mittelmeers verbreitet. Dieses, zur Correction der Schiffsrechnung so unentbehrliche Element wurde damals weniger durch Sonnen-Auf- und -Untergang als durch den Polarstern, und in beiden Fällen sehr unsicher, bestimmt; doch auch bereits auf *Seekarten* getragen: z. B. auf die seltene Karte von Andrea Bianco, die im Jahr 1436 entworfen ist. Columbus, der eben so wenig als Sebastian Cabot zuerst die magnetische Abweichung erkannte, hatte das große Verdienst, am 13 September 1492 die Lage einer *Linie ohne Abweichung* 2½ Grad östlich von der azorischen Insel Corvo astronomisch zu bestimmen. Er sah, indem er in dem westlichen Theile des atlantischen Oceans vordrang, die *Variation* allmälig von *Nordost* in *Nordwest* übergehen. Diese Bemerkung leitete ihn schon auf den Gedanken, der in späteren Jahrhunderten so viel die Seefahrer beschäftigt hat: durch die Lage der Variations-Curven, welche er noch dem Meridian parallel wähnte, die *Länge* zu finden. Man erfährt aus seinen Schiffsjournalen, daß er auf der zweiten Reise (1496), seiner Lage ungewiß, sich wirklich durch Declinations-Beobachtungen zu orientiren suchte. Die Einsicht in die Möglichkeit einer solchen Methode war gewiß auch „das untrügliche Geheimniß der See-Länge, welches durch besondere göttliche Offenbarung zu besitzen“ Sebastian Cabot auf seinem Sterbebette sich rühmte.

An die atlantische *Curve ohne Declination* knüpften sich in der leicht erregbaren Phantasie des Columbus noch andere, etwas träumerische Ansichten über Veränderung der Klimate, anomale Gestaltung der Erdkugel und außerordentliche Bewegungen himmlischer Körper: so daß er darin Motive fand eine *physikalische Grenzlinie* zu einer *politischen* vorzuschlagen. Die raya, auf der die agujas de marear direct nach dem Polarstern hinweisen, wurde so die *Demarcations-Linie* für die Kronen von Portugal und Castilien; und bei der Wichtigkeit, die *geographische Länge* einer solchen Grenze in beiden Hemisphären über die ganze Erdoberfläche astronomisch genau zu bestimmen, ward ein Decret päpstlichen Uebermuths, ohne es bezweckt zu haben, wohlthätig und folgereich für die Erweiterung der astronomischen Nautik und die Vervollkommnung magnetischer Instrumente. Felipe Guillen aus Sevilla (1525) und wahrscheinlich früher der Cosmograph Alonso de Santa Cruz, Lehrer der Mathematik des jugendlichen Kaisers Carls V, construirten neue *Variations-Compasse*, mit denen Sonnenhöhen genommen werden konnten. Der Cosmograph zeichnete 1530, also anderthalb Jahrhunderte vor Halley, freilich auf sehr unvollständige Materialien gegründet, die erste allgemeine *Variations-Karte*. Wie lebhaft im 16ten Jahrhundert seit dem Tode des Columbus und dem Streit über die Demarcations-Linie die Thätigkeit in Ergründung des tellurischen Magnetismus erwachte, beweist die Seereise des Juan Jayme: welcher 1585 mit Francisco Gali von den Philippinen nach Acapulco schiffte, bloß um ein von ihm erfundenes Declinations-Instrument auf dem langen Wege durch die Südsee zu prüfen.

Bei dem sich verbreitenden Hange zum Beobachten mußte auch der diesen immer begleitende, ja ihm öfter noch voreilende Hang zu theoretischen Speculationen sich offenbaren. Viele alte Schiffersagen der Inder und Araber reden von Felsinseln, welche den Seefahrern Unheil bringen, weil sie durch ihre magnetische Naturkraft alles Eisen, das in den Schiffen das Holzgerippe verbindet, an sich ziehen oder gar das ganze Schiff unbeweglich fesseln. Unter Einwirkung solcher Phantasien knüpfte sich früh an den

Begriff eines polaren Zusammentreffens magnetischer Abweichungslinien das materielle Bild eines dem Erdpole nahen hohen *Magnetberges*. Auf der merkwürdigen Karte des Neuen Continents, welche der römischen Ausgabe der Geographie des Ptolemäus vom Jahre 1508 beigefügt ist, findet sich nördlich von Grönland (Gruentlant), welches als dem östlichen Theil von Asien zugehörig dargestellt wird, der *nördliche Magnetpol* als ein *Inselberg* abgebildet. Seine Lage wird allmälig südlicher in dem *breve Compendio de la Sphera* von Martin Cortes 1545 wie in der *Geographia di Tolomeo* des Livio Sanuto 1588. An *Erreichung* dieses Punktes, den man el calamitico nannte, waren große Erwartungen geknüpft, da man aus einem, erst spät verschwundenen Vorurtheil dort am Magnetpole alcun miraculoso stupendo effetto zu erleben gedachte.

Bis gegen das Ende des sechzehnten Jahrhunderts war man bloß mit dem Phänomen der *Abweichung*, welche auf die Schiffsrechnung und die nautische Ortsbestimmung den unmittelbarsten Einfluß ausübt, beschäftigt. Statt der einen von Columbus 1492 aufgefundenen *Linie ohne Abweichung* glaubte der gelehrte Jesuit Acosta, durch portugiesische Piloten (1589) belehrt, in seiner trefflichen *Historia natural de las Indias* vier Linien ohne Abweichung aufführen zu können. Da die *Schiffsrechnung* neben der Genauigkeit der *Richtung* (des durch den corrigirten Compaß gemessenen Winkels) auch die Länge des durchlaufenen Weges erheischt; so bezeichnet die Einführung des *Logs*, so unvollkommen auch diese Art der Messung selbst noch heute ist, doch eine wichtige Epoche in der Geschichte der Nautik. Ich glaube gegen die bisher herrschende Meinung erwiesen zu haben, daß das erste sichere Zeugnißder Anwendung des Logs (la cadena de la popa, la corredera) in den Schiffsjournalen der Magellanischen Reise von Antonio Pigafetta zu finden ist. Es bezieht sich auf den Monat Januar 1521. Columbus, Juan de la Cosa, Sebastian Cabot und Vasco de Gama haben das Log und dessen Anwendung nicht gekannt. Sie schätzten nach dem Augenmaaße die Geschwindigkeit des Schiffes, und fanden die Länge des Weges durch das Ablaufen des Sandes in den ampolletas. Neben dem alleinigen und so früh benutzten Elemente der Magnetkraft, der horizontalen *Abweichung* vom Nordpole, wurde endlich (1576) auch das zweite Element, die *Neigung*, gemessen. Robert Normann hat zuerst an einem selbsterfundenen Inclinatorium die Neigung der Magnetnadel in London mit nicht geringer Genauigkeit bestimmt. Es vergingen noch zweihundert Jahre, ehe man das dritte Element, die *Intensität* der magnetischen Erdkraft, zu messen versuchte.

Ein von Galilei bewunderter Mann, dessen Verdienst Baco gänzlich verkannte, William Gilbert, hatte an dem Ende des sechzehnten Jahrhunderts eine erste großartige Ansichtvon der magnetischen Erdkraft aufgestellt. Er unterschied zuerst deutlich in ihren Wirkungen Magnetismus von Electricität; hielt aber beide für Emanationen der einigen, aller Materie als solcher inwohnenden Grundkraft. Er hat, wie es der Genius vermag, nach schwachen Analogien vieles glücklich geahndet; ja nach den klaren Begriffen, die er sich von dem tellurischen Magnetismus (de magno magnete tellure) machte, schrieb er schon die Entstehung der Pole in den senkrechten Eisenstangen am

Kreuz alter Kirchthürme der Mittheilung der Erdkraft zu. Er lehrte in Europa zuerst durch Streichen mit dem Magnetsteine Eisen magnetisch machen: was freilich die Chinesen fast 500 Jahre früher wußten. Dem Stahle gab schon damals Gilbert den Vorzug vor dem weichen Eisen, weil jener die mitgetheilte Kraft dauerhafter sich aneigne und für längere Zeit ein Träger des Magnetismus werden könne.

In dem Laufe des 17ten Jahrhunderts vermehrte die, durch vervollkommnete Bestimmung der *Wegrichtung* und *Weglänge* so weit ausgedehnte Schifffahrt der Niederländer, Briten, Spanier und Franzosen die Kenntniß der *Abweichungslinien:* welche, wie eben bemerkt, der Pater Acosta in ein System zu bringen versucht hatte. Cornelius Schouten bezeichnete 1616 mitten in der Südsee, südöstlich von den Marquesas-Inseln, Punkte, in denen die Variation null ist. Noch jetzt liegt in dieser Region das sonderbare *geschlossene* isogonische System, in welchem jede Gruppe der inneren concentrischen Curven eine geringere Abweichung zeigt.Der Eifer, *Längen-Methoden* nicht bloß durch die *Variation,* sondern auch durch die *Inclination* zu finden (solchen Gebrauch der Inclinationbei bedecktem, sternenleerem Himmel, aëre caloginoso, nannte Wright „vieles Goldes werth"), leitete auf Vervielfältigung der Construction magnetischer Apparate und belebte zugleich die Thätigkeit der Beobachter. Der Jesuit Cabeus aus Ferrara, Ridley, Lieutaud (1668) und Henry Bond (1676) zeichneten sich auf diesem Wege aus. Der Streit zwischen dem Letztgenannten und Beckborrow hat vielleicht, sammt Acosta's Ansicht von *vier* Linien ohne Abweichung, welche die ganze Erdoberfläche theilen sollen, auf Halley's, schon 1683 entworfene Theorie von *vier* magnetischen Polen oder Convergenz-Punkten Einfluß gehabt.

Halley bezeichnet eine wichtige Epoche in der Geschichte des tellurischen Magnetismus. In jeder Hemisphäre nahm er einen *stärkeren* und einen *schwächeren* magnetischen Pol an, also vier Punkte mit 90° Inclination der Nadel: gerade wie man jetzt unter den vier Punkten der *größten Intensität* in jeder Hemisphäre eine analoge Ungleichheit in dem erreichten Maximum der Intensität, d. h. der Geschwindigkeit der Schwingungen der Nadel in der Richtung des magnetischen Meridians, findet. Der stärkste aller vier Halley'scher Pole sollte in 70° südlicher Breite, 120° östlich von Greenwich, also fast im Meridian von König-Georgs-Sund in Neu-Holland (Nuyt's Land), gelegen sein.Halley's drei Seereisen in den Jahren 1698, 1699 und 1702 folgten auf den Entwurf einer Theorie, die sich nur auf seine sieben Jahr frühere Reise nach St. Helena, wie auf unvollkommene Variations-Beobachtungen von Baffin, Hudson und Cornelius van Schouten gründen konnte. Es waren die ersten Expeditionen, welche eine Regierung zu einem großen wissenschaftlichen Zwecke, zur Ergründung eines Elements der Erdkraft, unternehmen ließ, von dem die Sicherheit der Schiffsführung vorzugsweise abhängig ist. Da Halley bis zum 52ten Grade jenseits des Aequators vordrang, so konnte er die erste umfangreiche *Variations-Karte* construiren. Sie gewährt für die theoretischen Arbeiten des 19ten Jahrhunderts die Möglichkeit einen, der Zeit nach freilich nicht sehr fernen Vergleichungspunkt für die *fortschreitende Bewegung der Abweichungs-Curven* darzubieten.

Es ist ein glückliches Unternehmen Halley's gewesen, die Punkte *gleicher Abweichung* durch Linienmit einander graphisch verbunden zu haben. Dadurch ist zuerst Uebersicht und Klarheit in die Einsicht von dem Zusammenhange der aufgehäuften Resultate gebracht worden. Meine, von den Physikern früh begünstigten *Isothermen*, d. h. Linien gleicher Wärme (mittlerer Jahres-, Sommer- und Winter-Temperatur), sind ganz nach Analogie von Halley's isogonischen Curven geformt. Sie haben den Zweck: besonders nach der Ausdehnung und großen Vervollkommnung, welche *Dove* denselben gegeben, Klarheit über die Vertheilung der Wärme auf dem Erdkörper, und die hauptsächliche Abhängigkeit dieser Vertheilung von der Gestaltung des Festen und Flüssigen, von der gegenseitigen Lage der Continental-Massen und der Meere zu verbreiten.. Halley's rein wissenschaftliche Expeditionen stehen um so isolirter da, als sie nicht, wie so viele folgende Expeditionen, auf Kosten des Staats unternommene, *geographische* Entdeckungsreisen waren. Sie haben dazu, neben den Ergebnissen über den tellurischen Magnetismus, auch als Frucht des früheren Aufenthalts auf St. Helena in den Jahren 1677 und 1678, einen wichtigen Catalog südlicher Sterne geliefert: ja den ersten, welcher überhaupt unternommen worden ist, seitdem nach Morin's und Gascoigne's Vorgange Fernröhre mit messenden Instrumenten verbunden wurden.

So wie das 17te Jahrhundert sich durch Fortschritte auszeichnete in der gründlicheren Kenntniß der Lage der Abweichungslinien, und den ersten *theoretischen* Versuch ihre *Convergenz-Punkte* als Magnetpole zu bestimmen; so lieferte das 18te Jahrhundert die Entdeckung der *stündlichen periodischen Veränderung der Abweichung*. Graham in London hat das unbestrittene Verdienst (1722) diese stündlichen Variationen zuerst genau und ausdauernd beobachtet zu haben. In schriftlichem Verkehr mit ihm erweitertenCelsius und Hiörter in Upsala die Kenntniß dieser Erscheinung. Erst Brugmans und, mit mehr mathematischem Sinne begabt, Coulomb (1784–1788) drangen tief in das Wesen des tellurischen Magnetismus ein. Ihre scharfsinnigen physikalischen Versuche umfaßten die magnetische Anziehung *aller Materie*, die räumliche Vertheilung der Kraft in einem Magnetstabe von gegebener Form, und das Gesetz der Wirkung in der Ferne. Um genaue Resultate zu erlangen, wurden bald Schwingungen einer an einem Faden aufgehängten horizontalen Nadel, bald Ablenkung durch die *Drehwage*, balance de torsion, angewandt.

Die Einsicht in die *Intensitäts-Verschiedenheit der magnetischen Erdkraft* an verschiedenen Punkten der Erde, durch die Schwingungen einer senkrechten Nadel im magnetischen Meridian gemessen, verdankt die Wissenschaft allein dem Scharfsinn des Chevalier *Borda:* nicht durch eigene geglückte Versuche, sondern durch Gedankenverbindung und beharrlichen Einfluß auf Reisende, die sich zu fernen

Expeditionen rüsteten. Seine lang gehegten Vermuthungen wurden zuerst durch Lamanon, den Begleiter von la Pérouse, mittelst Beobachtungen aus den Jahren 1785 bis 1787 bestätigt. Es blieben dieselben, obgleich schon seit dem Sommer des letztgenannten Jahres in ihrem Resultate dem Secretär der Académie des Sciences, Condorcet, bekannt, unbeachtet und unveröffentlicht. Die erste und darum freilich unvollständige Erkennung des wichtigen Gesetzes der mit der magnetischen Breite veränderlichen Intensität gehörtunbestritten der unglücklichen, wissenschaftlich so wohl ausgerüsteten Expedition von la Pérouse; aber das Gesetz selbst hat, wie ich glaube mir schmeicheln zu dürfen, erst in der Wissenschaft Leben gewonnen durch die Veröffentlichung meiner Beobachtungen von 1798 bis 1804 im südlichen Frankreich, in Spanien, auf den canarischen Inseln, in dem Inneren des tropischen Amerika's (nördlich und südlich vom Aequator), in dem atlantischen Ocean und der Südsee. Die gelehrten Reisen von le Gentil, Feuillée und Lacaille; der erste Versuch einer Neigungs-Karte von Wilke (1768); die denkwürdigen Weltumseglungen von Bougainville, Cook und Vancouver haben, wenn gleich mit Instrumenten von sehr ungleicher Genauigkeit, das vorher sehr vernachlässigte und zur Begründung der Theorie des Erd-Magnetismus so wichtige Element der Inclination an vielen Punkten: freilich sehr ungleichzeitig, und mehr an den Küsten oder auf dem Meere als im Inneren der Continente, ergründet. Gegen das Ende des 18ten Jahrhunderts wurde durch die, mit vollkommneren Instrumenten angestellten, stationären Declinations-Beobachtungen von Cassini, Gilpin und Beaufoy (1784 bis 1790) ein periodischer Einfluß der Stunden wie der Jahreszeiten bestimmter erwiesen, und so die Thätigkeit in magnetischen Untersuchungen allgemeiner belebt.

Diese Belebung nahm in dem neunzehnten Jahrhundert, von welchem nur erst eine Hälfte verflossen ist, einen, von allem unterschiedenen, eigenthümlichen Charakter an. Es besteht derselbe in einem fast gleichzeitigen Fortschreiten in sämmtlichen Theilen der Lehre vom tellurischen Magnetismus: umfassend die numerische Bestimmung der Intensität der Kraft, der Inclination und der Abweichung; in physikalischen Entdeckungen über die *Erregung* und das Maaß der Vertheilung des Magnetismus; in der ersten und glänzenden Entwerfung einer *Theorie des tellurischen Magnetismus* von Friedrich *Gauß*, auf strenge mathematische Gedankenverbindung gegründet. Die Mittel, welche zu diesen Ergebnissen führten, waren: Vervollkommnung der Instrumente und der Methoden; wissenschaftliche Expeditionen zur See, in Zahl und Größe, wie sie kein anderes Jahrhundert gesehen: sorgfältig ausgerüstet auf Kosten der Regierungen, begünstigt durch glückliche Auswahl der Führer und der sie begleitenden Beobachter; einige Landreisen, welche, tief in das Innere der Continente eingedrungen, die Phänomene des tellurischen Magnetismus aufklären konnten; eine große Zahl fixer *Stationen*, theilweise in beiden Hemisphären, nach correspondirenden Orts-Breiten und oft in fast antipodischen Längen gegründet. Diese magnetischen und zugleich meteorologischen Observatorien bilden gleichsam ein Netz über die Erdfläche. Durch scharfsinnige Combination der auf Staatskosten in Rußland und England veröffentlichten Beobachtungen sind wichtige und unerwartete Resultate geliefert worden. Die *Gesetzlichkeit* der Kraftäußerung, – der nächste, nicht der letzte Zweck aller Forschungen –, ist bereits in vielen einzelnen Phasen der Erscheinung befriedigend ergründet worden. Was auf dem Wege des *physikalischen Experimentirens* von den Beziehungen des Erd-Magnetismus zur bewegten Electricität, zur strahlenden Wärme und zum Lichte; was von den, spät erst verallgemeinerten Erscheinungen des *Diamagnetismus* und von der specifischen Eigenschaft des atmosphärischen *Sauerstoffs*, Polarität anzunehmen, entdeckt wurde: eröffnet wenigstens die frohe Aussicht, der Natur der Magnetkraft selbst näher zu treten.

Um das Lob zu rechtfertigen, das wir im allgemeinen über die magnetischen Arbeiten der *ersten Hälfte unseres Jahrhunderts* ausgesprochen, nenne ich hier aphoristisch, wie es das Wesen und die Form dieser Schrift mit sich bringen, die Hauptmomente der einzelnen Bestrebungen. Es haben dieselben einander wechselseitig hervorgerufen: daher ich sie bald chronologisch an einander reihe, bald gruppenweise vereinige.

1803–1806 *Krusenstern's* Reise um die Welt (1812); der magnetische und astronomische Theil ist von *Horner* (Bd. III. S. 317).

1804 Erforschung des Gesetzes der von dem magnetischen Aequator gegen Norden und Süden hin zunehmenden *Intensität* der tellurischen Magnetkraft, gegründet auf Beobachtungen von 1799 bis 1804. (*Humboldt* Voyage aux Régions équinoxiales du Nouveau Continent T. III. p. 615–623; Lamétherie Journal de Physique T. LXIX. 1804 p. 433, mit dem ersten Entwurf einer Intensitäts-Karte) Spätere Beobachtungen haben gezeigt, daß das Minimum der Intensität nicht dem magnetischen Aequator entspricht, und daß die Vermehrung der Intensität sich in beiden Hemisphären nicht bis zum Magnetpol erstreckt.

1805–1806 *Gay-Lussac* und *Humboldt* Intensitäts-Beobachtungen im südlichen Frankreich, in Italien, der Schweiz und Deutschland; Mémoires de la Société d'Arcueil T. I. p. 1–22. Vergl. die Beobachtungen von *Quetelet* 1830 und 1839 mit einer Carte de l'intensité magnétique horizontale entre Paris et Naples in den Mém. de l'Acad. de Bruxelles T. XIV.; die Beobachtungen von *Forbes* in Deutschland. Flandern und Italien 1832 und 1837 (Transact. of the Royal Soc. of Edinburgh Vol. XV. p. 27); die überaus genauen Beobachtungen von *Rudberg* in Frankreich, Deutschland und Schweden 1832; die Beobachtungen von Dr. *Bache* (Director of the Coast-Survey of the United States) 1837 und 1840 in 21 Stationen, zugleich für Inclination und Intensität.

1806–1807 Eine lange Reihe von Beobachtungen, zu Berlin über die *stündlichen* Variationen der Abweichung und über die Wiederkehr *magnetischer Ungewitter* (Perturbationen) von *Humboldt* und *Oltmanns* angestellt: hauptsächlich in den Solstitien und Aequinoctien; 5 bis 6, ja bisweilen 9 Tage und eben so viele Nächte hinter einander; mittelst eines Prony'schen magnetischen Fernrohrs, das Bogen von 7 bis 8 Secunden unterscheiden ließ.

1812 *Morichini* zu Rom behauptet, daß unmagnetische Stahlnadeln durch Contact des (violetten) Lichts magnetisch werden. Ueber den langen Streit, den diese Behauptung und die scharfsinnigen Versuche von Mary Somerville bis zu den ganz negativen Resultaten von Rieß und Moser erregt haben, s. Sir David Brewster treatise of Magnetism 1837 p. 48.

1815–1818, 1823–1826 zwei Weltumseglungen von Otto von *Kotzebue:* die erste auf dem Rurik; die zweite, um fünf Jahre spätere, auf dem Predprijatie.

1817–1848 Die Reihe großer wissenschaftlicher, für die Kenntniß des tellurischen Magnetismus so erfolgreicher Expeditionen zur See auf Veranstaltung der *französischen Regierung*, anhebend mit *Freycinet* auf der Corvette Uranie 1817–1820, dem folgten: *Duperrey* auf der Fregatte la Coquille 1822–1825, *Bougainville* auf der Fregatte Thetis 1824–1826; Dumont *d'Urville* auf dem Astrolabe 1826–1829, und nach dem Südpol auf der Zélée 1837–1840; Jules de *Blosseville* in Indien 1828 (Herbert Asiat. Researches Vol. XVIII. p. 4, Humboldt Asie centr. T. III. p. 468) und in Island 1833 (Lottin Voy. de la Recherche 1836 p. 376–409), *du Petit Thouars* (mit *Tessan*) auf der Venus 1837–1839, *le Vaillant* auf der Bonite 1836–1837; die Reise der Commission scientifique du Nord (*Lottin*, *Bravais*, *Martins*, *Siljeström*) nach Scandinavien, Lapland, den Färöern und Spitzbergen auf der Corvette la Recherche 1835–1840; *Bérard* nach dem mexicanischen Meerbusen und Nordamerika 1838, nach dem Cap der guten Hoffnung und St. Helena 1842 und 1846 (Sabine in den Philos. Transact. for 1849 P. II. p. 175); Francis de *Castelnau* Voyage dans les parties centrales de l'Amérique du sud 1847–1850.

1818–1851 Die Reihe wichtiger und kühner Expeditionen in den *arctischen Polarmeeren* auf Veranstaltung der *britischen Regierung*, zuerst angeregt durch den lobenswerthen Eifer von John Barrow; Eduard *Sabine's* magnetische und astronomische Beobachtungen auf der Reise von John *Roß*, nach der Davis-Straße, Baffinsbai und dem Lancaster-Sund 1818: wie auf der Reise mit *Parry* (auf Hecla und Griper) durch die Barrow-Straße nach Melville's Insel 1819–1820; John *Franklin*, Dr. *Richardson* und *Back* 1819–1822; dieselben 1825–1827; Back allein 1833–1835 (Nahrung, fast die einzige, Wochenlang, eine Flechte: Gyrophora pustulata, Tripe de Roche der Canadian hunters; chemisch untersucht von John Stenhouse in den Philos. Transact. for 1849 P. II. p. 393); *Parry's* zweite Expedition, mit *Lyon* auf Fury und Hecla 1821–1823; Parry's dritte Reise, mit James Clark Roß 1824–1825; Parry's vierte Reise, ein Versuch mit Lieut. *Foster* und *Crozier* nördlich von Spitzbergen auf dem Eise vorzudringen, 1827: man gelangte bis Br. 82° 45'; John *Roß* sammt seinem gelehrten Neffen James Clark *Roß*, in der durch ihre Länge um so gefahrvolleren zweiten Reise, auf Kosten von Felix Booth 1829–1833; *Dease* und *Simpson* (von der Hudsonsbai-Compagnie) 1838–1839; neuerlichst, zur Aufsuchung von Sir John Franklin, die Reisen von Cap. *Ommanney, Austin, Penny,* Sir John *Roß* und *Phillips* 1850 und 1851. Die Expedition von Cap. Penny ist im Victoria-Channel, in welchen Wellington's Channel mündet, am weitesten nördlich (Br. 77° 6') gelangt.

1819–1821 *Bellinghausen* Reise in das südliche Eismeer.

1819 Das Erscheinen des großen Werkes von *Hansteen über den Magnetismus der Erde,* das aber schon 1813 vollendet war. Es hat einen nicht zu verkennenden Einfluß auf die Belebung und bessere Richtung der geomagnetischen Studien ausgeübt. Dieser trefflichen Arbeit folgten Hansteen's allgemeine Karten der Curven gleicher Inclination und gleicher Intensität für einen beträchtlichen Theil der Erdoberfläche.

1819 Beobachtungen des Admirals *Roussin* und *Givry's* an der brasilianischen Küste zwischen den Mündungen des Marañon und Plata-Stromes.

1819–1820 *Oersted* macht die große Entdeckung der Thatsache: daß ein Leiter, der von einem electrischen, in sich selbst wiederkehrenden Strome durchdrungen wird, während der ganzen Dauer des Stromes eine bestimmte Einwirkung auf die *Richtung* der Magnetnadel nach Maaßgabe ihrer *relativen Lage* ausübt. Die früheste Erweiterung dieser Entdeckung (mit denen der Darstellung von Metallen aus den Alkalien und der zwiefachen Art von Polarisationdes Lichtes wohl der glänzendsten des Jahrhunderts) war *Arago's* Beobachtung, daß ein electrisch durchströmter Schließungsdrath, auch wenn er von Kupfer oder Platin ist, Eisenfeile anzieht und dieselben wie ein Magnet festhält; auch daß Nadeln, in das Innere eines schraubenförmig gewundenen galvanischen Leitungsdrathes gelegt, abwechselnd heterogene Magnetpole erhalten, je nachdem den Windungen eine entgegengesetzte Richtung gegeben wird (Annales de Chimie et de Physique T. XV. p. 93). Dem Auffinden dieser, unter mannigfaltigen Abänderungen hervorgerufenen Erscheinungen folgten *Ampère's* geistreiche theoretische Combinationen über die electromagnetischen Wechselwirkungen der Molecule ponderabler Körper. Diese Combinationen wurden durch eine Reihe neuer und scharfsinniger Apparate unterstützt, und führten zur Kenntniß von Gesetzen in vielen bis dahin oft widersprechend scheinenden Phänomenen des Magnetismus.

1820–1824 Ferdinand von *Wrangel* und *Anjou* Reise nach den Nordküsten von Sibirien und auf dem Eismeere. (Wichtige Erscheinungen des Polarlichts s. Th. II. S. 259.)

1820 *Scoresby* account of the arctic regions (Intensitäts-Versuche Vol. II. p. 537–554).

1821 *Seebeck's* Entdeckung des *Thermo-Magnetismus* und der *Thermo-Electricität.* Berührung zweier ungleich erwärmter Metalle (zuerst Wismuth und Kupfer) oder Temperatur-Differenzen in den einzelnen Theilen eines gleichartigen metallischen Ringes werden als Quellen der Erregung magneto-electrischer Strömungen erkannt.

1821–1823 *Weddell* Reise in das südliche Polarmeer, bis Br. 74° 15' S.

1822–1823 *Sabine's* zwei wichtige Expeditionen zur genauen Bestimmung der magnetischen Intensität und der Länge des Pendels unter verschiedenen Breiten (Ostküste von Afrika bis zum Aequator, Brasilien, Havana, Grönland bis Br. 74° 23', Norwegen und Spitzbergen unter Breite 79° 50'). Es erschien über diese vielumfassende Arbeit erst 1824: account of experiments to determine the Figure of the Earth p. 460–509.

1824 *Erikson* magnetische Beobachtungen längs den Ufern der Ostsee.

1825 *Arago* entdeckt den *Rotations-Magnetismus*. Die erste Veranlassung zu dieser unerwarteten Entdeckung gab ihm, am Abhange des Greenwicher Hügels, seine Wahrnehmung der abnehmenden Oscillations-Dauer einer Inclinations-Nadel durch Einwirkung naher unmagnetischer Stoffe. In Arago's Rotations-Versuchen wirken auf die Schwingungen der Nadel Wasser, Eis, Glas, Kohle und Quecksilber.

1825–1827 Magnetische Beobachtungen von *Boussingault* in verschiedenen Theilen von Südamerika (Marmato, Quito).

1826–1827 Intensitäts-Beobachtungen von *Keilhau* in 20 Stationen (in Finmarken, auf Spitzbergen und der Bären-Insel); von *Keilhau* und *Boeck* in Süd-Deutschland und Italien (Schum. astron. Nachr. No. 146).

1826–1829 Admiral *Lütke* Reise um die Welt. Der magnetische Theil ist mit großer Sorgfalt bearbeitet 1834 von Lenz. (S. Partie nautique du Voyage 1836.)

1826–1830 Cap. Philip Parker *King* Beobachtungen in den südlichen Theilen der Ost- und Westküste von Südamerika (Brasilien, Montevideo. der Magellans-Straße, Chiloe und Valparaiso).

1827–1839 *Quetelet* état du Magnétisme terrestre (Bruxelles) pendant douze années. Sehr genaue Beobachtungen.

1827 *Sabine* über Ergründung der *relativen* Intensität der magnetischen Erdkraft in Paris und London. Eine analoge Vergleichung von Paris und Christiania (1825 und 1828) geschah von Hansteen. 7th meeting of the British Association at Liverpool 1837 p. 19–23. Die vielen von französischen, englischen und nordischen Reisenden gelieferten Resultate der Intensität haben zuerst mit unter sich verglichenen, an den genannten 3 Orten oscillirenden Nadeln in numerischen Zusammenhang gebracht und als Verhältnißwerthe aufgestellt werden können. Die Zahlen sind: für Paris 1,348: von mir; für London 1,372: von Sabine; für Christiania 1,423: von Hansteen gefunden. Alle beziehen sich auf die Intensität der Magnetkraft in einem Punkte des *magnetischen Aequators* (der Curve ohne Inclination), der die peruanischen Cordilleren zwischen Micuipampa und Caxamarca durchschneidet: unter südlicher Br. 7° 2' und westlicher Länge 81° 8', wo die Intensität von mir = 1,000 gesetzt wurde. Die Beziehung auf diesen Punkt (*Humboldt* Recueil d'Observ. astron. Vol. II. p. 382–385 und Voyage aux Régions équinox. T. III. p. 622) hat vierzig Jahre lang den Reductionen in allen Intensitäts-

Tabellen zum Grunde gelegen (Gay-Lussac in den Mém. de la Société d'Arcueil T. I. 1807 p. 21, Hansteen über den Magnetismus der Erde 1819 S. 71, Sabine im Report of the British Association at Liverpool p. 43–58). Sie ist aber in neuerer Zeit mit Recht als nicht allgemein maaßgebend getadelt worden: weil die Linie ohne Inclinationgar nicht die Punkte der schwächsten Intensität mit einander verbindet (Sabine in den Philos. Transact. for 1846 P. III. p. 254 und im Manual of Scientific Enquiry for the use of the British Navy 1849 p. 17).

1828–1829 Reise von *Hansteen,* und *Due:* magnetische Beobachtungen im europäischen Rußland und dem östlichen Sibirien bis Irkutsk.

1828–1830 Adolf *Erman* Reise um die Erde durch Nord-Asien und die beiden Oceane, auf der russischen Fregatte Krotkoi. Identität der angewandten Instrumente, Gleichheit der Methode und Genauigkeit der astronomischen Ortsbestimmungen sichern diesem, auf Privatkosten von einem gründlich unterrichteten und geübten Beobachter ausgeführten Unternehmen einen dauernden Ruhm. Vergl. die auf Erman's Beobachtungen gegründete allgemeine Declinations-Karte im Report of the Committee relative to the arctic Expedition 1840 Pl. III.

1828–1829 *Humboldt's* Fortsetzung der 1800 und 1807 in Solstitien und Aequinoctien begonnenen Beobachtungen über stündliche Declination und die Epochen außerordentlicher Perturbationen, in einem eigens dazu erbauten magnetischen Hause zu Berlin mittelst einer Boussole von Gambey. Correspondirende Messungen zu Petersburg, Nikolajew, und in den Gruben zu Freiberg (vom Prof. Reich) 216 Fuß unter der Erdoberfläche. *Dove* und *Rieß* haben die Arbeit bis November 1830 über Abweichung und Intensität der horizontalen Magnetkraft fortgesetzt (Poggend. Annalen Bd. XV. S. 318–336, Bd. XIX. S. 375–391 mit 16 Tabellen, Bd. XX. S. 545–555).

1829–1834 Der Botaniker David *Douglas,* der seinen Tod auf Owhyhee in einer Fallgrube fand, in welche vor ihm ein wilder Stier herabgestürzt war, machte eine schöne Reihe von Declinations- und Intensitäts-Beobachtungen an der Nordwest-Küste von Amerika und auf den Sandwich-Inseln bis am Rande des Kraters von Kiraueah. (Sabine meeting at Liverpool p. 27–32.)

1829 *Kupffer* Voyage au Mont Elbrouz dans le Caucase (p. 68 und 115).

1829 *Humboldt* magnetische Beobachtungen über den tellurischen Magnetismus, mit gleichzeitigen astronomischen Ortsbestimmungen, gesammelt auf einer Reise im nördlichen Asien auf Befehl des Kaisers Nicolaus zwischen den Längen von 11° 3' bis 80° 12' östlich von Paris, nahe am Dzaisan-See; wie zwischen den Breiten von 45° 43' (Insel Birutschicassa im caspischen Meere) bis 58° 52' im nördlichen Ural bei Werchoturie. (Asie centrale T. III. p. 440–478.)

1829 Die kaiserliche Akademie der Wissenschaften zu St. Petersburg genehmigt *Humboldt's* Antrag auf Errichtung *magnetischer* und *meteorologischer*

Stationen in den verschiedensten klimatischen Zonen des europäischen und asiatischen Rußlands, wie auf die Erbauung eines physikalischen *Central-Observatoriums* in der Hauptstadt des Reichs unter der, immer gleich thätigen, wissenschaftlichen Leitung des Professor *Kupffer*. (Kupffer Report adressé à l'Acad. de St. Pétersbourg relatif à l'Observatoire physique central, fondé auprès du Corps des Mines, in Schum. astr. Nachr. No. 726; derselbe Annales magnétiques p. XI.) Durch das ausdauernde Wohlwollen, welches der Finanz-Minister Graf von Cancrin jedem großartigen scientistischen Unternehmen schenkte, konnte ein Theil der gleichzeitigen correspondirendenBeobachtungen zwischen dem weißen Meere und der Krim, zwischen dem finnischen Meerbusen und den Küsten der Südsee im russischen Amerika schon im Jahr 1832 beginnen. Eine permanente magnetische Station wurde zu Peking in dem alten Klosterhause, das seit Peter dem Großen periodisch von griechischen Mönchen bewohnt wird, gestiftet. Der gelehrte Astronom Fuß, welcher den Hauptantheil an den Messungen zur Bestimmung des Höhenunterschiedes zwischen dem caspischen und schwarzen Meere genommen, wurde auserwählt, um in China die ersten magnetischen Einrichtungen zu treffen. Später hat Kupffer auf einer Rundreise alle in den magnetischen und meteorologischen Stationen aufgestellten Instrumente östlich bis Nertschinsk (in 117° 16' Länge) unter einander und mit den Fundamental-Maaßen verglichen. Die, gewiß recht vorzüglichen, magnetischen Beobachtungen von Fedorow in Sibirien bleiben noch unpublicirt.

1830–1845 Oberst *Graham* (von den topographischen Engineers der Vereinigten Staaten) Intensitäts-Beobachtungen an der südlichen Grenze von Canada, Phil. Transact. for 1846 P. III. p. 242.

1830 *Fuß* magnetische, astronomische und hypsometrische Beobachtungen (Report of the seventh meeting of the Brit. Assoc. 1837 p. 497–499) auf der Reise vom Baikal-See durch Ergi Oude, Durma und den, nur 2400 Fuß hohen Gobi nach Peking: um dort das magnetische und meteorologische Observatorium zu gründen, auf welchem *Kovanko* 10 Jahre lang beobachtet hat (Humboldt Asie centr. T. I. p. 8, T. II. p. 141, T. III. p. 468 und 477).

1831–1836 Cap. *Fitzroy* in seiner Reise um die Welt auf dem Beagle, wie in der Aufnahme der Küsten des südlichsten Theils von Amerika, ausgerüstet mit einem Gambey'schen Inclinatorium und mit von Hansteen gelieferten Oscillations-Nadeln.

1831 *Dunlop*, Director der Sternwarte von Paramatta, Beobachtungen auf einer Reise nach Australien (Philos. Transact. for 1840 P. I. p. 13–140).

1831 *Faraday's* Inductionsströme, deren Theorie Nobili und Antinori erweitert haben; große Entdeckung der *Lichtentwickelung* durch Magnete.

1833 und 1839 sind die zwei wichtigen Epochen der ersten Bekanntmachung theoretischer Ansichten von *Gauß:* 1) Intensitas vis magneticae terrestris ad mensuram absolutam revocata 1833 (p. 3: „elementum tertium, intensitas, usque ad tempora recentiora penitus neglectum mansit"); 2) das unsterbliche Werk: allgemeine Theorie des Erdmagnetismus (s. Resultate aus den Beobachtungen des magnetischen Vereins im Jahr 1838, herausgegeben von Gauß und Weber 1839, S. 1–57).

1833 Arbeiten von *Barlow* über die Anziehung des Schiffseisens und die Mittel dessen ablenkende Wirkung auf die Boussole zu bestimmen; Untersuchung von electromagnetischen Strömen in Terrellen. Isogonische Weltkarten. (Vergl. Barlow essay on magnetic attraction 1833 p. 89 mit Poisson sur les déviations de la boussole produite par le fer des vaisseaux in den Mém. de l'Institut T. XVI. p. 481–555; Airy in den Philos. Transact. for 1839 P. I. p. 167 und for 1843 P. II. p. 146; Sir James Roß in den Philos. Transact. for 1849 P. II. p. 177–195.)

1833 *Moser* Methode die Lage und Kraft der veränderlichen magnetischen Pole kennen zu lernen (Poggendorff's Annalen Bd. 28. S. 49–296).

1833 *Christie* on the arctic observations of Cap. Back, Philos. Transact. for 1836 P. II. p. 377. (Vergl. auch dessen frühere wichtige Abhandlung in den Phil. Transact. for 1825 P. I. p. 23.)

1834 *Parrot's* Reise nach dem Ararat (Magnetismus Bd. II. S. 53–64).

1836 Major *Etscourt* in der Expedition von Oberst *Chesney* auf dem Euphrat. Ein Theil der Intensitäts-Beobachtungen ist bei dem Untergange des Dampfboots Tigris verloren gegangen: was um so mehr zu bedauern ist, als es in diesem Theile des Inneren von Vorder-Asien und südlich vom caspischen Meere so ganz an genauen Beobachtungen fehlt.

1836 Lettre de Mr. A. de *Humboldt* à S. A. R. le Duc de Sussex, Président de la Soc, Roy. de Londres, sur les moyens propres à perfectionner la connaissance du magnétisme terrestre par l'établissement de stations magnétiques et d'observations correspondantes (Avril 1836). Ueber die glücklichen Folgen dieser Aufforderung und ihren Einfluß auf die große antarctische Expedition von Sir James Roß s. Sir James Roß Voy. to the Southern and Antarctic Regions 1847 Vol. I. p. XII.

1837 *Sabine* on the variations of the magnetic Intensity of the Earth in dem seventh meeting of the British Association at Liverpool p. 1–85; die vollständigste Arbeit dieser Art.

1837–1838 Errichtung eines magnetischen Observatoriums zu Dublin von Prof. Humphrey *Lloyd*. Ueber die von 1840 bis 1846 daselbst angestellten Beobachtungen s. Transact. of the Royal Irish Academy Vol. XXII. P. 1. p. 74–96.

1837 Sir David Brewster a treatise on Magnetism p. 185–263.

1837–1842 Sir Edward *Belcher* Reisen nach Singapore, dem chinesischen Meere und der Westküste von Amerika; Philos. Transact. for 1843 P. II. p. 113, 140–142. Diese

Beobachtungen der Inclination, wenn man sie mit den meinigen, älteren, zusammenhält, deuten auf sehr ungleiches Fortschreiten der Curven. Ich fand z. B. 1803 die Neigungen in Acapulco, Guayaquil und Callao de Lima +38° 48', +10° 42', -9° 54'; Sir Edward Belcher: +37° 57', +9° 1', -9° 54'. Wirken die häufigen Erdbeben an der peruanischen Küste local auf die Erscheinungen, welche von der magnetischen Erdkraft abhangen?

1838–1842 Charles *Wilkes* narrative of the United States Exploring Expedition (Vol. I. p. XXI).

1838 Lieut. James *Sulivan* Reise von Falmouth nach den Falkland-Inseln, Philos. Transact. for 1840 P. I. p. 129, 140 und 143.

1838 und 1839 Errichtung der *magnetischen Stationen*, unter der vortrefflichen Direction des Oberst Sabine, in beiden Erdhälften, auf Kosten der *großbritannischen Regierung*. Die Instrumente wurden 1839 abgesandt, die Beobachtungen begannen in Toronto (Canada) und auf Van Diemen's Land 1840, am Vorgebirge der guten Hoffnung 1841. (Vergl. Sir John Herschel im Quarterly Review Vol. 66, 1840 p. 297, Becquerel traité d'Électricité et de Magnétisme T. VI. p. 173.) – Durch die mühevolle und gründliche Bearbeitung dieses reichen Schatzes von Beobachtungen, welche alle Elemente oder Variationen der magnetischen Thätigkeit des Erdkörpers umfassen, hat Oberst *Sabine*, als Superintendent of the Colonial Observatories, früher unerkannte Gesetze entdeckt und der Wissenschaft neue Ansichten eröffnet. Die Resultate solcher Erforschungen sind von ihm in einer langen Reihe einzelner Abhandlungen (contributions to terrestrial Magnetism) in den Philosophical Transactions der Königl. Londoner Societät und in eigenen Schriften veröffentlicht worden, welche diesem Theile des Kosmos zum Grunde liegen. Wir nennen hier von diesen nur einige der vorzüglichsten: 1) Ueber ungewöhnliche magnetische Störungen (Ungewitter), beobachtet in den Jahren 1840 und 1841; s. observations on days of unusual magnetic disturbances p. 1–107: und, als Fortsetzung dieser Arbeit, die magnetic storms von 1843–1845, in den Phil. Transact. 2) observations made at the magnetical Observatory at Toronto 1840, 1841 und 1842 (lat. 43° 39' bor., long. 81° 41') Vol. I. p. XIV–XXVIII; 3) Den sehr abweichenden Richtungsgang der magnetischen Declination in der einen Hälfte des Jahres zu St. Helena, in Longwood House (lat. 15° 55' austr., lg. occ. 8° 3'), Phil. Transact. for 1847 P. I. p. 54; 4) observat. made at the magn. and meteor. Observatory at the Cape of Good Hope 1841–1846; 5) observ. made at the magn. and meteor. Observatory at Hobarton (lat. 42° 52' austr., lg. 145° 7' or.) in Van Diemen Island, and the antarctic Expedition Vol. I. und II. (1841–1848); über Scheidung der östlichen und westlichen Störungen (disturbances) s. Vol. II. p. IX–XXXVI; 6) Magnetische Erscheinungen innerhalb des antarctischen Polarkreises, in Kerguelen und Van Diemen, Phil. Transact. for 1843 P. II. p. 145–231; 7) Ueber die Isoclinal und Isodynamic Lines im atlantischen Ocean, Zustand von 1837 (Phil. Transact. for 1840 P. I. p. 129–155); 8) Fundamente einer Karte des atlantischen Oceans, welche die magnetischen Abweichungslinien zwischen 60° nördl. und 60° südl. Breite darstellt für das Jahr 1840 (Phil. Transact. for 1849 P. II. p. 173–233); 9) Mittel die magnetische Totalkraft der Erde, ihre seculare Veränderung und jährliche Variation (absolute values, secular change and annual variation of the magnetic force) zu messen (Phil. Transact. for 1850 P. I. p. 201–219; Uebereinstimmung der Epoche der größten Nähe der Sonne mit der der größten Intensität der Kraft in beiden Hemisphären und der Zunahme der Inclination p. 216); 10) Ueber das Maaß magnetischer Intensität im hohen Norden des Neuen Continents und über den von Cap. Lefroy aufgefundenen Punkt (Br. 52° 19') der größten Erdkraft, Phil. Transac. for 1846 P. III. p. 237–336; 11) Die periodischen Veränderungen der drei Elemente des Erd-Magnetismus (Abweichung, Inclination und totaler Kraft) zu Toronto in Canada und zu Hobarton auf Van Diemen: und über den Zusammenhang der zehnjährigen Periode magnetischer Veränderungen mit der von Schwabe zu Dessau entdeckten, ebenfalls zehnjährigen Periode der Frequenz von Sonnenflecken, Phil. Transact. for 1852 P. I. p. 121–124. (Die Variations-Beobachtungen von 1846 und 1851 sind als Fortsetzung der in No. 1 bezeichneten von 1840–1845 zu betrachten.)

1839 Darstellung der Linien *gleicher* Neigung und gleicher Intensität der Erdkraft in den britischen Inseln (magnetic isoclinal and isodynamic Lines, from observations of Humphrey Lloyd, John Phillips, Robert Were Fox, James Ross and Edward Sabine). Schon 1833 hatte die British Association in Cambridge beschlossen, daß in mehreren Theilen des Reichs Neigung und Intensität bestimmt werden sollten; schon im Sommer 1834 wurde dieser Wunsch von Prof. Lloyd und Oberst Sabine in Erfüllung gebracht, und die Arbeit 1835 und 1836 auf Wales und Schottland ausgedehnt (8th Report of the British Assoc. in the meeting at Newcastle 1838 p. 49–196; mit einer isoclinischen und isodynamischen Karte der britischen Inseln, die Intensität in London = 1 gesetzt).

1838–1843 Die große Entdeckungsreise von Sir James Clark *Roß* nach dem Südpol: gleich bewundernswürdig durch den Gewinn für die Kenntniß der Existenz viel bezweifelter Polarländer als durch das neue Licht, welches die Reise über den magnetischen Zustand großer Erdräume verbreitet hat. Sie umfaßt, alle drei Elemente des tellurischen Magnetismus numerisch bestimmend, fast ⅔ der Area der ganzen hohen Breiten der südlichen Halbkugel.

1839–1851 *Kreil's* über zwölf Jahre lang fortgesetzte Beobachtungen der Variation sämmtlicher Elemente der Erdkraft und der vermutheten soli-lunaren Einflüsse auf der kais. Sternwarte zu Prag.

1840 Stündliche magnetische Beobachtungen mit einer Gambey'schen Declinations-Boussole während eines 10jährigen Aufenthalts in Chili von Claudio *Gay*; s. dessen Historia fisica y politica de Chile 1847.

Arago hat einen Schatz magnetischer Beobachtungen (über 52600 an Zahl) aus den Jahren 1818 bis 1835 hinterlassen: welche nach der mühevollen Redaction von Herrn Fedor Thoman publicirt worden sind in den. In diesen Beobachtungen hat General Sabine (*Meteorological Essays*, London 1855, p. 350) für die Jahresfolge von 1821 bis 1830 die vollständigste Bestätigung der zehnjährigen magnetischen Declinations-Periode und ihres Zusammenhanges mit der gleichen Periode in der Häufigkeit und Seltenheit der Sonnenflecken entdeckt. Schon in demselben Jahre 1850, als Schwabe in Dessau seine Periode der Sonnenflecken veröffentlichte (*Kosmos*), ja zwei Jahre früher als Sabine zuerst (im März 1852: *Phil. Tr.* for 1852 P. I. p. 116–121) die zehnjährige magnetische Declinations-Periode für von den Sonnenflecken abhängig erklärte; hatte Letzterer selbst schon das wichtige Resultat aufgefunden, daß die Sonne durch die ihrer Masse eigene magnetische Kraft auf den Erd-Magnetismus wirkt. Er hatte entdeckt (*Phil. Tr.* for 1850 P. I. p. 216, *Kosmos*), daß die magnetische Intensität am größten ist und daß die Nadel sich am meisten der verticalen Richtung nähert, wenn die Erde der Sonne am nächsten steht. Die Kenntniß von einer solchen magnetischen Einwirkung des Centralkörpers unseres Planetensystems: nicht als wärmeerzeugend, sondern durch seine eigene magnetische Kraft, wie durch Veränderungen in der Photosphäre (Größe und Frequenz trichterförmiger Oeffnungen); giebt dem Studium des Erd-Magnetismus und dem Netze magnetischer Warten, mit denen Rußland und Nord-Asien seit den Beschlüssen von 1829, die großbritannischen Colonien seit 1840–1850 bedeckt sind, ein höheres kosmisches Interesse. (*Sabine* in den *Proceedings of the Royal Soc.* Vol. VIII. No. 25 p. 400, wie in den *Phil. Tr.* for 1856 p. 362.)

1840–1851 *Lamont*, Director der Sternwarte zu München, Resultate seiner magnetischen Beobachtungen, verglichen mit denen von Göttingen, die selbst bis 1835 aufsteigen. Erforschung des wichtigen Gesetzes einer *zehnjährigen Periode* der Declinations-Veränderungen. (Vergl. Lamont in Poggend. Ann. der Phys. Bd. 84. 1851 S. 572–582 und Reslhuber Bd. 85. 1852 S. 179–184.) Der, schon oben berührte, muthmaßliche Zusammenhang zwischen der periodischen Zu- und Abnahme der Jahresmittel der täglichen Declinations-Variation der Magnetnadel und der periodischen *Frequenz der Sonnenflecken* ist zuerst von Oberst Sabine in den Phil. Transact. for 1852; und, ohne daß er Kenntniß von dieser Arbeit hatte, 4 bis 5 Monate später von dem gelehrten Director der Sternwarte zu Bern, Rudolph Wolf, in den Schriften der schweizerischen Naturforscher verkündigt worden. *Lamont's Handbuch des Erdmagnetismus* (1848) enthält die Angabe der neuesten Mittel der Beobachtung wie die Entwickelung der Methoden.

1840–1845 *Bache*, Director of the Coast Survey of the United States, observations made at the magn. and meteorol. Observatory at Girard's College (Philadelphia), publ. 1847.

1840–1842 Lieut. *Gillifs* (U. St.) magnetical and meteorological observations made at Washington, publish. 1847 (p. 2–319); magnetic storms p. 336).

1841–1843 Sir Robert *Schomburgk* Declinations-Beobachtungen in der Waldgegend der Guyana zwischen dem Berg Roraima und dem Dörfchen Pirara, zwischen den Parallelen von 4° 57' und 3° 39' (Philos. Transact. for 1849 P. II. p. 217).

1841–1845 magn. and meteorol. observations made at *Madras*.

1843–1844 Magnetische Beobachtungen auf der Sternwarte von Sir Thomas *Brisbane* zu Makerstoun (Roxburghshire, Schottland), Br. 55° 34'; s. Transact. of the Royal Soc. of Edinb. Vol. XVII. P. 2. p. 188 und Vol. XVIII. p. 46.

1843–1849 *Kreil* über den Einfluß der Alpen auf Aeußerung der magnetischen Erdkraft. (Vergl. Schum. astr. Nachr. No. 602.)

1844–1845 Expedition der *Pagoda* in hohen antarctischen Breiten bis -64° und -67°, und Länge 4° bis 117° östl., alle 3 Elemente des tellurischen Magnetismus umfassend: unter dem Commando des Schiffs-Lieut. *Moore*, der schon in der Nordpol-Expedition auf dem Terror gewesen war, und des Artillerie-Lieut. *Clerk*, früher Directors des magnetischen Observatoriums am Vorgebirge der guten Hoffnung; – eine würdige Vervollständigung der Arbeiten von Sir James Clark Roß am Südpol.

1845 Proceedings of the magn. and meteorol. conference held at Cambridge.

1845 Observations made at the magn. and meteorol. Observatory at *Bombay* under the superintendency of Arthur Bedford Orlebar. Das Observatorium ist 1841 auf der kleinen Insel Colaba erbaut worden.

1845–1850 Sechs Bände Results of the magn. and meteorol. observations made at the royal Observatory at *Greenwich*. Das magnetische Haus wurde 1838 gebaut.

1845 *Simonoff*, Prof. de Kazan, recherches sur l'action magnétique de la Terre.

1846–1849 Cap. *Elliot* (Madras Engineers) magnetic survey of the Eastern Archipelago; 16 Stationen, jede von mehreren Monaten: auf Borneo, Celebes, Sumatra, den Nicobaren und Keeling-Inseln; mit Madras verglichen. zwischen nördl. Br. 16° und südl. Br. 12°, Länge 78° und 123° östl. (Phil. Transact. for 1851 P. I. p. 287–331 und p. I–CLVII). Beigefügt sind Karten gleicher Inclination und Declination, wie horizontaler und totaler Kraft. Diese Arbeit, welche zugleich die Lage des magnetischen Aequators und der Linie ohne Abweichung darstellt, gehört zu den ausgezeichnetsten und vielumfassendsten neuerer Zeit.

1845–1850 *Faraday's* glänzende physikalische Entdeckungen 1) über die axiale (paramagnetische) oder äquatoriale (diamagnetische) Stellung (Richtung), welche frei schwingende Körper unter äußerem magnetischen Einflusse annehmen (Phil. Transact. for 1846 § 2420 und Phil. Tr. for 1851 P. I. § 2718–2796); 2) über Beziehung des Electro-

Magnetismus zu einem polarisirten Lichtstrahle und Drehung des letzteren unter Vermittelung (Dazwischenkunft) des veränderten Molecular-Zustandes derjenigen Materie, durch welche zugleich der polarisirte Lichtstrahl und der magnetische Strom geleitet werden (Phil. Tr. for 1846 P. I. § 2195 und 2215–2221); 3) über die merkwürdige Eigenschaft des Sauerstoffgases, als des einzigen paramagnetischen unter allen Gas-Arten, einen solchen Einfluß auf die Elemente des Erdmagnetismus auszuüben: daß es, weichem Eisen gleich, nur außerordentlich viel schwächer, durch die vertheilende Wirkung des Erdkörpers, eines permanent gegenwärtigen Magnets, *Polarität*annimmt (Phil. Tr. for 1851 P. I. § 2297–2967).

1849 *Emory* magn. observations made at the Isthmus of Panama.

1849 Prof. William *Thomson* in Glasgow, a mathematical Theory of Magnetism, in den Philos. Transact. for 1851 P. I. p. 243–285. (Ueber das Problem der Vertheilung der magnetischen Kraft vergl. § 42 und 56 mit Poisson in den Mémoires de l'Institut 1811 P. I. p. 1, P. II. p. 163.)

1850 *Airy* on the present state and prospects of the science of terrestrial Magnetism, Fragment einer vielversprechenden Abhandlung.

1852 *Kreil* Einfluß des Mondes auf die magnetische Declination zu Prag in den Jahren 1839–1849. Ueber die früheren Arbeiten dieses genauen Beobachters von 1836–1838 s. Osservazioni sull' intensità e sulla direzione della forza magnetica istituite negli anni 1836–1838 all' I. R. Osservatorio di Milano p. 171, wie auch magn. und meteorol. Beobachtungen zu Prag Bd. I. S. 59.

1852 *Faraday* on Lines of magnetic Force and their definite character.

1852 *Sabine's* neue Beweise aus Beobachtungen von Toronto, Hobarton, St. Helena und dem Vorgebirge der guten Hoffnung (1841–1851): daß *überall* in der Morgenstunde von 7–8 Uhr die Magnet-Declination eine Jahresperiode darbietet, in welcher das nördliche Solstitium die größte östliche Elongation, das südliche Solstitium die größte westliche Elongation offenbaren, ohne daß in diesen Solstitial-Epochen (turning periods) die Temperatur der Atmosphäre oder der Erdrinde ein Maximum oder Minimum erleiden. Vergl. den, noch nicht erschienenen, 2ten Band der observations made at Toronto p. XVII mit den schon oben angeführten zwei Abhandlungen von Sabine über Einfluß der Sonnennähe (Philos. Transact. for 1850 P. I. p. 216) und der Sonnenflecken (Phil. Tr. for 1852 P. I. p. 121).

Die chronologische Aufzählung der Fortschritte unserer Kenntniß von dem *Erd-Magnetismus* in der Hälfte eines Jahrhunderts, in dem ich diesem Gegenstande ununterbrochen das wärmste Interesse gewidmet habe, zeigt ein glückliches Streben nach einem zwiefachen Zwecke. Der größere Theil der Arbeiten ist der *Beobachtung* der magnetischen Thätigkeit des Erdkörpers, der Messung nach Raumverhältnissen und Zeitepochen gewidmet gewesen; der kleinere Theil gehört dem *Experimente:* dem

Hervorrufen von Erscheinungen, welche auf Ergründung des Wesens jener Thätigkeit selbst, der inneren Natur der Magnetkraft, zu leiten verheißen. Beide Wege: messende *Beobachtung* der Aeußerungen des tellurischen Magnetismus (in Richtung und Stärke) und physikalisches *Experiment* über Magnetkraft im allgemeinen, haben gegenseitig den Fortschritt unseres Naturwissens belebt. Die Beobachtung allein, unabhängig von jeglicher Hypothese über den Causal-Zusammenhang der Erscheinungen oder über die, bis *jetzt* unmeßbare, uns unerreichbare Wechselwirkung der Molecule im Inneren der Substanzen, hat zu wichtigen numerischen Gesetzen geführt. Dem bewundernswürdigen Scharfsinn experimentirender Physiker ist es gelungen Polarisations-Eigenschaften starrer und gasförmiger Körper zu entdecken, von denen man vorher keine Ahndung hatte, und die in eigenem Verkehr mit Temperatur und Luftdruck stehen. So wichtig und unbezweifelt auch jene Entdeckungen sind, können sie in dem gegenwärtigen Zustand unseres Wissens doch noch nicht als befriedigende Erklärungsgründe jener Gesetze betrachtet werden, welche bereits in der Bewegung der Magnetnadel erkannt worden sind. Das sicherste Mittel, zur Erschöpfung des veränderlich Meßbaren im Raume, wie zu der Erweiterung und Vollendung der, von Gauß so großartig entworfenen, *mathematischen* Theorie des Erd-Magnetismus zu gelangen, ist das Mittel der *gleichzeitig* an vielen gut ausgewählten Punkten der Erde fortgesetzten *Beobachtung* aller drei Elemente der magnetischen Thätigkeit. Was ich selbst aber ruhmvollesvon der Verbindung des *Experiments* und der mathematischen Gedankenverbindung erwarte, habe ich bereits an einem anderen Orte ausgesprochen und durch Beispiele erläutert.

Alles, was auf unserem Planeten vorgeht, kann nicht ohne *kosmischen* Zusammenhang gedacht werden. Das Wort *Planet* führt uns an sich schon auf Abhängigkeit von einem Centralkörper, auf die Verbindung mit einer Gruppe von Himmelskörpern sehr verschiedener Größe, die wahrscheinlich einen gleichen Ursprung haben. Sehr früh wurde der Einfluß des Sonnenstandes auf die Aeußerung der Magnetkraft der Erde anerkannt: deutlichst bei Entdeckung der stündlichen Abweichung; dunkler, wie Kepler ein Jahrhundert vorher ahndete, daß alle Achsen der Planeten nach Einer Weltgegend magnetisch gerichtet seien. Kepler sagt ausdrücklich: „daß die Sonne ein magnetischer Körper sei; und daß deshalb in der Sonne die Kraft liege, welche die Planeten bewege."Massen-Anziehung und Gravitation erschienen damals unter dem Symbol magnetischer Attraction. Horrebow. Die Stelle (§ 226), in welcher der Lichtproceß der Sonne ein perpetuirliches Nordlicht genannt wird, ist übrigens nicht in der ersten Ausgabe der *Clavis Astronomiae* von *Horrebow* (Havn. 1730) zu suchen; sondern sie steht allein in der, durch einen zweiten Theil vermehrten, neuen Ausgabe derselben in Horrebow's *Oprum mathematico-physicorum* T. I. Hafn. 1740 pag. 317, indem sie diesem hinzugekommenen zweiten Theile der *Clavis* angehört. – Vergl. mit Horrebow's Ansicht die ganz ähnlichen von Sir William und Sir John Herschel, der Gravitation nicht mit Magnetismus verwechselte, hat wohl zuerst den

Lichtproceß „ein perpetuirlich im *Sonnen-Dunstkreise durch magnetische Kräfte* vorgehendes *Nordlicht*“ genannt. Unseren Zeiten näher (und dieser Unterschied der Meinungen ist sehr bemerkenswerth) sind die Ansichten über die *Art der Einwirkung der Sonne* entschieden getheilt aufgetreten.

Man hat sich entweder vorgestellt, daß die Sonne, ohne selbst magnetisch zu sein, auf den Erd-Magnetismus nur *temperatur-verändernd* wirke (Canton, Ampère, Christie, Lloyd, Airy); oder man glaubt, wie Coulomb, die Sonne von einer magnetischen Atmosphäre umhüllt, welche ihre Wirkung auf den Magnetismus der Erde durch *Vertheilung* ausübe. Wenn gleich durch Faraday's schöne Entdeckung von der paramagnetischen Eigenschaft des Sauerstoffgases die große Schwierigkeit gehoben wird, sich, nach Canton, die Temperatur der *festen* Erdrinde und der Meere als unmittelbare Folge des Durchgangs der Sonne durch den Orts-Meridian schnell und beträchtlich erhöht vorstellen zu müssen; so hat doch die vollständige Zusammenstellung und scharfsinnige Discussion alles meßbar Beobachteten durch den Oberst Sabine als Resultat ergeben, daß die bisher beobachteten periodischen Variationen der magnetischen Thätigkeit des Erdkörpers nicht ihre Ursache in den periodischen Temperatur-Veränderungen des uns zugänglichen Luftkreises haben. Weder die Haupt-Epochen der täglichen und *jährlichen* Veränderungen der Declination zu verschiedenen Stunden des Tages und der Nacht (und die jährlichen hat Sabine zum ersten Male, nach einer übergroßen Zahl von Beobachtungen, genau darstellen können), noch die Perioden der mittleren Intensität der Erdkraft stimmenmit den Perioden der Maxima und Minima der Temperatur der *Atmosphäre* oder der *oberen Erdrinde* überein. Die Wendepunkte in den wichtigsten magnetischen Erscheinungen sind die Solstitien und Aequinoctien. Die Epoche, in welcher die Intensität der Erdkraft am größten ist und in beiden Hemisphären die Inclinations-Nadel dem verticalen Stande sich am nächsten zeigt, ist die der größten Sonnennähe. Auch in Sabine's Eröffnungsrede der Versammlung zu Belfast (*Meeting of the British Assoc.* in 1852) heißt es: “it is a remarkable fact, which has been established, that the magnetic force is greater in both the northern and southern hemispheres in the months of December, January and February, when the Sun is nearest to the earth: than in those of May, June and July, when he is most distant from it: whereas, if the effects where due to temperature, the two hemispheres should be oppositely instead of similarly affected in each of the two periods referred to.“, wenn zugleich die Erde die größte Translations-Geschwindigkeit in ihrer Bahn hat. Nun aber sind sich in der Zeit der Sonnennähe (December, Januar und Februar) wie in der Zeit der Sonnenferne (Mai, Juni und Juli) die Temperatur-Verhältnisse der Zonen diesseits und jenseits des Aequators geradezu entgegengesetzt; die Wendepunkte der ab- und zunehmenden Intensität, Declination und Inclination können also nicht der Sonne als wärmendem Princip zugeschrieben werden.

Jahresmittel aus den Beobachtungen von München und Göttingen haben dem thätigen Director der kön. bairischen Sternwarte, Prof. Lamont, das merkwürdige Gesetz einer Periode von 10⅓ Jahren in den Veränderungen der Declination offenbart.In der Periode von 1841 bis 1850 erreichten die Mittel der monatlichen Declinations-Veränderungen sehr regelmäßig ihr Minimum 1843½, ihr Maximum 1848½. Ohne diese europäischen Resultate zu kennen: hatte die Vergleichung der monatlichen Mittel derselben Jahre 1843–1848, aus Beobachtungen von Orten gezogen, welche fast um die Größe der ganzen Erdachse von einander entfernt liegen (Toronto in Canada und Hobarton auf Van Diemen's Insel), den Oberst Sabine auf die Existenz einer periodisch wirkenden Störungs-Ursach geleitet. Diese ist von ihm als eine rein *kosmische* in den ebenfalls zehnjährigen periodischen Veränderungen der Sonnen-Atmosphäre gefunden worden. Der fleißigste Beobachter der Sonnenflecken unter den jetzt lebenden Astronomen, *Schwabe*, hat (wie ich schon an einem anderen Orteentwickelt) in einer langen Reihe von Jahren (1826 bis 1850) eine periodisch wechselnde Frequenz der *Sonnenflecken* aufgefunden: dergestalt, daß ihr Maximum in die Jahre 1828, 1837 und 1848; ihr Minimum in die Jahre 1833 und 1843 gefallen ist. „Ich habe", setzt er hinzu, „nicht Gelegenheit gehabt eine fortlaufende Reihe älterer Beobachtungen zu untersuchen; stimme aber gern der Meinung bei, daß diese Periode selbst wieder veränderlich sein könne." Etwas einer solchen Veränderlichkeit analoges, *Perioden in den Perioden*, bieten uns allerdings auch *Lichtprocesse* in anderen selbstleuchtenden Sonnen dar. Ich erinnere an die von Goodricke und Argelander ergründeten, so complicirten Intensitäts-Veränderungen von β Lyrae und Mira Ceti.

Wenn auch die *Nähe* des Mondes im Vergleich mit der Sonne die *Kleinheit seiner Masse* nicht zu compensiren scheint; so regt doch die schon als sicher ergründete Veränderung der magnetischen Declination im Verlauf eines Mondtages, lunar-diurnal magnetic variation (*Sabine* im *Report of the Brit. Association* at Liverpool 1854 p. 11 und für Hobarton in den *Phil. Tr.* for 1857 Art. I p. 6), dazu an die magnetischen Einflüsse des Erd-Satelliten anhaltend zu erspähen. Kreil hat das große Verdienst gehabt diese Beschäftigung von 1839 bis 1852 mit vieler Sorgfalt fortzusetzen (s. dessen Abhandlung *über den Einfluß des Mondes auf die horizontale Componente der magnetischen Erdkraft*, in den *Denkschriften der Wiener Akademie der Wiss.*, mathem. naturwiss. Classe Bd. V. 1853 S. 45 und *Phil. Tr.* for 1856 Art. XXII). Da seine mehrjährigen, zu Mailand und Prag angestellten Beobachtungen die Behauptung unterstützten, daß beide, der *Mond* wie die *Sonnenflecken*, eine zehnjährige Declinations-Periode verursachen; so veranlaßte diese wichtige Behauptung den General Sabine zu einer großen Arbeit. Er fand, daß der schon für Toronto in Canada bei Anwendung einer eigenthümlichen, sehr genauen Rechnungsform ergründete *alleinige* Einfluß der Sonne auf eine zehnjährige Periode sich in allen drei Elementen des Erd-Magnetismus (*Phil. Tr.* for 1856 p. 361) durch den Reichthum von *achtjährigen stündlichen* Beobachtungen, zu Hobarton vom Januar 1841 bis December 1848 angestellt, wiedererkennen lasse. Beide Hemisphären gaben so dasselbe Resultat für die Wirkung der Sonne, so wie zugleich aber auch die

Gewißheit: “that the lunar-diurnal variation corresponding to different years shows no conformity to the inequality manifested in those of the solar-diurnal variation. The earth's inductive action, reflected from the moon, must be of a very little amount.“ (*Sabine* in den *Phil. Tr.* for 1857 Art. I p. 7 und in den *Proceedings of the Royal Soc.* Vol. VIII. No. 20 p. 404.) Da der magnetische Theil dieses Bandes vor fast drei Jahren gedruckt worden ist, so schien es für diesen, mir so lange befreundeten Gegenstand besonders nothwendig ihn durch einige Nachträge zu ergänzen.

Wenn, nach Sabine, der Magnetismus des Sonnenkörpers sich durch die in der Sonnennähe vermehrte Erdkraft offenbart; so ist es um so auffallender, daß nach *Kreil's* gründlichen Untersuchungen über den magnetischen *Mond-Einfluß* dieser sich bisher weder in der Verschiedenheit der Mondphasen, noch in der Verschiedenheit der *Entfernung des Mondes von der Erde* bemerkbar gemacht hat. Die Nähe des Mondes scheint im Vergleich mit der Sonne nicht die Kleinheit der Masse zu compensiren. Das Haupt-Ergebniß der Untersuchungüber den magnetischen Einfluß des Erd-Satelliten, welcher nach Melloni nur eine Spur von Wärme-Erregung zeigt, ist: daß die magnetische Declination auf unserer Erde im Verlauf eines Mondtages eine regelmäßige Aenderung erleidet, indem dieselbe zu einem zwiefachen Maximum und zu einem zwiefachen Minimum gelangt. „Wenn der Mond“, sagt Kreil sehr richtig, „keine (für die gewöhnlichen Wärmemesser) erkennbare Temperatur-Veränderung auf der Erdoberfläche hervorbringt, so kann er auch in der Magnetkraft der Erde keine Aenderung *auf diesem Wege* erzeugen; wird nun demohngeachtet eine solche bemerkt, so muß man daraus schließen, daß sie auf einem anderen Wege als durch Erwärmung hervorgebracht werde.“ Alles, was nicht als das Product einer einzigen Kraft auftritt, kann, wie beim Monde, erst durch Ausscheidung vieler fremdartigen Störungs-Elemente als für sich bestehend erkannt werden.

Werden nun auch bis jetzt die entschiedensten und größten Variationen in den Aeußerungen des tellurischen Magnetismus nicht durch Maxima und Minima des Temperatur-Wechsels befriedigend erklärt; so ist doch wohl nicht zu bezweifeln, daß die große Entdeckung der polarischen Eigenschaft des Sauerstoffs in der gasförmigen Erdumhüllung, bei tieferer und vollständigerer Einsicht in den Proceß magnetischer Thätigkeit, in naher Zukunft zum Verstehen der Genesis dieses Processes ein Element darbieten wird. Es ist bei dem harmonischen Zusammenwirken aller Kräfte undenkbar, daß die eben bezeichnete Eigenschaft des Sauerstoffs und ihre Modification durch Temperatur-Erhöhung keinen Antheil an dem Hervorrufen magnetischer Erscheinungen haben sollte.

Ist es, nach Newton's Ausspruch, sehr wahrscheinlich, daß die Stoffe, welche zu einer Gruppe von Weltkörpern (zu einem und demselben Planetensystem) gehören, großentheils dieselben sind; so steht durch inductive Schlußart zu vermuthen, daß nicht auf unserem Erdball allein der gravitirenden Materie eine electro-magnetische

Thätigkeit verliehen sei. Die entgegengesetzte Annahme würde *kosmische Ansichten* mit dogmatischer Willkühr einengen. Coulomb's Hypothese über den Einfluß der magnetischen Sonne auf die magnetische Erde widerspricht keiner Analogie des Erforschten.

Wenn wir nun zu der rein *objectiven* Darstellung der magnetischen Erscheinungen übergehen, wie sie unser Planet in den verschiedenen Theilen seiner Oberfläche und in seinen verschiedenen Stellungen zum Centralkörper darbietet; so müssen wir in den numerischen Resultaten der Messung genau die Veränderungen unterscheiden, welche in kurze oder sehr lange Perioden eingeschlossen sind. Alle sind von einander abhängig, und in dieser Abhängigkeit sich gegenseitig verstärkend oder theilweise aufhebend und störend: wie in bewegten Flüssigkeiten Wellenkreise, die sich durchschneiden. Zwölf Objecte bieten sich der Betrachtung vorzugsweise dar:

zwei *Magnetpole*, ungleich von den Rotations-Polen der Erde entfernt, in jeder Hemisphäre einer; es sind Punkte des Erdsphäroids, in denen die magnetische Inclination = 90° ist und in denen also die horizontale Kraft verschwindet;

der *magnetische Aequator:* die Curve, auf welcher die Inclination der Nadel = 0 ist;

die *Linien gleicher Declination* und die, auf welchen die Declination = 0 ist (*isogonische Linien* und *Linien ohne Abweichung*);

die *Linien gleicher Inclination* (*isoklinische Linien*);

die vier *Punkte größter Intensität* der magnetischen Erdkraft, zwei von ungleicher Stärke in jeder Hemisphäre;

die Linien *gleicher Erdkraft* (isodynamische Linien);

die *Wellenlinie*, welche auf jedem Meridian die Erdpunkte *schwächster Intensität* der Kraft mit einander verbindet und auch bisweilen ein *dynamischer Aequator* genanntworden ist; es fällt diese Wellenlinie weder mit dem geographischen noch mit dem magnetischen Aequator zusammen;

die Begrenzung der Zone meist sehr schwacher Intensität, in der die stündlichen Veränderungen der Magnetnadel, nach Verschiedenheit der Jahreszeiten, abwechselnd vermittelnd“*Stations of an intermediate* character situated between the northern and southern magnetic hemispheres, partaking, although in opposite seasons, of those contrary features which separately prevail (in the two hemispheres) throughout the year.“ an den *Erscheinungen beider Halbkugeln* Theil nehmen.

Ich habe in dieser Aufzählung das Wort *Pol* allein für die zwei Erdpunkte, in denen die horizontale Kraft verschwindet, beibehalten: weil oft, wie schon bemerkt worden ist, in neuerer Zeit diese Punkte (die wahren Magnetpole), in denen die Intensitäts-Maxima keinesweges liegen, mit den vier *Erdpunkten größter* Intensität verwechselt worden sind. Auch hat Gauß gezeigt, daß es schädlich sei die Chorde, welche die beiden Punkte verbindet, in denen auf der Erdoberfläche die Neigung der Nadel = 90° ist, durch die Benennung: *magnetische Achse der Erde* auszeichnen zu wollen. Der innige Zusammenhang, welcher zwischen den hier aufgezählten Gegenständen herrscht, macht es glücklicherweise möglich die verwickelten Erscheinungen des *Erd-Magnetismus* nach drei Aeußerungen der einigen, thätigen Kraft (*Intensität, Inclination* und *Declination*) unter drei Gesichtspunkte zu concentriren.

Intensität.

Die Kenntniß des wichtigsten Elements des tellurischen Magnetismus, die unmittelbare Messung der Stärke der totalen Erdkraft, ist spät erst der Kenntniß von den Verhältnissen der Richtung dieser Erdkraft in horizontaler und verticaler Ebene (Declination und Inclination) gefolgt. Die Schwingungen, aus deren Dauer die Intensität geschlossen wird, sind erst am Schluß des 18ten Jahrhunderts ein Gegenstand des Experiments, in der ersten Hälfte des 19ten ein Gegenstand ernster und fortgesetzter Untersuchung geworden. Graham (1723) maß die Schwingungen seiner Inclinations-Nadel in der Absicht, zu versuchen, ob sie constant wären, und um das Verhältniß der sie dirigirenden Kraft zur Schwere zu finden. Der erste Versuch, die Intensität des Magnetismus an von einander weit entfernten Punkten der Erde durch die Zahl der Oscillationen in gleichen Zeiten zu prüfen, geschah durch Mallet (1769). Er fand mit sehr unvollkommenen Apparaten die Zahl der Oscillationen zu Petersburg (Br. 59° 56') und zu Ponoi (67° 4') völlig gleichworaus die, bis auf Cavendish fortgepflanzte, irrthümliche Meinung entstand, daß die Intensität der Erdkraft unter allen Zonen dieselbe sei. Borda hatte zwar nie, wie er mir oft erzählt, aus theoretischen Gründen diesen Irrthum getheilt, eben so wenig als vor ihm le Monnier; aber auch Borda hinderte die Unvollkommenheit seiner Neigungs-Nadel (die Friction, welche dieselbe auf den Zapfen erlitt) Unterschiede der Magnetkraft während seiner Expedition nach den canarischen Inseln (1776) zwischen Paris, Toulon, Santa Cruz de Teneriffa und Gorée in Senegambien, in einem Raume von 35 Breitengraden, zu entdecken (*Voyage de La Pérouse* T. I. p. 162). Mit verbesserten Instrumenten wurden zum ersten Male diese Unterschiede auf der unglücklichen Expedition von La Pérouse in den Jahren 1785 und 1787 von Lamanon aufgefunden und von Macao aus dem Secretär der Pariser Akademie mitgetheilt. Sie blieben, wie ich schon früher erinnert, unbeachtet und, wie so vieles andere, in den akademischen Archiven vergraben.

Die ersten veröffentlichten Intensitäts-Beobachtungen, ebenfalls auf Borda's Aufforderung angestellt, sind die meiner *Reise nach den Tropenländern des Neuen Continents* von den Jahren 1798–1804. Frühere von meinem Freunde de Rossel (1791 und 1794) in den indischen Meeren eingesammelte Resultate über die magnetische Erdkraft sind erst vier Jahre nach meiner Rückkunft aus Mexico im Druck erschienen. Im Jahre 1829 wurde mir der Vorzug, die Arbeit über Intensität und Inclination von der Südsee aus noch volle 188 Längengrade gegen Osten bis in die chinesische Dzungarei fortsetzen zu können, und zwar ⅔ dieser Erdhälfte durch das Innere der Continente. Die Unterschiede der Breite sind 72° (von 60° nördlicher bis 12° südlicher Breite) gewesen.

Wenn man die Richtung der einander umschließenden isodynamischen Linien (Curven *gleicher Intensität*) sorgfältig verfolgt: und von den äußeren, schwächeren, zu den inneren, allmälig stärkeren, übergeht; so werden bei der Betrachtung der tellurischen *Kraftvertheilung des Magnetismus* für jede Hemisphäre, in sehr ungleichen Abständen von den Rotations- wie von den Magnetpolen der Erde, *zwei Punkte* (foci) der *Maxima* der Intensität, ein *stärkerer* und ein *schwächerer*, erkannt. Von diesen 4 Erdpunkten liegt in der nördlichen Hemisphäreder *stärkere* (amerikanische) in Br. +52° 19' und Länge 94° 20' W.; der *schwächere* (oft der sibirische genannt) in Br. +70°?, Länge 117° 40' O., vielleicht einige Grade minder östlich. Auf der Reise von Parschinsk nach Jakutsk fand Erman (1829) die Curve der größten Intensität (1,742) bei Beresowski Ostrow in Länge 115° 31' O., Br. +59° 44' (*Erman, magnet. Beob.* S. 172 und 540; *Sabine* in den *Phil. Transact.* for 1850 P. I. p. 218). Von beiden Bestimmungen ist die des amerikanischen Focus, besonders der Breite nach sichrere, „der Länge nach wahrscheinlich *etwas* zu westlich". Das Oval, welches den stärkeren nördlichen Focus einschließt, liegt demnach im Meridian des West-Endes des Lake Superior, zwischen der südlichen Extremität der Hudsonsbai und der des canadischen Sees Winipeg. Man verdankt diese Bestimmung der wichtigen Land-Expedition des ehemaligen Directors der magnetischen Station von St. Helena, des Artillerie-Hauptmanns Lefroy, im Jahr 1843. „Das Mittel der Lemniscate, welche den stärkeren und schwächeren Focus verbindet, scheint nordöstlich von der Berings-Straße, näher dem asiatischen Focus als dem amerikanischen, zu liegen."

Als ich in der peruanischen Andeskette der südlichen Hemisphäre, in Breite -7° 2' und Länge 81° 8' W., den magnetischen Aequator: die Linie, auf der die Neigung = 0 ist, zwischen Micuipampa und Caxamarca (1802) durchschnitt, und von diesem merkwürdigen Punkte an die Intensität gegen Norden und Süden hin wachsen sah; so entstand in mir, da es damals und noch lange nachher an allen Vergleichungspunkten fehlte, durch eine irrige Verallgemeinerung des Beobachteten, die Meinung: daß vom magnetischen Aequator an die Magnetkraft der Erde bis nach beiden Magnetpolen ununterbrochen wachse, und daß wahrscheinlich in diesen (da, wo die Neigung = 90° wäre) das Maximum der Erdkraft liege. Wenn man zum ersten Male einem großen Naturgesetz auf die Spur kommt, so bedürfen die früh aufgefaßten Ansichten meist einer späteren Berichtigung. Sabinehat durch eigene Beobachtungen (1818 bis 1822), die er in sehr verschiedenen Zonen anstellte, wie durch scharfsinnige Zusammenstellung vieler fremder (da die Schwingungs-Versuche von verticalen und horizontalen Nadeln nach und nach allgemeiner wurden) erwiesen: daß Intensität und Neigung sehr verschiedenartig modificirt werden; daß das Minimum der Erdkraft in vielen Punkten fern von dem magnetischen Aequator liege; ja daß in den nördlichsten Theilen von Canada und des arctischen Hudsonlandes, von Br. 52°⅓ bis zum Magnetpole (Br. 70°), unter dem Meridian von ohngefähr 94° bis 95° westl. Länge, die Intensität, statt zu wachsen, abnimmt. In dem von Lefroy aufgefundenen canadischen Focus der größten Intensität in der nördlichen Hemisphäre war 1845 die Neigung der Nadel erst 73° 7', und in beiden Hemisphären findet man die Maxima der Erdkraft neben vergleichungsweise geringer Neigung.

So vortrefflich und reichhaltig auch die Fülle der Intensitäts-Beobachtungen ist, die wir den Expeditionen von Sir James Roß, von Moore und Clerk in den antarctischen Polarmeeren verdanken; so bleibt doch noch über die Lage des stärkeren und schwächeren Focus in der südlichen Halbkugel viel Zweifel übrig. Der erste der eben genannten Seefahrer hat die isodynamischen Curven vom höchsten Werth der Intensität mehrfach durchschnitten, und nach einer genauen Discussion seiner Beobachtungen setzt Sabine den einen Focus in Br. -64° und Länge 135° 10' Ost. Roß selbst, in dem Bericht. Der große Seefahrer durchschnitt zweimal zwischen Kerguelen und Van Diemen die Curve größter Intensität: zuerst in Br. -46° 44', Länge 126° 6' Ost: wo die Intensität bis 2,034 anwuchs, um östlich gegen Hobarton hin bis 1,824 abzunehmen (*Voy.* Vol. I. p. 103 und 104); dann ein Jahr später, vom 1 Januar bis 3 April 1841: wo nach dem Schiffsjournal des Erebus von Br. -77° 47' (Lg. 173° 21' O.) bis Br. -51° 16' (Lg. 134° 30' O.) die Intensitäten ununterbrochen über 2,00, selbst 2,07 waren (*Philos. Transact.* for 1843 P. II. p. 211–215). Sabine's Resultat für den einen Focus der südlichen Halbkugel (Br. -64°, Lg. 135° 10' Ost), das ich in dem Text gegeben, ist aus den Beobachtungen von Sir James Roß vom 19 bis 27 März 1841 genommen (crossing the southern isodynamic ellipse of 2,00 about midway between the extremities of its principal axis) zwischen Br. -58° und -64° 26', Länge 126° 20' und 146° 0' Ost (*contrib. to terrestr. Magnet.*) in den *Philos. Transact.* for 1846 P. III. p. 252). seiner großen Reise, vermuthete den Focus in der Nähe der von d'Urville entdeckten Terre d'Adélie: also ungefähr in Br. -67°, Länge 137° 40' Ost. Dem anderen Focus meinte er sich zu nahen in -60° Br. und 127° 20' westlicher Länge; war aber doch geneigt denselben viel südlicher, unweit des Magnetpoles, also in einen östlicheren Meridian, zu setzen. Nach den Reise-Instructionen wurden die beiden südlichen Foci des Maximums der Intensität vermuthet (Vol. I p. XXXVI) in Br. -47°, Lg. 140° O. und Br. -60°, Lg. 235° O. (Meridian von Greenwich).

Nach Festsetzung der Lage der 4 Maxima der Intensität muß das Verhältniß der Kräfte selbst angegeben werden. Diese Angaben geschehen entweder nach dem mehrfach berührten älteren Herkommen: d. i. in Vergleich mit der Intensität, welche ich in einem Punkte des magnetischen Aequators gefunden, den die peruanische Andeskette in Br. -7° 2' und Länge 81° 8' W. durchschneidet; oder nach den frühesten Vorschlägen von Poisson und Gauß in *absoluter* Messung. Nach der *relativen* Scale, wenn die Intensität auf dem eben bezeichneten Erdpunkte im magnetischen Aequator = 1,000 gesetzt wird: sind, da man das Intensitäts-Verhältniß von Paris im Jahr 1827 () zu dem von London ermittelt hat, die Intensitäten in diesen zwei Städten 1,348 und 1,372. Uebersetzt man diese Zahlen in die *absolute* Scale, so würden sie ohngefähr 10,20 und 10,38 heißen; und die Intensität, welche für Peru = 1,000 gesetzt worden ist, würde nach Sabine in absoluter Scale = 7,57 sein: also sogar noch größer als die Intensität in St. Helena, die in derselben absoluten Scale = 6,4 ist. Alle diese Zahlen werden noch wegen Verschiedenheit der Jahre, in denen die Vergleichungen geschahen, neue Veränderungen erleiden. Sie sind in beiden Scalen: der relativen (arbitrary scale) und der, vorzuziehenden, absoluten, nur als provisorisch zu betrachten; aber auch bei dem jetzigen unvollkommneren Grade ihrer Genauigkeit werfen sie ein helles Licht auf die Vertheilung der Erdkraft: ein Element, über das man noch vor einem halben Jahrhunderte in der tiefsten Unwissenheit war. Sie gewähren, was kosmisch am wichtigsten ist, *historische* Ausgangspunkte für die Kraftveränderungen, welche künftige Jahrhunderte offenbaren werden: vielleicht durch Abhängigkeit der Erde von der auf sie einwirkenden Magnetkraft der Sonne.

In der nördlichen Hemisphäre ist am befriedigendsten durch Lefroy die Intensität des *stärkeren* canadischen Focus (unter Br. +52° 19', Länge 94° 20' W.) bestimmt. Es wird dieselbe in der *relativen* Scale durch 1,878 ausgedrückt, wenn die Intensität von London 1,372 ist; in der *absoluten* Scaledurch 14,21. Schon in Neu-York (Br. +40° 42') hatte Sabine die Magnetkraft nicht viel schwächer (1,803) gefunden. Für den schwächeren sibirischen, nördlichen Focus (Br. ? +70°, Lg. 117° 40' O.) wird sie von Erman in relativer Scale 1,74; von Hansteen 1,76: d. i. in absoluter Scale zu 13,3 angegeben. Die antarctische Expedition von Sir James Roß hat gelehrt, daß der Unterschied der beiden Foci in der südlichen Hemisphäre wahrscheinlich schwächer als in der nördlichen ist, aber daß *jeder* der beiden südlichen Foci die beiden nördlichen an Kraft überwiegt. Die Intensität ist in dem stärkeren südlichen Focus (Br. -64°, Lg. 135° 10' O.) in der relativen Scalewenigstens 2,06; in absoluter Scale 15,60: in dem schwächeren südlichen Focus*Sabine* in der englischen Uebersetzung des *Kosmos* Vol. I. (Br. -60°, Lg. 127° 20' W.?), ebenfalls nach Sir James Roß, in relativer Scale 1,96; in absoluter Scale 14,90. Der größere oder geringere Abstand der beiden Foci derselben Hemisphäre von einander ist als ein wichtiges Element ihrer individuellen Stärke und der ganzen Vertheilung des Magnetismus erkannt worden. „Wenn auch die Foci der südlichen Halbkugel eine auffallend stärkere Intensität (in absolutem Maaß 15,60 und 14,90) darbieten als die Foci der nördlichen Halbkugel (14,21 und 13,30), so wird doch im ganzen die Magnetkraft der einen Halbkugel für nicht größer als die der anderen erachtet.

Ganz anders ist es aber, wenn man das Erdsphäroid in einen östlichen und westlichen Theil nach den Meridianen von 100° und 280° (Greenwicher Länge, von West nach Ost gerechnet) dergestalt schneidet: daß die östliche Hemisphäre (die mehr continentale) Südamerika, den atlantischen Ocean, Europa, Afrika und Asien fast bis zum Baikal; die westliche (die mehr oceanische und insulare) fast ganz Nordamerika, die weite Südsee, Neu-Holland und einen Theil von Ost-Asien einschließt." Die bezeichneten Meridiane liegen, der eine ohngefähr 4° westlich von Singapore, der andere 13° westlich vom Cap Horn, im Meridian selbst von Guayaquil. Alle 4 Foci des Maximums der Magnetkraft, ja die zwei Magnetpole gehören der westlichen Hemisphäre an.S. die interessante

Darstellung: *Map of the World*, divided into Hemispheres by a plane, coinciding with the Meridians of 100 and 280 E. of Greenwich, exhibiting the unequal distribution of the Magnetic Intensity in the two Hemispheres, Plate V; in den *Proceedings of the Brit Assoc.* at Liverpool 1837 p. 72–74. Die Theilung ist, nach dem Pariser Meridian gerechnet, Länge 97° 40' Ost und 82° 20' West. Fast ununterbrochen fand Erman die Intensität der Erdkraft unter 0,76 (also sehr schwach) in der südlichen Zone von Br. -24° 25' bis Br. -13° 18', zwischen 37° 10' und 35° 4' westlicher Länge.

Adolf Erman's wichtiger Beobachtung der kleinsten Intensität im atlantischen Ocean östlich von der brasilianischen Provinz Espiritu Santo (Br. -20°, Lg. 37° 24' W.) ward bereits im Naturgemäldegedacht. Er fand in relativer Scale 0,7062 (in absoluter 5,35). Diese Region der schwächsten Intensität ist auch auf der antarctischen Expeditionvon Sir James Roß zweimal durchschnitten worden, zwischen Br. -19° und -21°; eben so von Lieut. Sulivan und Dunlop auf ihrer Fahrt nach den Falklands-Inseln.Auf der isodynamischen Karte des ganzen atlantischen Oceans hat Sabine die Curve der kleinsten Intensität, welche Roß den Equator of less intensity nennt, von Küste zu Küste dargestellt. Sie schneidet das west-afrikanische Littoral von Benguela bei der portugiesischen Colonie Mossamedes (Br. -15°), hat in der Mitte des Oceans ihren concaven Scheitel in Lg. 20° 20' W., und erhebt sich zur brasilianischen Küste bis -20° Breite. Ob nicht nördlich vom Aequator (Br. +10° bis 12°), etwa 20 Grade östlich von den Philippinen, eine andere Zone ziemlich schwacher Intensität (0,97 rel. Scale) liegt: werden künftige Untersuchungen in ein klareres Licht setzen.

An dem früher von mir gegebenen Verhältniß der schwächsten Erdkraft zur stärksten, die bisher aufgefunden ist, glaube ich nach den jetzt vorhandenen Materialien wenig ändern zu müssen. Das Verhältniß fällt zwischen 1 : 2½ und fast 1 : 3, der letzteren Zahl näher; die Verschiedenheit der AngabenMan erhält 1 : 2,44, wenn man in absoluter Scale St. Helena 6,4 mit dem stärkeren Focus am Südpol 15,60 vergleicht; 1 : 2,47 durch Vergleichung von St. Helena mit dem zu 15,8 vergrößerten südlichen Maximum (*Admir. Manual* p. 17); 1 : 2,91 durch Vergleichung in relativer Scale von Erman's Beobachtung im atlantischen Ocean (0,706) mit dem südlichen Focus (2,06); ja selbst 1 : 2.95, wenn man in absoluter Scale die schwächste Angabe desselben ausgezeichneten Reisenden (5,35) mit der stärksten Angabe für den südlichen Focus (15,8) zusammenstellt. Eine Mittelzahl wäre 1 : 2,69. Vergl. für die Intensität von St. Helena (6,4 in absoluter oder 0,845 in relativer Scale) die frühesten Beobachtungen von Fitz-Roy (0,836) und *Proceedings* of the meeting at Liverpool p. 56. entsteht daraus, daß man bald die Minima allein, bald Minima und Maxima zugleich etwas willkührlich verändert. Sabine hat das große Verdienst, zuerst auf die Wichtigkeit des *dynamischen Aequators* (Curve der schwächsten Intensität) aufmerksam gemacht zu haben. „Diese Curve verbindet die Punkte jedes geographischen Meridians, in denen die Erdkraft am geringsten ist. Sie läuft in vielfachen Undulationen um den Erdkreis; zu beiden Seiten derselben nimmt die Erdkraft gegen die höheren Breiten jeglicher Hemisphäre zu. Sie bezeichnet dergestalt die Grenze zwischen den beiden magnetischen Halbkugeln auf eine noch entschiednere Weise als der magnetische Aequator, auf welchem die Richtung der Magnetkraft senkrecht auf der Richtung der Schwerkraft steht. Für die Theorie des Magnetismus ist alles, was sich unmittelbar auf die Kraft bezieht, von noch größerer Wichtigkeit als: was sich auf die Richtung der Nadel, auf ihre horizontale oder senkrechte Stellung, bezieht. Die Krümmungen des dynamischen Aequators sind mannigfach: da sie von Kräften abhangen, welche vier Punkte (Foci) der größten Erdkraft, unsymmetrisch und unter sich wiederum an Stärke verschieden, hervorbringen. Merkwürdig in diesen Inflexionen ist besonders die große Convexität gegen den Südpol im atlantischen Ocean, zwischen den Küsten von Brasilien und dem Vorgebirge der guten Hoffnung."

Nimmt die Intensität der Erdkraft in uns erreichbaren Höhen bemerkbar ab? im Inneren der Erde bemerkbar zu? Das Problem, welches diese Fragen zur Lösung vorlegen, ist für Beobachtungen, die in oder auf der Erde gemacht werden, überaus complicirt: weil, um die Wirkung beträchtlicher Höhen auf Gebirgsreisen mit einander zu vergleichen, wegen der großen Masse der Berge die oberen und unteren Stationen selten einander nahe genug liegen; weil die Natur des Gesteins und die gangartig einbrechenden, nicht sichtbaren Mineralien, ja die nicht genugsam bekannten stündlichen und zufälligen Veränderungen der Intensität bei nicht ganz gleichzeitigen Beobachtungen die Resultate modificiren. Es wird so oft der Höhe (oder Tiefe) allein zugeschrieben, was beiden keinesweges angehört. Zahlreiche Bergwerke, welche ich in Europa, in Peru, Mexico und Sibirien zu sehr beträchtlichen Tiefen besucht: haben mir nie Localitäten dargeboten, die irgend ein Vertraueneinflößen konnten. Dazu sollte man bei Angabe der Tiefen die perpendicularen Unterschiede + und -, vom Meerhorizonte an gerechnet (der eigentlichen mittleren Oberfläche des Erdsphäroids), nicht außer Acht lassen. Die Grubenbaue zu Joachimsthal in Böhmen haben fast 2000 Fuß absoluter Tiefe erreicht: und gelangen doch nur zu einer Gesteinschicht, die drittehalbhundert Fuß *über* dem Meeresspiegel liegt. Ganz andere und günstigere Verhältnisse bieten die Luftfahrten dar. Gay-Lussac hat sich bis zu 21600 Fuß Höhe über Paris erhoben; also ist die größte relative Tiefe, welche man in Europa mit Bohrlöchern erreicht hat, kaum $^{1}/_{11}$ jener Höhe. Meine eigenen Gebirgs-Beobachtungen zwischen den Jahren 1799 und 1806 haben mir die Abnahme der Erdkraft mit der Höhe im ganzen *wahrscheinlich* gemacht, wenn gleich (aus den oben angeführten Störungs-Ursachen) mehrere Resultate dieser vermutheten Abnahme widersprechen. Ich habe Einzelheiten aus meinen 125 Intensitäts-Messungen in der Andeskette, den schweizer Alpen, Italien und Deutschland ausgewählt und in einer Notezusammengestellt. Die Beobachtungen gehen von der Meeresfläche bis zu einer Höhe von 14960 Fuß, bis zur Grenze des ewigen Schnees; aber die größten Höhen haben mir nicht die sichersten Resultate gegeben. Am befriedigendsten sind gewesen der steile Abfall der Silla de Caracas, 8105 Fuß, nach der ganz nahen Küste von la Guayra; das, gleichsam über der Stadt Bogota schwebende Santuario de N^{tra} S^{ra} de Guadalupe, auf einem Absatz gegründet an steiler Felswand von Kalkstein, mit einem Höhen-Unterschied von fast 2000 Fuß; der Vulkan von Puracé, 8200 Fuß hoch über der Plaza mayor der Stadt Popayan. Kupffer im Kaukasus, Forbes in vielen Theilen von Europa, Laugier und Mauvais auf dem Canigou, Bravais und Martins auf dem Faulhorn und bei ihrem kühnen Aufenthalte ganz nahe dem Gipfel des Montblanc haben allerdings die mit der Höhe abnehmende Intensität des Magnetismus bemerkt; ja die Abnahme schien nach der allgemeinen Discussion von Bravais sogar schneller in den Pyrenäen als in der Alpenkette.

Quetelet's ganz entgegengesetzte Resultate auf einer Reise von Genf nach dem Col de Balme und dem Großen Bernhard machen, zu einer endlichen und entscheidenden Beantwortung einer so wichtigen Frage, es doppelt wünschenswerth, daß man sich von der Erdoberfläche gänzlich entferne: und von dem einzigen sicheren, schon im Jahre 1804 von Gay-Lussac, erst gemeinschaftlich mit Biot (24 August) und dann allein (16 September), angewandten Mittel des Aërostats, in einer Reihe auf einander folgender Versuche, Gebrauch mache. Oscillationen, in Höhen von mehr als 18000 Fuß gemessen, können uns jedoch über die in der freien Atmosphäre fortgepflanzte Erdkraft nur dann mit Sicherheit belehren, wenn vor und nach der Luftfahrt die Temperatur-Correction in den angewandten Nadeln auf das genaueste ermittelt wird. Die Vernachlässigung einer solchen Correction hatte aus den Versuchen Gay-Lussac's das irrige Resultat ziehen lassen, daß die Erdkraft bis 21600 Fuß Höhe dieselbe bliebe: während umgekehrt der Versuch eine Abnahme der Kraft erwies, wegen Verkürzung der oscillirenden Nadel in der oberen kalten Region. Auch ist Faraday's glänzende Entdeckung der paramagnetischen Kraft des Oxygens bei dem Gegenstande, welcher uns hier beschäftigt, keinesweges außer Acht zu lassen. Der große Physiker macht selbst darauf aufmerksam, daß in den hohen Schichten der Atmosphäre die Abnahme der Intensität gar nicht bloß in der Entfernung von der Urquelle der Kraft (dem festen Erdkörper) zu suchen sei; sondern daß sie eben so gut von dem so überaus verdünnten Zustande der Luft herrühren könne, da die Quantität des Oxygens in einem Cubikfuß atmosphärischer Luft oben und unten verschieden sei. Mir scheint es indeß, daß man zu nicht mehr berechtigt sei als zu der Annahme: daß die mit der Höhe und Luftverdünnung abnehmende paramagnetische Eigenschaft des sauerstoffhaltigen Theils der Atmosphäre für eine *mitwirkend modificirende* Ursach angesehen werden müsse. Veränderungen der Temperatur und der Dichtigkeit durch aufsteigende Luftströme verändern dann wiederum selbst das Maaß dieser Mitwirkung.Solche Störungen nehmen einen variablen und recht eigentlich localen Charakter an, wirken im Luftkreise wie die Gebirgsarten auf der Oberfläche der Erde. Mit jedem Fortschritt, dessen wir uns in der Analyse der gasartigen Umhüllung unseres Planeten und ihrer physischen Eigenschaften zu erfreuen haben, lernen wir gleichzeitig neue Gefahren in dem wechselnden Zusammenwirken der Kräfte kennen: Gefahren, die zu größerer Vorsicht in den Schlußfolgen mahnen.

Die Intensität der Erdkraft, an bestimmten Punkten der Oberfläche unsres Planeten gemessen, hat, wie alle Erscheinungen des tellurischen Magnetismus, ihre stündlichen und auch ihre secularen Variationen. Die ersteren wurden auf Parry's dritter Reise von diesem verdienstvollen Seefahrer und vom Lieutenant Foster (1825) in Port Bowen deutlich erkannt. Die Zunahme der Intensität vom Morgen zum Abend ist in den mittleren Breiten ein Gegenstand der sorgfältigsten Untersuchungen gewesen von Christie, Arago, Hansteen, Gauß und Kupffer. Da horizontale Schwingungen trotz der jetzigen großen Vollkommenheit der Neigungs-Nadeln den Schwingungen dieser vorzuziehen sind, so ist die stündliche Variation der totalen Intensität nicht ohne die genaueste Kenntniß von der stündlichen Variation der Neigung zu erhalten. Die Errichtung von magnetischen Stationen in der nördlichen und südlichen Hemisphäre hat den großen Vortheil gewährt die allerzahlreichsten und zugleich auch die allersichersten Resultate zu liefern. Es genügt hier zwei Erdpunkte auszuwählen, „die, beide außerhalb der Tropen, diesseits und jenseits des Aequators fast in gleicher Breite liegen: Toronto in Canada +43° 39', Hobarton auf Van Diemen -42° 53'; bei einem Längen-Unterschiede von ohngefähr 15 Stunden. Die gleichzeitigen stündlichen Beobachtungen des Magnetismus gehören in Einer Station den Wintermonaten an, wenn sie in der anderen in die Sommermonate fallen. Was in der einen am Tage gemessen wird, gehört in der anderen meist der Nacht zu. Die Abweichung ist in Toronto westlich 1° 33', in Hobarton östlich 9° 57'; Inclination und Intensität sind einander ähnlich: erstere in Toronto gegen Norden (75° 15'), in Hobarton gegen Süden (70° 34') geneigt; letztere (die ganze Erdkraft) ist in Toronto in absoluter Scale 13,90; in Hobarton 13,56. Unter diesen zwei so wohl ausgewählten Stationen zeigt nach Sabine's Untersuchung die in Canada für die Intensität *vier*, die auf Van Diemen nur *zwei* Wendepunkte. In *Toronto* hat nämlich die Variation der Intensität ein *Haupt-Maximum* um 6 Uhr und ein *Haupt-Minimum* um 14 Uhr; ein *schwächeres*, secundäres Maximum um 20 Uhr: ein schwächeres, secundäres Minimum um 22 Uhr. Dagegen befolgt der Gang der Intensität in *Hobarton* die einfache Progression von einem Maximum zwischen 5 und 6 Uhr zu einem Minimum zwischen 20 und 21 Uhr, wenn gleich die *Inclination* dort wie in Toronto ebenfalls 4 Wendepunkte hat.Durch die Vergleichung der Inclinations-Variationen mit denen der horizontalen Kraft ist ergründet worden, daß in Canada in den Wintermonaten, wenn die Sonne in den *südlichen* Zeichen steht, die ganze Erdkraft stärker ist als in den Sommermonaten derselben Hemisphäre; eben so ist auf Van Diemen's Land die Intensität (d. h. die ganze Erdkraft) stärker als der mittlere Jahreswerth vom October bis Februar im Sommer der südlichen Hemisphäre, schwächer vom April zum August. Nicht Unterschiede der Temperatur, sondern der *geringere Abstand des magnetischen Sonnenkörpers von der Erde* bewirken nach Sabine diese Verstärkung des tellurischen Magnetismus. In Hobarton ist die Intensität im dortigen Sommer in absoluter Scale 13,574; im dortigen Winter 13,543. Die *seculare* Veränderung der Intensität ist bis jetzt nur auf eine kleine

Zahl von Beobachtungen gegründet. In Toronto scheint sie von 1845 bis 1849 einige Abnahme erlitten zu haben. Die Vergleichung meiner Beobachtungen mit denen von Rudberg in den Jahren 1806 und 1832 giebt für Berlin dasselbe Resultat.

Inclination.

Die Kenntniß der *isoklinischen* Curven (*Linien gleicher Inclination*): wie die der sie bestimmenden, schnelleren oder langsameren, Zunahme der Inclination von dem magnetischen Aequator an, wo die Inclination = 0 ist, bis zu dem nördlichen und südlichen Magnetpole, wo die horizontale Kraft verschwindet: hat besonders in der neueren Zeit an Wichtigkeit noch dadurch gewonnen, daß das Element der totalen magnetischen Erdkraft aus der mit überwiegender Schärfe zu messenden *horizontalen Intensität* nicht ohne eine genaue Kunde der Inclination abgeleitet werden kann. Die Kunde von der geographischen Lage des einen und des anderen *Magnetpoles* verdankt man den Beobachtungen und der wissenschaftlichen Thätigkeit eines und desselben kühnen Seefahrers, Sir James Roß: im *Norden* während der zweiten Expeditionseines Onkels Sir John Roß (1829–1833), im *Süden* während der von ihm selbst befehligten antarctischen Expedition (1839–1843). Der *nördliche Magnetpol* (Br. +70° 5', Lg. 99° 5' W.) ist fünf Breitengrade entfernter von dem *Rotations-Pol* der Erde als der *südliche* (Br. -75° 5', Lg. 151° 48' O.); auch hat der südliche Magnetpol 109° mehr westliche Länge vom Meridian von Paris als der nördliche Magnetpol. Letzterer gehört der großen, dem amerikanischen Continent sehr genäherten Insel Boothia Felix, einem Theile des von Cap. Parry früher North Somerset genannten Landes, an. Er liegt wenig ab von der westlichen Küste von Boothia Felix: unfern des Vorgebirges Adelaide, das in King William's Sea und Victoria Street vortritt. Im sibirischen Continent ist bisher keine stärkere Inclination als 82° 16' beobachtet worden, und zwar von Middendorff am Fluß Taimyr unter Br. +74° 17' und Länge 93° 20' östlich von Paris (*Middend. sibir. Reise* Th. I. S. 194). Den südlichen Magnetpol hat man nicht unmittelbar, wie den nördlichen, erreichen können. Am 17 Februar 1841 war der Erebus bis Br. -76° 12' und Lg. 161° 40' Ost gelangt; die Inclination war aber erst 88° 40': man glaubte sich also noch an 160 englische Seemeilen von dem südlichen Magnetpole entfernt. „I had so long cherished the ambitious hope“, sagt dieser Seefahrer, “to plant the flag of my country on *both* the magnetic poles of our globe; but the obstacles, which presented themselves, being of so insurmountable a character was some degree of consolation, as it left us no grounds for selfreproach“ (p. 247). Viele und genaue Declinations-Beobachtungen (die Intersection der magnetischen Meridiane bestimmend) machen es sehr wahrscheinlich, daß der Süd-Magnetpol im Inneren des großen antarctischen Polarlandes South Victoria Land gelegen ist; westlich von den Prince Albert Mountains: die sich dem Südpol nähern und an den, über 11600 Fuß hohen, brennenden Vulkan Erebus anschließen.

Der Lage und Gestalt-Veränderung des *magnetischen Aequators:* der Linie, auf welcher die Neigung null ist, wurde schon im *Naturgemälde* ausführlich gedacht. Die früheste Bestimmung des afrikanischen *Knotens* (der Durchkreuzung des geographischen und magnetischen Aequators) geschah von Sabinein dem Anfang seiner Pendel-Expedition 1822; später (1840) hat derselbe Gelehrte: die Beobachtungen von Duperrey, Allen, Dunlop und Sulivan zusammenstellend, eine Karte des magnetischen Aequators. Ich folge für die Bewegung des afrikanischen Knotens der dieser Abhandlung beigefügten Karte. von der afrikanischen Westküste von Biafra an (Br. +4°, Lg. 7° 10' östl.), durch das atlantische Meer und Brasilien (Br. -16°, zwischen Porto Seguro und Rio Grande) bis zu dem Punkte entworfen, wo ich, der Südsee nahe, auf den Cordilleren die nördliche Neigung habe in eine südliche übergehen sehen. Der afrikanische Knoten, als Durchschnittspunkt beider Aequatoren, lag 1837 in 0° 40' östlicher Länge; 1825 war er gelegen in 4° 35' O. Die seculare Bewegung des Knotens, sich entfernend von der 7000 Fuß hohen basaltischen Insel St. Thomas, war also etwas weniger als ein halber Grad im Jahre gegen Westen: wodurch dann an der afrikanischen Küste die Linie ohne Neigung sich gegen Norden wendete, während sie an der brasilianischen Küste gegen Süden herabsank. Der convexe Scheitel der magnetischen Aequatorial-Curve bleibt gegen den Südpol gerichtet, und entfernt sich im atlantischen Ocean im Maximum 16° vom geographischen Aequator. Im Inneren von Südamerika, in der Terra incognita von Matto Grosso: zwischen den großen Flüssen Xingu, Madera und Ucayale, fehlen alle Inclinations-Beobachtungen, bis zu der Andeskette. Auf dieser: 17 geographische Meilen östlich von der Küste der Südsee, zwischen Montan, Micuipampa und Caxamarca, habe ich die Lage des gegen NW ansteigenden magnetischen Aequators astronomisch bestimmt(Br. -7° 2', Lg. 81° 8' W.).

Die vollständigste Arbeit, welche wir über die Lage des magnetischen Aequators besitzen, ist die von meinem vieljährigen Freunde Duperrey für die Jahre 1823–1825. Er hat auf seinen Weltumseglungen sechsmal den Aequator durchschnitten, und fast in einer Länge von 220° denselben nach eigenen. Daselbst wird schon bemerkt, daß der magnetische Aequator nicht eine Curve gleicher Intensität ist, sondern daß die Intensität in verschiedenen Theilen dieses Aequators von 1 zu 0,867 variirt. Beobachtungen darstellen können. Die zwei *Knoten* liegen nach Duperrey's *Karte des magnetischen Aequators:* der eine in Lg. 3°½ O (in dem atlantischen Ocean), der andere in Lg. 175° O. (in der Südsee, zwischen den Meridianen der Viti- und Gilbert-Inseln). Wenn der magnetische Aequator, wahrscheinlich zwischen Punta de la Aguja und Payta, die Westküste des südamerikanischen Continents verlassen hat, so nähert er sich in Westen immer mehr dem geographischen Aequator: so daß er im Meridian der Inselgrnppe von Mendaña nur noch um 2° von diesem entferntDiese Position des magnetischen Aequators ist durch Erman für 1830 bestätigt worden. Auf der Rückreise von Kamtschatka nach Europa fand derselbe die Neigung fast null: in Br. -1° 30', Lg. 134° 57' W.; in Br. -1° 52', Lg. 137° 30' W.; in Br. 1° 54', Lg 136° 5' W.; in Br. -2° 1', Lg.

141° 28' W. (*Erman, magnet. Beob.* 1841 S. 536.) ist. Auch um 10° westlicher: in dem Meridian, welcher durch den westlichsten Theil der Paumotu-Inseln (Low Archipelago) geht, in Lg. 151°½, fand Cap. Wilkes 1840 die Breiten-Entfernung vom geographischen Aequator ebenfalls noch zwei volle Grade. Die Intersection (der Knoten in der Südsee) liegt nicht um 180° von dem atlantischen Knoten entfernt, nicht in 176°½ westlicher Länge; sondern erst in dem Meridian der Viti-Gruppe, ohngefähr in Lg. 175° Ost, d. i. 185° West. Wenn man also von der Westküste Afrika's durch Südamerika gegen Westen fortschreitet, so findet man in dieser Richtung die Entfernung der Knoten von einander um 8°½ zu groß; – ein Beweis, daß die Curve, mit der wir uns hier beschäftigen, kein *größter* Kreis ist.

Nach den vortrefflichen und vielumfassenden Bestimmungen des Cap. Elliot (1846–1849), welche zwischen den Meridianen von Batavia und Ceylon mit denen von Jules de Blosseville (*Kosmos*) merkwürdig übereinstimmen, geht der magnetische Aequator durch die Nordspitze von Borneo, und fast genau von Osten nach Westen in die Nordspitze von Ceylon (Br. +9°¾). Die Curve vom Minimum der Totalkraft läuft diesem Theile des magnetischen Aequators fast parallel.Letzterer tritt in den ostafrikanischen Continent südlich vom Vorgebirge Guardafui ein. Dieser wichtige Punkt des Eintretens ist durch Rochet d'Héricourt auf seiner zweiten abyssinischen Expedition (1842–1845) und durch die scharfsinnige Discussion der magnetischen Beobachtungen dieses Reisenden mit besonderer Genauigkeit bestimmt worden. Er liegt südlich von Gaubade, zwischen Angolola und Angobar, der Hauptstadt des Königreichs Schoa, in Br. +10° 7' und Lg. 38° 51' O. Der Verlauf des magnetischen Aequators im Inneren von Afrika, von Angobar bis zum Busen von Biafra, ist eben so unerforscht als der im Inneren von Südamerika östlich von der Andeskette und südlich von dem geographischen Aequator. Beide Continental-Räume sind sich von O nach W ohngefähr an Größe gleich, zusammen von 80 Längengraden: so daß fast ¼ des Erdkreises aller magnetischen Beobachtung bis jetzt entzogen ist. Meine eigenen Inclinations- und Intensitäts-Beobachtungen im ganzen *Inneren* von Südamerika (von Cumana bis zum Rio Negro, wie von Cartagena de Indias bis Quito) haben nur die tropische Zone nördlich vom geographischen Aequator, und von Quito an bis Lima in der südlichen Hemisphäre nur die dem westlichen Littoral nahe Gegend umfaßt.

Die Translation des afrikanischen Knotens gegen Westen von 1825 bis 1837, die wir schon oben bezeichnet haben, wird bekräftigt an der Ostküste von Afrika durch Vergleichung der Inclinations-Beobachtungen von Panton im Jahr 1776 mit denen von Rochet d'Héricourt. Dieser fand den magnetischen Aequator viel näher der Meerenge von Bab-el-Mandeb: nämlich 1° südlich von der Insel Socotora, in 8° 40' nördl. Breite. Es war also in der *Breite* allein eine Veränderung von 1° 27' für 49 Jahre; dagegen war die Veränderung in der *Länge* von Arago und Duperrey in derselben Zeit als Bewegung der Knoten von Osten gegen Westen auf 10° angeschlagen worden. Die Säcular-Variation der Knoten des magnetischen Aequators ist an der östlichen Küste von Afrika gegen das indische Meer hin der Richtung nach ganz wie an der westlichen gewesen. Die *Quantität* der Bewegung aber erheischt noch genauere Resultate.

Die *Periodicität* der Veränderungen in der magnetischen Inclination, deren Existenz schon früher bemerkt worden war, ist mit Bestimmtheit und *in ihrem ganzen Umfange* erst seit ohngefähr 12 Jahren, seit Errichtung der britischen magnetischen Stationen in beiden Hemisphären, festgestellt worden. Arago, dem die Lehre vom Magnetismus so viel verdankt, hatte allerdings schon im Herbste 1827 erkannt: „daß die *Neigung* größer ist Morgens um 9 Uhr als den Abend um 6 Uhr; während die *Intensität* der Magnetkraft, gemessen durch die Schwingungen einer *horizontalen* Nadel, ihr Minimum in der ersten und ihr Maximum in der zweiten Epoche erreicht."In den britischen magnetischen Stationen sind dieser Gegensatz und der periodische Gang der stündlichen Neigungs-Veränderung durch mehrere tausend regelmäßig fortgeführte Beobachtungen und ihre mühevolle Discussion seit 1840 fest begründet worden. Es ist hier der Ort die erhaltenen Thatsachen, Fundamente einer allgemeinen Theorie des Erd-Magnetismus, neben einander zu stellen. Vorher muß aber bemerkt werden, daß, wenn man die *räumlich* zu erkennenden periodischen Schwankungen der drei Elemente des tellurischen Magnetismus im ganzen betrachtet; man mit Sabine in den *Wendestunden*, in denen die Maxima oder Minima eintreten, (turning hours) zu unterscheiden hat zwischen zwei *größeren* und darum wichtigen Extremen und anderen, gleichsam dazwischen eingeschalteten, meistentheils nicht minder regelmäßigen, *kleinen Schwankungen*. Die wiederkehrenden Bewegungen der Inclinations- und Declinations-Nadel, wie die Veränderung in der Intensität der Totalkraft bieten daher dar: *Haupt-* und *secundäre Maxima* oder *Minima*, meist beide Arten zugleich: also eine *doppelte* Progression, mit 4 Wendestunden (der gewöhnliche Fall); und eine *einfache* Progression, mit 2 Wendestunden, d. h. mit einem einzigen Maximum und einem einzigen Minimum. Letzteres z. B. ist der Gang der *Intensität* (total force) in Van Diemen's Land, neben einer *doppelten* Progression der *Inclination:* während an einem Orte der nördlichen Hemisphäre, welcher der Lage von Hobarton genau entspricht, zu Toronto in Canada, *beide* Elemente, Intensität und Inclination, eine doppelte Progression befolgen. Auch am Vorgebirge der guten Hoffnung giebt es nur Ein Maximum und Ein Minimum der Inclination. Die stündlichen periodischen Variationen der magnetischen Neigung sind:

I. *Nördliche Hemisphäre:*

Greenwich: Max. 21^{u}, Min. 3^{u} (Airy observ. in 1845 p. 21, in 1846 p. 113, in 1847 p. 247); Incl. im zuletzt genannten Jahre um 21^{u} im Mittel 68° 59',3: um 3^{u} aber 68° 58',6. In der monatlichen Variation fällt das Max. in April–Juni, das Min. in Oct.–Dec.

Paris: Max. 21^u, Min. 6^u. Die Einfachheit der Progression von Paris und Greenwich wiederholt sich am Vorgebirge der guten Hoffnung.

Petersburg: Max. 20^u, Min 10^u; Variation der Incl. wie in Paris, Greenwich und Peking: in kalten Monaten geringer; Max. fester an die Stunde gebunden als Min.

Toronto (Canada): Haupt-Max. 22^u, Haupt-Min. 4^u; secund. Max. 10^u, secund. Min. 18^u (Sabine Tor. 1840–1842 Vol. I. p. LXI).

II. *Südliche Hemisphäre:*

Hobarton (Insel Van Diemen): Haupt-Min. 18^u, Haupt-Max. $23^u½$; secund. Min. 5^u, secund. Max. 10^u (Sabine Hob. Vol. I. p. LXVII). Die Inclination ist größer im Sommer, wenn die Sonne in den südlichen Zeichen steht: 70° 36',74; kleiner im Winter, wenn die Sonne in den nördlichen Zeichen verweilt: 70° 34',66; sechsjähriges Mittel des ganzen Jahres: 70° 36',01 (Sabine Hob. Vol. II. p. XLIV). Eben so ist zu Hobarton die Intensität der Totalkraft größer von Oct. zu Febr. als von April zu August (p. XLVI).

Vorgebirge der guten Hoffnung: einfache Progression Min. 0^u 34', Max. 8^u 34'; mit überaus kleiner Zwischenschwankung zwischen 19^u und 21^u (Sabine Cape obs. 1841–1850 p. LIII).

Die hier angegebenen Erscheinungen der Wechselstunden des Maximums der Inclinationen, in der Zeit des Orts ausgedrückt, stimmen unter sich in der nördlichen Hemisphäre zu Toronto, Paris, Greenwich und Petersburg merkwürdig zwischen 20 und 22 Uhr (Morgens) überein; auch die Minima der Wechselstunden fallen, wenn gleich minder genähert (4, 6 und 10 Uhr), doch alle auf den Nachmittag oder Abend. Um so auffallender ist es, daß in den 5 Jahren sehr genauer Beobachtungen von Greenwich ein Jahr (1845) die Epochen der Maxima und Minima entgegengesetzt eintraten. Das Jahresmittel der Neigung war um 21^u: 68° 56',8 und um 3^u: 68° 58',1.

Wenn man die der geographischen Lage nach diesseits und jenseits des Aequators sich entsprechenden Stationen *Toronto* und *Hobarton* vergleicht, so bemerkt man für Hobarton große Verschiedenheit in der Wendestunde des Haupt-Min. der Inclination (4 Uhr Nachmittags und 6 Uhr Morgens), aber keinesweges in der Wendestunde des Haupt-Max. (22^u und $23^u½$). Auch die Stunde (18^u) des Haupt-Min. von Hobarton findet sich wieder in der Stunde des secundären Min. von Toronto. Die Maxima bleiben an beiden Orten an dieselben Stunden (22^u–$23^u½$ und 10^u) in Haupt- und secundären Max. gebunden. Die vier Wendestunden der Inclination finden sich demnach fast genau wieder (4 oder 5, 10, 18 und 22 oder 23½) in Toronto wie in Hobarton, nur in anderer Bedeutung. Diese complicirte Wirkung innerer tellurischer Kräfte ist sehr beachtenswerth. Vergleicht man dagegen Hobarton und Toronto in Hinsicht auf die Folge der Wendestunden der *Intensitäts-* und *Inclinations-Veränderungen*, so ergiebt sich: daß am ersteren Orte, in der südlichen Hemisphäre, das Min. der Total-Intensität dem Haupt-Min. der Inclination nur um 2 Stunden nachfolgt, während die Verspätung im Max. 6 Stunden beträgt; daß aber in der nördlichen Hemisphäre, zu Toronto, das Min. der Intensität dem Haupt-Max. der Inclination um 8 Stunden vorausgeht, während das Max. der Intensität nur um 2 Stunden von dem Min. der Inclination verschieden ist.

Die Periodicität der Inclination am Vorgebirge der guten Hoffnung stimmt weder mit Hobarton, das in derselben Hemisphäre liegt, noch mit einem Punkte der nördlichen Hemisphäre überein. Das Minimum der Inclination tritt sogar zu einer Stunde ein, in welcher die Nadel in Hobarton fast das Maximum erreicht.

Zur Bestimmung der *secularen Variation der Inclination* gehört eine sich gleich bleibende Genauigkeit der Beobachtung in einer langen Zwischenzeit. Bis zu Cook's Weltumseglung ist z. B. nicht mit Gewißheit hinaufzusteigen, da, wenn gleich auf der dritten Reise die Pole immer umgekehrt wurden, zwischen dem großen Seefahrer und Bayley in der Südsee oft Unterschiede von 40 bis 54 Minuten bemerkt werden: was wahrscheinlich der damals so unvollkommenen Construction der Nadel und dem Mangel ihrer freien Bewegung zuzuschreiben ist. Für London geht man ungern über Sabine's Beobachtung vom August 1821 hinaus: die, verglichen mit der vortrefflichen Bestimmung von James Roß, Sabine und Fox im Mai 1838, eine jährliche Abnahme von 2',73 ergab: während Lloyd mit eben so genauen Instrumenten, aber in kürzerer Zwischenzeit sehr übereinstimmend 2',38 in Dublin gefunden hatte. In Paris, wo ebenfalls die jährliche Verminderung der Inclination sich im Abnehmen befindet, ist die Verminderung größer als in London. Die von Coulomb angegebenen, sehr scharfsinnigen Methoden die Neigung zu bestimmen hatten dort freilich den Erfinder zu irrigen Resultaten geführt. Die erste Beobachtung, welche mit einem vollkommenen Instrumente von le Noir auf dem Observatorium zu Paris angestellt wurde, ist von 1798. Ich fand damals nach mehrmaliger Wiederholung gemeinschaftlich mit dem Chevalier Borda 69° 51',0; im Jahr 1810 mit Arago 68° 50',2; im Jahr 1826 mit Mathieu 67° 56',7. Im Jahre 1841 fand Arago 67° 9',0; im Jahr 1851 fanden Laugier und Mauvais 66° 35': immer nach gleicher Methode und mit gleichen Instrumenten. Die ganze Periode, größer als ein halbes Jahrhundert (1798–1851), giebt eine mittlere jährliche Verminderung der Inclination zu Paris von 3',69. Die Zwischen-Epochen sind gewesen:

von	1798–1810	zu	5',08
	1810–1826		3,37
	1826–1841		3,13
	1841–1851		3,40.

Die Abnahme hat sich zwischen 1810 und 1826 auffallend verlangsamt, doch nur allmälig: denn eine Beobachtung von Gay-Lussac, die er 1806 bei seiner Rückreise von Berlin, wohin er mich nach unserer italiänischen Reise begleitet hatte, mit vieler Genauigkeit anstellte (69° 12'), gab noch seit 1798 eine jährliche Verminderung von 4',87. Je näher der Knoten des magnetischen Aequators in seiner secularen Bewegung von O nach W dem Meridian von Paris kommt, desto mehr scheint sich die Abnahme zu verlangsamen: in einem halben Jahrhundert von 5',08 bis 3',40. Ich habe kurz vor meiner sibirischen Expedition (April 1829) in einer der Berliner Akademie vorgelegten Abhandlungvergleichend die Punkte zusammengestellt, an denen ich selbst: wie ich glauben darf, immer mit gleicher Sorgfalt, beobachtet habe. Sabine hat volle 25 Jahre nach mir Inclination und Intensität in der Havana gemessen, was für diese Tropengegend schon eine beträchtliche Zwischenzeit darbietet, und die Variation von zwei wichtigen Elementen bestimmt. In einer ausgezeichneten, mehr umfassenden Arbeit als die meinige hat Hansteen (1831) die jährliche Variation der Neigung in beiden Hemisphärenuntersucht.

Während die Beobachtungen von Sir Eduard Belcher im Jahr 1838, mit den meinigen vom Jahr 1803 verglichen (s. oben), längs der Westküste von Amerika zwischen Lima, Guayaquil und Acapulco beträchtliche Veränderungen der Inclination andeuten (je länger die Zwischenzeit ist, desto größeren Werth haben die Resultate); ist an anderen Punkten der Südsee die seculare Veränderung der Neigung von der auffallendsten Langsamkeit gewesen. In Otaheiti fand 1773 Bayley 29° 43', Fitzroy 1835 noch 30° 14', Cap. Belcher 1840 wieder 30° 17'; also war in 67 Jahren die mittlere jährliche Veränderungkaum 0',51. Auch im nördlichen Asien hat ein sehr sorgfältiger Beobachter, Herr Sawelieff, (22 Jahre nach meinem Aufenthalte in jenen Gegenden) auf einer Reise, die er von Casan nach den Ufern des caspischen Meeres machte, die Inclination, nördlich und südlich vom Parallel von 50°, sehr ungleich verändert gefunden:

		Humboldt 1829			Sawelieff 1851	
Casan	..	68°	26',7	...	68°	30',8
Saratow	..	64	40,9	...	64	48,7
Sarepta	..	62	15,9	...	62	39,6
Astrachan	..	59	58,3	...	60	27,9

Für das Vorgebirge der guten Hoffnung besitzt man jetzt eine lange und, wenn man nicht weiter als von Sir James Roß und du Petit Thouars (1840) bis Vancouver (1791) aufsteigt, eine sehr befriedigende, fast 50jährige Reihe von Inclinations-Beobachtungen.

Die Lösung der Frage, ob die Erhöhung des Bodens als solche einen mit Sicherheit bemerkbaren Einfluß auf magnetische Neigung und Intensität. Darf man den Beobachtungen aus dem Jahre 1751 von La Caille trauen: der zwar jedesmal die Pole umkehrte, aber eine nicht frei genug sich bewegende Nadel hatte; so ergiebt sich für das Cap eine Vermehrung der Inclination von 3°,08 in 89 Jahren! ausübt? ist während meiner Gebirgsreisen in der Andeskette, im Ural und Altai für mich ein Gegenstand sorgfältiger Prüfung gewesen. Ich habe schon in dem Abschnitt von der Intensität bemerkt, wie leider nur so wenige Localitäten über diese Frage einige Gewißheit verbreiten können: weil die Entfernung der zu vergleichenden Punkte von einander gering genug sein muß, um den Verdacht zu entfernen, der gefundene Unterschied der Inclination sei nicht Folge der Boden-Erhebung, sondern Folge der Krümmung in den isodynamischen und isoklinischen Curven, oder einer großen Heterogeneität der Gebirgsart. Ich werde mich auf die Angabe von 4 Hauptresultaten beschränken: von denen ich bereits an Ort und Stelle glaubte, daß sie mit mehr Entschiedenheit, als die Intensitäts-Beobachtungen darbieten, den vermindernden Einfluß der Höhe des Standorts auf die Neigung der Nadel kenntlich machen:

Die *Silla de Caracas*, welche sich über die Meeresküste von la Guayra 8100 Fuß fast senkrecht erhebt, in großer Nähe südlich von der Küste, nördlich von der Stadt Caracas: Incl. 41°,90; *la Guayra:* Höhe 10 F., Incl. 42°,20; Stadt *Caracas:* Höhe am Ufer des Rio Guayre 2484 F., Incl. 42°,95. (*Humboldt, Voy. aux Rég. équinox.* T. I. p. 612.)

Santa Fé de Bogota: Höhe 8196 F., Incl. 27°,15; Capelle de Nuestra Señora de Guadalupe, über der Stadt an einer Felswand hangend: Höhe 10128 F., Incl. 26°,80.

Popayan: Höhe 5466 F., Incl. 23°,25; *Gebirgsdorf Puracé* am Abhange des Vulkans: Höhe 8136 F., Incl.21°,80; Gipfel des *Vulkans von Puracé:* Höhe 13650 F., Incl. 20°,30.

Quito: Höhe 8952 F., Incl. 14°,85; *San Antonio de Lulumbamba*, wo der geographische Aequator das heiße Thal durchschneidet: Höhe des Thalbodens 7650 F., Incl. 16°,02. – Alle vorgenannte Inclinationen sind in Centesimal-Graden angegeben.

Ich möchte aus meinen Beobachtungen nicht auch das Gotthard-Hospiz (6650 F.): Incl. 66° 12'; verglichen mit Airolo (3502 F.): Incl. 66° 54', und Altorf: Incl. 66° 55', anführen; nicht die scheinbar widersprechenden: Lans le Bourg Incl. 66°,9, das Hospiz des Mont Cenis (6358 F.) Incl. 66° 22' und Turin (707 F.) Incl. 66° 3'; oder Neapel, Portici und den Kraterrand des Vesuvs; oder in Böhmen den Gipfel des Großen Milischauer (Phonolith!) Incl. 67° 53' 5", Tepliz Incl. 67° 19',5 und Prag Incl. 66° 47',6: wegen der Größe der relativen Entfernungen und des Einflusses der nahen Gebirgsarten.Gleichzeitig mit der Reihe vortrefflicher und im größten Detail publicirter Beobachtungen der *horizontalen Intensität*, welche 1844 Bravais in Begleitung von Martins und Lepileur vergleichend auf 35 Stationen: unter denen die Gipfel des Montblanc (14809 F.), des Großen Bernhards (7848 F.) und des Faulhorns (8175 F.)

waren, angestellt hat; machten dieselben Physiker auch auf dem Grand Plateau des Montblanc (12097 F.) und in Chamonix (3201 F.) Inclinations-Versuche. Wenn die Vergleichung dieser Resultate einen vermindernden Einfluß der Erhebung des Bodens auf die magnetische Neigung anzeigte, so gaben Beobachtungen vom Faulhorn und von Brienz (1754 F.) dagegen eine mit der Höhe zunehmende Inclination. Beide Classen der Untersuchung, für horizontale Intensität und Inclination, führten zu keiner befriedigenden Lösung der Probleme. (*Bravais sur l'intensité du Magnétisme terrestre en France, en Suisse et en Savoie* in den *Annales de Chimie et de Physique* 3ème Série T. 18. 1846 p. 225.) In einem Manuscript von Borda über seine Expedition nach den canarischen Inseln im Jahr 1776, welches in Paris im Dépôt de la Marine aufbewahrt wird und dessen Mittheilung ich dem Admiral Rosily verdankte, habe ich den Beweis aufgefunden, daß Borda den ersten Versuch gemacht hat, den Einfluß einer großen Höhe auf die Inclination zu untersuchen. Er hat auf dem Gipfel des Pics von Teneriffa die Inclination um 1° 15' größer als im Hafen von Santa Cruz gefunden: gewiß eine Folge localer Attractionen der Laven, wie ich sie so oft am Vesuv und an amerikanischen Vulkanen beobachtet habe. (*Humboldt, Voyage aux Régions équinoxiales* T. I. p. 116, 277 und 288.)

Um zu prüfen: ob wohl, wie die Höhen, so auch die tiefen, inneren Räume des Erdkörpers auf die Inclination wirken? habe ich bei einem Aufenthalte in Freiberg im Juli 1828 mit aller Sorgfalt, deren ich fähig bin, und mit jedesmaliger Umkehrung der Pole einen Versuch in einem Bergwerke angestellt, in welchem nach genauer Prüfung das Gestein, der Gneiß, keine Wirkung auf die Magnetnadel äußerte. Die Saigerteufe unter der Oberfläche war 802 Fuß, und der Unterschied zwischen der unterirdischen Inclination und der an einem Punkte, welcher genau „am Tage" darüber lag, freilich nur 2',06; aber bei der Umsicht, mit der ich verfuhr, lassen mich die in der Noteangeführten Resultate jeder einzelnen Nadel doch glauben, daß in der Grube (dem Churprinz) die Inclination größer ist als auf der Oberfläche des Gebirges. Möchte sich doch Gelegenheit finden: da, wo man die Ueberzeugung erhalten kann, daß das Queergestein örtlich unwirksam ist, meinen Versuch mit Sorgfalt in Bergwerken zu wiederholen, welche: wie die Valenciana bei Guanaxuato (Mexico) 1582 F., wie englische Kohlengruben über 1800 F., und der jetzt verschüttete Eselsschachtbei Kuttenberg in Böhmen 3545 F. senkrechte Tiefe haben.

Nach einem starken Erdbeben in Cumana am 4 November 1799 fand ich die Inclination um 90 Centesimal-Minuten (fast einen vollen Grad) verringert. Die Umstände, unter denen ich dieses Resultat erhielt und die ich an einem anderen Ortegenau entwickelt habe, bieten keinen befriedigenden Grund zu der Annahme eines Irrthums dar. Kurz nach meiner Landung in Cumana hatte ich die Inclination 43°,53 (Centes.) gefunden. Der Zufall, wenige Tage vor dem Erdbeben in einem sonst schätzbaren spanischen Werke, Mendoza's *Tratado de Navegacion*, die irrige Meinung ausgesprochen zu finden, daß die stündlichen und monatlichen Veränderungen der Inclination stärker als die der Abweichung wären: hatte mich veranlaßt eine lange Reihe sorgfältiger Beobachtungen im Hafen von Cumana anzustellen. Die Inclination fand sich am 1–2 Nov. in großer Stetigkeit im Mittel 43°,65. Das Instrument blieb unberührt und gehörig nivellirt an demselben Orte stehen. Am 7 Nov., also 3 Tage nach den starken Erdstößen, nachdem das Instrument von neuem nivellirt war, gab es 42°,75. Die Intensität der Kraft, durch senkrechte Schwingungen gemessen, war nicht verändert. Ich hoffte, daß die Inclination vielleicht allmälig wieder zu ihrem vorigen Stande zurückkehren würde; sie blieb aber dieselbe. Im Sept. 1800, nach einer Fluß- und Landreise am Orinoco und Rio Negro von mehr als 500 geographischen Meilen, gab dasselbe Instrument von Borda, welches mich überall begleitet hatte, 42°,80: also dieselbe Neigung als vor der Reise. Da mechanische Erschütterungen und electrische Schläge in weichem Eisen durch Veränderung des Molecular-Zustandes Pole erregen, so könnte man einen Zusammenhang ahnden zwischen den Einflüssen der Richtung magnetischer Strömungen und der Richtung der Erdstöße; aber: sehr aufmerksam auf eine Erscheinung, an deren objectiver Wirklichkeit ich 1799 keinen Grund hatte zu zweifeln, habe ich dennoch bei der übergroßen Zahl von Erdstößen, die ich später in Südamerika drei Jahre lang empfunden, nie wieder eine plötzliche Veränderung der Inclination wahrgenommen, welche ich diesen Erdstößen hätte zuschreiben können: so verschieden auch die Richtungen waren, nach denen die Wellenbewegung der Erdschichten sich fortpflanzte. Ein sehr genauer und erfahrener Beobachter, Erman, fand nach einem Erdbeben am Baikal-See (8 März 1828) ebenfalls keine Störung in der Abweichung und dem Gange ihrer periodischen Variation.

Declination.

Die geschichtlichen Thatsachen des allerfrühesten Erkennens von Erscheinungen, welche sich auf das dritte Element des tellurischen Magnetismus, auf die *Declination*, beziehen, sind bereits oben berührt worden. Die Chinesen kannten im 12ten Jahrhundert unserer Zeitrechnung nicht bloß die Abweichung einer, an einem Baumwollenfaden hangenden, horizontalen Magnetnadel vom geographischen Meridian: sie wußten auch die Quantität dieser Abweichung zu bestimmen. Seitdem durch den Verkehr der Chinesen mit den Malayen und Indern, und dieser mit den Arabern und maurischen Piloten der Gebrauch des Seecompasses unter den Genuesern, Majorcanern und Catalanen in dem Becken des Mittelmeeres, an der Westküste von Afrika und im hohen Norden gemein geworden war; erschienen schon 1436 auf Seekarten Angaben der Variation für verschiedene Theile der MeereDie geographische Lage einer *Linie ohne Abweichung*, auf der die Nadel nach dem wahren Norden, nach dem Rotations-Pole, gerichtet war, bestimmte Columbus am 13 September 1492; ja es entging ihm nicht, daß die Kenntniß der Declination zur Bestimmung der geographischen Länge dienen könne. Ich habe an einem anderen Orte aus dem Schiffsjournal des Admirals erwiesen, wie derselbe auf der zweiten Reise (April 1496), als er seiner Schiffsrechnung ungewiß war, sich durch Declinations-Beobachtungen zu orientiren suchte.Die stündlichen

Veränderungen der Abweichungen wurden bloß als sichere Thatsache von Hellibrand und Pater Tachard zu Louvo in Siam, umständlich und fast befriedigend von Graham 1722 beobachtet. Celsius benutzte sie zuerst zu *verabredeten*, gemeinschaftlichen Messungen an zwei weit von einander entfernten Punkten. Die Veränderung der Declination gründet sich: "neither upon heat, nor cold, dry or moist air. The Variation is greatest between 12 and 4 in the afternoon, and the least at 6 or 7 in the evening." Es sind freilich nicht die wahren Wendestunden.

Zu den Erscheinungen selbst übergehend, welche die *Abweichung* der Magnetnadel darbietet, wollen wir dieselbe betrachten: zuerst in ihren Veränderungen nach Tages- und Nachtstunden, Jahreszeiten und mittleren Jahresständen; dann nach dem Einfluß, welchen die außerordentlichen und doch periodischen Störungen, und die Ortslagen nördlich oder südlich vom magnetischen Aequator auf jene Veränderungen ausüben; endlich nach den *linearen* Beziehungen, in denen zu einander die Erdpunkte stehen, welche eine gleiche oder gar keine Abweichung zeigen. Diese *linearen* Beziehungen sind allerdings in unmittelbarer praktischer Anwendung der gewonnenen Resultate für die Schiffsrechnung und das gesammte Seewesen am wichtigsten; aber alle kosmischen Erscheinungen des Magnetismus, unter denen die außerordentlichen, in so weiter Ferne oft gleichzeitig wirkenden Störungen (die magnetischen *Ungewitter*) zu den geheimnißvollsten gehören, hangen so innig mit einander zusammen, daß, um allmälig die *mathematische Theorie des Erd-Magnetismus* zu vervollständigen, keine derselben vernachlässigt werden darf.

Auf der ganzen *nördlichen magnetischen Halbkugel* in den *mittleren Breiten*, die Theilung des Erdsphäroids durch den magnetischen Aequator gedacht, steht das Nord-Ende der Magnetnadel: d. h. das Ende, welches gegen den Nordpol hinweist, da wo die Abweichung westlich ist, um 8^{u}¼ Morgens (20^{u}¼) diesem Pole in der Richtung am nächsten. Die Nadel bewegt sich von 8^{u}¼ Morgens bis 1^{u}¾ Nachmittags von Osten nach Westen, um dort ihren *westlichsten* Stand zu erreichen. Diese Bewegung nach Westen ist allgemein, sie tritt in derselben Richtung ein an allen Orten der *nördlichen* Halbkugel, sie mögen *westliche* Abweichung haben: wie das ganze Europa, Peking, Nertschinsk und Toronto in Canada; oder *östliche* Abweichung: wie Casan, Sitka (im russischen Amerika), Washington, Marmato (Neu-Granada) und Payta an der peruanischen Küste.Von dem eben bezeichneten westlichsten Stande um 1^{u}¾ bewegt sich die Magnetnadel den Nachmittag und einen Theil der Nacht bis 12 oder 13 Uhr wieder zurück nach Osten, indem sie oft einen kleinen Stillstand gegen 6^{u} macht. In der Nacht ist wieder eine *kleine Bewegung gegen Westen:* bis das Minimum, d. h. der östliche Stand von 20^{u}¼, erreicht wird. Diese *nächtliche Periode*, welche ehemals ganz übersehen wurde (da ein allmäliger und ununterbrochener Rückgang gegen Osten von 1^{u}¾ bis zur Morgenstunde von 20^{u}¼ behauptet wurde), hat mich schon zu Rom bei einer Arbeit mit Gay-Lussac über die stündlichen Veränderungen der Abweichung mittelst des *Prouy'schen magnetischen Fernrohrs* lebhaft beschäftigt. Da die Nadel überhaupt unruhiger ist, so lange die Sonne unter dem Horizont steht, so ist die kleine nächtliche Bewegung gegen Westen seltener und minder deutlich hervortretend. Wenn sie deutlich erscheint, so habe ich sie von keiner unruhigen Schwankung der Nadel begleitet gesehen. Gänzlich verschieden von dem, was ich *Ungewitter* genannt habe, geht in der kleinen westlichen Periode die Nadel ruhig von Theilstrich zu Theilstrich: ganz wie in der so sicheren Tages-Periode von 20^{u}¼ bis 1^{u}¾. Recht bemerkenswerth ist, daß, wenn die Nadel ihre continuirliche westliche Bewegung in eine östliche oder umgekehrt verwandelt, sie nicht eine Zeit lang unverändert stehen bleibt, sondern (vorzüglich bei Tage um 20^{u}¼ und 1^{u}¾) sich gleichsam plötzlich umwendet. Gewöhnlich findet die kleine Bewegung gegen Westen erst zwischen Mitternacht und dem frühen Morgen statt. Dagegen ist sie auch in Berlin und in den Freiberger unterirdischen Beobachtungen, wie in Greenwich, Makerstoun in Schottland, Washington und Toronto schon nach 10 oder 11 Uhr Abends bemerkt worden.

Die vier Bewegungen der Nadel, die ich 1805 erkannt habe, sind in der schönen Sammlung der Beobachtungen von Greenwich in den Jahren 1845, 1846 und 1847 als Resultate vieler tausend stündlicher Beobachtungen in folgenden 4 Wendepnnkten. Wie sehr die frühesten Angaben der Wendestunden bei Tage und bei Nacht mit denen übereinstimmen, welche vier Jahre später in den so reichlich ausgestatteten Magnethäusern von Greenwich und Canada ermittelt wurden, erhellt aus der Untersuchung von correspondirenden Breslauer und Berliner Beobachtungen meines vieljährigen Freundes Encke, des verdienstvollen Directors unserer Berliner Sternwarte. Er schrieb am 11 Oct. 1836: „In Bezug auf das *nächtliche* Maximum oder die Inflexion der stündlichen Abweichungs-Curve glaube ich nicht, daß im allgemeinen ein Zweifel obwalten kann: wie es auch Dove aus Freiberger Beobachtungen 1830 (*Poggend. Ann.* Bd. XIX. S. 373) geschlossen hat. Graphische Darstellungen sind zur richtigen Uebersicht des Phänomens weit vortheilhafter als die Zahlentabellen. Bei den ersten fallen große Unregelmäßigkeiten sogleich in das Auge und gestatten die Ziehung einer Mittellinie: während daß bei den letzteren das Auge häufig sich täuscht, und eine einzelne sehr auffallende Unregelmäßigkeit als ein wirkliches Maximum oder Minimum nehmen kann. Die Perioden zeigen sich durch folgende Wendestunden bestimmt:

größte östliche Declination	20 Uhr,	I.	Max.	Ost
größte westliche Declination	1 Uhr,	I.	Min.	Ost
zweites östliches *kleines* Maximum	10 Uhr,	II.	Max.	Ost
zweites westliches *kleines* Minimum	16 Uhr,	II.	Min.	Ost

Das zweite kleine Minimum (die nächtliche Elongation gegen Westen) fällt eigentlich zwischen 15 und 17 Uhr: bald der einen, bald der anderen Stunde näher.“ Es ist kaum nöthig zu erinnern, daß, was Encke und ich die Minima gegen Osten, ein großes und ein kleines 16^{u} nennen: in den, 1840 gegründeten, englischen und amerikanischen Stationen als Maxima gegen Westen aufgeführt wird, und daß demnach auch unsere Maxima gegen Osten (20^{u} und 10^{u}) sich in Minima gegen Westen umwandeln. Um also den stündlichen Gang der Nadel in seiner Allgemeinheit und großen Analogie in der nördlichen Halbkugel darzustellen, wähle ich die von Sabine befolgten Benennungen, die Reihung von der Epoche größter Elongation gegen Westen anfangend, in der mittleren Zeit jedes Orts:

	Freib erg 1829	**Bresl au 1836**	**Greenw ich 1846–47**	**Mekerst oun 1842–43**	**Toro nto 1845–47**	**Washing ton 1840–42**
Maxim um	1^{u}	1^{u}	2^{u}	$0^{u}\ 40'$	1^{u}	2^{u}
Minim um	13	10	12	10	10	10
Maxim um	16	16	16	14¼	14	14
Minim um	20	20	20	19¼	20	20

In den einzelnen Jahreszeiten hat Greenwich einige merkwürdige Verschiedenheiten gezeigt. Im Jahr 1847 war im Winter nur Ein Max. (2^{u}) und Ein Min. (12^{u}); im Sommer eine doppelte Progression, aber das zweite Min. um 14^{u} statt um 16^{u} (p. 236). Die größte westliche Elongation (erstes Max.) blieb im Winter wie im Sommer an 2^{u} geheftet, aber die kleinste (das zweite Min.) war 1846 (p. 94) im Sommer wie gewöhnlich um 20^{u} und im Winter um 12^{u}. Die mittlere winterliche Zunahme gegen Westen ging ohne Unterbrechung in dem genannten Jahre von Mitternacht bis 2^{u} fort. Vergl. auch 1845 (p. 5). Makerstoun (Roxburgshire in Schottland) ist die Sternwarte, welche man dem edlen wissenschaftlichen Eifer von Sir Thomas Brisbane verdankt (s. John Allan *Broun, observ. in magnetism and meteorology, made at Makerstoun* in 1843, p. 221–227). Ueber stündliche Tages- und Nacht-Beobachtungen von Petersburg s. *Kupffer, Compte rendu météor. et magn. à Mr. de Brocken* 1851 p. 17. Sabine: in seiner schönen, sehr scharfsinnig combinirten, graphischen Darstellung der stündlichen Declinations-Curve von Toronto (*Phil. Tr.* for 1851 P. II. Plate 27), deutet an: wie vor der kleinen *nächtlichen* West-Bewegung, welche um 11^{u} beginnt und bis 15^{u} dauert, eine sonderbare zweistündige Ruhe (von 9 bis 11 Uhr) eintritt. "We find", sagt Sabine, "alternate progression and retrogression at Toronto twice in the 24 hours. In 2 of the 8 quarters (1841 and 1842) the inferior degree of regularity during the night occasions the occurence of *a triple max. and min.*; in the remaining quarters the turning hours are the same as those of the mean of the 2 years. (*Obs. made at the magn. and meteor. Observatory at Toronto in Canada* Vol. I p. XIV, XXIV, 183–191 und 228; und *unusual magn. Disturbances* P. I. p. VI.) Für die sehr vollständigen Beobachtungen von Washington s. *Gilliß, magn. and meteor. observations made at Washington* p. 325 (general law). Vergl. damit *Bache, observ. at the magn. and meteor. Observatory, at the Girard College, Philadelphia*, made in the years 1840 to 1845 (3 Bände, enthaltend 3212 Seiten Queerfolio): Vol. I. p. 709, Vol. II. p. 1285, Vol. III. p. 2167 und 2702. Trotz der Nähe beider Orte (Philadelphia ist nur 1° 4' nördlicher und 0^u 7' 33" östlicher als Washington) finde ich Verschiedenheit in den kleinen Perioden des westlichen secundären Maximums und secundären Minimums. Ersteres ist in Philadelphia um 1^u½, letzteres um 2^u¼ verfrühet.

dargestellt: erstes Minimum 20^u, erstes Maximum 2^u; zweites Minimum 12^u oder 14^u, zweites Maximum 14^u oder 16^u. Ich muß mich begnügen hier
nur die *Mittelzustände* anzugeben, und auf den Umstand aufmerksam zu machen, daß das morgendliche Haupt-Minimum (20^u) in unserer nördlichen Zone gar nicht durch den früheren oder späteren Aufgang der Sonne verändert wird. Ich habe in 2 Solstitien und 3 Aequinoctien, in denen ich gemeinschaftlich mit Oltmanns, jedesmal 5 bis 6 Tage und eben so viele Nächte, die stündliche Variation verfolgte; den östlichsten Wendepunkt im Sommer und in Wintermonaten unverrückt zwischen 19^u und 20^u gefunden, und nur sehr unbeträchtlichdurch den früheren Sonnenaufgang verfrüht.

In den hohen nördlichen Breiten nahe dem Polarkreise, und zwischen diesem und dem Rotations-Pole ist die Regelmäßigkeit der stündlichen Declination noch wenig erkannt worden, ob es gleich nicht an einer Zahl sehr genauer Beobachtungen mangelt. Die locale Einwirkung der Gebirgsarten, und die Frequenz in der Nähe oder in der Ferne störender Polarlichter machen Herrn Lottin in der französischen wissenschaftlichen Expedition der Lilloise (1836) fast schüchtern, aus seiner eigenen großen und mühevollen Arbeit, wie aus der älteren (1786) des verdienstvollen Löwenörn bestimmte Resultate über die Wendestunden zu ziehen. Im ganzen war zu Reikjavik (Island, Br. 64° 8'), wie zu Godthaab an der grönländischen Küste, nach Beobachtungen des Missionars Genge, das Minimum der westlichen Abweichung fast wie in mittleren Breiten um 21^u oder 22^u; aber das Maximum schien erst auf 9 bis 10 Uhr Abends zu fallen.*Voyage en Islande et au Groënland*, exécuté en 1835 et 1836 sur la Corv. la Recherche; Physique (1838) p. 214–225 und 358–367. Nördlicher, in Hammerfest (Finmarken, Br. 70° 40'), fand Sabine den Gang der Nadel ziemlich regelmäßig*Sabine, account of the Pendulum Experiments* 1825 p. 500. wie im südlichen Norwegen und Deutschland: westliches Minimum 21^u, westliches Maximum 1^u½; desto verschiedener fand er ihn auf Spitzbergen (Br. 79° 50'), wo die eben genannten Wendestunden 18^u und 7^u½ waren. Für die arctische Polar-Inselwelt, in Port Bowen an der östlichen Küste von Prince Regent's inlet (Br. 73° 14'), haben wir aus der dritten Reise von Cap. Parry (1825) eine schöne Reihe fünfmonatlicher zusammenhangender Beobachtungen von Lieut. Foster und James Roß: aber wenn auch die Nadel innerhalb 24 Stunden zweimal durch den Meridian ging, den man für den mittleren magnetischen des Orts hielt, und in vollen zwei Monaten, April und Mai, gar kein Nordlicht sichtbar war; so schwankten doch die Zeiten der Haupt-Elongationen um 4 bis 6 Stunden: ja vom Januar bis Mai waren im Mittel die Maxima und Minima der westlichen Abweichung nur um eine Stunde verschieden. Die Quantität der Declination stieg an einzelnen Tagen von 1°½ bis 6 und 7 Grad, während sie unter den Wendekreisen kaum so viele Minuten erreicht.Wie jenseits des Polarkreises, so ist auch dem Aequator genähert schon in Hindostan, z. B. in Bombay (Br. 18° 56'), eine große Complication in den stündlichen Perioden der magnetischen Abweichung. Es zerfallen dieselben dort in zwei Hauptclassen, welche, vom April bis October und vom October bis December, sehr verschieden sind; ja wieder jede in zwei Subperioden zerfallen, die noch sehr der Bestimmtheit ermangeln.Prof. Orlebar in Oxford, einst Superintendent des auf Kosten der ostindischen Compagnie auf der Insel Colaba erbauten magnetischen Observatoriums, hat die verwickelten Gesetze der Declinations-Veränderung in den Subperioden zu erörtern gesucht; *observations made at the magn. and meteor. Observatory at Bombay* in 1845, results p. 2–7. Merkwürdig scheint mir der mit dem des mittleren Europa's so übereinstimmende Gang der Nadel in der ersten Periode von April bis October (westl. Min. 19^{u}½, Max. 0^{u}½; Min. 5^{u}½, Max. 7^{u}). Der Monat October selbst ist eine Uebergangs-Periode; denn im November und December erreicht die Quantität der täglichen Declination kaum 2 Minuten. Trotz der noch 8° betragenden Entfernung vom magnetischen Aequator, ist doch schon die Regelmäßigkeit von Wendestunden schwer zu erkennen. Ueberall in der Natur, wo verschiedenartige Störungs-Ursachen in wiederkehrenden, aber uns der Dauer nach unerkannten Perioden auf ein *Phänomen der Bewegung* wirken: bleibt, da die Störungen oft in ihrer *Anhäufung* entgegengesetzt agiren oder sich ungleich verstärken, das Gesetzliche lange verdeckt.

Von der Richtung der Magnetnadel in der *südlichen Halbkugel* konnte den Europäern durch eigene Erfahrung erst seit der zweiten Hälfte des 15ten Jahrhunderts, durch die kühnen Seefahrten von Diego Cam mit Martin Behaim, von Bartholomäus Diaz und Vasco de Gama, eine schwache Kunde zukommen: aber die Wichtigkeit, welche die Chinesen, die schon seit dem dritten Jahrhundert unserer Zeitrechnung, wie die Einwohner von Korea und der japanischen Inseln, *auch zur See* durch den Compaß geleitet wurden, nach den Berichten ihrer frühesten Schriftsteller auf den *Südpol* legen; war wohl hauptsächlich auf den Umstand gegründet, daß ihre Schifffahrt sich gegen Süden und Südwesten richtete. Auf diesen südlichen Fahrten war ihnen die Bemerkung nicht entgangen, daß die Spitze der Magnetnadel, nach deren Weisung sie steuerten, nicht genau nach dem Südpol gerichtet war. Wir kennen sogar der Quantitätnach eine ihrer Bestimmungen der *Variation gegen Südost* aus dem 12ten Jahrhundert. Die Anwendung und weitere Verbreitung solcher nautischen Hülfsmittel hat die sehr alte

Verbindung von China und Indien mit Java, und in noch größerem Maaßstabe die Schifffahrt und Ansiedlung malayischer Stämme auf Madagascar begünstigt.

Wenn es auch, nach der jetzigen sehr nördlichen Lage des magnetischen Aequators zu urtheilen, wahrscheinlich ist, daß die Stadt Louvo in Siam, als der Missionar Guy Tachard daselbst 1682 die *stündlichen* Veränderungen der Abweichung zuerst bemerkte, dem Ausgang der nördlichen magnetischen Halbkugel sehr genähert war; so muß man doch erkennen, daß genaue stündliche Declinations-Beobachtungen in der südlichen magnetischen Halbkugel erst ein volles Jahrhundert später angestellt wurden. John Macdonald verfolgte den Gang der Nadel in den Jahren 1794 und 1795 im Fort Marlborough auf der südwestlichen Küste von Sumatra wie auf St. Helena. Das Resultat, welches Macdonald aus seinen Beobachtungen in Fort Marlborough (gelegen über der Stadt Bencoolen, Br. 3° 47' Süd, in Sumatra) selbst zieht, und nach welchem die östliche Elongation von 19^u bis 5^u im Zunehmen begriffen sein soll, scheint mir nicht ganz gerechtfertigt. Seit der Mittagsstunde ist regelmäßig erst um 3, um 4 oder 5 Uhr beobachtet worden; und einzelne, außer den Normalstunden gesammelte, zerstreute Beobachtungen machen es wahrscheinlich, daß auf Sumatra die Wendestunde der östlichen Elongation zur westlichen schon um 2^u eintrat: ganz wie in Hobarton. Wir besitzen durch Macdonald Declinations-Beobachtungen aus 23 Monaten (vom Juni 1794 bis Juni 1796), und an diesen sehe ich in allen Jahreszeiten die östliche Abweichung von 19^u½ bis Mittag durch fortgesetzte Bewegung der Nadel von W nach O zunehmen. Von dem Typus der nördlichen Halbkugel (Toronto), welcher zu Singapore von Mai bis September herrschte, ist hier keine Spur; und doch liegt Fort Marlborough unter fast gleichem Meridian: aber im Süden des geographischen Aequators, nur 5° 4' von Singapore entfernt. Die Physiker wurden durch die damals erhaltenen Resultate auf die große Abnahme der Quantität täglicher Variations-Veränderung in den niederen Breiten aufmerksam gemacht. Die Elongation betrug kaum 3 bis 4 Minuten. Eine mehr umfassende und tiefere Kenntniß des Phänomens wurde durch die wissenschaftlichen Expeditionen von Freycinet und Duperrey erlangt; aber erst die Errichtung magnetischer Stationen an 3 wichtigen Punkten der südlichen magnetischen Hemisphäre: zu Hobarton auf Van Diemen's Land, zu St. Helena und am Vorgebirge der guten Hoffnung (wo nun schon 10 Jahre lang von Stunde zu Stunde Beobachtungen über die Veränderung der 3 Elemente des tellurischen Magnetismus nach gleichmäßiger Methode angestellt werden), hat allgemeine erschöpfende Data geliefert. In den mittleren Breiten der südlichen magnetischen Halbkugel hat die Nadel einen ganz entgegengesetzten Gang als in der nördlichen: denn da in jener *die* Spitze der Nadel, welche gegen Süden gerichtet ist, vom Morgen bis Mittag aus Ost nach West geht; so macht dadurch die nach Norden weisende Spitze eine Bewegung von West nach Ost.

Sabine, dem wir die scharfsinnige Discussion aller dieser Variationen verdanken, hat fünfjährige stündliche Beobachtungen von Hobarton (Br. 42° 53' Süd, Abw. 9° 57' Ost) und Toronto (Br. 43° 39' Nord, Abw. 1° 33' West) so zusammengestellt, daß man die

Perioden von October bis Februar und von April bis August unterscheiden kann: da die fehlenden Zwischen-Monate März und September gleichsam Uebergangs-Phänomene darbieten. In Hobarton zeigt das gegen Norden gekehrte Ende der Nadel zwei östliche und zwei westliche Maxima der Elongationen: so daß sie in dem Jahres-Abschnitt von October bis Februar von 20^u oder 21^u bis 2^u gegen Ost geht, dann von 2^u bis 11^u ein wenig nach West; von 11^u bis 15^u wieder nach Ost, von 15^u bis 20^u zurück nach West. In der Jahres-Abtheilung vom April bis August sind die östlichen Wendestunden bis zu 3^u und 16^u verspätet, die westlichen Wendestunden zu 22^u und 11^u verfrüht. In der nördlichen magnetischen Halbkugel ist die Bewegung der Nadel von 20^u bis 1^u gegen Westen größer im dortigen Sommer als im Winter; in der südlichen magnetischen Halbkugel, wo zwischen den genannten Wendestunden die Richtung der Bewegung eine entgegengesetzte ist, wird die Quantität der Elongation größer gefunden, wenn die Sonne in den südlichen, als wenn sie in den nördlichen Zeichen steht.

Die Frage, die ich vor sieben Jahren in dem *Naturgemälde* berührt habe: ob es eine Region der Erde, vielleicht zwischen dem geographischen und magnetischen Aequator, gebe, in welcher (ehe der Uebergang des Nord-Endes der Nadel in denselben Stunden zu einer entgegengesetzten Richtung der Abweichung eintritt) gar keine stündliche Abweichung statt findet? scheint nach neueren Erfahrungen: besonders nach Sabine's scharfsinnigen Discussionen der Beobachtungen in Singapore (Br. 1° 17' N.), auf St. Helena (Br. 15° 56' S.) und am Vorgebirge der guten Hoffnung (Br. 33° 56' S.), verneint werden zu müssen. Es ist bisher noch kein Punkt aufgefunden worden, in welchem die Nadel ohne stündliche Bewegung wäre; und durch die Gründung der magnetischen Stationen ist die wichtige und sehr unerwartete Thatsache erkannt worden, daß es in der südlichen magnetischen Halbkugel Orte giebt, in denen die stündlichen Schwankungen der Declinations-Nadel an den Erscheinungen (dem Typus) beider Halbkugeln *abwechselnd* Theil nehmen. Die Insel St. Helena liegt der Linie der schwächsten Intensität der Erdkraft sehr nahe: in einer Weltgegend, wo diese Linie sich weit von dem geographischen Aequator und von der Linie ohne Inclination entfernt. Auf St. Helena ist der Gang des Endes der Nadel, das gegen den Nordpol weist, ganz entgegengesetzt in den Monaten vom Mai bis September von dem Gange, den dasselbe Ende in den analogen Stunden von October bis Februar befolgt. Nach fünfjährigen stündlichen Beobachtungen ist in dem erstgenannten Theile des Jahres, im Winter der südlichen Halbkugel, während die Sonne in den nördlichen Zeichen steht, das Nord-Ende der Nadel um 19^u am weitesten *östlich*; sie bewegt sich von dieser Stunde an, wie in den mittleren Breiten von Europa und Nordamerika, gegen *Westen* (bis 22^u), und erhält sich fast in dieser Richtung bis 2^u. Dagegen findet in anderen Theilen des Jahres, vom October bis Februar, in dem dortigen Sommer, wenn die Sonne in den südlichen Zeichen weilt und der Erde am nächsten ist, um 20^u (8^u Morgens) eine größte *westliche* Elongation der Nadel statt, und bis zur Mittagsstunde eine Bewegung von Westen gegen *Osten:* ganz nach dem Typus von Hobarton (Br. 42° 53' S.) und anderer Gegenden der mittleren südlichen Halbkugel. Zur Zeit der Aequinoctien oder bald nachher, im März und April wie im September und October, bezeichnet der Gang der Nadel schwankend, an einzelnen Tagen, *Uebergangs-Perioden* von Einem Typus zum anderen, von dem der nördlichen zu dem der südlichen Halbkugel.

Singapore liegt ein wenig nördlich von dem geographischen Aequator, zwischen diesem und dem magnetischen Aequator, der nach Elliot fast mit der Curve der schwächsten Intensität zusammenfällt. Nach den Beobachtungen, welche von 2 zu 2 Stunden in den Jahren 1841 und 1842 zu Singapore angestellt worden sind, findet Sabine die für St. Helena bezeichneten entgegengesetzten Typen im Gange der Nadel von Mai bis August und von November bis Februar wieder eben so am Vorgebirge der guten Hoffnung: das doch 34° vom geographischen, und gewiß noch weit mehr von dem magnetischen Aequator entfernt ist, eine Inclination von -53° hat und die Sonne nie im Zenith sieht.Wir besitzen schon veröffentlicht sechsjährige stündliche Beobachtungen vom Cap: nach denen, fast ganz wie auf St. Helena, vom Mai bis September die Nadel von ihrem äußersten östlichen Stande (19^{u}½) westlich geht bis 23^{u}½, vom October bis März aber gegen Osten von 20^{u}½ bis 1^{u}½ und 2^{u}. Bei der Entdeckung dieser so wohl constatirten, aber noch genetisch in so tiefes Dunkel gehüllten Erscheinung hat sich die Wichtigkeit der Jahre lang ununterbrochen von Stunde zu Stunde fortgesetzten Beobachtungen vorzüglich bewährt. Störungen, die (wie wir gleich entwickeln werden) anhaltend bald nach Ost, bald nach West die Nadel ablenken, würden isolirte Beobachtungen der Reisenden unsicher machen.

Durch erweiterte Schifffahrt und Anwendung des Compasses bei geodätischen Aufnahmen ist sehr früh zu gewissen Zeiten eine außerordentliche *Störung der Richtung:* oft verbunden mit einem Schwanken, Beben und Zittern der angewandten Magnetnadel, bemerkt worden. Man gewöhnte sich diese Erscheinung einem gewissen Zustande der Nadel selbst zuzuschreiben; man nannte sie in der französischen Seesprache sehr charakteristisch ein *Vernarrt-Sein* der Nadel, l'affolement de l'aiguille: und schrieb vor, eine aiguille affolée von neuem und stärker zu magnetisiren. Halley ist allerdings der Erste gewesen, der das Polarlicht für eine magnetische Erscheinung erklärte. Halley's Erklärung des Nordlichts hängt leider mit der, 25 Jahre früher von ihm entwickelten, phantastischen Hypothese (*Phil. Tr.* for 1693 Vol. XVII. No. 195 p. 563) zusammen: nach welcher in der hohlen Erdkugel zwischen der äußeren Schale, auf der wir wohnen, und dem inneren, auch von Menschen bewohnten, dichten Kerne (zur Erleichterung der Geschäfte in diesem unterirdischen Leben) sich ein leuchtendes Fluidum befindet. "In order to make that inner Globe capable of being inhabited., there might not improbably be contained some luminous Medium between the balls, so as to make a perpetual Day below." Da nun in der Gegend der Rotations-Pole die äußere Schale unserer Erdrinde (wegen der entstandenen Abplattung) weit dünner sein müsse als unter dem Aequator, so suche sich zu gewissen Zeiten, besonders in den Aequinoctien, das innere leuchtende Fluidum, d. i. das magnetische, in der dünnen

Polargegend einen Weg durch die Spalten des Gesteins. Das Ausströmen dieses Fluidums ist nach Halley die Erscheinung des Nordlichts. Versuche mit Eisenfeilen, auf einen sphäroidischen Magnet (eine Terrelle) gestreut, dienen dazu die Richtung der leuchtenden farbigen Strahlen des Nordlichts zu erklären. „So wie jeder seinen eigenen Regenbogen sieht, so steht auch für jeden Beobachter die Corona an einem anderen Punkte“ (p. 424). Ueber den geognostischen Traum eines geistreichen und in allen seinen magnetischen und astronomischen Arbeiten so gründlichen Forschers, da er von der königl. Societät zu London aufgefordert wurde das, in ganz England gesehene, *große Meteor* vom 6 März 1716 zu erklären. Er sagt, „das Meteor sei dem analog, welches Gassendi *zuerst* 1621 mit dem Namen Aurora borealis belegt hätte“. Ob er gleich auf seinen Seefahrten zur Bestimmung der Abweichungslinie bis zum 52ten Grade südlicher Breite vorgedrungen war, so lernt man doch aus seinem eigenen Geständniß, daß er bis 1716 nie ein Nord- oder Süd-Polarlicht gesehen: da doch die letzteren, wie ich bestimmt weiß, bis in die Mitte der peruanischen *Tropenzone* sichtbar werden. Halley scheint also aus eigener Erfahrung nichts von der Beunruhigung der Nadel, den außerordentlichen Störungen und Schwankungen derselben bei gesehenen oder ungesehenen Nord- und Südlichtern beobachtet zu haben. Olav Hiorter und Celsius zu Upsala sind die Ersten, die: im Jahr 1741, noch vor Halley's Tode, den, von ihm nur vermutheten Zusammenhang zwischen einem gesehenen Nordlichte und dem gestörten normalen Gange der Nadel durch eine lange Reihe messender Bestimmungen bekräftigten. Dieses verdienstliche Unternehmen veranlaßte sie die ersten *verabredeten gleichzeitigen* Beobachtungen mit Graham in London anzustellen; und die *außerordentlichen Störungen der Abweichung* bei Erscheinung des Nordlichts wurden durch Wargentin, Canton und Wilke specieller erforscht.

Beobachtungen, die ich Gelegenheit hatte in Gemeinschaft mit *Gay-Lussac* (1805) in Rom auf dem Monte Pincio zu machen: besonders aber eine lange, durch jene Beobachtungen veranlaßte Arbeit in den Aequinoctien und Solstitien der Jahre 1806 und 1807 in einem großen einsamen Garten zu *Berlin* (mittelst des magnetischen Fernrohrs von Prony und eines fernen, durch Lampenlicht wohl zu erleuchtenden Tafel-Signals) in Gemeinschaft mit *Oltmanns*; lehrten mich bald, daß dieser, zu gewissen Epochen mächtig und nicht bloß local wirkende Theil tellurischer Thätigkeit, den man unter dem allgemeinen Namen *außerordentlicher Störungen* begreift, seiner Complication wegen, eine anhaltende Beachtung verdiene. Die Vorrichtung des Signals und des Fadenkreuzes in dem an einem, bald seidenen, bald metallenen Faden hangenden Fernrohr, welches ein weiter Glaskasten umschloß, erlaubte das Ablesen von 8 Secunden im Bogen. Da bei Nacht zu dieser Beobachtungs-Methode das Zimmer, in welchem sich das, von einem Magnetstabe geleitete Fernrohr befand, finster bleiben konnte; so fiel der Verdacht der Luftströmung weg, welchen bei den, übrigens vortrefflichen, mit Microscopen versehenen Declinatorien die Erleuchtung der Scale veranlassen kann. In der schon damals von mir ausgesprochenen Meinung: „daß eine fortlaufende, ununterbrochene, stündliche und halbstündliche Beobachtung (observatio perpetua) von mehreren Tagen und Nächten den vereinzelten Beobachtungen vieler Monate vorzuziehen sei“; beobachteten wir in den Aequinoctial- und Solstitial-Epochen, deren große Wichtigkeit alle neueren Arbeiten bewährt haben, 5, 7 bis 11 Tage und eben so viele Nächtehindurch. Wir erkannten bald, daß, um den eigentlichen physischen Charakter dieser anomalen Störungen zu studiren, es nicht genüge das Maaß (die Quantität) der veränderten Abweichung zu bestimmen: sondern daß jeder Beobachtung auch numerisch der *Grad der Unruhe* der Nadel, durch die gemessene *Elongation der Schwingungen*, beigefügt werden müsse. Bei dem gewöhnlichen stündlichen Gang der Nadel fanden wir diese so ruhig, daß unter 1500 Resultaten, aus 6000 Beobachtungen (Mitte Mai 1806 bis Ende Juni 1807) gezogen, die Oscillation meist nur von einem halben Theilstrich zum anderen ging, also nur 1' 12" betrug; in einzelnen Fällen, und oft bei sehr stürmischem Regenwetter, schien die Nadel entweder ganz fest stehend oder sie schwankte nur um 0,2 oder 0,3 Theile, d. i. 24" oder 28". Wenn aber das *magnetische Ungewitter*, dessen stärkster und späterer *Ausbruch* das *Polarlicht* ist, eintrat; so waren die Schwankungen bald nur 14, bald 38 Minuten im Bogen: jede in 1½ bis 3 Zeitsecunden vollbracht. Oftmals war wegen der Größe und Ungleichheit der Oscillationen, welche die Theilstriche des Signals nach Einer Seite oder nach beiden weit überschritten, gar keine Beobachtung möglich.

21/22	Sept.	1806	von	16^u	36'	bis	17^u	43'	
22/23	"	"	von	16^u	40'	bis	19^u	2'	
23/24	"	"	von	15^u	33'	bis	18^u	27'	
24/25	"	"	von	15^u	4'	bis	18^u	2'	
25/26	"	"	von	14^u	22'	bis	16^u	30'	
26/27	"	"	von	14^u	12'	bis	16^u	3'	
27/28	"	"	von	13^u	55'	bis	17^u	27'	
28/29	"	"	von	12^u	3'	bis	13^u	22'	ein kleines Ungewitter, und dann die ganze Nacht bis Mittag größte Ruhe;

29/30	"	"	um	10^u	20'	bis	11^u	32'	ein kleines Ungewitter, dann große Ruhe bis 17^u 6';
30 Sept./1. Oct.		"	um	14^u	46'	ein großes, aber kurzes Ungewitter; dann vollkommene Ruhe, und um 16^u 30' wieder eben so großes Ungewitter.			

Dem großen storm vom 25/26 Sept. war schon von 7^u 8' bis 9^u 11' ein noch stärkerer vorhergegangen. In den folgenden Wintermonaten war die Zahl der Störungen sehr gering, und nie mit den Herbst-Aequinoctial-Störungen zu vergleichen. Ich nenne *großes Ungewitter* einen Zustand, in welchem die Nadel Oscillationen von 20 bis 38 Minuten macht, oder alle Theilstriche des Segments überschreitet, oder wenn gar die Beobachtung unmöglich wird. Im *kleinen Ungewitter* sind die Schwankungen unregelmäßig von 5 bis 8 Minuten.

Dies war z. B. der Fall in der Nacht vom 24 September 1806 in langer, ununterbrochener Dauer: erst von 14^u 40' bis 15^u 32' und dann von 15^u 57' bis 17^u 4'.

Gewöhnlich war bei heftigen magnetischen Ungewittern (unusual or larger Magnetic disturbances, Magnetic Storms) das Mittel der Schwingungs-Bogen nach Einer Seite hin (gegen O oder W) im *Fortschreiten*, wenn auch mit ungleichmäßiger Geschwindigkeit; aber in seltenen Fällen wurden auch außerordentliche Schwankungen bemerkt: ohne daß die Abweichung unregelmäßig zu- oder abnahm, ohne daß das Mittel der Schwankungen sich von dem Theilstriche entfernte, welcher zu dem normalen Gange der Nadel in gegebener Stunde gehörte. Wir sahen nach langer relativer Ruhe plötzlich Bewegungen von sehr ungleicher Stärke eintreten (Bogen beschreibend von 6–15 Minuten, alternirend oder regellos unter einander gemischt), und dann plötzlich wieder die Nadel sich beruhigen. Bei Nacht war ein solches Gemisch von totaler Ruhe und heftiger Schwankung, ohne Fortschreiten nach einer Seite, besonders auffallendEine eigene Modification der Bewegung, die ich noch glaube erwähnen zu müssen, ist eine sehr selten eintretende verticale: eine Art *Kippen*, eine Veränderung der Inclination des Nord-Endes der Nadel 15 bis 20 Zeitminuten lang, bei sehr mäßigen horizontalen Schwankungen oder völliger Abwesenheit derselben. Bei der so fleißigen Aufzeichnung aller Nebenverhältnisse in den englischen Stations-Registern finde ich dieses bloß verticalen Zitterns (constant vertical motion, the needle oscillating vertically) nur 3mal auf Van Diemen's Insel angegeben.

Die Epoche des Eintretens der *größeren* magnetischen Ungewitter hat mir im Mittel in Berlin die dritte Stunde nach Mitternacht geschienen, aufhörend auch im Mittel um 5 Uhr des Morgens. Kleine Gewitter beobachteten wir bei Tage in den Nachmittagsstunden zwischen 5 und 7 Uhr oft an denselben September-Tagen, wo nach Mitternacht so starke storms folgten, daß wegen der Größe und Schnelligkeit der Oscillationen jedes Ablesen und jede Schätzung des Mittels der Elongation unmöglich waren. Ich wurde gleich anfangs so überzeugt von den gruppenweise mehrere Nächte hinter einander eintretenden magnetischen Ungewittern, daß ich die Eigenthümlichkeiten dieser außerordentlichen Störungen der Berliner Akademie ankündigte: und Freunde, meist nicht vergebens, einlud, zu vorbestimmten Stunden mich zu besuchen und sich der Erscheinung zu erfreuen. Es heißt dort: „Meine älteren, mit Oltmanns angestellten, stündlichen Beobachtungen hatten den Vorzug, daß damals (1806 und 1807) keine ähnliche, weder in Frankreich noch in England, angestellt wurden. Sie gaben die nächtlichen Maxima und Minima; sie lehrten die merkwürdigen magnetischen Gewitter kennen, welche durch die Stärke der Oscillationen oft alle Beobachtung unmöglich machen, mehrere Nächte hinter einander zu derselben Zeit eintreten, ohne daß irgend eine Einwirkung meteorologischer Verhältnisse dabei bisher hat erkannt werden können." Es ist also nicht erst im Jahr 1839, daß eine gewisse Periodicität der außerordentlichen Störungen erkannt worden ist. Auch Kupffer während seiner Reise im Caucasus 1829, und später Kreil bei seinen so schätzbaren Prager Beobachtungen haben das Wieder-Eintreten der magnetischen Ungewitter zu denselben Stunden bekräftigt.

Was ich im Jahr 1806 in meinen Aequinoctial- und Solstitial-Beobachtungen nur im allgemeinen über die außerordentlichen Störungen der Abweichung erkannte, ist seit der Errichtung der magnetischen Stationen in den großbritannischen Besitzungen (1838–1840) durch Anhäufung eines reichen Materials und durch die talentvolle Bearbeitung des Oberst Sabine eine der wichtigsten Errungenschaften in der Lehre vom tellurischen Magnetismus geworden. In den Resultaten beider Hemisphären hat dieser scharfsinnige Gelehrte die Störungen nach Tages- und Nachtstunden, nach Jahreszeiten, nach Deviationen, gegen Osten oder Westen gerichtet, gesondert. In Toronto und Hobarton waren die Störungen zwiefach häufiger und stärker bei Nacht als bei Tage; eben so in den ältesten Beobachtungen zu Berlin: ganz im Gegensatz von 2600 bis 3000 Störungen am Cap der guten Hoffnung, und besonders auf der Insel St. Helena, nach der gründlichen Untersuchung des Capitäns Younghusband. In Toronto traten im Mittel die Hauptstörungen in der Epoche von Mitternacht bis 5 Uhr Morgens ein; bisweilen nur wurden sie früher, zwischen 10 Uhr Abends und Mitternacht, beobachtet: also in Toronto wie in Hobarton prädominirend bei Nacht. Nach einer sehr mühevollen und scharfsinnigen Prüfung, welche Sabine mit 3940 Torontoer und 3470 Hobarttowner Störungen aus dem sechsjährigen Cyclus von 1843 bis 1848 angestellt (die gestörten Abweichungen machten den neunten und zehnten Theil der ganzen Masse aus), hat er die Folgerung ziehen können: „daß die Störungen zu einer eigenen Art *periodisch wiederkehrender Variationen* gehören, welche erkennbaren Gesetzen folgen, von der Stellung der Sonne in der Ekliptik und der täglichen Rotation der Erde um ihre Achse abhangen, ja ferner nicht mehr *unregelmäßige* Bewegungen genannt werden sollten; man unterscheide darin, neben einem eigenthümlichen localen Typus, allgemeine, den ganzen Erdkörper afficirende Processe." In denselben Jahren, in denen die Störungen häufiger in Toronto waren, wurden sie es auch und fast im gleichen Maaße auf der südlichen Halbkugel in Hobarton. Im ganzen traten sie am ersteren Orte im Sommer (von April bis September) in doppelter Menge als in den Wintermonaten (von October bis März) ein. Die größte Zahl der Störungen gehörte dem Monat September an: ganz wie um die Zeit des Herbst-Aequinoctiums in meinen Berliner Beobachtungenvon 1806. Sie sind seltener in den Wintermonaten jeden Orts, seltener vom November bis Februar in Toronto und vom Mai bis August in Hobarton. Auch auf St. Helena und am Cap der guten Hoffnung sind nach Younghusband die Durchgänge der Sonne durch den Aequator durch Häufigkeit der Störungen in hohem Grade bemerkbar.

Das Wichtigste, auch erst von Sabine aufgefundene, in dieser Erscheinung ist die Regelmäßigkeit, mit der in beiden Halbkugeln die *Störungen* eine *vermehrte östliche* oder *westliche Abweichung* verursachen. In Toronto, wo die Declination schwach gegen Westen ist (1° 33'), war, der Zahl nach, das Fortschreiten gegen Osten im Sommer (Juni–September) dem Fortschreiten gegen Westen im Winter (December–April) überwiegend, und zwar im Verhältniß von 411 : 290. Eben so ist es auf Van Diemen's Insel nach *localer* Jahreszeit; auch in den dortigen Wintermonaten (Mai–August) sind die magnetischen Ungewitter auffallend selten.Die Zergliederung von 6 Jahren der Beobachtung in 2 entgegengesetzten Stationen, von Toronto und Hobarton, hatte Sabine zu dem merkwürdigen Ergebnisse geführt: daß von 1843 bis 1848 in beiden Hemisphären nicht bloß die Zahl der Störungen, sondern auch (wenn man, um das jährliche Mittel der täglichen Abweichung in seinem normalen Werth zu erlangen, 3469 storms nicht mit in Rechnung bringt) das Maaß der totalen Abweichung von diesem Mittel in den genannten 5 Jahren allmälig von 7',65 bis 10',58 im Zunehmen gewesen ist; ja daß diese Zunahme gleichzeitig, wie in der amplitudo der Declination, so in der Inclination und totalen Erdkraft bemerkbar war. Dieses Ergebniß gewann eine erhöhte Wichtigkeit, als er eine Bekräftigung und Verallgemeinerung desselben in Lamont's ausführlicher Arbeit (vom September 1851) „über eine *zehnjährige Periode*, welche sich in der täglichen Bewegung der Magnetnadel darstellt", erkannte. Nach Beobachtungen von Göttingen, München und Kremsmünsterhatte die Mittelgröße der täglichen Declination ihr Minimum erreicht von 1843 zu 1844, ihr Maximum von 1848 zu 1849. Nachdem die Declination so fünf Jahre zugenommen, nimmt sie eben so viele Jahre wiederum ab: wie eine Reihe genauer stündlicher Beobachtungen erweist, die bis zu einem Maximum von 1786½ hinaufführen. Um eine allgemeine Ursach einer solchen Periodicität in allen 3 Elementen des tellurischen Magnetismus aufzufinden, wird man geneigt, zu einem *kosmischen* Zusammenhange seine Zuflucht zu nehmen. Ein solcher ist nach Sabine'sVermuthung in den Veränderungen zu finden, welche in der Photosphäre der Sonne, d. h. in den leuchtenden gasförmigen Umhüllungen des dunklen Sonnenkörpers, vorgehen. Nach Schwabe's langjährigen Untersuchungen kommt nämlich die Periode der größten und kleinsten Frequenz der *Sonnenflecken* ganz mit der überein, welche man in den magnetischen Variationen entdeckt hat. Auf diese Uebereinstimmung hat Sabine zuerst in seiner der königl. Societät zu London im März 1852 vorgelegten Abhandlung aufmerksam gemacht. „Es ist wohl keinem Zweifel unterworfen", sagt Schwabe in einem Aufsatze, mit dem er den astronomischen Theil meines Kosmos bereichert hat, „daß wenigstens vom Jahr 1826 bis 1850 in der Erscheinung der Sonnenflecken eine Periode von ohngefähr 10 Jahren dermaßen statt gefunden hat: daß ihr Maximum in die Jahre 1828, 1837 und 1848; ihr Minimum in die Jahre 1833 und 1843 gefallen ist."Den mächtigen Einfluß des Sonnenkörpers als Masse auf den Erd-Magnetismus bekräftigt auch Sabine durch die scharfsinnige Bemerkung: daß der Zeitpunkt, in welchem in *beiden* Hemisphären die Intensität der Magnetkraft am stärksten ist und die Richtung der Nadel sich am meisten der verticalen nähert, in die Monate October bis Februar fällt: gerade wenn die Erde der Sonne am nächsten ist und sie sich in ihrer Bahn am schnellsten fortbewegt.

Von der Gleichzeitigkeit vieler magnetischer Ungewitter, wie sich dieselben auf viele tausend Meilen fortgepflanzt haben, ja fast um den ganzen Erdball gehen (so am 25 Sept. 1841 von Canada und von Böhmen bis zum Vorgebirge der guten Hoffnung, Van Diemen's Land und Macao), habe ich schon in dem *Naturgemälde* gehandelt; auch Beispiele von den Fällen angegeben, wo die Perturbationen mehr local waren: sich von Sicilien nach Upsala, aber *nicht* von Upsala weiter nördlich nach Alten und Lapland verbreiteten. Bei den gleichzeitigen Declinations-Beobachtungen, die wir, Arago und ich, 1829 in Berlin, Paris, Freiberg, St. Petersburg, Casan und Nikolajew mit denselben Gambey'schen Instrumenten angestellt; hatten sich einzelne starke Perturbationen von Berlin nicht bis Paris: ja nicht einmal bis in eine Freiberger Grube, wo Reich seine unterirdischen Magnet-Beobachtungen machte, fortgepflanzt. Große Abweichungen und Schwankungen der Nadel bei Nordlichtern in Toronto riefen wohl in Kerguelen-Insel, aber nicht in Hobarton magnetische Ungewitter hervor. Bei dem Charakter der Alldurchdringlichkeit, welchen die Magnetkraft wie die Gravitations-Kraft aller Materie zeigt, ist es allerdings schwer sich einen klaren Begriff von den Hindernissen der Fortpflanzung im Inneren des Erdkörpers zu machen: von Hindernissen, denen analog, welche sich den Schallwellen oder den Erschütterungswellen des Erdbebens, in denen gewisse einander nahe gelegene Orte nie zusammen beben, entgegensetzen. Sollten gewisse magnetische kreuzende Linien durch ihre Dazwischenkunft der Fortpflanzung entgegenwirken?

Wir haben die regelmäßigen und die scheinbar unregelmäßigen Bewegungen, welche horizontal aufgehangene Nadeln darbieten, geschildert. Hat man in Erforschung des normalen, in sich wiederkehrenden Ganges der Nadel, durch Mittelzahlen aus den Extremen der stündlichen Veränderungen, die Richtung des magnetischen Meridians ergründen können, in der von Einem Solstitium zu dem anderen die Nadel zu beiden Seiten gleich geschwankt hat; so führt die Vergleichung der Winkel, welche auf verschiedenen Parallelkreisen die *magnetischen* Meridiane mit dem *geographischen* Meridian machen, zuerst zur Kenntniß von *Variations-Linien* auffallend heterogenen Werthes (Andrea Bianco 1436 und der Cosmograph Kaiser Carls V, Alonso de Santa Cruz, versuchten es schon diese auf Karten zu tragen): später zu der glücklichen Verallgemeinerung *isogonischer Curven, Linien gleicher Abweichung*, welche der dankbare Sinn englischer Seefahrer lange durch den historischen Namen Halleyan lines bezeichnet hat. Unter den mannigfach gekrümmten, gruppenweise bisweilen fast parallelen, selten ganz in sich selbst recurrirenden und dann eiförmig geschlossene Systeme bildenden, isogonischen Curven verdienen in physikalischer Hinsicht die größte Aufmerksamkeit diejenigen, auf welchen die *Abweichung null* wird: und zu deren beiden Seiten Abweichungen entgegengesetzter Benennung, mit der Entfernung ungleich zunehmend, gefunden werden.Ich habe an einem anderen Orte gezeigt, wie des Columbus erste Entdeckung einer *Linie ohne Abweichung* im atlantischen Ocean am 13 September 1492 dem Studium des tellurischen Magnetismus die Anregung gegeben hat, welches drittehalb Jahrhunderte hindurch freilich nur auf Verbesserung der Schiffsrechnung gerichtet war.

So sehr auch in der neuesten Zeit durch die höhere wissenschaftliche Bildung der Seefahrer, durch die Vervollkommnung der Instrumente und der Methoden die Kenntniß *einzelner Theile* der Linien ohne Variation im nördlichen Asien, im indischen Archipelagus und im atlantischen Ocean erweitert worden ist; so darf doch wohl in dieser Sphäre unseres Wissens, da, wo das Bedürfniß einer *kosmischen Uebersicht* gefühlt wird, über Langsamkeit des Fortschritts und über Mangel von erlangter Allgemeinheit geklagt werden. Es ist mir nicht unbewußt, daß eine Unzahl von Beobachtungen bei *zufälliger* Durchschneidung der Linien ohne Abweichung in Schiffsjournalen ausgezeichnet worden sind; aber es fehlt an der Vergleichung und Zusammenstellung des Materials: das für diesen Gegenstand, wie für die dermalige Lage des *magnetischen Aequators* erst an Wichtigkeit gewinnen würde, wenn in den verschiedenen Meeren einzelne Schiffe *allein damit beauftragt* wären, in ihrem Curse jenen Linien ununterbrochen zu folgen. Ohne *Gleichzeitigkeit* der gewonnenen Beobachtung hat der tellurische Magnetismus für uns keine Geschichte. Ich wiederholeeine Klage, die ich frei schon mehrfach geäußert.

Nach dem, was wir bis jetzt im allgemeinen von der Lage der *Linien ohne Abweichung* wissen, giebt es statt der vier meridianartigen, an die man von Pol zu Pol am Ende des 16ten Jahrhunderts glaubte, wahrscheinlich *drei* sehr verschiedenartig gestaltete *Systeme:* wenn man mit dem Namen *System* solche Gruppen von Abweichungslinien bezeichnet, deren Null-Linie mit keiner andern Null-Linie in directer

Verbindung steht, nicht für die Fortsetzung einer anderen (nach unserer jetzigen Kenntniß) gelten kann. Von diesen drei Systemen, die wir bald einzeln beschreiben werden, ist das mittlere, *atlantische*, auf eine einfache, von SSO nach NNW gerichtete, zwischen dem 65ten Grad südlicher bis zu dem 67ten Grad nördlicher Breite erkannte, Linie ohne Abweichung beschränkt. Das zweite: wenn man aus beiden die Durchschnittspunkte der Null-Linie mit dem geographischen Aequator allein ins Auge faßt, volle 150 Grade östlicher gelegene System, ganz *Asien* und *Australien* füllend, ist das breiteste und complicirteste von allen. Es ist wundersam auf- und absteigend, mit einem gegen Süden und einem gegen Norden gerichteten Scheitel; ja an seinem nordöstlichen Ende dermaßen gekrümmt, daß die Null-Linie elliptisch in sich recurrirende, von außen nach innen in der Abweichung schnell zunehmende Linien umgiebt. Der westlichste und der östlichste Theil dieser asiatischen Curve ohne Abweichung sind gleich der atlantischen Null-Linie von Süden nach Norden, und in dem Raume vom caspischen Becken bis Lapland sogar von SSO nach NNW gerichtet. Das dritte System, das der Südsee, am wenigsten erforscht, ist das kleinste von allen; und bildet, fast gänzlich im Süden vom geographischen Aequator gelegen, ein geschlossenes Oval von concentrischen Linien: deren Abweichung, entgegengesetzt dem, was wir bei dem nordöstlichen Theile des asiatischen Systems bemerkt, von außen nach innen abnimmt. Wir kennen, wenn wir unser Urtheil auf die Magnet-Declination an den Küsten gründen, in dem *afrikanischen* Continentnur Linien, die eine westliche Abweichung von 6° bis 29° offenbaren; denn die atlantische Linie ohne Abweichung hat (nach Purchas) schon im Jahre 1605 die Südspitze von Afrika (das Vorgebirge der guten Hoffnung) verlassen, um sich weiter von Osten nach Westen zu begeben. Die Möglichkeit, daß in Central-Afrika eine eiförmige Gruppe concentrischer Abweichungslinien, bis 0° abnehmend, sich irgend wo finden könne, der der Südsee ähnlich: ist aus Gründen eben so wenig zu bevorworten als zu läugnen.

Der *atlantische* Theil der *amerikanischen* Curve ohne Abweichung ist durch eine vortreffliche Arbeit des Oberst Sabine in beiden Hemisphären für das Jahr 1840, mit Benutzung von 1480 Beobachtungen und Beachtung der secularen Veränderung, genau bestimmt worden. Sie läuft (unter 70° südl. Breite ohngefähr in 21° westl. Länge aufgefunden gegen NNW, gelangt bis 3° östlich von Cook's Sandwich-Lande und bis 9°½ östlich von Süd-Georgien, nähert sich der brasilischen Küste, in die sie eintritt bei Cap Frio, 2° östlich von Rio Janeiro; durchstreicht den südlichen Neuen Continent nur bis Br. -0° 36', wo sie denselben etwas östlich vom Gran Para bei dem Cap Tigioca am Neben-Ausfluß des Amazonenstroms (Rio do Para) wieder verläßt: um erst den geographischen Aequator in westl. Lg. 50° 6' zu schneiden, dann: bis zu 5° nördlicher Breite in 22 geogr. Meilen Entfernung der Küste von Guyana, später dem Bogen der Kleinen Antillen bis zum Parallel von 18° folgend, in Br. 34° 50', Lg. 76° 30' nahe bei Cap Lookont (südwestlich von Cap Hattaras) das Littoral von Nord-Carolina zu berühren. Im Inneren von Nordamerika setzt die Curve ihre nordwestliche Richtung bis Br. 41°½, Lg. 80° gegen

Pittsburgh, Meadville und den See Erie fort. Es ist zu vermuthen, daß sie seit 1840 schon nahe um einen halben Grad weiter gegen Westen vorgerückt ist.

Die *australo-asiatische Curve ohne Abweichung* kann: wenn man mit Erman den Theil derselben, welcher sich plötzlich von Casan nach Archangel und dem russischen Laplande hinaufzieht, für identisch mit dem Theile des molukkischen und japanischen Meeres hält, kaum in der *südlichen* Halbkugel bis zum 62ten Grade verfolgt werden. Dieser Anfang liegt westlicher von Van Diemen's Land, als man ihn bisher vermuthet hatte; und die 3 Punkte, in denen Sir James Roßauf seiner antarctischen Entdeckungsreise 1840 und 1841 die Curve ohne Abweichung durchschnitten hat, befinden sich alle in den Parallelen von 62°, 54°½ und 46°, zwischen 131° und 133° 20' östlicher Länge: also meist süd-nördlich, meridianartig, gerichtet. In ihrem weiteren Laufe durchstreicht die Curve das westliche Australien von der südlichen Küste von Nuyts-Land an (etwa 10 Längengrade in Westen von Adelaide) bis zu der nördlichen Küste nahe bei Van Sittart River und Mount Cockburn, um von da in das Meer des indischen Archipelagus zu treten: in eine Weltgegend, in der genauer als irgend wo anders von Capitän Elliot in den Jahren 1846 bis 1848 zugleich Inclination, Declination, Total-Intensität, wie Maximum und Minimum der horizontalen Intensität erforscht worden sind. Hier geht die Linie südlich von Flores und durch das Innere der kleinen Sandalwood-Inselvon 118° bis 91°westlicher Länge in eine genau ost-westliche Richtung über, wie dies Barlow sehr wahr schon 16 Jahre früher verzeichnet hatte. Von dem zuletzt angegebenen Meridiane an steigt sie: nach der Lage zu urtheilen, in welcher Elliot der Curve von 1° östlicher Abweichung bis Madras gefolgt ist, in 9°½ südlicher Breite gegen NW auf. Ob sie, den Aequator ungefähr im Meridian von Ceylon schneidend, in den Continent von Asien zwischen Cambay Gulf und Guzurate, oder westlicher im Meerbusen von Maskate eintrittSo nach Barlow und nach der Karte (Lines of magnetic Declinations computed according to the Theory of Mr. Gauss) im *Report of the Committee for the Antarctic Exped.* 1840. Nach Barlow tritt die von Australien kommende Linie ohne Abweichung in den asiatischen Continent bei dem Cambay-Golf ein, wendet sich aber gleich wieder nordöstlich über Tibet und China bei Thaiwan (Formosa) hin in das japanische Meer. Nach Gauß steigt die australische Linie einfach durch Persien über Nishnei-Nowgorod nach Lapland auf. Dieser große Geometer hält die Null-Linie des japanischen und philippinischen Meeres, wie der geschlossenen eiförmigen Gruppe im östlichen Asien für ganz unzusammenhangend mit der von Australien, dem indischen Meere, dem westlichen Asien und Lapland.: und so identisch istIch habe von dieser Identität, welche meine eigenen Declinations-Beobachtungen im caspischen Meere, in Uralsk am Jaik und in der Steppe am Elton-See begründen, an einem anderen Orte (*Asie centrale* T. III. p. 458–461) gehandelt. mit der Curve ohne Abweichung, die aus dem Becken des caspischen Meeres gegen Süden fortzulaufen scheint; ob sie vielmehr (wie Erman will) schon vorher, östlich gekrümmt, zwischen Borneo und Malacca aufsteigend, inAdolf *Erman's Map of the Magnetic Declination* 1827–1830. Daß die australische Curve ohne Abweichung aber nicht Java durchschneidet, lehrt bestimmt Elliot's Karte; es läuft dieselbe dem südlichen Littoral parallel in einer Entfernung von 1½ Breitengraden. Da nach Erman (nicht nach Gauß) die australische Null-Linie zwischen Malacca und Borneo durch das japanische Meer zu der geschlossenen eiförmigen Gruppe von Ost-Asien an der nördlichen Küste des ochotskischen Meerbusens (Br. 59°½) in den Continent eintritt, und doch wieder durch Malacca herabsteigt; so würde dort die aufsteigende von der absteigenden nur 11° getrennt sein, und nach dieser graphischen Darstellung wäre die Linie ohne Abweichung des westlichen Asiens (vom caspischen Meere bis zum russischen Lapland) eine unmittelbare und nächste Fortsetzung des von Norden nach Süden herabkommenden Theils. das japanische Meer gelangt und durch den ochotskischen Meerbusen in Ost-Asien eindringt: darüber kann hier keine sichere Auskunft gegeben werden. Es ist lebhaft zu bedauern, daß: bei der großen Frequenz der Navigation nach Indien, Australien, den Philippinen und der Nordost-Küste von Asien, eine Unzahl von Materialien in Schiffsjournalen verborgen und unbenutzt geblieben sind, ohne, zu *allgemeinen* Ansichten führend, Süd-Asien mit dem mehr durchforschten Nord-Asien zu verbinden, und Fragen zu lösen, die schon 1840 angeregt worden. Um daher nicht das Gewisse mit dem Ungewissen zu vermengen, beschränke ich mich auf den sibirischen Theil des asiatischen Continents: so weit wir ihn gegen Süden bis zum Parallel von 45° durch Erman, Hansteen, Due, Kupffer, Fuß und meine eigenen Beobachtungen kennen. In keinem anderen Theil der Erde hat man auf der Feste Magnetlinien in solcher Ausdehnung verfolgen können; und die Wichtigkeit, welche in dieser Hinsicht das europäische und asiatische Rußland darbietet, war schon vor Leibnitzscharfsinnig geahndet worden.

Um von Westen gegen Osten, von Europa aus, der gewöhnlichen Richtung sibirischer Expeditionen zu folgen, beginnen wir mit dem nördlichen Theile des caspischen Meeres: und finden in der kleinen Insel Birntschikassa, in Astrachan, am Elton-See, in der Kirghisen-Steppe, und in Uralsk am Jaik, zwischen Br. 45° 43' und 51° 12', Lg. 44° 15' und 49° 2' die Abweichung von 0° 10' Ost zu 0° 37' West schwanken.S. meine magnetischen Beobachtungen in der *Asie centr.* T. III. p. 460. Weiter nördlich neigt sich diese Curve ohne Abweichung etwas mehr gegen Nordwest, durchgehend in der Nähe von Nishnei-Nowgorod (im Jahr 1828 zwischen Osablikowo und Doskino, im Parallel von 56° und Lg. 40° 40'). Sie verlängert sich gegen das russische Lapland zwischen Archangel und Kola, genauer nach Hansteen (1830) zwischen Umba und Ponoi.*Hansteen* in *Poggendorff's Annalen* Bd. XXI. S. 371. Erst wenn man fast ⅔ der größten Breite des nördlichen Asiens gegen Osten durchwandert ist, unter dem Parallel von 50° bis 60° (einen Raum, in dem jetzt ganz östliche Abweichung herrscht), gelangt man an die *Linie ohne Abweichung*, welche bei dem nordöstlichen Theile des Baikal-Sees westlich von Wiluisk nach einem Punkt aufsteigt, der im Meridian von Jakutsk(127°½) die Breite von 68° erreicht: um sich dort, die äußere Hülle der mehrerwähnten östlichen Gruppe eiförmiger concentrischer Variations-Linien bildend, gegen Ochotsk (Lg. 140° 50') herabzusenken, den Bogen der kurilischen Inseln zu durchschneiden und südlich in das japanische Meer zu dringen. Die Curven von 5° bis 15° östlicher Abweichung, welche den Raum zwischen der west- und ost-asiatischen Linie ohne Abweichung füllen, haben alle einen concaven Scheitel gegen Norden gekehrt. Das Maximum ihrer Krümmung fällt nach Erman in Lg. 77° 40', fast in einen Meridian zwischen Omsk und Tomsk: also nicht sehr verschieden von dem Meridian der Südspitze der hindostanischen Halbinsel. Die geschlossene eiförmige Gruppe erstreckt sich in ihrer Längen-Axe 28 Breitengrade bis gen Korea.

Eine ähnliche Gestaltung, aber in noch größeren Dimensionen, zeigt sich in der *Südsee*. Die geschlossenen Curven bilden dort ein Oval zwischen 20° nördlicher und 42° südlicher Breite. Die Haupt-Axe liegt in Lg. 132° 20'. Was diese seltsame Gruppe, welche dem großen Theil nach der südlichen Hemisphäre und bloß dem Meere angehört, von der continentalen Ost-Asiens vorzüglich unterscheidet, ist, wie schon oben bemerkt, die relative Folge im Werth der Variations-Curven. In der ersteren nimmt die (östliche) Abweichung ab, in der zweiten nimmt die (westliche) Abweichung zu, je tiefer man in das Innere des Ovals eindringt. Man kennt aber dieses Innere der geschlossenen Gruppe in der südlichen Halbkugel nur von 8° bis 5° Abweichung. Sollte darin ein Ring südlicher Abweichung, und noch mehr nach innen jenseits der geschlossenen Null-Linie wieder westliche Abweichung gefunden werden?

Die Curven ohne Abweichung, wie alle magnetische Linien, haben ihre Geschichte. Es steigt dieselbe leider noch nicht zwei Jahrhunderte aufwärts. Einzelne Angaben finden sich allerdings früher bis in das 14te und 15te Jahrhundert. Hansteen hat auch hier wieder das große Verdienst gehabt zu sammeln und scharfsinnig zu vergleichen. Es scheint, als bewege sich der nördliche Magnetpol von West nach Ost, der südliche von Ost nach West: aber genaue Beobachtungen lehren, daß die verschiedenen Theile der isogonischen Curven sehr ungleichmäßig fortschreiten und da, wo sie parallel waren, den Parallelismus verlieren; daß die Gebiete der Declination Einer Benennung in nahen Erdtheilen sich nach sehr verschiedenen Richtungen erweitern und verengen. Die *Linien ohne Abweichung* in West-Asien und im atlantischen Ocean schreiten von *Osten* nach *Westen* vor: die erstere derselben durchschnitt gegen 1716 Tobolsk; 1761, zu Chappe's Zeit, Jekatherinenburg, später Casan; 1729 war sie zwischen Osablikowo und Doskino (unfern Nishnei-Nowgorod): also in 113 Jahren war sie 24°¾ in Westen fortgerückt. Ist die Azoren-Linie, die Christoph Columbus am 13 September 1492 bestimmte, dieselbe, welche nach den Beobachtungen von Davis und Keeling 1607 durch das Vorgebirge der guten Hoffnung gegangen ist; dieselbe, die wir jetzt als westatlantische von der Mündung des Amazonenflusses nach dem Littoral von Nord-Carolina gerichtet sehen: so fragt man, was aus der Linie ohne Abweichung geworden sei, welche 1600 durch Königsberg, 1620 (?) durch Kopenhagen, 1657 bis 1662 durch London: und doch erst 1666 nach Picard durch das östlicher gelegene Paris, so wie etwas vor 1668 durch LissabonBei der Beurtheilung so naher Epochen des Durchganges der Linie ohne Abweichung und der Priorität dieses Durchganges darf nicht vergessen werden, wie leicht bei den damals angewandten Instrumenten und Methoden ein Irrthum von 1° vorfallen konnte. ging? Auffallend sind diejenigen Punkte der Erde, in welchen lange Perioden hindurch kein seculares Fortschreiten bemerkt worden ist. Sir John Herschel hat schon auf einen solchen langen Stillstand in Jamaica aufmerksam gemacht, wie Eulerund Barlow auf einen ähnlichen im südlichen Australien.

Polarlicht.

Wir haben die drei Elemente des tellurischen Magnetismus, d. i. die drei Hauptarten seiner Manifestation: *Intensität, Inclination* und *Declination,* in ihren von den geographischen Ortsverhältnissen abhängigen, nach Tages- und Jahreszeiten veränderlichen Bewegungen ausführlich behandelt. Die *außerordentlichen Störungen,* welche zuerst an der Declination beobachtet wurden, sind: wie Halley geahndet, wie Dufay und Hiorter erkannt haben, theils Vorboten, theils Begleiter des magnetischen *Polarlichts.* Ueber die Eigenthümlichkeiten dieses, oft durch Farbenpracht so ausgezeichneten *Lichtprocesses der Erde* habe ich mit ziemlicher Vollständigkeit in dem *Naturgemälde* gehandelt, und neuere Beobachtungen sind im allgemeinen den dort geäußerten Ansichten günstig gewesen. „Das Nordlicht ist nicht sowohl als eine äußere Ursach der Störung in dem Gleichgewicht der Vertheilung des Erd-Magnetismus geschildert worden; sondern vielmehr als eine bis zum leuchtenden Phänomen gesteigerte tellurische Thätigkeit, deren eine Seite die unruhige Schwingung der Nadel und deren andere das polare Leuchten des Himmelsgewölbes ist." Das Polarlicht erscheint nach dieser Ansicht als eine Art stiller Entladung, als das Ende eines *magnetischen Ungewitters;* in dem *electrischen* erneuert sich ebenfalls durch eine Licht-Entwickelung: durch Blitze, von krachendem Donner begleitet, das gestörte Gleichgewicht der Electricität. Die wiederholteAufstellung einer *bestimmten* Hypothese gewährt in einer so verwickelten und geheimnißvollen Erscheinung wenigstens den Vortheil, daß die Bestrebungen dieselbe zu widerlegen zu einer anhaltenderen und sorgfältigeren Beobachtung der einzelnen Vorgänge anreizen.

Bei der rein objectiven Beschreibung dieser Vorgänge verweilend, und hauptsächlich die schöne und einzige Reihe *ununterbrochener* achtmonatlicher Forschungen benutzend, die wir dem Aufenthalte ausgezeichneter Physikerim äußersten Norden von Scandinavien (1838–1839) verdanken: richten wir zuerst unsere Aufmerksamkeit auf die allmälig am Horizont aufsteigende dunkle Nebelwand, das sogenannte *schwarze Segment* des Nordlichts. Die Schwärze ist, wie Argelander bemerkt, nicht eine Folge des Contrastes; denn sie ist bisweilen früher sichtbar, als der hellleuchtende Bogen sie zu begrenzen anfängt. Es ist ein Proceß, der in einem Theil des Luftkreises vorgeht; denn nichts beweist bisher eine materielle Beimischung, welche die Verdunkelung erregte. Die kleinsten Sterne erkennt das Fernrohr in dem schwarzen Segment, wie in den farbigen, lichten Theilen des schon völlig entwickelten Nordlichts. In den höheren Breiten scheint das schwarze Segment weit seltener zu sein als in den mittleren. Bei sehr reinem Himmel im Februar und März, wo das Polarlicht häufig war, fehlte es dort ganz; und Keilhau hat einen vollen Winter lang es in Lapland (zu Talwig) gar nicht gesehen. Durch genaue Bestimmungen von Sternhöhen zeigte Argelander, daß kein Theil des Polarlichts auf diese Höhen Einfluß ausübt. Auch außerhalb der Segmente erscheinen, doch selten, *schwarze Strahlen*, die Hansteen und ich mehrfach haben aufsteigen sehen; mit ihnen erscheinen rundliche *schwarze Flecken*, welche von Lichträumen eingeschlossen sind und mit denen Siljeström sich besonders beschäftigt hat. Auch in der so seltenen *Nordlichts-Krone*, welche durch Wirkung von linear-perspectivischen Projectionen in ihrem Höhenpunkte der Magnet-Inclination des Orts entspricht, ist die Mitte meist von sehr dunkler Schwärze. Bravais hält diese und die schwarzen Strahlen für optische Contrast-Täuschungen. Von den Lichtbogen erscheinen oft mehrere zugleich, in seltenen Fällen 7–9, parallel gegen den Zenith fortschreitend; bisweilen fehlen sie ganz. Die Strahlenbündel und Lichtsäulen nehmen die vielfältigsten Gestalten an: gekrümmt, guirlandenartig ausgezackt, hakenförmig, kurzgeflammt oder wallenden Segeltüchern ähnlich.

In den hohen Breiten „ist die gewöhnlich herrschende Farbe des Polarlichts die *weiße;* ja die milchicht weiße, wenn die Intensität schwach ist. So wie der Farbenton lebhafter wird: geht er ins Gelbe über; die Mitte des breiten Strahls wird hochgelb, und an beiden Rändern entsteht abgesondert Roth und Grün. Geht die Strahlung in schmaler Länge vor, so liegt das Roth oben und das Grün unten. Geht die Bewegung seitwärts von der Linken zur Rechten oder umgekehrt: so entsteht immer das Roth nach der Seite hin, wohin sich der Strahl bewegt, und das Grün bleibt zurück." Sehr selten hat man von den grünen oder rothen Strahlen eine der Complementar-Farben allein gesehen. Blau sieht man gar nicht; und ein dunkles Roth, wie der Reflex einer Feuersbrunst, ist im Norden so selten, daß Siljeström es nur ein einziges Mal wahrgenommen hat. Die *erleuchtende* Stärke des Nordlichts erreicht selbst in Finmarken nie ganz die des Vollmonds.

Der, schon so lange von mir behauptete, wahrscheinliche Zusammenhang des Polarlichts mit der Bildung „der kleinsten und *feinsten Cirrus-Wölkchen* (von den Landleuten *Schäfchen* genannt), deren parallele Reihen in gleichen Abständen von einander meist der Richtung des magnetischen Meridians folgen", hat in den neuesten Zeiten allerdings viele Vertheidiger gefunden; ob aber, wie der nordische Reisende Thienemann und Admiral Wrangel wollen, die gereihten *Schäfchen* das *Substrat* des Polarlichts oder nicht vielmehr, wie Capitän Franklin, Dr. Richardson und ich vermuthen, die Wirkung eines das magnetische Ungewitter begleitenden, von demselben erzeugten, meteorologischen Processes seien: bleibt noch unentschieden.Neben der mit der Magnet-Declination zu vergleichenden Richtung regelmäßig geordneter, feinster Cirrus-Häuschen (bandes polaires), hat mich auf dem mexicanischen Hochlande (1803) und in dem nördlichen Asien (1829) das Umdrehen der *Convergenzpunkte* lebhaft beschäftigt. Wenn das Phänomen recht vollständig ist; so bleiben die beiden scheinbaren Convergenzpunkte nicht fest: der eine in Nordost, der andere in Südwest (in der Richtung der Linie, welche die höchsten Punkte der bei Nacht leuchtenden Bogen des Polarlichts mit einander verbindet); sondern sie bewegensich allmälig gegen Ost und West. Eine ganz ähnliche *Drehung* oder Translation der Linie, welche im wirklichen Nordlicht die Gipfel der Lichtbogen verbindet, indem die Füße der Lichtbogen (Stützpunkte auf dem Horizont) sich im Azimuth verändern und von O–W gegen N–S wandern; ist mit vieler Genauigkeit einige Male in Finmarken beobachtet worden. Die Schäfchen, zu *Polarstreifen* gereiht, entsprechen nach den hier entwickelten Ansichten der Lage nach den *Lichtsäulen* oder *Strahlenbündeln*, welche im Nordlicht aus den, meist ost-westlich gerichteten *Bogen* gegen den Zenith aufsteigen; sind also nicht mit diesen Bogen selbst zu verwechseln: von denen Parry einen nach einer Nordlicht-Nacht bei hellem Tage erkennbar stehen bleiben sah. Dieselbe Erscheinung hat sich am 3 Sept. 1827 in England wiederholt. Man erkannte bei Tage sogar aus dem Lichtbogen aufschießende Lichtsäulen.

Es ist mehrmals behauptet worden, daß um den nördlichen Magnetpol ein *perpetuirlicher Lichtproceß* am Himmelsgewölbe herrsche. Bravais: welcher 200 Nächte ununterbrochen beobachtet hat, in denen 152 Nordlichter genau beschrieben werden konnten, versichert allerdings, daß Nächte ohne Nordschein sehr exceptionell seien; aber er hat bei sehr heiterer Luft und ganz freier Aussicht auf den Horizont bisweilen nächtlich gar keine Spur des Polarlichts bemerkt, oder das magnetische Ungewitter erst sehr spät beginnen sehen. Die größte absolute Zahl der Nordlichter gehört dem Ausgang des Monats September an; und da der März eine relative Mehrheit im Vergleich mit Februar und April zu zeigen scheint, so kann man auch hier, wie bei anderen magnetischen Erscheinungen, einen Zusammenhang mit den Aequinoctien vermuthen. Zu den Beispielen von den Nordlichtern, die in Peru, von den Südlichtern, die in Schottland gesehen wurden, muß ein farbiges Nordlicht gezählt werden, welches der Cap. Lafond auf der Candide am 14 Januar 1831 südlich von Neu-Holland in 45° Breite volle zwei Stundenlang beobachtete.

Das Geräusch wird von den französischen Physikern und von Siljeström in Bossekop mit eben der Bestimmtheit geläugnet als von Thienemann, Parry, Franklin, Richardson, Wrangel und Anjou. Die Höhe des Phänomens hat Bravais auf wenigstens 100000 Meter (51307 Toisen, über dreizehn geogr. Meilen) geschätzt: wenn ein sonst sehr verdienstvoller Beobachter, Herr Farquharson, sie kaum zu 4000 Fuß anschlug. Die Fundamente aller dieser Bestimmungen sind sehr unsicher: und durch optische Täuschungen, wie durch Voraussetzungen über die reelle Identität des gleichzeitig an 2 entfernten Orten gesehenen Lichtbogens verunstaltet. Unbezweifelt dagegen ist der Einfluß des Nordlichts auf Declination, Inclination, horizontale und totale Intensität: also auf alle Elemente des Erd-Magnetismus; doch in verschiedenen Stadien der großen Erscheinung und bei einzelnen jener Elemente sehr ungleichartig. Die ausführlichsten Untersuchungen darüber sind die lapländischen von zwei verdienstvollen Beobachtern,

Siljeströmund Bravais (1838–1839); wie die canadischen von Toronto (1840–1841), welche Sabine so scharfsinnig discutirt hat Bei unseren verabredeten gleichzeitigen Beobachtungen: die in Berlin (im Mendelssohn-Bartholdy'schen Garten), in Freiburg unter der Erde, in Petersburg, Casan und Nikojalew angestellt wurden: wirkte das zu Alford in Aberdeenshire (Br. 57° 15') gesehene Nordlicht vom 19 und 20 December 1829 an allen diesen Orten auf die Abweichung; an einigen, in denen auch andere Elemente des tellurischen Magnetismus untersucht werden konnten, auf Abweichung, Intensität und Inclination zugleich. Die ungleiche Wirkung, welche ein Nordlicht auf die Declinations-Nadel an Erdpunkten ausübt, die unter sehr verschiedenen Meridianen liegen, kann in vielen Fällen auf die Ortsbestimmungen der wirkenden Ursach führen: da der Ausbruch des leuchtenden magnetischen Ungewitters keinesweges immer in dem Magnetpol selbst zu suchen ist und, wie schon Argelander bebauptet und Bravais bekräftigt hat, der Gipfel des Lichtbogens bisweilen mehr als 11° vom magnetischen Meridian abweicht. Während des schönen Nordlichts, das Prof. Forbes in Edinburg am 21 März 1833 beobachtete, wurde in dem Bergwerk zu Freiberg die Inclination auffallend klein: und die Abweichung so gestört, daß man kaum den Winkel ablesen konnte. Ein Phänomen, das einer besonderen Aufmerksamkeit werth scheint, ist eine Abnahme der totalen Intensität während der zunehmenden Thätigkeit des Nordlicht-Processes. Die Messungen, welche ich mit Oltmanns in Berlin während eines schönen Nordlichts am 20 December 1806 gemacht“Am 20 December 1806: Himmel azurblau, ohne Spur von Gewölk. Gegen 10ᵘ erschien in NNW der röthlich gelbe Lichtbogen, durch den ich im Nacht-Fernrohr Sterne 7ᵗᵉʳ Größe unterscheiden konnte. Durch Wega, die fast unter dem höchsten Punkt des Bogens stand, fand ich dieses Punktes Azimuth. Es war dasselbe etwas westlicher als die Vertical-Ebene, durch die magnetische Abweichung gelegt. Das Nordlicht, welches in Nord-Nord-Westen stand, stieß den Nordpol der Nadel ab; denn statt nach Westen, wie das Azimuth des Bogens, fortzuschreiten, ging die Nadel nach Osten zurück. Die Veränderungen in der Magnet-Declination, welche in diesem Monate Nachts gewöhnlich 2' 27" bis 3' betragen, stiegen während des Nordlichts progressiv und ohne große Oscillationen auf 26' 28". Die Abweichung war am kleinsten, als das Nordlicht um 9ᵘ 12' am stärksten war. Die horizontale Kraft fanden wir während des Nordlichts 1' 37",73 für 21 Schwingungen; um 21ᵘ 50': also lange nach dem Nordlichte, das um 14ᵘ 10' ganz geendigt hatte, 1' 37",17 bei derselben Zahl der Schwingungen. Temperatur des Zimmers, wo die Schwingungen der kleinen Nadel gemessen wurden, im ersten Falle 3°,2; im zweiten 2°,8. Die Intensität war also während des Nordlichts um ein Weniges vermindert. Mond ohne alle farbige Ringe.“ (Aus meinem *magnetischen Tagebuche.*) und welche sich in Hansteen's „Untersuchungen über den Magnetismus der Erde“ abgedruckt finden, wurden von Sabine und den französischen Physikern in Lapland 1838 bestätigt.

Wenn in dieser sorgfältigen Entwickelung des *dermaligen Zustandes* unserer positiven Kenntnisse von den Erscheinungen des Erd-Magnetismus ich mich auf eine bloß *objective* Darstellung da habe beschränken müssen, wo selbst eine, nur auf Induction und Analogien gegründete, theoretische Gedankenverbindung noch nicht befriedigend dargeboten werden kann; so habe ich in meiner Arbeit eben so absichtlich die geognostischen Wagnisse vermieden, in denen man die Richtung großer Gebirgszüge und geschichteter Gebirgsmassen in ihrer Abhängigkeit von der Richtung magnetischer Linien, besonders der isoklinischen und isodynamischen, betrachtet. Ich bin weit davon entfernt den Einfluß aller kosmischen Urkräfte, der dynamischen und chemischen, wie magnetischer und electrischer Strömungen auf die Bildung krystallinischer Gebirgsarten und Ausfüllung von Gangspalten zu läugnen; aber bei der fortschreitenden Bewegung aller magnetischen Linien und ihrer Gestalt-Veränderung im Fortschreiten kann ihre dermalige Lage uns wohl nicht über die Richtungs-Verhältnisse der in der Urzeit zu sehr verschiedenen Epochen gehobenen Gebirgsketten, über die Faltung der sich erhärtenden, Wärme ausströmenden Erdrinde belehren.

Anderer Art: nicht den Erd-Magnetismus im allgemeinen, sondern nur sehr partielle, örtliche Verhältnisse berührend, sind diejenigen *geognostischen* Erscheinungen, welche man mit dem Namen des *Gebirgs-Magnetismus* bezeichnen kann. Sie haben mich auf das lebhafteste vor meiner amerikanischen Reise bei Untersuchungen über den polarischen Serpentinstein des Haidberges in Franken (1796) beschäftigt: und sind damals in Deutschland Veranlassung zu vielem, freilich harmlosen, litterarischen Streite geworden. Sie bieten eine Reihe sehr zugänglicher, aber in neuerer Zeit vernachlässigter, durch Beobachtung und Experiment überaus unvollkommen gelöster Probleme dar. Die Stärke des *Gestein-Magnetismus* kann in einzelnen abgeschlagenen Fragmenten von Hornblende- und Chlorit-Schiefer, Serpentin, Syenit, Dolerit, Basalt, Melaphyr und Trachyt durch Abweichung der Nadel und durch Schwingungs-Versuche zur Bestimmung der Intensitäts-Zunahme geprüft werden. Man kann auf diesem Wege, durch Vergleichung des specifischen Gewichtes, durch Schlemmung der fein gepulverten Masse und Anwendung des Microscops, entscheiden, ob die Stärke der *Polarität* nicht mehrfach, statt von der *Quantität* der eingemengten Körner Magneteisens und Eisen-Oxyduls, von der *relativen Stellung* dieser Körner herrühre. Wichtiger in kosmischer Hinsicht aber ist die, von mir längst wegen des Haidberges angeregte Frage: ob es ganze Gebirgsrücken giebt, in denen nach entgegengesetzten Abfällen eine entgegengesetzte Polaritätgefunden wird? Eine genaue astronomische Orientirung der Lage solcher Magnet-Achsen eines Berges wäre dann von großem Interesse, wenn nach beträchtlichen Zeitperioden entweder eine Veränderung der Achsenrichtung oder eine, wenigstens scheinbare Unabhängigkeit eines solchen kleinen Systems magnetischer Kräfte von den drei variablen Elementen des totalen Erd-Magnetismus erkannt würde.

II.

Reaction des Inneren der Erde gegen die Oberfläche; sich offenbarend: a) bloß dynamisch, durch Erschütterungswellen (Erdbeben); – b) durch die, den Quellwassern mitgetheilte, erhöhte Temperatur, wie durch die Stoff-Verschiedenheit der beigemischten Salze und Gas-Arten (Thermalquellen); – c) durch den Ausbruch elastischer Flüssigkeiten, zu Zeiten von Erscheinungen der Selbstentzündung begleitet (Gas- und Schlamm-Vulkane, Naphtha-Feuer, Salsen); – d) durch die großartigen und mächtigen Wirkungen eigentlicher Vulkane: welche (bei permanenter Verbindung durch Spalten und Krater mit dem Luftkreise) aus dem tiefsten Inneren geschmolzene Erden, theils nur als glühende Schlacken ausstoßen; theils gleichzeitig, wechselnden Processen krystallinischer Gesteinbildung unterworfen, in langen, schmalen Strömen ergießen.

Um, nach dem Grundplan dieser Schrift, die Verkettung der *tellurischen* Erscheinungen, das Zusammenwirken eines einigen Systems treibender Kräfte in der beschreibenden Darstellung festzuhalten; müssen wir hier daran erinnern: wie wir, beginnend von den allgemeinen Eigenschaften der *Materie* und den drei Hauptrichtungen ihrer Thätigkeit (*Anziehung, licht- und wärme-erzeugenden Schwingungen, electro-magnetischen Processen*), in der ersten Abtheilung die *Größe*, *Formbildung* und *Dichte* unseres Planeten, seine *innere Wärme-Vertheilung* und *magnetische Ladung* in ihren, nach bestimmten Gesetzen wechselnden Wirkungen der Intensität, Neigung und Abweichung betrachtet haben. Jene eben genannten *Thätigkeits-Richtungen der Materie* sind nahe verwandteAeußerungen einer und derselben Urkraft. Am unabhängigsten von aller *Stoff-Verschiedenheit* treten dieselben in der *Gravitation* und *Molecular-Anziehung* auf. Wir haben unseren Planeten dabei in seiner *kosmischen* Beziehung zu dem Centralkörper seines Systems dargestellt: weil die innere *primitive Wärme*, wahrscheinlich durch die Condensation eines rotirenden Nebelringes erzeugt, durch Sonnen-Einwirkung (*Insolation*) modificirt wird. In gleicher Hinsicht ist der periodischen Einwirkung der Sonnenflecken, d. h. der Frequenz oder Seltenheit der Oeffnungen in den Sonnen-Umhüllungen, auf den *Erd-Magnetismus*, nach Maaßgabe der neuesten Hypothesen, gedacht worden.

Die zweite Abtheilung dieses Bandes ist dem Complex derjenigen tellurischen Erscheinungen gewidmet, welche der noch fortwährend wirksamen *Reaction des Inneren der Erde gegen ihre Oberfläche*zuzuschreiben sind. Ich bezeichne diesen Complex mit dem allgemeinen Namen des *Vulcanismus* oder der *Vulcanicität*; und halte es für einen Gewinn, nicht zu trennen, was einen ursachlichen Zusammenhang hat, nur der Stärke der Kraftäußerung und der Complication der physischen Vorgänge nach verschieden ist. In dieser Allgemeinheit der Ansicht erhalten kleine, unbedeutend scheinende

Phänomene eine größere Bedeutung. Wer als ein wissenschaftlich unvorbereiteter Beobachter zum ersten Male an das Becken tritt, welches eine heiße Quelle füllt, und lichtverlöschende Gas-Arten darin aufsteigen sieht; wer zwischen Reihen veränderlicher Kegel von *Schlammvulkanen* wandelt, die kaum seine eigene Höhe überragen: ahndet nicht, daß in den friedlichen Räumen, welche die letzteren ausfüllen, mehrmals viele tausend Fuß hohe Feuerausbrüche statt gefunden haben; daß einerlei innere Kraft colossale *Erhebungs-Krater:* ja die mächtigen, verheerenden, lava-ergießenden Vulkane des Aetna und Pics von Teyde, die schlacken-auswerfenden des Cotopaxi und Tunguragua, erzeugt.

Unter den mannigfach sich *steigernden* Phänomenen der Reaction des Inneren gegen die äußere Erdrinde sondere ich zuerst diejenigen ab, deren wesentlicher Charakter ein bloß *dynamischer*, der der Bewegung oder der Erschütterungswellen in den festen Erdschichten, ist: eine vulkanische Thätigkeit ohne *nothwendige* Begleitung von chemischer Stoff-Veränderung; von etwas Stoffartigem, ausgestoßenen oder neu erzeugten. Bei den anderen Reactions-Phänomenen des Inneren gegen das Aeußere: bei *Gas-* und *Schlamm-Vulkanen, Naphtha-Feuern* und *Salsen;* bei den großen, am frühesten, und lange allein *Vulkane* genannten *Feuerbergen*; fehlen nie Production von etwas Stoffartigem (elastisch-flüssigen oder festen), Processe der Zersetzung und Gas-Entbindung, wie der *Gesteinbildung* aus krystallinisch geordneten Theilchen. Das sind in der größten *Verallgemeinerung* die unterscheidenden Kennzeichen der *vulkanischen Lebensthätigkeit* unseres Planeten. In so fern diese Thätigkeit im größeren Maaße der hohen Temperatur der innersten Erdschichten zuzuschreiben ist: wird es wahrscheinlich, daß alle Weltkörper, welche mit Begleitung von ungeheurer Wärme-Entbindung sich geballt haben und aus einem dunstförmigen Zustande in einen festen übergegangen sind, analoge Erscheinungen darbieten müssen. Das Wenige, das wir von der Oberflächen-Gestaltung des Mondes wissen, scheint darauf hinzudenten.*Hebung* und gestaltende Thätigkeit in krystallinischer Gesteinbildung aus einer geschmolzenen Masse sind auch in einem Weltkörper denkbar, den man für luft- und wasserlos hält.

Auf einen genetischen Zusammenhang der hier bezeichneten Classen vulkanischer Erscheinungen deuten die vielfachen Spuren der *Gleichzeitigkeit* und begleitender *Uebergänge* der einfacheren und schwächeren Wirkungen in stärkere und zusammengesetztere hin. Die Reihung der Materien in der von mir gewählten Darstellung wird durch eine solche Betrachtung gerechtfertigt. Die gesteigerte *magnetische* Thätigkeit unseres Planeten: deren Sitz wohl aber nicht in dem geschmolznen Inneren zu suchen ist, wenn gleich (nach Lenz und Rieß) Eisen in geschmolzenem Zustande einen electrischen oder galvanischen Strom zu leiten vermag; erzeugt *Lichtentwickelung* in den *Magnetpolen* der Erde oder wenigstens meist in der Nähe derselben. Wir beschlossen die erste Abtheilung des tellurischen Bandes mit dem *Leuchten der Erde.* Auf dies Phänomen einer lichterzeugenden Schwingung des

Aethers durch *magnetische* Kräfte lassen wir nun zuerst diejenige Classe der *vulkanischen* Thätigkeit folgen, welche, ihrem eigentlichen Wesen nach, ganz wie die magnetische, nur dynamisch wirkt: Bewegung, Schwingungen in der Feste erregend, nichts Stoffartiges erzeugend oder verändernd. Secundäre, nicht wesentliche Erscheinungen (aufsteigende Flammen während des Erdbebens, Wasser-Ausbrüche und Gas-Entwicklungenihm folgend) erinnern an die Wirkung der *Thermalquellen* und *Salsen*. Flammen-Ausbrüche, viele Meilen weit sichtbar, und Felsblöcke, der Tiefe entrissen und umhergeschleudert, zeigen die *Salsen;* und bereiten gleichsam vor zu den großartigen Erscheinungen der eigentlichen *Vulkane*, die wiederum zwischen weit von einander entfernten Eruptions-Epochen salsenartig nur Wasserdampf und Gas-Arten auf Spalten aushauchen. So auffallend und lehrreich sind die Analogien, welche in verschiedenen Stadien die Abstufungen des Vulcanismus darbieten.

a. Erdbeben.

(Erweiterung des Naturgemäldes)

Seitdem in dem ersten Bande dieses Werkes (1845) die allgemeine Darstellung der Erdbeben-Phänomene erschienen ist, hat sich das Dunkel, in welches der Sitz und die Ursachen derselben gehüllt sind, wenig vermindert; aber durch die vortrefflichen Arbeitenvon Mallet (1846) und Hopkins (1847) ist über die Natur der Erschütterung, den Zusammenhang scheinbar verschiedenartiger Wirkungen, und über die Trennung begleitender oder gleichzeitig eintretender physikalischer und chemischer Processe einiges Licht verbreitet worden. Mathematische Gedankenentwicklung kann, nach Poisson's Vorgange, hier, wie überall, wohlthätig wirken. Die Analogien zwischen den Schwingungen fester Körper und den Schallwellen der Luft, auf welche Thomas Young schon aufmerksam gemacht hat, sind in den theoretischen Betrachtungen über die Dynamik der Erdbeben besonders geeignet zu einfacheren und befriedigenderen Ansichten zu führen.

Räumliche Veränderung, *Erschütterung*, *Hebung* und *Spalten-Erzeugung* bezeichnen den wesentlichen Charakter des Phänomens. Es sind zu unterscheiden die wirkende Kraft, welche als *Impuls* die Vibration erregt; und die Beschaffenheit, Fortpflanzung, Verstärkung oder Verminderung der Erschütterungswelle. Ich habe in dem *Naturgemälde* beschrieben, was sich zunächst den Sinnen offenbart; was ich Gelegenheit gehabt so viele Jahre lang selbst zu beobachten auf dem Meere, auf dem Secboden der Ebenen (Llanos), auf Höhen von acht- bis funfzehntausend Fuß: am Kraterrande entzündeter Vulkane, und in Regionen von Granit und Glimmerschiefer, dreihundert geographische Meilen von allen Feuerausbrüchen entfernt: in Gegenden, wo die Einwohner zu gewissen Epochen die Zahl der Erdstöße nicht mehr als wir in Europa die Zahl der Regenschauer zählen; wo Bonpland und ich wegen Unruhe der Maulthiere absteigen mußten, weil in einem Walde der Boden 15 bis 18 Minuten lang ununterbrochen erbebte. Bei einer so langen Gewohnheit, die später Boussingault in einem noch höheren Grade getheilt hat, ist man zu ruhiger und sorgfältiger Beobachtung gestimmt; wohl auch geeignet, mit kritischer Sorgfalt abweichende Zeugnisse an Ort und Stelle zu sammeln: ja zu prüfen, unter welchen Verhältnissen die mächtigen Veränderungen der Erdoberfläche erfolgt sind, deren frische Spuren man erkennt. Wenn gleich schon fünf Jahre seit dem schaudervollen Erdbeben von Riobamba, welches am 4 Februar 1797 über 30000 Menschen in wenigen Minuten das Leben kostete, vergangen waren; so sahen wir doch noch die einst fortschreitenden, aus der Erde aufgestiegenen Kegel der Moya, und die Anwendung dieser brennbaren Substanz zum Kochen in den Hütten der Indianer. Ergebnisse von Bodenveränderungen konnte ich aus jener Catastrophe beschreiben, die in einem größeren Maaßstabe ganz denen analog gewesen sind, welche das berühmte Erdbeben von Calabrien (Febr. 1783) darbot; und die man lange für ungenau und abenteuerlich dargestellt ausgegeben hat, weil sie nicht nach Theorien zu erklären waren, welche man sich voreilig gebildet.

Indem man, wie wir bereits oben angedeutet haben, die Betrachtungen über das, was den Impuls zur Erschütterung giebt, sorgfältig von denen über das Wesen und die Fortpflanzung der Erschütterungswellen trennt; so unterscheidet man dadurch zwei Classen der Probleme von sehr ungleicher Zugänglichkeit. Die erstere kann nach dem jetzigen Zustande unseres Wissens zu keinen allgemein befriedigenden Resultaten führen: wie bei so vielem, in dem wir bis zu den *letzten* Ursachen aufsteigen wollen. Dennoch ist es von großem kosmischen Interesse: während wir uns bestreben, in dem der wirklichen Beobachtung Unterworfenen das Gesetzliche zu erforschen, die verschiedenen, bisher als wahrscheinlich aufgestellten, genetischen Erklärungsarten fortdauernd im Auge zu behalten. Der größere Theil derselben bezieht sich, wie bei aller Vulcanicität, unter mancherlei Modificationen auf die hohe Temperatur und chemische Beschaffenheit des geschmolzenen Inneren der Erde; eine einzige, und zwar die neueste Erklärungsart des Erdbebens in trachytischen Regionen, ist das Ergebniß geognostischer Vermuthungen über den Nicht-Zusammenhang *vulkanisch gehobener* Felsmassen. Folgende Zusammenstellung bezeichnet näher und in gedrängter Kürze die Verschiedenheit der Ansichten über die Natur des ersten *Impulses* zur Erschütterung:

Der Kern der Erde wird als in feurig flüssigem Zustande gedacht: als Folge alles planetarischen Bildungsprocesses aus einer gasförmigen Materie, durch Entbindung der Wärme bei dem Uebergange des Flüssigen zum Dichten. Die äußeren Schichten haben sich durch Strahlung zuerst abgekühlt und am frühesten erhärtet. Ein ungleichartiges Aufsteigen elastischer Dämpfe, gebildet (an der Grenze zwischen dem Flüssigen und Festen) entweder allein aus der geschmolzenen Erdmasse oder aus eindringendem Meereswasser; sich plötzlich öffnende Spalten, und das plötzliche Aufsteigen tiefer entstandener, und darum heißerer und gespannterer Dämpfe in höhere Felsschichten, der Erdoberfläche näher: verursachen die Erschütterung. Als Nebenwirkung einer nicht tellurischen Ursach wird auch wohl die Attraction des

Mondes und der Sonneauf die flüssige, geschmolzene Oberfläche des Erdkerns betrachtet, wodurch ein vermehrter Druck entstehen muß: entweder unmittelbar gegen ein festes aufliegendes Felsgewölbe; oder mittelbar, wo in unterirdischen Becken die feste Masse durch elastische Dämpfe von der geschmolzenen, flüssigen Masse getrennt ist.

Der Kern unseres Planeten wird als aus unoxydirten Massen, aus den Metalloiden der Alkalien und Erden bestehend gedacht. Durch Zutritt von Wasser und Luft soll die *vulkanische* Thätigkeit in dem Kerne erregt werden. Die Vulkane ergießen allerdings eine große Menge Wasserdampf in die Atmosphäre; aber die Annahme des Eindringens des Wassers in den vulkanischen Heerd hat viele Schwierigkeit, in Betrachtung des gegenseitigen Druckesder äußeren Wassersäule und inneren Lava; und der Mangel oder wenigstens die große Seltenheit von brennendem Wasserstoffgas während der Eruption: welchen die Bildungen von Chlor-Wasserstoff-Säure, Ammoniak und geschwefeltem Wasserstoff wohl nicht hinlänglich ersetzen, hat den berühmten Urheber der Hypothese sie selbst freimüthig. Indem Davy auf das bestimmteste die Meinung aufgab, daß die vulkanischen Ausbrüche eine Folge der Berührung der metalloidischen Basen durch Luft und Wasser seien; erklärte er doch, es könne das Dasein von oxydirbaren Metalloiden im Inneren der Erde eine *mitwirkende* Ursach in den schon begonnenen vulkanischen Processen sein. aufzugeben vermocht.

Nach einer dritten Ansicht, der des so vielbegabten südamerikanischen Reisenden Boussingault, wird ein Mangel an Cohärenz in den trachyt- und doleritartigen Massen, welche die *erhobenen* Vulkane der Andeskette bilden, als eine Hauptursach vieler und sehr weit wirkender Erderschütterungen betrachtet. Die colossalen Kegel und domförmigen Gipfel der Cordilleren sind nach dieser Ansicht keinesweges in einem Zustande der Weichheit und halben Flüssigkeit; sondern vollkommen erhärtet, als ungeheure scharfkantige Fragmente, emporgeschoben und aufgethürmt worden. Bei einem solchen Emporschieben und Aufthürmen sind nothwendig große Zwischenräume und Höhlungen entstanden, so daß durch ruckweise Senkung und durch das Herabstürzen zu schwach unterstützter fester Massen Erschütterungen erfolgen.

Mit mehr Klarheit, als die Betrachtungen über die *Natur* des ersten *Impulses* gewähren, den man sich freilich als verschiedenartig denken kann; sind die *Wirkungen des Impulses*, die *Erschütterungswellen*, auf einfache *mechanische* Theorien zurückzuführen. Dieser Theil unseres Naturwissens hat, wie wir schon oben bemerkt, in der neuesten Zeit wesentlich gewonnen. Man hat die Erdwellen in ihren Fortschritten, ihrer Verbreitung durch Gebirgsarten von verschiedener Dichtigkeit und Elasticität geschildert; die Ursachen der Fortpflanzungs-Geschwindigkeit, ihre Abnahme durch *Brechung*, *Reflex* und *Interferenz* der Schwingungen mathematisch erforscht. Die scheinbar kreisenden (*rotatorischen*) Erschütterungen, von denen die Obelisken vor dem Kloster San Bruno in der kleinen

Stadt Stephano del Bosco (Calabrien 1783) ein so viel besprochenes Beispiel dargeboten hatten, hat man versucht auf *geradlinige* zu reduciren.Luft-, Wasser- und Erdwellen folgen allerdings räumlich denselben Gesetzen, welche die Bewegungslehre anerkennt; aber die Erdwellen sind in ihrer verheerenden Wirkung von Phänomenen begleitet, die ihrer Natur nach dunkler bleiben und in die Classe physischer Processe gehören. Als solche sind aufzuzählen: Ausströmungen von gespannten Dämpfen; von Gas-Arten; oder, wie in den kleinen bewegten Moya-Kegeln von Pelileo, grusartiger Gemenge von Pyroxen-Krystallen, Kohle und Infusionsthierchen mit Kieselpanzern. Diese wandernden Kegel haben eine große Zahl von Hütten der Indianer umgestürzt.

In dem allgemeinen *Naturgemälde* sind viele über die große Catastrophe von Riobamba (4 Februar 1797) aus dem Munde der Ueberlebenden an Ort und Stelle mit dem ernsten Bestreben nach historischer Wahrheit gesammelte Thatsachen erzählt. Einige sind den Ereignissen bei dem großen Erdbeben von Calabrien aus dem Jahre 1783 analog, andere sind neu und durch die minenartige Kraftäußerung *von unten nach oben* besonders charakterisirt. Das Erdbeben selbst war von keinem unterirdischen Getöse begleitet, durch keines verkündigt. Ein ungeheures Getöse, noch jetzt durch den einfachen Namen el gran ruido bezeichnet, wurde erst 18 bis20 Minuten später, und bloß unter den beiden Städten Quito und Ibarra: fern von Tacunga, Hambato und dem Hauptschauplatz der Verheerung, vernommen. Es giebt kein anderes Ereigniß in den trüben Verhängnissen des Menschengeschlechts, durch welches in wenigen Minuten, und dazu in sparsam bevölkerten Gebirgsländern, so viele Tausende auf einmal den Tod finden, als durch die Erzeugung und den Vorübergang weniger *Erdwellen*, von *Spaltungs-Phänomenen* begleitet!

Bei dem Erdbeben von Riobamba: über welches der berühmte valencianische Botaniker, Don José Cavanilles, die frühesten Nachrichten mitgetheilt hat, verdienen noch folgende Erscheinungen eine besondere Aufmerksamkeit: Klüfte, die sich abwechselnd öffneten und wiederum schlossen: so daß Menschen sich dadurch retteten, daß sie beide Arme ausstreckten, um nicht zu versinken; das Verschwinden ganzer Züge von Reitern oder beladener Maulthiere (recuas): deren einige durch, sich plötzlich aufthuende Queerklüfte verschwanden, während andere, zurückfliehend, der Gefahr entgingen; so heftige Schwankungen (ungleichzeitige Erhebung und Senkung) naher Theile des Bodens, daß Personen, welche auf einem mehr als 12 Fuß hohen Chor in einer Kirche standen, ohne Sturz auf das Straßenpflaster gelangten; die Versenkung von massiven Häusern, in denen die Bewohner innere Thüren öffnen konnten: und zwei Tage lang, ehe sie durch Ausgrabung entkamen, unversehrt von einem Zimmer in das andere gingen, sich Licht anzündeten, von zufällig entdeckten Vorräthen sich nährten, und über den Grad der Wahrscheinlichkeit ihrer Rettung mit einander haderten; das *Verschwinden* so großer Massen von Steinen und Baumaterial. Alt-Riobamba hatte Kirchen und Klöster, zwischen Häusern von mehreren Stockwerken; und doch habe ich, als ich den Plan der zerstörten Stadt aufnahm, in den Ruinen nur Steinhaufen von 8 bis

10 Fuß Höhe gefunden. In dem südwestlichen Theil von Alt-Riobamba (in dem vormaligen Barrio de Sigchuguaicu) war deutlich eine minenartige Explosion, die Wirkung einer Kraft von unten nach oben zu erkennen. Auf dem, einige hundert Fuß hohen Hügel Cerro de la Culca, welcher sich über dem, ihm nördlich liegenden Cerro de Cumbicarca erhebt, liegt Steinschutt, mit Menschengerippen vermengt. *Translatorische* Bewegungen in horizontaler Richtung, durch welche Baumalleen, ohne entwurzelt zu werden, sich verschieben; oder Culturstücke sehr verschiedener Art sich gegenseitig verdrängen: haben sich in Quito wie in Calabrien mehrfach gezeigt. Eine noch auffallendere und complicirtere Erscheinung ist das Auffinden von Geräthschaften eines Hauses in den Ruinen anderer, weit entfernter: ein Auffinden, das zu Processen Anlaß gegeben hat. Ist es, wie die Landeinwohner glauben, ein Versinken, dem ein Auswurf folgt? oder, trotz der Entfernung, ein bloßes Ueberschütten? Da in der Natur unter wieder eintretenden ähnlichen Bedingungen sich alles wiederholt, so muß man durch Nicht-Verschweigen auch des noch unvollständig Beobachteten die Aufmerksamkeit künftiger Beobachter auf specielle Phänomene leiten.

Es ist nach meinen Erfahrungen nicht zu vergessen, daß bei den meisten *Spalten-Erzeugungen*, neben der Erschütterung fester Theile als Erdwelle, auch ganz andere und zwar physische Kräfte, Gas- und Dampf-Emanationen, mitwirken. Wenn in der Wellenbewegung die äußerste *Grenze der Elasticität* der bewegten Materie (nach Verschiedenheit der Gebirgsarten oder der losen Erdschichten) überschritten wird und Trennung entsteht; so können durch die Spalten gespannte elastische Flüssigkeiten ausbrechen, welche verschiedenartige Stoffe aus dem Inneren auf die Oberfläche führen und deren Ausbruch wiederum Ursach von translatorischen Bewegungen wird. Zu diesen, die primitive Erschütterung (das Erdbeben) nur *begleitenden* Erscheinungen gehört das Emporheben der unbestritten *wandernden* Moya-Kegel; wahrscheinlich auch der Transport von Gegenständen auf der Oberfläche der Erde.Wenn in der Bildung mächtiger Spalten sich dieselben nur in den oberen Theilen schließen, so kann die Entstehung bleibender unterirdischer Höhlungen nicht bloß Ursach zu neuen Erdbeben werden: indem nach Boussingault's Vermuthung sich mit der Zeit schlecht unterstützte Massen ablösen und, Erschütterung erregend, senken; sondern man kann sich auch die Möglichkeit denken, daß die *Erschütterungskreise* dadurch *erweitert* werden, daß auf den bei den früheren Erdbeben geöffneten Spalten in dem neuen Erdbeben elastische Flüssigkeiten da wirken, wohin sie vorher nicht gelangen konnten. Es ist also ein begleitendes Phänomen, nicht die Stärke der Erschütterungswelle, welche die festen Theile der Erde einmal durchlaufen ist: was die allmälige, sehr wichtige und zu wenig beachtete, *Erweiterung des Erschütterungskreises* veranlaßt.

Vulkanische Thätigkeiten, zu deren niederen Stufen das Erdbeben gehört, umfassen fast immer gleichzeitig Phänomene der Bewegung und physischer stoffartiger Production. Wir haben schon mehrfach im Naturgemälde erinnert, wie aus Spalten, fern von allen Vulkanen, emporsteigen: Wasser und heiße Dämpfe, kohlensaures Gas und andere Moffetten, schwarzer Rauch (wie, viele Tage lang, im Felsen von Alvidras beim Erdbeben von Lissabon vom 1 November 1755), Feuerflammen, Sand, Schlamm, und mit Kohle gemengte Moya. Der scharfsinnige Geognost Abich hat den Zusammenhang nachgewiesen, der im persischen Ghilan zwischen den Thermalquellen von Sarcin (5051 Fuß), auf dem Wege von Ardebil nach Tabriz, und den Erdbeben statt findet, welche das Hochland oft von zwei zu zwei Jahren heimsuchen. Im October 1848 nöthigte eine undulatorische Bewegung des Bodens, welche eine ganze Stunde dauerte, die Einwohner von Ardebil die Stadt zu verlassen; und sogleich stieg die Temperatur der Quellen, die zwischen 44° und 46° Cent. fällt, einen ganzen Monat lang bis zum schmerzlichsten Verbrühen.Nirgends vielleicht auf der Erde ist, nach Abich's Ausspruch, der „innige Zusammenhang spaltenerregender *Erdbeben* mit den Phänomenen der Schlamm-Vulkane, der Salsen, der den durchlöcherten Boden durchdringenden brennbaren Gase, der Petroleum-Quellen bestimmter angedeutet und klarer zu erkennen: als in dem südöstlichen Ende des Caucasus zwischen Schemacha, Baku und Sallian. Es ist der Theil der großen aralo-caspischen Depression, in welchem der Boden am häufigsten erschüttert wird. "Zu Schemacha (Höhe 2245 Fuß): einer der vielen meteorologischen Stationen, die unter Abich's Leitung der Fürst Woronzow im Caucasus hat gründen lassen, wurden 1818 allein 18 Erdbeben von dem Beobachter in dem Journale verzeichnet. Mir selbst ist es im nördlichen Asien auffallend gewesen, daß der Erschütterungskreis, dessen Mittelpunkt die Gegend des Baikal-Sees zu sein scheint, sich westlich nur bis zur östlichsten Grenze des russischen Altai: bis zu den Silbergruben von Riddersk, dem trachytartigen Gestein der Kruglaja Sopka, und den heißen Quellen von Rachmanowka und Arachan; nicht aber bis zur Uralkette erstreckt. Weiter nach Süden hin, jenseits des Parallelkreises von 45°, erscheint in der Kette des Thian-schan (Himmelsgebirges) eine von Osten nach Westen gerichtete *Zone von vulkanischer Thätigkeit* jeglicher Art der Manifestation. Sie erstreckt sich nicht bloß vom *Feuer-District* (*Ho-tscheu*) in Turfan durch die kleine Asferah-Kette bis Baku, und von da über den Ararat bis nach Kleinasien; sondern, zwischen den Breiten von 38° und 40° oscillirend, glaubt man sie durch das vulkanische Becken des Mittelmeeres bis nach Lissabon und den Azoren verfolgen zu können. Ich habe an einem anderen Ortediesen wichtigen Gegenstand der *vulkanischen Geographie* ausführlich behandelt. Eben so scheint in Griechenland, das mehr als irgend ein anderer Theil von Europa durch Erdbeben gelitten hat (Curtius, Peloponnesos Bd. I. S. 42–46), eine Unzahl von Thermalquellen, noch fließende oder schon verschwundene, unter Erdstößen ausgebrochen zu sein. Ein solcher thermischer Zusammenhang ist in dem merkwürdigen Buche des *Johannes Lydus* über die *Erdbeben* (*de Ostentis* cap. LIV p. 189 Hase) schon angedeutet. Die große Naturbegebenheit des Unterganges von Helice und Bura in Achaja (373 vor Chr.) gab besonders Veranlassung zu Hypothesen über den Causal-Zusammenhang vulkanischer Thätigkeit. Es entstand bei Aristoteles die sonderbare Theorie von der Gewalt der in den Schluchten der Erdtiefe sich einfangenden Winde

(*Meteor.* II. p. 368). Die unglückliche Frequenz der Erderschütterungen in Hellas und in Unter-Italien hat durch den Antheil, den sie an der früheren Zerstörung der Monumente aus der Blüthezeit der Künste gehabt, den verderblichsten Einfluß auf alle Studien ausgeübt, welche auf die Entwickelung griechischer und römischer Cultur nach verschiedenen Zeitepochen gerichtet sind. Auch ägyptische Monumente, z. B. der eine Memnons-Coloß (27 Jahre vor unserer Zeitrechnung), haben von Erdstößen gelitten: die, wie Letronne erwiesen, im Nilthal gar nicht so selten gewesen sind, als man geglaubt (les Statues vocales de Memnon 1833 p. 23–27 und 255).

Nach den hier angeführten physischen Veränderungen, welche die Erdbeben durch Erzeugung von Spalten veranlassen, ist es um so auffallender, wie so viele warme Heilquellen Jahrhunderte lang ihren Stoffgehalt und ihre Temperatur unverändert erhalten; und also aus Spalten hervorquellen müssen, die weder der Tiefe nach noch gegen die Seiten hin Veränderungen erlitten zu haben scheinen. Eingetretene Communicationen mit höheren Erdschichten würden Verminderung, mit tieferen Vermehrung der Wärme hervorgebracht haben.

Als der Vulkan von Conseguina (im Staat Nicaragua) am 23 Januar 1835 seinen großen Ausbruch machte, wurde das unterirdische Getöse(los ruidos subterraneos) zugleich gehört auf der Insel Jamaica und auf dem Hochlande von Bogota: 8200 Fuß über dem Meere, entfernter als von Algier nach London. Auch habe ich schon an einem anderen Orte bemerkt, daß bei den Ausbrüchen des Vulkans auf der Insel St. Vincent, am 30 April 1812, um 2 Uhr Morgens, das dem Kanonendonner gleiche Getöse ohne alle fühlbare Erderschütterung auf einem Raume von 10000 geogr. Quadratmeilen gehört wurde. Sehr merkwürdig ist es, daß, wenn Erdbeben mit Getöse verbunden sind: was keinesweges immer der Fall ist, die Stärke des letzteren gar nicht mit der des ersteren wächst. Das seltenste und räthselhafteste Phänomen unterirdischer Schallbildung bleibt immer das der bramidos de Guanaxuato vom 9 Januar bis zur Mitte des Februars 1784, über das ich die ersten sicheren Nachrichten aus dem Munde noch lebender Zeugen und aus archivarischen Urkunden habe sammeln können.

Die Fortpflanzungs-Geschwindigkeit des Erdbebens auf der Oberfläche der Erde muß ihrer Natur nach durch die so verschiedenen Dichtigkeiten der festen Gebirgsschichten (Granit und Gneiß, Basalt und Trachyt-Porphyr, Jurakalk und Gyps) wie des Schuttlandes, welche die Erschütterungswelle durchläuft, mannigfach modificirt werden. Es wäre aber doch wünschenswerth, daß man endlich einmal mit Sicherheit die äußersten Grenzen kennen lernte, zwischen denen die Geschwindigkeiten schwanken. Es ist wahrscheinlich, daß den heftigeren Erschütterungen keinesweges immer die größte Geschwindigkeit zukommt. Die Messungen beziehen sich ohnedies nicht immer auf dieselben Wege, welche die Erschütterungswellen genommen haben. An genauen mathematischen Bestimmungen fehlt es sehr; und nur ganz neuerlich ist über das rheinische Erdbeben vom 29 Juli 1846 mit großer Genauigkeit und Umsicht ein Resultat von Julius Schmidt, Gehülfen an der Sternwarte zu Bonn, erlangt worden. Die Fortpflanzungs-Geschwindigkeit war in dem eben genannten Erdbeben 3,739 geogr. Meilen in der Minute, d. i. 1376 Pariser Fuß in der Secunde. Diese Schnelligkeit übertrifft allerdings die der Schallwelle in der Luft; wenn dagegen die Fortpflanzung des Schalles im Wasser nach Colladon und Sturm 4706 Fuß, in gegossenen eisernen Röhren nach Biot 10690 Fuß beträgt, so erscheint das für das Erdbeben gefundene Resultat sehr schwach. Für das Erdbeben von Lissabon am 1 November 1755 fand Schmidt (nach weniger genauen Angaben) zwischen den portugiesischen und holsteinischen Küsten eine mehr denn fünfmal größere Geschwindigkeit als am Rhein den 29 Juli 1846. Es ergaben sich nämlich für Lissabon und Glückstadt (Entfernung 295 geogr. Meilen) 19,6 Meilen in der Minute oder 7464 Pariser Fuß in 1": immer noch 3226 Fuß weniger Geschwindigkeit als im Gußeisen.

Erderschütterungen und plötzliche Feuerausbrüche lang ruhender Vulkane: sei es, daß diese bloß Schlacken oder, *intermittirenden* Wasserquellen gleich, flüssige geschmolzene Erde in Lavaströmen ergießen; haben allerdings einen gemeinschaftlichen alleinigen Causal-Zusammenhang in der hohen Temperatur des Inneren unsres Planeten: aber eine dieser Erscheinungen zeigt sich meist ganz unabhängig von der andren. Heftige Erdbeben erschüttern z. B. in der Andeskette in ihrer Linear-Verbreitung Gegenden, in denen sich nicht erloschene, ja noch oftmals thätige Vulkane erheben, ohne daß diese letzteren dadurch auf irgend eine bemerkbare Weise *angeregt* werden. Bei der großen Catastrophe von Riobamba haben sich der nahe Vulkan Tungurahua und der etwas fernere Vulkan Cotopaxi ganz ruhig verhalten. Umgekehrt haben Vulkane mächtige, langdauernde Ausbrüche dargeboten, ohne daß weder vorher noch gleichzeitig in der Umgegend Erdbeben gefühlt wurden. Es sind gerade die verheerendsten Erderschütterungen, von denen die Geschichte Kunde giebt und die viele tausend Quadratmeilen durchlaufen haben, welche, nach dem an der Oberfläche Bemerkbaren zu urtheilen, in keinem Zusammenhange mit der Thätigkeit von Vulkanen stehen. Diese hat man neuerdings *plutonische* Erdbeben im Gegensatz der eigentlichen *vulkanischen* genannt, die meist auf kleinere Localitäten eingeschränkt sind. In Hinsicht auf allgemeinere Ansichten über Vulcanicität ist diese Nomenclatur nicht zu billigen. Die bei weitem größere Zahl der Erdbeben auf unserem Planeten müßten *plutonische* heißen.

Was Erdstöße erregen kann, ist überall unter unseren Füßen; und die Betrachtung, daß fast ¾ der Erdoberfläche, von dem Meere bedeckt (einige sporadische Inseln abgerechnet), ohne alle bleibende Communication des Inneren mit der Atmosphäre, d. h. ohne thätige *Vulkane*, sind: widerspricht dem irrigen, aber verbreiteten Glauben, daß alle Erdbeben der Eruption eines fernen Vulkans zuzuschreiben seien. Erschütterungen der Continente pflanzen sich allerdings auf dem Meeresboden von den Küsten aus fort; und erregen die furchtbaren Meereswellen, von welchen die Erdbeben von Lissabon, Callao de Lima und Chili so denkwürdige Beispiele gegeben haben. Wenn dagegen die Erdbeben von dem Meeresboden selbst ausgehen, aus dem Reiche des Erderschütterers Poseidon (seisícqwn, kinhsícqwn): und nicht von einer inselerzeugenden Hebung (wie bei der ephemeren Existenz der Insel Sabrina oder Julia) begleitet sind; so kann an Punkten, wo der Seefahrer keine Stöße fühlen würde, doch ein ungewöhnliches Rollen und Anschwellen der Wogen bemerkt werden. Auf ein solches Phänomen haben mich die Bewohner des öden peruanischen Küstenlandes oftmals aufmerksam gemacht. Ich sah selbst in dem Hafen von Callao und bei der gegenüberliegenden Insel San Lorenzo in ganz windstillen Nächten, in diesem sonst so überaus friedlichen Theile der Südsee, sich plötzlich auf wenige Stunden Welle auf Welle zu mehr als 10 bis 14 Fuß Höhe thürmen. Daß ein solches Phänomen Folge eines Sturmes gewesen sei, welcher in großer Ferne auf offenem Meere gewüthet hätte, war in diesen Breiten keinesweges anzunehmen.

Um von denjenigen Erschütterungen zu beginnen, welche auf den kleinsten Raum eingeschränkt sind, und offenbar der Thätigkeit eines Vulkans ihren Ursprung verdanken; so erinnere ich hier zuerst daran, wie: nächtlich im Krater des Vesuvs am Fuß eines kleinen Auswurfs-Kegels sitzend, den Chronometer in der Hand (es war nach dem großen Erdbeben von Neapel am 26 Juli 1805 und nach dem Lava-Ausbruch, der 17 Tage darauf erfolgte), ich sehr regelmäßig alle 20 oder 25 Secunden unmittelbar vor jedem Auswurf glühender Schlacken eine Erschütterung des Kraterbodens fühlte. Die Schlacken, 50–60 Fuß emporgeschleudert, fielen theils in die Eruptions-Oeffnung zurück, theils bedeckten sie die Seitenwände des Kegels. Die Regelmäßigkeit eines solchen Phänomens macht die Beobachtung gefahrlos. Das sich wiederholende kleine Erdbeben war keinesweges bemerkbar außerhalb des Kraters: nicht im Atrio del Cavallo, nicht in der Einsiedelei del Salvatore. Die Periodicität der Erschütterung bezeugt, daß sie abhängig war von einem bestimmten *Spannungsgrade*, welchen die Dämpfe erreichen müssen, um in dem Inneren des Schlackenkegels die geschmolzene Masse zu durchbrechen. Eben so als man in dem eben beschriebenen Falle keine Erschütterungen am Abfall des Aschenkegels des Vesuvs fühlte; wurde auch bei einem ganz analogen, aber viel großartigeren Phänomen: am Aschenkegel des Vulkans Sangai, der südöstlich von der Stadt Quito sich bis zu 15984 Fuß erhebt, von einem sehr ausgezeichneten Beobachter, Herrn Wisse, als er sich (im December 1849) dem Gipfel und Krater bis auf tausend Fuß näherte, kein Erzittern des Bodensbemerkt; dennoch waren in der Stunde bis 267 Explosionen (Schlacken-Auswürfe) gezählt worden.

Eine *zweite*, unendlich wichtigere Gattung von Erdbeben ist die sehr häufige, welche große Ausbrüche von Vulkanen zu begleiten oder ihnen voranzugehen pflegt: sei es, daß die Vulkane, wie unsere europäischen, Lavaströme ergießen; oder: wie Cotopaxi, Pichincha und Tunguragua der Andeskette, nur verschlackte Massen, Asche und Dämpfe ausstoßen. Für diese Gattung sind vorzugsweise die Vulkane als *Sicherheits-Ventile* zu betrachten, schon nach dem Ausspruche Strabo's über die lavaergießende Spalte bei Lelante auf Euböa. Die Erdbeben hören auf, wenn der große Ausbruch erfolgt ist.

Am weitesten verbreitet sind aber die Verheerungen von Erschütterungswellen, welche theils ganz untrachytische, unvulkanische Länder; theils trachytische, vulkanische, wie die Cordilleren von Südamerika und Mexico: durchziehen, ohne irgend einen Einfluß auf die nahen Vulkane auszuüben. Das ist eine *dritte* Gruppe von Erscheinungen; und die, welche am überzeugendsten an die Existenz einer *allgemeinen* Ursach, welche in der thermischen Beschaffenheit des Inneren unsres Planeten liegt, erinnert. Zu dieser dritten Gruppe gehört auch der, doch seltene Fall, daß in unvulkanischen und durch Erdbeben wenig erschreckten Ländern, auf dem eingeschränktesten Raume, der Boden Monate lang ununterbrochen zittert: so daß man eine *Hebung*, die Bildung eines thätigen Vulkans zu besorgen anfängt. So war dies in den piemontesischen Thälern von Pelis und Clusson, wie bei Pignerol im April und Mai 1808; so im Frühjahr 1829 in Murcia, zwischen Orihuela und der Meeresküste, auf einem Raum von kaum einer Quadratmeile. Als im Inneren von Mexico, am westlichen Abfall des Hochlandes von Mechoacan, die cultivirte Fläche von Jorullo 90 Tage lang ununterbrochen erbebte; stieg der Vulkan mit vielen Tausenden, ihn umgebender, 5–7 Fuß hoher Kegel (los hornitos) empor, und ergoß einen kurzen, aber mächtigen Lavastrom. In Piemont und in Spanien dagegen hörten die Erderschütterungen allmälig auf, ohne daß irgend eine Naturbegebenheit erfolgte.

Ich hielt es für nützlich die ganz verschiedenen Arten der Manifestation derselben vulkanischen Thätigkeit (der Reaction des Inneren der Erde gegen die Oberfläche) aufzuzählen, um den Beobachter zu leiten, und ein Material zu schaffen, das zu fruchtbaren Resultaten über den Causal-Zusammenhang der Erscheinungen führen kann. Bisweilen umfaßt die vulkanische Thätigkeit auf einmal oder in nahen Perioden einen so großen Theil des Erdkörpers, daß die erregten Erschütterungen des Bodens dann mehreren, mit einander verwandten Ursachen gleichzeitig zugeschrieben werden können. Die Jahre 1796 und 1811 bieten besonders denkwürdige Beispiele von solcher Gruppirung der Erscheinungen dar.

27 Sept. 1796 Ausbruch des Vulkans der Insel Guadalupe in den Kleinen Antillen, nach vieljähriger Ruhe;

Nov. 1796 Der Vulkan auf der Hochebene Pasto zwischen den kleinen Flüssen Guaytara und Juanambu entzündet sich und fängt an bleibend zu rauchen;

14 Dec. 1796 Erdbeben und Zerstörung der Stadt Cumana;

4 Febr. 1797 Erdbeben und Zerstörung von Riobamba. An demselben Morgen verschwand plötzlich, ohne wieder zu erscheinen, in wenigstens 48 geogr. Meilen Entfernung von Riobamba, die Rauchsäule des Vulkans von Pasto: um welchen umher keine Erderschütterung gefühlt wurde.

30 Januar 1811 Erste Erscheinung der Insel Sabrina in der Gruppe der Azoren, bei der Insel San Miguel. Die Hebung ging, wie bei der der Kleinen Kameni (Santorin) und der des Vulkans von Jorullo, dem Feuerausbruch voraus. Nach einer 6tägigen Schlacken-Eruption stieg die Insel bis zu 300 Fuß über den Spiegel des Meeres empor. Es war das 3te Erscheinen und Wieder-Versinken der Insel nach Zwischenräumen von 91 und 92 Jahren, nahe an demselben Punkte.

Mai 1811 Ueber 200 Erdstöße auf der Insel St. Vincent bis April 1812.

Dec. 1811 Zahllose Erdstöße in den Flußthälern des Ohio, Missisippi und Arkansas bis 1813. Zwischen Neu-Madrid, Little Prairie und la Saline nördlich von Cincinnati treten mehrere Monate lang die Erdbeben fast zu jeder Stunde ein.

Dec. 1811 Ein einzelner Erdstoß in Caracas.

26 März 1812 Erdbeben und Zerstörung der Stadt Caracas. Der Erschütterungskreis erstreckte sich über Santa Marta, die Stadt Honda und das hohe Plateau von Bogota in 135 Meilen Entfernung von Caracas. Die Bewegung dauerte fort bis zur Mitte des Jahres 1813.

30 April 1812 Ausbruch des Vulkans von St. Vincent; und desselben Tages um 2 Uhr Morgens wurde ein furchtbares unterirdisches Geräusch wie Kanonendonner *in gleicher Stärke* an den Küsten von Caracas, in den Llanos von Calabozo und des Rio Apure, ohne von einer Erderschütterung begleitet zu sein, zugleich vernommen (s. oben). Das unterirdische Getöse wurde auch auf der Insel St. Vincent gehört; aber, was sehr merkwürdig ist, stärker in einiger Entfernung auf dem Meere.

b. Thermalquellen

(*Erweiterung des Naturgemäldes*)

Als eine Folge der Lebensthätigkeit des Inneren unsres Erdkörpers, die in unregelmäßig wiederholten, oft furchtbar zerstörenden Erscheinungen sich offenbart, haben wir das *Erdbeben* geschildert. Es waltet in demselben eine *vulkanische* Macht: freilich ihrem inneren Wesen nach nur bewegend, erschütternd, *dynamisch* wirkend; wenn sie aber zugleich an einzelnen Punkten durch Erfüllung von Nebenbedingungen begünstigt wird, ist sie fähig einiges *Stoffartige:* zwar nicht, gleich den eigentlichen Vulkanen, zu produciren, aber an die Oberfläche zu leiten. Wie bei dem Erdbeben bisweilen auf kurze Dauer, durch plötzlich eröffnete Spalten: Wasser, Dämpfe, Erdöl, Gemische von Gas-Arten, oder breiartige Massen (Schlamm und Moya) ausgestoßen werden; so entquellen durch das allverbreitete Gewebe von communicirenden Spalten tropfbare und luftartige Flüssigkeiten *permanent* dem Schooße der Erde. Den kurzen und ungestümen Auswurfs-Phänomenen stellen wir hier zur Seite das große, friedliche *Quellensystem* der Erdrinde, wohlthätig das organische Leben anregend und erhaltend. Es giebt Jahrtausende lang dem Organismus zurück, was dem Luftkreise durch den niederfallenden Regen an Feuchtigkeit entzogen worden ist. Analoge Erscheinungen erläutern sich gegenseitig in dem ewigen Haushalte der Natur; und wo nach Verallgemeinerung der Begriffe gestrebt wird, darf die enge Verkettung des als verwandt Erkannten nicht unbeachtet bleiben.

Die, im Sprachgebrauch so natürlich scheinende, weit verbreitete Eintheilung der Quellen in *kalte* und *warme* hat, wenn man sie auf numerische Temperatur-Angaben reduciren will. nur sehr unbestimmte Fundamente. Soll man die Wärme der Quellen vergleichen mit der inneren Wärme des Menschen (zu 36°,7 bis 37° nach Brechet und Becquerel, mit thermo-electrischen Apparaten gefunden); so ist der Thermometer-Grad, bei dem eine Flüssigkeit kalt, warm oder heiß in Berührung mit Theilen des menschlichen Körpers genannt wird, nach individuellem Gefühle sehr verschieden. Es kann nicht ein absoluter Temperatur-Grad festgesetzt werden, über den hinaus eine Quelle warm genannt werden soll. Der Vorschlag, in jeder klimatischen Zone eine Quelle kalt zu nennen, wenn ihre mittlere Jahres-Temperatur die mittlere Jahres-Temperatur der Luft in derselben Zone nicht übersteigt; bietet wenigstens eine wissenschaftliche Genauigkeit, die Vergleichung bestimmter Zahlen, dar. Sie gewährt den Vortheil, auf Betrachtungen über den verschiedenen *Ursprung* der Quellen zu leiten: da die ergründete Uebereinstimmung ihrer Temperatur mit der Jahres-Temperatur der Luft in *unveränderlichen* Quellen unmittelbar; in *veränderlichen*, wie Wahlenberg und Erman der Vater gezeigt haben, in den Mitteln der Sommer- und der Wintermonate erkannt wird. Aber nachdem hier bezeichneten Criterium müßte in einer Zone eine Quelle warm genannt werden, die kaum den siebenten oder achten Theil *der* Temperatur erreicht, welche in einer anderen, dem Aequator nahen Zone eine kalte genannt wird. Ich erinnere an die Abstände der mittleren Temperaturen von Petersburg (3°,4) und der Ufer des Orinoco. Die reinsten Quellwasser, welche ich in der Gegend der Cataracten von Aturesund Maypures (27°,3), oder in der Waldung des Atabapo getrunken, hatten eine Temperatur von mehr als 26°; ja die Temperatur der großen Flüsse im tropischen Südamerika entspricht den hohen Wärmegraden solcher *kalten*

Rio Apure, Br. 7°¾: Temperatur 27°,2;

Orinoco zwischen 4° und 8° Breite: 27°,5–29°,6;

Quellen im Walde bei der Cataracte von *Maypures*, aus Granit ausbrechend: 27°,8;

Cassiquiare: der Arm des Oberen Orinoco, welcher die Verbindung mit dem Amazonenstrom bildet: nur 24°,3;

Rio Negro oberhalb San Carlos (kaum 1° 53' nördlich vom Aequator): nur 23°,8;

Rio Atabapo: 26°,2 (Br. 3° 50');

Orinoco nahe bei dem Eintritt des Atabapo: 27°,8;

Rio Grande de la *Magdalena* (Br. 5° 12' bis 9° 56'): Temperatur 26°,6;

Amazonenfluß: südl. Br. 5° 31', dem Pongo von Rentema gegenüber (Provincia de Jaen de Bracamoros), kaum 1200 Fuß über der Südsee: nur 22°,5.

Die große Wassermasse des Orinoco nähert sich also der mittleren Luft-Temperatur der Umgegend. Bei großen Ueberschwemmungen der Savanen erwärmen sich die gelbbraunen, nach Schwefel-Wasserstoff riechenden Wasser bis 33°,8: so habe ich die Temperatur in dem mit Crocodilen angefüllten Lagartero östlich von Guayaquil gefunden. Der Boden erhitzt sich dort, wie in seichten Flüssen, durch die in ihm von den einfallenden Sonnenstrahlen erzeugte Wärme. Ueber die mannigfaltigen Ursachen der geringeren Temperatur des im Licht-Reflex *caffeebraunen* Wassers des Rio Negro, wie der *weißen* Wasser des Cassiquiare (stets bedeckter Himmel, Regenmenge, Ausdünstung der dichten Waldungen, Mangel heißer Sandstrecken an den Ufern) s. meine Fluß-Schifffahrt in der *Relat. hist.* T. II. p. 463 und 509. Im *Rio Guancabamba* oder *Chamaya*, welcher nahe bei dem Pongo de Rentema in den Amazonenfluß fällt, habe ich die Temperatur gar nur 19°,8 gefunden, da seine Wasser mit ungeheurer Schnelligkeit aus dem hohen See Simicocha von der Cordillere herabkommen. Auf meiner 52 Tage langen Flußfahrt aufwärts den *Magdalenenstrom* von Mahates bis Honda habe ich durch mehrfache Beobachtungen deutlichst erkannt, daß ein Steigen des Wasserspiegels stundenlang durch eine Erniedrigung der Fluß-Temperatur sich vorherverkündigt. Die Erkältung des Stromes tritt früher ein, als die kalten Bergwasser aus den der Quelle nahen Paramos herabkommen. *Wärme* und *Wasser* bewegen sich, so zu sagen, in entgegengesetzter Richtung und mit sehr ungleicher Geschwindigkeit. Als bei Badillas die Wasser plötzlich stiegen, sank lange vorher die Temperatur von 27° auf 23°,5. Da bei Nacht, wenn man auf einer niedrigen Sandinsel oder am Ufer mit allem Gepäck gelagert ist, ein schnelles Wachsen des Flusses Gefahr bringen kann, so ist das Auffinden eines Vorzeichens des nahen Flußsteigens (der avenida) von einiger Wichtigkeit. – Ich glaube in diesem Abschnitte von den Thermalquellen auf's neue daran erinnern zu müssen, daß in diesem Werke vom Kosmos, wo nicht das Gegentheil bestimmt ausgedrückt ist, die Thermometer-Grade immer auf die hunderttheilige Scale zu beziehen sind.

Quellen.

Das durch mannigfaltige Ursachen des Druckes und durch den Zusammenhang wasserhaltiger Spalten bewirkte Ausbrechen von Quellen ist ein so allgemeines Phänomen der Erdoberfläche, daß Wasser an einigen Punkten den am höchsten gehobenen Gebirgsschichten, in anderen dem Meeresboden entströmen. In dem ersten Viertel dieses Jahrhunderts wurden durch Leopold von Buch, Wahlenberg und mich zahlreiche Resultate über die Temperatur der Quellen und die Vertheilung der Wärme im Inneren der Erde in beiden Hemisphären, und zwar vom 12ten Grade südlicher bis zum 71ten Grade nördlicher Breite, gesammelt. Es wurden die Quellen, welche eine *unveränderliche* Temperatur haben, sorgfältig von den mit den Jahreszeiten *veränderlichen* geschieden; und Leopold von Buch erkannte den mächtigen

Einfluß der *Regen-Vertheilung* im Laufe des Jahres: d. i. den Einfluß des Verhältnisses zwischen der relativen Häufigkeit der *Winter-* und *Sommer-Regen* auf die Temperatur der veränderlichen Quellen: welche, der Zahl nach, die allverbreitetsten sind. Sehr scharfsinnige Zusammenstellungen von de Gasparin, Schouw und Thurmann haben in neuerer Zeit diesen Einfluß in geographischer und hypsometrischer Hinsicht, nach Breite und Höhe, in ein helleres Licht gesetzt. Wahlenberg behauptete, daß in *sehr hohen Breiten* die mittlere Temperatur der veränderlichen Quellen etwas höher als die mittlere Temperatur der Atmosphäre sei; er suchte die Ursach davon nicht in der Trockenheit einer sehr kalten Luft und in dem, dadurch bewirkten, minder häufigen Winter-Regen, sondern in der schützenden, die Wärmestrahlung des Bodens vermindernden Schneedecke. In denjenigen Theilen des nord-asiatischen Flachlandes, in welchen eine *ewige Eisschicht* oder wenigstens ein mit Eisstücken gemengtes, gefrorenes Schuttland schon in einer Tiefe von wenigen Fußengefunden wird; kann die Quellen-Temperatur nur mit großer Vorsicht zu der Erörterung von Kupffer's wichtiger Theorie der *Isogeothermen* benutzt werden. Dort entsteht in der *oberen* Erdschicht eine zwiefache *Wärmestrahlung:* eine nach oben gegen den Luftkreis, und eine andere nach unten gegen die Eisschicht hin. Eine lange Reihe schätzbarer Beobachtungen, welche mein Freund und Begleiter, Gustav Rose, auf der sibirischen Expedition in *heißem* Sommer (oft in noch mit Eis umgebenen Brunnen) zwischen dem Irtysch, Obi und dem caspischen Meere angestellt hat; offenbarten eine große Complication localer Störungen. Diejenigen, welche sich aus ganz anderen Ursachen in der Tropenzone da zeigen, wo Gebirgsquellen auf mächtigen Hochebenen, acht- bis zehntausend Fuß über dem Meere (Micuipampa, Quito, Bogota): oder in schmalen, isolirten Berggipfeln, noch viele tausend Fuß höher, hervorbrechen; umfassen nicht bloß einen weit größeren Theil der Erdoberfläche, sondern leiten auch auf die Betrachtung analoger thermischer Verhältnisse in den Gebirgsländern der gemäßigten Zone.

Vor allem ist es bei diesem wichtigen Gegenstande nothwendig den Cyclus wirklicher Beobachtungen von den theoretischen Schlüssen zu trennen, welche man darauf gegründet. Was wir suchen, ist, in seiner größten Allgemeinheit ausgesprochen, dreierlei: die Vertheilung der Wärme in der uns zugänglichen Erdrinde, in der Wasserbedeckung (dem Ocean) und der Atmosphäre. In den beiden Umhüllungen des Erdkörpers, der tropfbaren und gasförmigen, herrscht entgegengesetzte Veränderung der Temperatur (Abnahme und Zunahme derselben in den auf einander gelagerten Schichten) in der Richtung der Verticale. In den festen Theilen des Erdkörpers wächst die Temperatur mit der Tiefe; die Veränderung ist in demselben Sinne, wenn gleich in sehr verschiedenem Verhältniß, wie im *Luftmeere:* dessen *Untiefen* und *Klippen* die Hochebenen und vielgestalteten Berggipfel bilden. Durch directe Versuche kennen wir am genauesten die Vertheilung der Wärme im Luftkreise geographisch nach Ortsbestimmung in Breite und Länge, wie nach hypsometrischen Verhältnissen nach Maaßgabe der verticalen Höhe über der Meeresfläche: beides doch fast nur in nahem

Contact mit dem festen und tropfbar-flüssigen Theile der Oberfläche unseres Planeten. Wissenschaftliche und systematisch angeordnete Untersuchungen durch aërostatische Reisen im freien Luftmeere, außerhalb der zu nahen Einwirkung der Erde, sind bisher noch zu selten, und daher wenig geeignet gewesen die so nothwendigen numerischen Angaben *mittlerer Zustände* darzubieten. Für die Abnahme der Wärme in den Tiefen des Oceans fehlt es nicht an Beobachtungen; aber Strömungen, welche Wasser verschiedener Breiten, Tiefen und Dichtigkeiten herbeiführen, erschweren fast noch mehr als Strömungen in der Atmosphäre die Erlangung allgemeiner Resultate. Wir haben die thermischen Zustände der beiden Umhüllungen unseres Planeten, welche weiter unten einzeln behandelt werden, hier nur vorläufig deshalb berührt, um den Einfluß der verticalen Wärme-Vertheilung in der festen Erdrinde, das System der *Geo-Isothermen*, nicht allzu isolirt, sondern als einen Theil der alles durchdringenden *Wärme-Bewegung*, einer ächt *kosmischen Thätigkeit*, zu betrachten.

So vielfach belehrend auch die Beobachtungen über die ungleiche Temperatur-Abnahme der nicht mit den Jahreszeiten veränderlichen Quellen bei zunehmender Höhe des Punktes ihres Ausbruchs ist; so kann das locale Gesetz solcher abnehmenden Temperatur der Quellen doch nicht, wie oft geschieht, unbedingt als ein allgemeines *geothermisches* Gesetz betrachtet werden. Wenn man gewiß wäre, daß Wasser auf einer horizontalen Schicht in großer Erstreckung ungemischt fortliefen, so würde man allerdings glauben können, daß sie allmälig die Temperatur des Festen angenommen haben; aber in dem großen Spaltengewebe der gehobenen Massen kann dieser Fall nur selten vorkommen. Kältere, höhere Wasser vermischen sich mit den unteren. Unser Bergbau, so geringe Räume er auch der Tiefe nach umfaßt, ist sehr belehrend in dieser Hinsicht; aber unmittelbar würde man nur dann zur Kenntniß der Geo-Isothermen gelangen, wenn nach Boussingault's Methodeunterhalb der Tiefe, in welcher sich noch die Einflüsse der Temperatur-Veränderungen des nahen Luftkreises äußern, Thermometer in sehr verschiedenen Höhen über dem Meere eingegraben würden. Vom 45ten Grade der Breite bis zu den dem Aequator nahen Theilen der Tropengegend nimmt die Tiefe, in der die *invariable* Erdschicht beginnt, von 60 bis 1½ oder 2 Fuß ab. Das Eingraben der Geothermometer in geringen Tiefen, um zur Kenntniß der mittleren Erd-Temperatur zu gelangen, ist demnach nur zwischen den Wendekreisen oder in der subtropischen Zone leicht ausführbar. Das vortreffliche Hülfsmittel der artesischen Brunnen, die eine Wärme-Zunahme von 1° des hundert-theiligen Thermometers für jede 91 bis 99 Fuß in absoluten Tiefen von 700 bis 2200 Fuß angezeigt haben, ist bisher dem Physiker nur in Gegenden von nicht viel mehr als 1500 Fuß Höhe über dem Meeresspiegel dargeboten worden.Grubenbaue der Menschen auf Silbererz habe ich in der Andeskette 6° 45' südlich vom Aequator in fast 12400 Fuß Höhe besucht, und die Temperatur der dort aus den Gesteinklüften des Kalksteins andringenden Bergwasser zu 11°,3 gefunden.Die Wasser, welche in den Bädern des Inca Tupac Yupanqui gewärmt wurden, auf dem Rücken der Andes (Paso del Assuay), kommen wahrscheinlich aus Quellen der Ladera de Cadlud: wo ich den Weg, neben welchem auch die alte peruanische Kunststraße fortlief, barometrisch zu 14568 Fuß Höhe (fast zu der des Montblanc) gefunden habe.Das sind die höchsten Punkte, an denen ich in Südamerika Quellwasser beobachten konnte. In Europa haben in den östlichen Alpen die Gebrüder Schlagintweit auf 8860 Fuß Höhe Stollenwasser in der Goldzeche, und kleine Quellen nahe bei dem Stollen Mundloche von nur 0°,8 Wärme gemessen fern von allem Schnee und allem Gletscher-Eise. Die letzten *Höhengrenzen* der *Quellen* sind sehr verschieden nach Maaßgabe der geographischen Breiten, der Höhe der Schneelinie und des Verhältnisses der höchsten Gipfel zu den Gebirgskämmen und Hochebenen.

Nähme der Halbmesser des Planeten um die Höhe des Himalaya im Kintschindjunga, also gleichmäßig in der ganzen Oberfläche um 26436 Fuß (1,16 geogr. Meilen) zu; so würde bei dieser geringen Vermehrung von nur $^1/_{800}$ des Erd-Halbmessers (nach Fourier's analytischer Theorie) die Wärme, in der durch Strahlung erkalteten Oberfläche, in der oberen Erdrinde fast ganz die sein, welche sie jetzt ist. Erheben sich aber einzelne Theile der Oberfläche in Bergketten und schmalen Gipfeln, wie Klippen auf dem Boden des Luftmeeres; so entsteht in dem Inneren der gehobenen Erdschichten von unten nach oben eine Wärme-Abnahme: die modificirt wird durch den Contact mit Luftschichten verschiedener Temperatur, durch die Wärme-Capacität und das Wärme-Leitungsvermögen heterogener Gebirgsarten, durch die Insolation (Besonnung) der mit Wald bedeckten Gipfel und Gehänge; durch die größere und geringere Wärmestrahlung der Berge nach Maaßgabe ihrer Gestaltung (Reliefform), ihrer Mächtigkeit (in großen Massen) oder ihrer conischen und pyramidalen Schmalheit. Die specielle Höhe der Wolkenregion, die Schnee- und Eisdecken bei verschiedener Höhe der Schneegrenze, die Frequenz der nach den Tageszeiten längs den steilen Abhängen herabkommenden erkaltenden Luftströmungen verändern den Effect der Erdstrahlung. Je nachdem sich die, gleich Zapfen emporstrebenden Gipfel erkälten, entsteht im Inneren eine nach Gleichgewicht strebende, aber dasselbe nie erreichende schwache Wärme-Strömung von unten nach oben. Die Erkennung so vieler auf die *verticale* Wärme-Vertheilung wirkender Factoren leitet zu wohlbegründeten Vermuthungen über den Zusammenhang verwickelter localer Erscheinungen, aber sie leitet nicht zu unmittelbaren numerischen Bestimmungen. Bei den Gebirgsquellen (und die höheren, für die Gemsjäger wichtig, werden sorgsam aufgesucht) bleibt so oft der Zweifel: daß sie mit Wassern gemischt sind, welche *niedersinkend* die kältere Temperatur oberer; oder gehoben, *aufsteigend*, die wärmere Temperatur tieferer Schichten hinzuführen. Aus 19 Quellen, die Wahlenberg beobachtete, zieht Kämtz den Schluß, daß man sich in den Alpen 900 bis 960 Fuß erheben müsse, um die Quellen-Temperatur um 1° sinken zu sehen. Eine größere Zahl, mit mehr Vorsicht ausgewählter Beobachtungen von Hermann und Adolph Schlagintweit in den östlichen kärnthner und westlichen schweizer Alpen am Monte Rosa geben nur 720 Fuß. Nach der großen Arbeitdieser vortrefflichen Beobachter ist „die

Abnahme der Quellen-Temperatur jedenfalls etwas langsamer als jene der mittleren Jahres-Temperatur der Luft, welche in den Alpen 540 Fuß für 1° beträgt. Die Quellen sind dort im allgemeinen in gleichem Niveau wärmer als die mittlere Luft-Temperatur; und der Unterschied zwischen Luft- und Quellenwärme wächst mit der Höhe. Die Temperatur des Bodens ist bei gleicher Höhe nicht dieselbe in dem ganzen Alpenzuge, da die *isothermen Flächen*, welche die Punkte gleicher mittlerer Quellenwärme verbinden, sich um so mehr über das Niveau des Meeres erheben, *abgesehen von dem Einfluß der geographischen Breite*, je bedeutender die mittlere Anschwellung des umgebenden Bodens ist: alles nach den Gesetzen der Vertheilung der Wärme in einem festen Körper von wechselnder Dicke, mit welchem man das Relief (die Massen-Erhebung) der Alpen vergleichen kann."

In der Andeskette, und gerade in dem *vulkanischen* Theile derselben, welcher die größten Erhebungen darbietet, kann in einzelnen Fällen das Eingraben von Thermometern durch den Einfluß localer Verhältnisse zu täuschenden Resultaten führen. Nach der früher von mir gefaßten Meinung, daß weitgesehene schwarze Felsgrate, welche die Schneeregion durchsetzen, nicht immer bloß der Configuration und Steilheit ihrer Seitenwände, sondern anderen Ursachen ihren gänzlichen Mangel von Schnee verdanken: grub ich am *Chimborazo* in einer Höhe von 17160 Fuß, also 3350 Fuß über der Gipfelhöhe des Montblanc, eine Thermometer-Kugel nur drei Zoll in den Sand, der die Kluft in einem Grate füllte. Das Thermometer zeigte anhaltend 5°,8, während die Luft nur 2°,7 über dem Gefrierpunkt war. Das Resultat dieser Beobachtung hat einige Wichtigkeit: denn bereits 2400 Fuß tiefer, an der unteren Grenze des ewigen Schnees der Vulkane von Quito, ist nach vielen von Boussingault und mir gesammelten Beobachtungen die mittlere Wärme der Atmosphäre nicht höher als 1°,6. Die Erd-Temperatur von 5°,8 muß daher der unterirdischen Wärme des Dolerit-Gebirges: ich sage nicht der ganzen Masse, sondern den in derselben aus der Tiefe aufsteigenden Luftströmen, zugeschrieben werden. Am Fuß des Chimborazo, in 8900 Fuß Höhe, gegen das Dörfchen Calpi hin, liegt ohnedies ein kleiner Ausbruch-Krater, *Yana-Urcu*, der: wie auch sein schwarzes, schlackenartiges Gestein (Augit, Porphyr) bezeugt, in der Mitte des 15ten Jahrhunderts scheint thätig gewesen zu sein.

Die Dürre der Ebene, aus welcher der Chimborazo aufsteigt, und der unterirdische Bach, den man unter dem eben genannten vulkanischen Hügel Yana-Urcu rauschen hört, haben zu sehr verschiedenen Zeiten Boussingault und mich zu der Betrachtung geführt: daß die Wasser, welche die ungeheuren, an ihrer unteren Grenze schmelzenden Schneemassen täglich erzeugen, auf den Klüften und Weitungen der gehobenen Vulkane in die Tiefe versinken. Diese Wasser bringen perpetuirlich eine Erkaltung in den Schichten hervor, durch die sie herabstürzen. Ohne sie würden die ganzen Dolerit- und Trachytberge auch in Zeiten, die keinen nahen Ausbruch verkünden, in ihrem Inneren eine noch höhere Temperatur aus dem ewig wirkenden, vielleicht aber nicht unter allen Breitengraden in gleicher Tiefe liegenden, vulkanischen Urquell annehmen. So ist im

Wechselkampfe der Erwärmungs- und Erkältungs-Ursachen ein stetes Fluthen der Wärme auf- und abwärts: vorzugsweise da anzunehmen, wo zapfenartig feste Theile in den Luftkreis aufsteigen.

Gebirge und hohe Gipfel sind aber dem Areal nach, das sie umfassen, ein sehr kleines Phänomen in der Relief-Gestaltung der Continente; und dazu sind fast ⅔ der ganzen Erdoberfläche (nach dem jetzigen Zustande geographischer Entdeckungen in den Polargegenden beider Hemisphären kann man das Verhältniß vom Meer und Land wohl wie 8 : 3 annehmen) *Meeresgrund*. Dieser ist unmittelbar mit Wasserschichten in Contact, die, schwach gesalzen und nach dem Maximum ihrer Dichtigkeiten (bei 3°,94) sich lagernd, eine eisige Kälte haben. Genaue Beobachtungen von Lenz und du Petit Thouars haben gezeigt, daß mitten in den Tropen, wo die Oberfläche des Oceans 26° bis 27° Wärme hat, aus sieben- bis achthundert Faden Tiefe Wasser von 2°½ Temperatur haben heraufgezogen werden können: – Erscheinungen, welche die Existenz von unteren Strömungen aus den Polargegenden offenbaren. Die Folgen dieser suboceanischen constanten Erkaltung des bei weitem größeren Theils der Erdrinde verdienen eine Aufmerksamkeit, die ihnen bisher nicht genugsam geschenkt worden ist. Felsklippen und Inseln von geringem Umfange, welche wie Zapfen aus dem Meeresgrunde über die Oberfläche des Wassers hervortreten; schmale Landengen, wie Panama und Darien, von großen Weltmeeren bespült: müssen eine andere Wärme-Vertheilung in ihren Gesteinschichten darbieten als Theile von gleichem Umfange und gleicher Masse im Inneren der Continente. In einer sehr hohen Gebirgsinsel ist, der Verticale nach, der unterseeische Theil mit einer Flüssigkeit in Contact, welche von unten nach oben eine wachsende Temperatur hat. Wie aber die Erdschichten in die Atmosphäre, vom Meere unbenetzt, treten: berühren sie unter dem Einfluß der Besonnung und freier Ausstrahlung dunkler Wärme eine gasförmige Flüssigkeit, in welcher die Temperatur mit der Höhe abnimmt. Aehnliche thermische Verhältnisse von entgegengesetzter Ab- und Zunahme der Temperatur in der Verticale wiederholen sich zwischen zwei großen Binnenmeeren, dem caspischen und dem Aral-See, in dem schmalen Ust-Urt, welcher beide von einander scheidet. Um so verwickelte Phänomene einst aufzuklären, dürfen aber nur solche Mittel angewandt werden, welche, wie Bohrlöcher von großer Tiefe, unmittelbar auf die Kenntniß der inneren Erdwärme leiten; nicht etwa bloß Quellen-Beobachtungen oder die Luft-Temperatur in Höhlen: welche eben so unsichere Resultate geben als die Luft in den Stollen und Weitungen der Bergwerke.

Das Gesetz der zunehmenden und abnehmenden Wärme, wenn man ein niedriges Flachland mit einem prallig viele tausend Fuß aufsteigenden Gebirgsrücken oder Gebirgsplateau vergleicht, hängt nicht einfach von dem verticalen Höhenverhältniß zweier Punkte der Erdoberfläche (in dem Flachlande und auf dem Gebirgsgipfel) ab. Wenn man nach der Voraussetzung eines bestimmten Maaßes der Temperatur-Veränderung in einer gewissen Zahl von Fußen von der Ebene aufwärts zum Gipfel oder vom Gipfel abwärts zu der Erdschicht im Inneren der Bergmasse rechnen wollte, welche mit der Oberfläche der Ebene in demselben Niveau liegt; so würde man in dem einen Fall den Gipfel zu kalt, in dem andren die in dem Inneren des Berges bezeichnete Schicht viel zu heiß finden. Die Vertheilung der Wärme in einem aufsteigenden Gebirge (in einer Undulation der Erdoberfläche) ist abhängig, wie schon oben bemerkt, von Form, Masse und Leitungsfähigkeit; von Insolation und Ausstrahlung der Wärme gegen reine oder mit Wolken erfüllte Luftschichten, von dem Contact und Spiele der auf- und niedersteigenden Luftströmungen. Nach solchen Voraussetzungen müßten bei sehr mäßigen Höhenverschiedenheiten von vier- bis fünftausend Fuß Gebirgsquellen sehr häufig sein, deren Temperatur die mittlere Temperatur des Orts um 40 bis 50 Grad überstiege; wie würde es vollends sein am Fuß von Gebirgen unter den Tropen, die bei 14000 Fuß Erhebung noch frei von ewigem Schnee sind, und oft keine vulkanische Gebirgsart, sondern nur Gneiß und Glimmerschiefer zeigen!Der große Mathematiker Fourier, angeregt durch die Topographie des Ausbruchs vom Jorullo: in einer Ebene, wo viele hundert Quadratmeilen umher keine ungewöhnliche Erdwärme zu spüren war; hat, auf meine Bitte, sich noch in dem Jahre vor seinem Tode mit theoretischen Untersuchungen über die Frage beschäftigt: wie bei Berg-Erhebungen und veränderter Oberfläche der Erde die *isothermen Flächen* sich mit der neuen Form des Bodens in Gleichgewicht setzen. Die Seitenstrahlung von Schichten, welche in gleichem Niveau, aber ungleich bedeckt liegen, spielt dabei eine wichtigere Rolle als da, wo Schichtung bemerkbar ist, die Ausrichtung (Inclination) der Absonderungs-Flächen des Gesteins.

Wie die heißen Quellen in der Umgegend des alten Carthago, wahrscheinlich die Thermalquellen von Pertusa (aquae calidae von Hammam el-Enf), den Bischof Patricius, den Märtyrer, auf die richtige Ansicht über die Ursach der höheren oder niedrigeren Temperatur der aufsprudelnden Wasser leiteten; habe ich schon an einem anderen Orte erwähnt. Als nämlich der Proconsul Julius den angeklagten Bischof spöttisch durch die Frage verwirren wollte: "quo auctore fervens haec aqua tantum ebulliat?" entwickelt Patricius seine Theorie der *Centralwärme:* "welche die Feuerausbrüche des Aetna und des Vesuvs veranlaßt, und den Quellen um so mehr Wärme mittheilt, als sie einen tieferen Ursprung haben." Platons Pyriphlegethon war dem eruditen Bischof die Hölle der Sündigen; und, als wollte er dabei auch an eine der *kalten Höllen* der Buddhisten erinnern, wird noch, etwas *unphysikalisch*, für das nunquam finiendum supplicium impiorum, trotz der Tiefe, eine aqua gelidissima concrescens in glaciem angenommen.

Unter den heißen Quellen sind die, welche, der Siedhitze des Wassers nahe, eine Temperatur bis 90° erreichen, viel seltener, als man nach ungenauen Bestimmungen gewöhnlich annimmt; am wenigsten finden sie sich in der Umgebung noch thätiger Vulkane. Mir ist es geglückt, auf meiner amerikanischen Reise zwei der wichtigsten dieser Quellen zu untersuchen, beide zwischen den Wendekreisen. In Mexico unfern der reichen Silberbergwerke von Guanaxuato, in 21° nördlicher Breite, auf einer Höhe von mehr als 6000 Fuß über der Meeresfläche, bei Chichimequillo: entquellen die aguas de Comangillas einem Basalt- und Basaltbreccien-Gebirge. Ich fand sie im September 1803 zu 96°,4. Diese Basaltmasse hat einen säulenförmigen Porphyr gangartig durchbrochen, der selbst wieder auf einem weißen, quarzreichen Syenit ruht. Höher, aber nicht fern von dieser, fast siedenden Quelle, bei los Joares, nördlich von Santa Rosade la Sierra: fällt Schnee vom December bis April schon in 8160 Fuß Höhe; auch bereiten dort die Eingeborenen das ganze Jahr hindurch Eis durch Ausstrahlung in künstlichen Bassins. Auf dem Wege von Nueva Valencia, in den Valles de Aragua nach dem Hafen von Portocabello (ohngefähr in 10°¼ Breite), am nördlichen Abfall der Küstenkette von Venezuela: sah ich einem geschichteten Granit, welcher gar nicht in Gneiß übergeht, die aguas calientes de las Trincheras entquellen. Ich fanddie Quelle im Februar 1800 zu 90°,3: während die, dem Gneiß angehörigen Baños de Mariara in den Valles de Aragua 59°,3 zeigten. Drei-und-zwanzig Jahre später, wieder im Monat Februar, fanden Boussingault und Riverosehr genau in Mariara 64°,0; in las Trincheras de Portocabello, bei geringer Höhe über dem antillischen Meere: in Einem Bassin 92°,2, in dem anderen 97°,0. Die Wärme jener heißen Quellen war also in der kurzen Zwischenzeit beider Reisen ungleich gestiegen: in Mariara um 4°,7; in las Trincheras um 6°,7. Boussingault hat mit Recht darauf aufmerksam gemacht, daß eben in der bezeichneten Zwischenzeit das furchtbare Erdbeben stattfand, welches die Stadt Caracas am 26 März 1812 umstürzte. Die Erschütterung an der Oberfläche war zwar weniger stark in der Gegend des Sees von Tacarigua (Nueva Valencia); aber kann im Inneren der Erde, wo elastische Dämpfe auf Spalten wirken, eine sich so weit und gewaltsam fortpflanzende Bewegung nicht leicht das Spaltengewebe ändern und tiefere Zuführungs-Canäle öffnen? Die, aus einer Granit-Formation aufsteigenden, heißen Wasser de las Trincheras sind fast rein: da sie nur Spuren von Kieselsäure, etwas Schwefel-Wasserstoff-Säure und Stickstoff enthalten; sie bilden nach vielen, sehr malerischen Cascaden, von einer üppigen Vegetation umgeben, einen Fluß: Rio de Aguas calientes, welcher gegen die Küste hin voll großer Crocodile ist: denen die, abwärts schon bedeutend verminderte Wärme sehr behagt. Im nördlichsten Indien entspringt ebenfalls aus Granit (Br. 30° 52') die sehr heiße Quelle von *Jumnotri:* die 90° (194° Fahr.) erreicht und, da sie diese hohe Temperatur in einer Erhebung von 10180 Fuß offenbart, fast den Siedepunkt erreicht, welcher diesem Luftdruckangehört.

Unter den intermittirenden heißen Quellen haben die *isländischen Kochbrunnen*, und unter diesen besonders der *große Geysir* und *Strokkr*, mit Recht die größte Berühmtheit erlangt. Nach den vortrefflichen neuesten Untersuchungen von Bunsen, Sartorius von Waltershausen und Descloiseaux nimmt in den Wasserstrahlen beider die Temperatur von unten nach oben auf eine merkwürdige Weise ab. Der *Geysir* besitzt einen, von horizontalen Schichten Kieselsinters gebildeten, abgestumpften Kegel von 25 bis 30 Fuß Höhe. In diesen Kegel versenkt sich ein flaches Becken von 52 Fuß Durchmesser, in dessen Mitte das Rohr des Kochbrunnens: mit einem dreimal kleineren Durchmesser, von senkrechten Wänden umgeben, 70 Fuß in die Tiefe hinabgeht. Die Temperatur des Wassers, welches ununterbrochen das Becken füllt, ist 82°. In sehr regelmäßigen

Zwischenräumen von 1 Stunde und 20 bis 30 Minuten verkündigt der Donner in der Tiefe den Anfang der Eruption. Die Wasserstrahlen von 9 Fuß Dicke, deren etwa drei große einander folgen, erreichen 100, ja bisweilen 140 Fuß Höhe. Die Temperatur des in der Röhre aufsteigenden Wassers hat man in 68 Fuß Tiefe: kurz vor dem Ausbruch zu 127°, während desselben zu 124°,2, gleich nachher zu 122° gefunden; an der Oberfläche des Beckens nur zu 84°–85°. Der *Strokkr*, welcher ebenfalls am Fuß des Bjarnafell liegt, hat eine geringere Wassermasse als der Geysir. Der Sinter-Rand seines Beckens ist nur wenige Zoll hoch und breit. Die Eruptionen sind häufiger als beim Geysir, kündigen sich aber nicht durch unterirdischen Donner an. Im Strokkr ist beim Ausbruch die Temperatur in 40 Fuß Tiefe 113°–115°, an der Oberfläche fast 100°. Die Eruptionen der intermittirenden *Kochquellen* und die kleinen Veränderungen in dem Typus der Erscheinungen sind von den Eruptionen des Hekla ganz unabhängig, und keinesweges durch diese in den Jahren 1845 und 1846 gestört worden. *Bunsen* hat mit dem ihm eigenen Scharfsinn in Beobachtung und Discussion die früheren Hypothesen über die Periodicität der Geysir-Eruptionen (unterirdische Höhlen, welche als Dampfkessel sich bald mit Dämpfen, bald mit Wasser erfüllen) widerlegt. Die Ausbrüche entstehen nach ihm dadurch, daß ein Theil einer Wassersäule, die an einem tieferen Punkte unter großem Druck angehäufter Dämpfe einen hohen Grad der Temperatur angenommen hat, aufwärts gedrängt wird: und dadurch unter einen Druck gelangt, welcher seiner Temperatur nicht entspricht. So sind „die Geysir natürliche Collectoren der Dampfkraft“.

Von den heißen Quellen sind einige wenige der absoluten Reinheit nahe, andere enthalten zugleich Lösungen von 8 bis12 festen oder gasartigen Stoffen. Zu den ersteren gehören die *Heilquellen* von Luxueil, Pfeffers und Gastein: deren Art der Wirksamkeit wegen ihrer Reinheit so räthselhaft scheinen kann. Da alle Quellen hauptsächlich durch *Meteorwasser* gespeist werden, so enthalten sie Stickstoff: wie Boussingault in der, dem Granit entströmenden, sehr reinen in der Cornelius-Quelle zu Aachen und in dem isländischen Geysir erwiesen haben. Auch die in mehreren Quellen aufgelöste organische Materie ist stickstoffhaltig, ja bisweilen bituminös. So lange man noch nicht durch Gay-Lussac's und meine Versuche wußte, daß Regen- und Schneewasser (das erstere 10, das zweite wenigstens 8 Procent) mehr Sauerstoff als die Atmosphäre enthalten; wurde es sehr auffallend gefunden, aus den Quellen von Nocera in den Apenninen ein sauerstoffreiches Gas-Gemisch entwickeln zu können. Die Analysen, welche Gay-Lussac während unseres Aufenthalts an dieser Gebirgsquelle gemacht, haben gezeigt, daß sie nur so viel Sauerstoff enthält, als ihr die Hydrometeorehaben geben können. Wenn die Kiesel-Ablagerungen als Baumaterial in Verwunderung setzen, aus denen die Natur die, wie aus Kunst geschaffenen Geysir-Apparate zusammensetzt; so ist dabei in Erinnerung zu bringen, daß Kieselsäure auch in vielen kalten Quellen, welche einen sehr geringen Antheil von Kohlensäure enthalten, verbreitet ist.

Säuerlinge und Ausströmungen von kohlensaurem Gas, die man lange Ablagerungen von Steinkohlen und Ligniten zuschrieb, scheinen vielmehr ganz den Processen tiefer vulkanischer Thätigkeit anzugehören: einer Thätigkeit, welche *allverbreitet* ist, und sich daher nicht bloß da äußert, wo vulkanische Gebirgsarten das Dasein alter localer Feuerausbrüche bezeugen. Kohlensäure-Ausströmungen überdauern allerdings in erloschenen Vulkanen die plutonischen Catastrophen am längsten; sie folgen dem Stadium der Solfataren-Thätigkeit: während aber auch überreiche, mit Kohlensäure geschwängerte Wasser von der verschiedensten Temperatur aus Granit, Gneiß, alten und neuen Flözgebirgen ausbrechen. Säuerlinge schwängern sich mit kohlensauren Alkalien, besonders mit kohlensaurem Natron, überall, wo mit Kohlensäure geschwängerte Wasser auf Gebirgsarten wirken, welche alkalische Silicate enthalten. Im nördlichen Deutschland ist bei vielen der kohlensauren Wasser- und Gasquellen noch die Dislocation der Schichten, und das Ausbrechen in meist geschlossenen *Ringthälern* (Pyrmont, Driburg) besonders auffallend. Friedrich Hoffmann und Buckland haben solche Vertiefungen fast zugleich sehr charakteristisch *Erhebungs-Thäler* (valleys of elevation) genannt.

In den Quellen, die man mit dem Namen der Schwefelwasser belegt, tritt der Schwefel keinesweges immer in denselben Verbindungen auf. In vielen, die kein kohlensaures Natron enthalten, ist wahrscheinlich Schwefel-Wasserstoff aufgelöst; in anderen, z. B. in den Schwefelwassern von Aachen (Kaiser-, Cornelius-, Rosen- und Quirinus-Quelle), ist in den Gasen, welche man durch Auskochen, bei Luft-Abschluß, erhält, nach den genauen Versuchen von Bunsen und Liebig gar kein Schwefel-Wasserstoff enthalten: ja in den aus den Quellen von selbst aufsteigenden Gasblasen enthält allein die Kaiserquelle in 100 Maaß 0,31 Schwefel-Wasserstoff.

Eine *Therme*, die einen ganzen Fluß schwefelgesäuerten Wassers: den *Essig-Fluß* (Rio Vinagre), von den Eingebornen Pusambio genannt, erzeugt, ist eine merkwürdige Erscheinung, die ich zuerst bekannt gemacht habe. Der *Rio Vinagre* entspringt ohngefähr in 10000 Fuß Höhe am nordwestlichen Abfall des Vulkans von Puracé, an dessen Fuß die Stadt Popayan liegt. Er bildet 3 malerische Cascaden: von denen ich die eine, welche an einer steilen Trachytwand senkrecht wohl 300 Fuß herabstürzt, abgebildet habe. Von dem Punkte an, wo der kleine Fluß in den Cauca einmündet, nährt dieser große Strom 2 bis 3 Meilen abwärts bis zu den Einmündungen des Pindamon und Palacé keine Fische: ein großes Uebel für die streng fastenden Einwohner von Popayan. Die Wasser des Pusambio enthalten nach Boussingault's späterer Analyse eine große Menge Schwefel-Wasserstoff und Kohlensäure, auch etwas schwefelsaures Natron. Nahe an der Quelle fand Boussingault 72°,8 Wärme. Der obere Theil des Pusambio ist unterirdisch. Im Paramo de Ruiz, am Abhange des Vulkans desselben Namens, an den Quellen des Rio Guali, in 11400 Fuß Höhe: hat Degenhardt (aus Clausthal am Harze), der der Geognosie durch einen frühen Tod entrissen wurde, eine heiße Quelle 1846 entdeckt, in deren Wasser Boussingault dreimal so viel Schwefelsäure als im Rio Vinagre fand.

Das Gleichbleiben der Temperatur und der chemischen Beschaffenheit der Quellen, so weit man durch sichere Beobachtungen hinaufreichen kann, ist noch um vieles merkwürdiger als die Veränderlichkeit, die man hier und da ergründet hat. Die heißen Quellwasser: welche, auf ihrem langen und verwickelten Laufe, aus den Gebirgsarten, die sie berühren, so vielerlei Bestandtheile *aufnehmen:* und diese oft dahin führen, wo sie den Erdschichten mangeln, aus denen sie ausbrechen; haben auch noch eine ganz andere Wirksamkeit. Sie üben eine umändernde und zugleich eine schaffende Thätigkeit aus. In dieser Hinsicht sind sie von großer *geognostischer* Wichtigkeit. *Senarmont* hat mit bewundernswürdigem Scharfsinn gezeigt, wie höchst wahrscheinlich viele *Gangspalten* (alte Wege der Thermalwasser) durch Ablagerung der aufgelösten Elemente von unten aus nach oben ausgefüllt worden sind. Durch Druck- und Temperatur-Veränderungen, innere electro-chemische Processe und specifische Anziehung der Seitenwände (des Queergesteins) sind in Spalten und Blasenräumen bald lamellare Absonderungen, bald Concretions-Bildungen entstanden. Gangdrusen und poröse Mandelsteine scheinen sich so theilweise gebildet zu haben. Wo die Ablagerung der Gangmasse in parallelen Zonen vorgegangen ist, entsprechen sich diese Zonen ihrer Beschaffenheit nach meist symmetrisch, von beiden Sahlbändern im Hangenden und Liegenden an gerechnet. Senarmont's chemischer Erfindungsgabe ist es gelungen eine beträchtliche Zahl von Mineralien auf ganz analogen, synthetischen Wegen künstlich darzustellen.

Ein mir nahe befreundeter, wissenschaftlich begabter Beobachter wird, wie ich hoffe, in kurzem eine neue, wichtige Arbeit über die Temperatur-Verhältnisse der Quellen erscheinen lassen; und in derselben, durch Induction aus einer langen Reihe neuer Beobachtungen, das verwickelte Phänomen der Störungen in großer Allgemeinheit mit Scharfsinn behandeln. Eduard *Hallmann* unterscheidet in den Temperatur-Messungen, welche er während der Jahre 1845 bis 1853 in Deutschland (am Rhein) und in Italien (in der Umgegend von Rom, im Albaner-Gebirge und in den Apenninen) angestellt hat: 1) *rein meteorologische* Quellen: deren mittlere Wärme nicht durch die innere Erdwärme erhöht ist; 2) *meteorologisch-geologische*: die, unabhängig von der Regen-Vertheilung und wärmer als die Luft, nur solche Temperatur-Veränderungen erleiden, welche ihnen der Boden mittheilt, durch den sie ausfließen; 3) *abnorm kalte* Quellen: welche ihre Kälte aus großen Höhen herabbringen.“Um die Abweichungs-Größe der mittleren Quellen-Temperatur von dem Luftmittel zu ergründen, hat Hr. Dr. Eduard Hallmann an seinem früheren Wohnorte Marienberg bei Boppard am Rhein die Luftwärme, die Regenmengen und die Wärme von 7 Quellen 5 Jahre lang, vom 1 December 1845 bis 30 November 1850, beobachtet: und auf diese Beobachtungen eine neue Bearbeitung der *Temperatur-Verhältnisse der Quellen* gegründet. In dieser Untersuchung sind die Quellen von völlig beständiger Temperatur (die rein *geologischen*) ausgeschlossen. Gegenstand der Untersuchung sind dagegen alle die Quellen gewesen, die eine Veränderung ihrer Temperatur in der Jahresperiode erleiden.“

„Die veränderlichen Quellen zerfallen in zwei natürliche Gruppen:

1) rein *meteorologische* Quellen: d. h. solche, deren Mittel erweislich nicht durch die Erdwärme erhöht ist. Bei diesen Quellen ist die Abweichungs-Größe des Mittels vom Luftmittel abhängig von der Vertheilung der Jahres-Regenmenge auf die 12 Monate. Diese Quellen sind im Mittel kälter als die Luft, wenn der Regen-Antheil der vier kalten Monate December bis März mehr als 33⅓ Procent beträgt; sie sind im Mittel wärmer als die Luft, wenn der Regen-Antheil der vier warmen Monate Juli bis October mehr als 33⅓ Procent beträgt. Die negative oder positive Abweichung des Quellmittels vom Luftmittel ist desto größer, je größer der Regen-Ueberschuß des genannten kalten oder warmen Jahresdrittels ist. Diejenigen Quellen, bei welchen die Abweichung des Mittels vom Luftmittel die gesetzliche: d. h. die größte, kraft der Regen-Vertheilung des Jahres mögliche, ist, werden rein meteorologische Quellen von *unentstelltem Mittel* genannt; diejenigen aber, bei welchen die Abweichungs-Größe des Mittels vom Luftmittel durch störende Einwirkung der Luftwärme in den regenfreien Zeiten verkleinert ist, heißen rein meteorologische Quellen von *angenähertem Mittel*. Die Annäherung des Mittels an das Luftmittel entsteht entweder in Folge der Fassung: besonders einer Leitung, an deren unterem Ende die Wärme der Quelle beobachtet wurde; oder sie ist die Folge eines oberflächlichen Verlaufs und der Magerkeit der Quell-Adern. In jedem der einzelnen Jahre ist die Abweichungs-Größe des Mittels vom Luftmittel bei allen rein meteorologischen Quellen gleichnamig; sie ist aber bei den angenäherten Quellen kleiner als bei den unentstellten: und zwar desto kleiner, je größer die störende Einwirkung der Luftwärme ist. Von den Marienberger Quellen gehören 4 der Gruppe der rein meteorologischen an; von diesen 4 ist eine in ihrem Mittel unentstellt, die drei übrigen sind in verschiedenen Graden angenähert. Im ersten Beobachtungsjahre herrschte der Regen-Antheil des kalten Drittels vor, und alle vier Quellen waren in ihrem Mittel kälter als die Luft. In den folgenden vier Beobachtungsjahren herrschte der Regen-Antheil des warmen Drittels vor, und in jedem derselben waren alle vier Quellen in ihrem Mittel wärmer als die Luft; und zwar war die positive Abweichung des Quellmittels vom Luftmittel desto größer, je größer in einem der vier Jahre der Regen-Ueberschuß des warmen Drittels war."

„Die von Leopold von Buch im Jahre 1825 aufgestellte Ansicht, daß die Abweichungs-Größe des Quellmittels vom Luftmittel von der Regen-Vertheilung in der Jahresperiode abhangen müsse, ist durch Hallmann wenigstens für seinen Beobachtungsort Marienberg, im rheinischen Grauwacken-Gebirge, als vollständig richtig erwiesen worden. Nur die rein meteorologischen Quellen von unentstelltem Mittel haben Werth für die wissenschaftliche Climatologie: diese Quellen werden überall aufzusuchen, und einerseits von den rein meteorologischen mit angenähertem Mittel, andrerseits von den meteorologisch-geologischen Quellen zu unterscheiden sein."

2) „*Meteorologisch-geologische* Quellen: d. h. solche, deren Mittel erweislich durch die Erdwärme erhöht ist. Diese Quellen sind Jahr aus Jahr ein: die Regen-Vertheilung mag sein, wie sie wolle, in ihrem Mittel wärmer als die Luft (die Wärme-Veränderungen, welche sie im Laufe des Jahres zeigen, werden ihnen durch den Boden, durch den sie fließen, mitgetheilt). Die Größe, um welche das Mittel einer meteorologisch-geologischen Quelle das Luftmittel übertrifft, hängt von der Tiefe ab, bis zu welcher die Meteorwasser in das beständig temperirte Erd-Innere hinabgesunken sind, ehe sie als Quelle wieder zum Vorschein kommen: diese Größe hat folglich gar kein climatologisches Interesse. Der Climatologe muß aber diese Quellen kennen, damit er sie nicht fälschlich für rein meteorologische nehme. Auch die meteorologisch-geologischen Quellen können durch eine Fassung oder Leitung dem Luftmittel angenähert sein. – Die Quellen wurden an bestimmten, festen Tagen beobachtet, monatlich 4- bis 5mal. Die Meereshöhe: sowohl des Beobachtungsortes der Luftwärme, als die der einzelnen Quellen, ist sorgfältig berücksichtigt worden."

Dr. Hallmann hat nach Beendigung der Bearbeitung seiner Marienberger Beobachtungen den Winter von 1852 bis 1853 in Italien zugebracht, und in den Apenninen neben gewöhnlichen Quellen auch *abnorm kalte* gefunden. So nennt er „diejenigen Quellen, welche erweislich Kälte aus der Höhe herabbringen. Diese Quellen sind für unterirdische Abflüsse hoch gelegener offener Seen oder unterirdischer Wasser-Ansammlungen zu halten, aus denen das Wasser in Masse sehr rasch in Spalten und Klüften herabstürzt, um am Fuße des Berges oder Gebirgszuges als Quelle hervorzubrechen. Der Begriff der abnorm kalten Quellen ist also dieser: sie sind für die Höhe, in welcher sie hervorkommen, zu kalt; oder, was das Sachverhältniß besser bezeichnet: sie kommen für ihre niedrige Temperatur an einer zu tiefen Stelle des Gebirges hervor." Diese Ansichten, welche in dem 1ten Bande von Hallmann's „Temperaturverhältnissen der Quellen" entwickelt sind, hat der Verfasser im 2ten Bande S. 181–183 modificirt: weil in jeder meteorologischen Quelle, möge sie auch noch so oberflächlich sein, ein Antheil der Erdwärme enthalten ist.

Je mehr man in neuerer Zeit durch glückliche Anwendung der Chemie in die geognostische Einsicht von Bildung und metamorphischer Umwandelung der Gebirgsarten eingedrungen ist; eine desto größere Wichtigkeit hat die Betrachtung der mit Gas- und Salzarten geschwängerten Quellwasser erlangt, die im Inneren der Erde circuliren und, wo sie an der Oberfläche als Thermen ausbrechen, schon den größten Theil ihrer schaffenden, verändernden oder zerstörenden Thätigkeit vollbracht haben.

c. Dampf- und Gasquellen, Salsen, Schlammvulkane, Naphtha-Feuer.

(*Erweiterung des Naturgemäldes*)

Ich habe in dem allgemeinen Naturgemälde durch, nicht genug beachtete, aber wohl ergründete Beispiele gezeigt, wie die *Salsen* in den verschiedenen Stadien, die sie durchlaufen: von den ersten, mit Flammen begleiteten Eruptionen bis zu den späteren Zuständen friedlicher Schlamm-Auswürfe, gleichsam ein Mittelglied bilden zwischen den heißen Quellen und den eigentlichen *Vulkanen*: welche *geschmolzene Erden*, als unzusammenhangende *Schlacken*, oder als neugebildete, oft mehrfach über einander gelagerte *Gebirgsarten*, ausstoßen. Wie alle Uebergänge und Zwischenglieder in der unorganischen und organischen Natur, verdienen die *Salsen* und *Schlammvulkane* eine ernstere Betrachtung, als die älteren Geognosten, aus Mangel einer speciellen Kenntniß der Thatsachen, auf sie gerichtet haben.

Die Salsen und Naphtha-Brunnen stehen theils vereinzelt in engen Gruppen: wie die Macalubi in Sicilien bei Girgenti, deren schon Solinus erwähnt; oder die bei Pietra mala, Barigazzo und am Monte Zibio unfern Sassuolo im nördlichen Italien, oder die bei Turbaco in Südamerika; theils erscheinen sie, und dies sind die lehrreicheren und wichtigeren, wie in schmalen Zügen an einander gereiht. Längst kannteman als äußerste Glieder des Caucasus, in Nordwest die Schlammvulkane von Taman, in Südost der großen Bergkette die Naphtha-Quellen und Naphtha-Feuer von Baku und der caspischen Halbinsel Apscheron. Die Größe und den Zusammenhang dieses Phänomens hat aber erst der tiefe Kenner dieses Theils von Vorder-Asien, *Abich*, erforscht. Nach ihm sind die Schlammvulkane und Naphtha-Feuer des Caucasus aus eine bestimmt zu erkennende Weise an gewisse Linien geknüpft, welche mit den *Erhebungs-Axen* und *Dislocations-Richtungen* der Gesteinschichten in unverkennbarem Verkehr stehen. Den größten Raum, von fast 240 Quadratmeilen, füllen die, in genetischem Zusammenhang stehenden Schlammvulkane, Naphtha-Emanationen und Salzbrunnen im südöstlichen Theile des Caucasus aus: in einem gleichschenkligen Dreieck, dessen Basis das Littoral des caspischen Meeres bei Balachani (nördlich von Baku), und eine der Mündungen des Kur (Araxes) nahe bei den heißen Quellen von Sallian ist. Die Spitze eines solchen Dreiecks liegt bei dem Schagdagh im Hochthal von Kinalughi. Dort brechen an der Grenze einer Dolomit- und Schiefer-Formation in 7834 Fuß Höhe über dem caspischen Meere, unfern des Dorfes Kinalughi selbst, die *ewigen Feuer des Schagdagh* aus, welche niemals durch meteorologische Ereignisse erstickt worden sind. Die mittlere Axe dieses Dreiecks entspricht derjenigen Richtung, welche die in Schamacha an dem Ufer des Pyrsagat so oft erlittenen Erdbeben constant zu befolgen scheinen. Wenn man die eben bezeichnete nordwestliche Richtung weiter verfolgt, so trifft sie die heißen Schwefelquellen von Akti, und wird dann die Streichungslinie des Hauptkammes des Caucasus, wo er zum Kasbegk aufsteigt und das westliche Daghestan begrenzt. Die *Salsen* der niederen Gegend, oft regelmäßig an einander gereiht, werden allmälig häufiger gegen das caspische Littoral hin zwischen Sallian, der Mündung des Pyrsagat (nahe bei der Insel Swinoi) und der Halbinsel Apscheron. Sie zeigen Spuren früherer wiederholter Schlamm-Eruptionen; und tragen auf ihrem Gipfel kleine, den hornitos von Jorullo in Mexico der Gestalt nach völlig ähnliche Kegel, aus denen entzündliches und oft auch von selbst entzündetes Gas ausströmt. Beträchtliche *Flammenausbrüche* sind besonders häufig gewesen zwischen 1844 und 1849 am Oudplidagh, Nahalath und Turandagh. Dicht bei der Mündung des Pyrsagat am Schlammvulkan Toprachali findet man (als Beweise einer ausnahmsweise sehr zugenommenen Intensität der unterirdischen Wärme) „schwarze Mergelstücke, die man mit dichtem Basalte und überaus feinkörnigem Dolerit-Gesteine auf den ersten Anblick verwechseln könnte.“ An anderen Punkten auf der Halbinsel Apscheron hat Lenz schlackenartige Stücke als Auswürflinge gefunden; und bei dem großen Flammenausbruch von Baklichli (7 Februar 1839) wurden durch die Winde kleine hohle Kugeln, gleich der sogenannten Asche der eigentlichen Vulkane, weit fortgeführt.

In dem nordwestlichen Ende gegen den cimmerischen Bosporus hin liegen die Schlammvulkane der Halbinsel Taman, welche mit denen von Aklanisowka und Jenikale bei Kertsch Eine Gruppe bilden. Eine der Salsen von Taman hat am 27 Februar 1793 einen Schlamm- und Gas-Ausbruch gehabt, in dem nach vielem unterirdischen Getöse eine in schwarzen Rauch (dichten Wasserdampf?) halb gehüllte Feuersäule von mehreren hundert Fußen Höhe aufstieg. Merkwürdig und für die Natur der Volcancitos de Turbaco lehrreich ist die Erscheinung, daß das von Friedrich Parrot und Engelhardt 1811 geprüfte Gas von Taman *nicht entzündlich* war: während das an demselben Orte 23 Jahre später von Göbel aufgefangene Gas aus der Mündung einer Glasröhre mit einer bläulichen Flamme wie alle Ausströmungen der Salsen im südöstlichen Caucasus brannte: aber auch, genau analysirt, in 100 Theilen 92,8 Kohlen-Wasserstoff und 5 Theile Kohlen-Oxydgas enthielt.

Eine stoffartig verschiedene, aber ihrer Entstehung nach gewiß verwandte Erscheinung sind in der toscanischen *Maremma* die heißen, borsauren *Dampf-Eruptionen*, bekannt unter den Namen der lagoni, fummarole, soffioni, auch volcani: bei Possara, Castel novo und Monte Cerboli. Die Dämpfe haben im Mittel eine Temperatur von 96° bis 100°, nach Pella an einigen Punkten bis 175°. Sie steigen theils unmittelbar aus Gesteinspalten, theils aus Pfützen auf, in denen sie aus flüssigem Thon kleine Kegel aufwerfen. Man sieht sie in weißlichen Wirbeln sich in der Luft vertheilen. Die Borsäure, welche die Wasserdämpfe aus dem Schooß der Erde heraufbringen, kann man nicht erhalten, wenn man in sehr weiten und langen Röhren die Dämpfe der soffioni verdichtet; es zerstreut sich dieselbe wegen ihrer Flüchtigkeit in der Atmosphäre. Die Säure wird nur gewonnen in den schönen technischen Anstalten des Grafen Larderel, wenn die Mündungen der soffioni unmittelbar von der Flüssigkeit der Bassins bedeckt werden. Nach Payen's vortrefflicher Analyse enthalten die gasförmigen

Ausströmungen 0,57 Kohlensäure, 0,35 Stickstoff, nur 0,07 Sauerstoff und 0,001 Schwefelsäure. Wo die borsauren Dämpfe die Spalten des Gesteins durchdringen, setzen sie Schwefel ab. Nach Sir Roderick Murchison's Untersuchungen ist das Gestein theils kreideartig, theils eine nummulit-haltige Eocän-Formation: ein macigno, welchen der in der Umgegend (bei Monte Rotondo) sichtbare und gehobene Serpentin durchbricht. Sollten, fragt Bischof, hier und im Krater von Vulcano nicht in großer Tiefe heiße Wasserdämpfe auf borsaure Mineralien, auf datolith-, axinit- oder turmalin-reiche Gebirgsartenzersetzend wirken?

Das Soffionen-System von *Island* übertrifft an Viel- und Großartigkeit der Erscheinungen alles, was wir auf dem Continente kennen. Wirkliche Schlammquellen brechen in dem Fumarolen-Felde von Krisuvek und Reykjalidh aus einem blaugrauen Thone, aus kleinen Becken mit kraterförmigen Rändern hervor. Die Quellenspalten lassen sich auch hier nach bestimmten *Richtungen* verfolgen. Ueber keinen Theil der Erde, wo heiße Quellen, Salsen und Gas-Eruption sich finden, besitzen wir jetzt so vortreffliche und ausführliche chemische Untersuchungen als über Island durch den Scharfsinn und die ausdauernden Bemühungen von *Bunsen*. Nirgends wohl ist in einer großen Länderstrecke, und der Oberfläche wahrscheinlich sehr nahe, ein solches verschiedenartiges Spiel chemischer Zersetzungen, Umwandlungen und neuer Bildungen zu belauschen.

Von Island auf den nahen amerikanischen Continent übergehend, finden wir im Staate Neu-York in der Umgegend von Fredonia, unfern des Erie-Sees, in einem Becken von devonischen Sandstein-Schichten, eine Unzahl von Brenngas-Quellen (Quellen von gekohltem Wasserstoffgas), auf Erdspalten ausbrechend und zum Theil zur Erleuchtung benutzt; andere Brenngas-Quellen, bei Rushville, nehmen die Form von Schlammkegeln an; noch andere: im Ohio-Thale, in Virginien und am Kentucky River, enthalten zugleich Kochsalz und hangen dann mit schwachen Naphtha-Quellen zusammen. Jenseits des antillischen Meerbusens aber, an der Nordküste von Südamerika, 2½ Meile in Süd-Süd-Ost von dem Hafen Cartagena de Indias, bietet bei dem anmuthigen Dorfe Turbaco eine merkwürdige Gruppe von Salsen oder Schlammvulkanen Erscheinungen dar, die ich zuerst habe beschreiben können. In der Umgegend von *Turbaco*, wo man eine herrliche Ansicht der colossalen Schneegebirge (Sierras Nevadas) von Santa Marta genießt, erheben sich an einem öden Platze mitten im Urwalde die Volcancitos, 18 bis 20 an der Zahl. Die größten der Kegel, von schwarzgrauem Letten, haben 18 bis 22 Fuß Höhe, und wohl 80 Fuß Durchmesser an der Basis. Auf der Spitze jedes Kegels ist eine zirkelrunde Oeffnung von 20 bis 28 Zoll Durchmesser, von einer kleinen Schlamm-Mauer umgeben. Das Gas steigt empor mit großer Heftigkeit, wie bei Taman: in Blasen, deren jede, nach meiner Messung in graduirten Gefäßen, 10–12 Cubikzoll enthält. Der obere Theil des Trichters ist mit Wasser gefüllt, das auf einer dichten Schlammdecke ruht. Benachbarte Kegel haben nicht gleichzeitige Auswürfe, aber in jedem einzelnen war eine gewisse Regelmäßigkeit in den Epochen der Auswürfe zu bemerken. Wir zählten, Bonpland und ich, an den äußersten Theilen der Gruppe stehend, ziemlich regelmäßig 5 Ausbrüche in je 2 Minuten. Wenn man sich über die kleine Krater-Oeffnung hinbeugt, so vernimmt man meist 20 Secunden vor jedem Ausbruch ein dumpfes Getöse im Inneren der Erde, tief unter der Grundfläche des Kegels. In dem aufgestiegenen, zweimal mit vieler Vorsicht gesammelten Gas verlosch augenblicklich eine brennende, sehr dünne Wachskerze, eben so ein glimmender Holzspan von Bombax Ceiba. Das Gas war nicht zu entzünden. Kalkwasser wurde durch dasselbe nicht getrübt, es fand keine Absorption statt. Durch nitröses Gas auf Sauerstoff geprüft, zeigte dieses Gas in Einem Versuch keine Spur des letzteren; in einem andern Versuche, wo das Gas der Volcancitos viele Stunden in eine kleine Glasglocke mit Wasser gesperrt worden war, zeigte es etwas über ein Hunderttheil Sauerstoff: das sich wahrscheinlich, aus dem Wasser entwickelt, zufällig beigemischt hatte.

Nach diesen Ergebnissen der Analyse erklärte ich damals, und wohl nicht ganz mit Unrecht, das Gas der Volcancitos von Turbaco für Stickstoffgas, das mit einer kleinen Menge von Wasserstoffgas gemischt sein könnte. Ich drückte zugleich in meinem Tagebuche das Bedauern aus, daß man bei dem damaligen Zustande der Chemie (im April 1801) kein Mittel kenne, in einem Gemenge von Stickstoff- und Wasserstoffgas das Verhältniß der Mischung numerisch zu bestimmen. Dieses Mittel, bei dessen Anwendung drei Tausendtheile Wasserstoffs in einem Luftgemisch erkannt werden können, wurde von Gay-Lussac und mir erst 4 Jahre später aufgefunden.In dem halben Jahrhundert, das seit meinem Aufenthalte in Turbaco und meiner astronomischen Aufnahme des Magdalenenstromes verflossen ist, hat kein Reisender sich wissenschaftlich mit den eben beschriebenen kleinen Schlammvulkanen beschäftigt, bis am Ende des Decembers 1850 mein, der neueren Geognosie und Chemie kundiger Freund, Joaquin Acosta die merkwürdige Beobachtung machte: daß gegenwärtig (wovon zu meiner Zeit keine Spur vorhanden war) „die Kegel einen bituminösen Geruch verbreiten; daß etwas Erdöl auf der Wasserfläche der kleinen Oeffnungen schwimmt, und daß man auf jedem der Schlammhügel von Turbaco das ausströmende Gas *entzünden* kann.“ Deutet dies, fragt Acosta, auf eine durch innere Processe hervorgebrachte Veränderung des Phänomens, oder ganz einfach auf einen Irrthum in den früheren Versuchen? Ich würde diesen frei eingestehn, wenn ich nicht das Blatt des Tagebuchs aufbewahrt hätte, auf welchem die Versuche an demselben Morgen, an dem sie angestellt wurden, umständlichaufgezeichnet worden sind. Ich finde nichts darin, was mich heute zweifelhaft machen könnte; und die schon oben berührte Erfahrung, daß (nach *Parrot's* Berichte) „das Gas der Schlammvulkane der Halbinsel Taman 1811 die Eigenschaft hatte das Brennen zu verhindern, indem ein glimmender Span in dem Gas erlosch, ja die aufsteigenden, einen Fuß dicken Blasen im Platzen nicht entzündet werden konnten“: während 1834 *Göbel* an demselben Orte das, leicht anzuzündende Gas mit heller bläulicher Flamme brennen sah; läßt mich glauben, daß in verschiedenen Stadien die Ausströmungen chemische Veränderungen erleiden. Mitscherlich hat ganz neuerlich auf meine Bitte die Grenze der Entzündbarkeit künstlich bereiteter Mischungen von Stick- und Wasserstoffgas bestimmt. Es ergab sich, daß Gemenge von 1 Theil Wasserstoffgas und 3 Theilen Stickstoffgas sich nicht bloß durch ein Licht entzündeten, sondern auch fortfuhren zu brennen. Vermehrte man das Stickstoffgas, so daß das Gemenge aus 1 Theil Wasserstoffgas und 3½ Theilen Stickstoffgas bestand: so erfolgte zwar noch Entzündung, aber das Gemenge fuhr nicht fort zu brennen. *Nur bei einem Gemenge von 1 Theil Wasserstoffgas und 4 Theilen Stickstoffgas fand gar keine Entzündung mehr statt.* Die Gas-Ausströmungen, welche man ihrer leichten Entzündbarkeit und ihrer Lichtfarbe wegen Ausströmungen von reinem und gekohltem Wasserstoff zu nennen pflegt, brauchen also quantitativ nur dem dritten Theile nach aus einer der zuletzt genannten Gas-Arten zu bestehn. Bei den seltener vorkommenden Gemengen von Kohlensäure und Wasserstoff würde, wegen der Wärme-Capacität der ersteren, die Grenze der Entzündbarkeit noch anders ausfallen. Acosta wirft mit Recht die Frage auf: „ob eine unter den Eingeborenen von Turbaco, Abkömmlingen der Indios de Taruaco, fortgepflanzte Tradition, nach der die Volcancitos einst alle brannten, und durch Besprechung und Besprengen mit Weihwasser von einem frommen Mönche aus Volcanes de fuego in Volcanes de agua umgewandelt wären; sich nicht auf einen Zustand beziehe, der jetzt wiedergekehrt ist." Einmalige große Flammen-Eruptionen von, vor- und nachher sehr friedlichen Schlammvulkanen (Taman 1793; am caspischen Meere bei Jokmali 1827 und bei Baklichli 1839; bei Kuschtschy 1846, ebenfalls im Caucasus) bieten analoge Beispiele dar.

Das, so kleinlich scheinende Phänomen der *Salsen von Turbaco* hat an geologischem Interesse gewonnen durch den mächtigen *Flammenausbruch* und die Erdumwälzung, welche 1839, über 8 geographische Meilen in NNO von Cartagena de Indias, sich zwischen diesem Hafen und dem von Sabanilla, unfern der Mündung des großen Magdalenenstromes, zugetragen haben. Der eigentliche Centralpunkt des Phänomens war das 1½ bis 2 Meilen lang in das Meer als schmale Halbinsel hervortretende *Cap Galera Zamba*. Auch die Kenntniß dieses Ereignisses verdankt man dem Artillerie-Oberst Acosta: der leider durch einen frühen Tod den Wissenschaften entrissen wurde. In der Mitte der Landzunge stand ein conischer Hügel, aus dessen Krater-Oeffnung bisweilen Rauch (Dämpfe) und Gas-Arten mit solcher Heftigkeit ausströmten, daß Bretter und große Holzstücke, die man hineinwarf, weit weggeschleudert wurden. Im Jahr 1839 verschwand der Kegel bei einem beträchtlichen Feuerausbruch, und die ganze Halbinsel Galera Zamba ward zur Insel, durch einen Canal von 30 Fuß Tiefe vom Continent getrennt. In diesem friedlichen Zustande blieb die Meeresfläche: bis, an der Stelle des früheren Durchbruchs, am 7 October 1848, ohne alle in der Umgegend fühlbare Erderschütterung, ein zweiter furchtbarer Flammenausbruch erschien, der mehrere Tage dauerte und in 10 bis 12 Meilen Entfernung sichtbar war. Nur Gas-Arten, nicht materielle Theile, warf die Salse aus. Als die Flammen verschwunden waren, fand man den Meeresboden zu einer kleinen Sandinsel gehoben, die aber nach kurzer Zeit wiederum verschwand. Mehr als 50 Volcancitos (Kegel, denen von Turbaco ähnlich) umgeben jetzt bis in eine Entfernung von 4 bis 5 Meilen den unterseeischen *Gas-Vulkan der Galera Zamba*. Man darf ihn in geologischer Hinsicht wohl als den Hauptsitz der vulkanischen Thätigkeit betrachten, welche sich in der ganzen Niederung von Turbaco bis über das Delta des Rio grande de la Magdalena hin mit der Atmosphäre in Contact zu setzen strebt.

Die Gleichheit der Erscheinungen, welche, in den verschiedenen Stadien ihrer Wirksamkeit, die Salsen, Schlammvulkane und Gas-Quellen auf der italiänischen Halbinsel, im Caucasus und in Südamerika darbieten; offenbart sich in ungeheuren Länderstrecken im chinesischen Reiche. Die Kunst des Menschen hat seit den ältesten Zeiten dort diesen Schatz zu benutzen gewußt, ja zu der sinnreichen, den Europäern spät erst bekannt gewordenen Erfindung des *chinesischen Seilbohrens* geleitet. Mehrere tausend Fuß tiefe Bohrlöcher werden durch die einfachste Anwendung der Menschenkraft oder vielmehr des Gewichts des Menschen niedergebracht. Ich habe an einem anderen Ortevon dieser Erfindung umständlich gehandelt; wie von den *Fenerbrunnen*, Ho-tsing, und *feurigen Bergen*, Ho-schan, des östlichen Asiens. Man bohrt zugleich auf *Wasser*, auf *Salzsoole* und *Brenngas:* von den süd-westlichen Provinzen Yun-nan, Kuang-si und Szu-tschuan an der Grenze von Tibet an bis zur nördlichen Provinz Schan-si. Das Brenngas verbreitet bei röthlicher Flamme oft einen bituminösen Geruch; es wird theils in tragbaren, theils in liegenden Bambusröhren in entfernte Orte: zum Salzsieden, zur Erwärmung der Häuser oder zur Straßenerleuchtung, geleitet. In seltenen Fällen ist der Zufluß von gekohltem Wasserstoffgas plötzlich erschöpft oder durch Erdbeben gehemmt worden. So weiß man, daß ein berühmter *Ho-tsing* südwestlich von der Stadt Khiung-tscheu (Br. 50° 27', Länge 101° 6' Ost), welcher ein mit Geräusch brennender Salzbrunnen war, im 13ten Jahrhundert erloschen ist, nachdem er seit dem 2ten Jahrhundert unsrer Zeitrechnung die Umgegend erleuchtet hatte. In der, an Steinkohlen sehr reichen Provinz Schan-si finden sich einige entzündete Steinkohlen-Flöze. Die *feurigen Berge* (Ho-schan) sind über einen großen Theil von China verbreitet. Die Flammen steigen oft: z. B. in der Felsmasse des Py-kia-schan, am Fuß eines mit ewigem Schnee bedeckten Gebirges (Br. 31° 40'); in großen Höhen aus langen, offenen, unzugänglichen Spalten auf: ein Phänomen, welches an die *ewigen Feuer* des Schagdagh-Gebirges im Caucasus erinnert.

Auf der Insel Java giebt es in der Provinz Samarang, etwa drei Meilen von der nördlichen Küste entfernt, Salsen, welche denen von Turbaco und Galera Zamba ähnlich sind. Sehr veränderliche Hügel von 25 bis 30 Fuß Höhe werfen Schlamm, Salzwasser, und ein seltenes Gemisch von Wasserstoffgas und Kohlensäure aus: eine Erscheinung, die nicht mit den großen und verheerenden Schlammströmen zu verwechseln ist, welche bei den seltenen Eruptionen der colossalen wirklichen Vulkane Java's (Gunung Kelut und Gunung Idjen) sich ergießen. Sehr berühmt sind noch auf Java, besonders durch Uebertreibungen in der Darstellung einiger Reisenden, wie durch die, schon von Sykes und Loudon gerügte Anknüpfung an die Mythe vom Giftbaum Upas, einige *Stickgrotten* oder Quellen von kohlensaurem Gas. Die merkwürdigste der 6 von Junghuhn wissenschaftlich beschriebenen ist das sogenannte *Todtenthal* der Insel (Pakaraman), im Gebirge Diëng, nahe bei Batur. Es ist ein trichterförmiger Einsturz an einem Berggehänge; eine Vertiefung, in welcher die Schicht der ausströmenden Kohlensäure zu verschiedenen Jahreszeiten eine sehr verschiedene Höhe erreicht. Man findet darin oft Skelette von wilden Schweinen, Tigern und Vögeln. schwächeren *Hundsgrotten* auf Java sind Gua-Upas und Gua-Galan (das erstere Wort ist das Sanskritwort guhâ Höhle). Da es wohl keinem Zweifel unterworfen sein kann, daß die Grotta del Cane in der Nähe des Lago di Agnano dieselbe ist, welche Plinius (II cap. 93) vor fast 18 Jahrhunderten "in agro Puteolano" als "Charonea scrobis mortiferum spiritum exhalans" beschrieben hat; so muß man allerdings mit Scacchi verwundert sein, daß in einem von dem Erdbeben so oft bewegten, lockeren Boden ein so kleinliches Phänomen (die Zuleitung einer geringen Menge von kohlensaurem Gas) hat unverändert und ungestört bleiben können. Der Giftbaum, pohon (besser pûhn) ûpas der Malayen (Antaris toxicaria des Reisenden Leschenault de la Tour), ist mit seinen unschädlichen Ausdünstungen jenen tödtlichen Wirkungen ganz fremd.

Ich schließe diesen Abschnitt von den Salsen, Dampf- und Gas-Quellen mit der Beschreibung eines Ausbruchs von *heißen Schwefeldämpfen*, die wegen der *Gebirgsart*, aus welcher sie sich entwickeln, das Interesse der Geognosten auf sich ziehen können. Bei dem genußreichen, aber etwas anstrengenden Uebergange über die Central-Cordillere von *Quindin* (ich brauchte 14 bis 15 Tage, zu Fuß, und ununterbrochen in freier Luft schlafend, um über den Gebirgskamm von 10788 Fuß aus dem Thale des Rio Magdalena in das Cauca-Thal zu gelangen) besuchte ich in der Höhe von 6390 Fuß den Azufral westlich von der Station el Moral. In einem etwas dunkel gefärbten Glimmerschiefer, der, auf einen granathaltenden Gneiß aufgesetzt, sammt diesem die hohe Granitkuppe von la Ceja und la Garita del Paramo umlagert, sah ich in dem engen Thale (Quebrada del Azufral) warme Schwefeldämpfe aus den Gesteinklüften ausströmen. Da sie mit Schwefel-Wasserstoffgas und vieler Kohlensäure gemischt sind, so fühlt man einen betäubenden Schwindel, wenn man sich niederbeugt, um die Temperatur zu messen, und länger in ihrer Nähe verweilt. Die Temperatur der Schwefeldämpfe war 47°,6; die der Luft 20°,6; die des *Schwefel-Bächleins*, das vielleicht im oberen Laufe durch die Schneewasser des Vulkans von Tolima erkaltet ist, 29°,2. Der Glimmerschiefer, welcher etwas Schwefelkies enthält, ist von vielen Schwefeltrümmern durchsetzt. Der zum Verkauf zubereitete Schwefel wird großentheils aus einem mit natürlichem Schwefel und verwittertem Glimmerschiefer gemengten, ochergelben Letten gewonnen. Die Arbeiter (Mestizen) leiden dabei an Augenübeln und an Muskellähmung. Als 30 Jahre nach mir (1831) Boussingault den Azufral de Quindiu besuchte, hatte die Temperatur der Dämpfe, die er chemisch analysirte, so abgenommen, daß sie unter die der freien Luft (22°), nämlich auf 19°–20°, fiel. Derselbe vortreffliche Beobachter sah in der Quebrada de aguas calientes das Trachyt-Gestein des nahen Vulkans von *Tolima* den Glimmerschiefer durchbrechen: wie ich sehr deutlich, eben so eruptiv, den schwarzen Trachyt des Vulkans *Tunguragua* bei der *Seilbrücke* von Penipe einen granathaltenden grünlichen Glimmerschiefer habe bedecken sehen. Da man bisher in Europa Schwefel nicht in den ehemals sogenannten primitiven Gebirgsarten: sondern nur im Tertiär-Kalk, in Gyps, in Conglomeraten und ächt vulkanischem Gestein gefunden hat; so ist das Vorkommen im Azufral de Quindiu (nördl. Br. 4°½) um so merkwürdiger, als es sich südlich vom Aequator zwischen Quito und Cuenca, am nördlichen Abfall des Paramo del Assuay, wiederholt. In dem Azufral des Cerro Cuello (südl. Br. 2° 13')habe ich, *wiederum im Glimmerschiefer*, in 7488 Fuß Höhe ein mächtiges *Quarzlager*angetroffen, in welchem der Schwefel nesterweise reichlich eingesprengt ist. Zur Zeit meiner Reise waren die Schwefelstücke nur von 6–8 Zoll Größe; früher fand man sie bis 3–4 Fuß Durchmesser. Selbst eine *Naphtha-Quelle* entspringt sichtbar aus *Glimmerschiefer* in dem Meeresboden im Golf von Cariaco bei Cumana. Die Naphtha färbt dort einen Theil der Oberfläche des Meeres auf mehr als tausend Fuß Länge gelb, und ihren Geruch fand ich verbreitet bis in das Innere der Halbinsel Araya.

Wenn wir nun einen letzten Blick auf die Art vulkanischer Thätigkeit werfen, welche sich durch Hervordringen von Dämpfen und Gas-Arten: bald mit, bald ohne Feuer-Erscheinungen, offenbart; so finden wir darin bald große Verwandtschaft, bald auffallende Verschiedenheit der aus den Erdspalten ausbrechenden Stoffe: je nachdem die hohe Temperatur des Inneren, das Spiel der Affinitäten modificirend, auf gleichartige oder sehr zusammengesetzte Materien gewirkt hat. Die Stoffe, welche bei diesem geringeren Grade vulkanischer Thätigkeit an die Oberfläche getrieben werden, sind: Wasserdampf in großem Maaße, Chlor-Natrium, Schwefel, gekohlter und geschwefelter Wasserstoff, Kohlensäure und Stickstoff; Naphtha (farblos, gelblich oder als braunes Erdöl); Borsäure und Thonerde der Schlammvulkane. Die große Verschiedenheit dieser Stoffe, von denen jedoch einige (Kochsalz, Schwefel-Wasserstoffgas und Erdöl) sich fast immer begleiten, bezeugt das Unpassende der Benennung *Salsen:* welche aus Italien stammt, wo Spallanzani das große Verdienst gehabt hat zuerst die Aufmerksamkeit der Geognosten auf das, lange für so unwichtig gehaltene Phänomen im Modenesischen zu leiten. Der Name *Dampf-* und *Gas-Quellen* drückt mehr das Gemeinsame aus. Wenn viele derselben als *Fumarolen* zweifelsohne in Beziehung zu erloschenen Vulkanen stehen, ja besonders als Quellen von kohlensaurem Gas ein letztes Stadium solcher Vulkane charakterisiren; so scheinen dagegen andere, die *Naphtha-Quellen*, ganz unabhängig von den wirklichen, geschmolzene Erden ausstoßenden Feuerbergen zu sein. Sie folgen dann, wie schon Abich am Caucasus gezeigt hat, in weiten Strecken bestimmten *Richtungen*, ausbrechend auf Gebirgsspalten: sowohl in der Ebene, selbst im tiefen Becken des caspischen Meeres, als in Gebirgshöhen von fast 8000 Fuß. Gleich den eigentlichen Vulkanen, vermehren sie bisweilen plötzlich ihre scheinbar schlummernde

Thätigkeit durch Ausbruch von Feuersäulen, die weit umher Schrecken verbreiten. In beiden Continenten, in weit von einander entfernten Weltgegenden, zeigen sie dieselben auf einander folgenden Zustände; aber keine Erfahrung hat uns bisher berechtigt zu glauben, daß sie *Vorboten* der Entstehung wirklicher, Lava und Schlacken auswerfender Vulkane sind. Ihre Thätigkeit ist anderer Art: vielleicht in minderer Tiefe wurzelnd und durch andere chemische Processe bedingt.

d. Vulkane, nach der Verschiedenheit ihrer Gestaltung und Thätigkeit. – Wirkung durch Spalten und Maare. – Umwallungen der Erhebungs-Krater. – Vulkanische Kegel- und Glockenberge, mit geöffnetem oder ungeöffnetem Gipfel. – Verschiedenheit der Gebirgsarten, durch welche die Vulkane wirken.

(*Erweiterung des Naturgemäldes*)

Unter den mannigfaltigen Arten der Kraftäußerung in der Reaction des Inneren unseres Planeten gegen seine obersten Schichten ist die mächtigste die, welche die *eigentlichen Vulkane* darbieten: d. i. solche Oeffnungen, durch die neben den Gas-Arten auch *feste*, stoffartig verschiedene Massen in feuerflüssigem Zustande: als Lavaströme, oder als Schlacken, oder als Producte der feinsten Zerreibung (Asche), aus ungemessener Tiefe an die Oberfläche gedrängt werden. Hält man nach einem alten Sprachgebrauche die Wörter *Vulkan* und *Feuerberg* für synonym; so knüpft man dadurch, nach einer vorgefaßten, sehr allgemein verbreiteten Meinung, den Begriff von *vulkanischen Erscheinungen* an das Bild von einem isolirt stehenden Kegelberge mit kreisrunder oder ovaler Oeffnung auf dem Gipfel. Solche Ansichten verlieren aber von ihrer Allgemeinheit, wenn sich dem Beobachter Gelegenheit darbietet zusammenhangende vulkanische Gebiete von mehreren tausend geographischen Quadratmeilen Flächeninhalts: z. B. den ganzen mittleren Theil des mexicanischen Hochlandes zwischen dem Pic von Orizaba, dem Jorullo und den Küsten der Südsee; oder Central-Amerika; oder die Cordilleren von Neu-Granada und Quito zwischen dem Vulkan von Puracé bei Popayan, dem von Pasto und dem Chimborazo; oder das Isthmus-Gebirge des Caucasus zwischen dem Kasbegk, Elburuz und Ararat: zu durchwandern. In dem unteren Italien: zwischen den phlegräischen Feldern des campanischen Festlandes, Sicilien, den Liparen und Ponza-Inseln, ist, wie in den griechischen Inseln, das verbindende Zwischenland theils nicht mit gehoben, theils vom Meere verschlungen worden.

Es zeigen sich in den vorgenannten großen Gebieten von Amerika und vom Caucasus Eruptions-Massen (wirkliche Trachyte, nicht Trachyt-Conglomerate; Obsidian-Ströme; steinbruchartig gewonnene Bimsstein-Blöcke, nicht durch Wasser verbreitetes und abgesetztes Bimsstein-Gerölle), welche von den, sich erst in beträchtlicher Ferne erhebenden Bergen ganz unabhängig zu sein scheinen. Warum sollte bei der fortschreitenden Abkühlung der wärmestrahlenden oberen Erdschichten, ehe noch isolirte Berge oder ganze Bergketten sich erhoben, die Oberfläche nicht vielfach gespalten worden sein? warum sollten diese Spalten nicht feuerflüssige, zu *Gebirgsarten* und *Eruptions-Gestein* erhärtete Massen (Trachyte, Dolerite, Melaphyre, Perlstein, Obsidian und Bimsstein) ausgestoßen haben? Ein Theil dieser, ursprünglich horizontal gelagerten, in zähflüssigem Zustande, wie aus *Erde-Quellen*, hervorbrechenden Trachyt- oder Dolerit-Schichten ist, bei der späteren Erhebung vulkanischer Kegel und Glockenberge, in eine *gestürzte* Lage gerathen: in eine solche, welche den neueren, aus *Feuerbergen* entspringenden Laven keinesweges angehört. So ist, um zuerst an ein europäisches, sehr bekanntes Beispiel zu erinnern, in dem Val del Bove am Aetna (einer Aushöhlung, die tief in das Innere des Berges einschneidet) das *Fallen* der mit Geröll-Massen sehr regelmäßig alternirenden Lavaschichten 25° bis 30°: während daß nach Elie de Beaumont's genauen Bestimmungen die Lavaströme, welche die Oberfläche des Aetna bedecken und ihm erst seit seiner Erhebung als Berges entflossen sind, in der Mittelzahl von 30 Strömen, nur ein Gefälle von 3° bis 5° zeigen. Diese Verhältnisse deuten hin auf das Dasein sehr alter vulkanischer Formationen, auf Spalten ausgebrochen, vor der Bildung des Vulkans als eines *Feuerbergs*. Eine merkwürdige Erscheinung der Art bietet uns auch das Alterthum dar: eine Erscheinung, die sich in einer weiten Ebene, in einem Gebiete zeigte, das von allen thätigen oder erloschenen Vulkanen entfernt liegt: auf Euböa, dem jetzigen Negropont. „Die heftigen Erdstöße, welche die Insel theilweise erschütterten, hörten nicht eher auf, bis ein in der Ebene von Lelantus geöffneter Erdschlund einen Strom glühenden Schlammes (Lava) ausstieß.“

Sind, wie ich längst zu vermuthen geneigt bin, einer ersten Spaltung der *tief* erschütterten Erdrinde die ältesten, zum Theil auch gangausfüllenden Formationen des *Eruptiv-Gesteins* (nach seiner mineralischen Zusammensetzung den neueren Laven oft vollkommen ähnlich) zuzuschreiben; so müssen sowohl diese *Spalten*, wie die später entstandenen, schon minder einfachen *Erhebungs-Krater* doch nur als *vulkanische Ausbruch-Oeffnungen*, nicht als *Vulkane* selbst, betrachtet werden. Der Hauptcharakter von diesen letzteren besteht in einer permanenten oder wenigstens von Zeit zu Zeit erneuerten Verbindung des tiefen Heerdes mit der Atmosphäre. Der *Vulkan* bedarf dazu eines eigenen *Gerüstes;* denn, wie Senecasehr treffend in einem Briefe an den Lucilius sagt: “ignis in ipso monte non alimentum habet, sed viam“. Die vulkanische Thätigkeit wirkt dann formgebend, gestaltend durch *Erhebung* des Bodens; nicht, wie man ehemals allgemein und ausschließend glaubte: *aufbauend* durch *Aufhäufung* von Schlacken und sich überlagernde neue Lavaschichten. Der Widerstand, welchen die in allzu großer Menge gegen die Oberfläche gedrängten feuerflüssigen Massen in dem Ausbruch-Canal finden, veranlaßt die Vermehrung der *hebenden* Kraft. Es entsteht eine „blasenförmige *Auftreibung* des

Bodens“: wie dies durch die regelmäßige, nach außen gekehrte *Abfalls-Richtung* der *gehobenen* Bodenschichten bezeichnet wird. Eine minenartige Explosion, die Sprengung des mittleren und höchsten Theils der convexen Auftreibung des Bodens, erzeugt bald allein das, was Leopold von Buch einen *Erhebungs-Krater*genannt hat: d. h. eine kraterförmige, runde oder ovale Einsenkung, von einem *Erhebungs-Circus*, einer ringförmigen, meist stellenweise eingerissenen *Umwallung*, begrenzt; bald (wenn die Relief-Structur eines *permanenten* Vulkans vervollständigt werden soll) in der Mitte des Erhebungs-Kraters zugleich einen dom- oder kegelförmigen Berg. Der letztere ist dann meist an seinem Gipfel geöffnet; und auf dem Boden dieser Oeffnung (des Kraters des permanenten Vulkans) erheben sich vergängliche *Auswurfs-* und *Schlackenhügel*, kleine und große *Eruptions-Kegel*, welche beim Vesuv bisweilen die Kraterränder des *Erhebungs-Kegels* weit überragen. Nicht immer haben sich aber die Zeugen des ersten Ausbruchs, die alten Gerüste, wie sie hier geschildert werden, erhalten. Die hohe Felsmauer, welche die peripherische Umwallung (den *Erhebungs-Krater*) umgiebt, ist an vielen der mächtigsten und thätigsten Vulkane nicht einmal in einzelnen Trümmern zu erkennen.

Es ist ein großes Verdienst der neueren Zeit, nicht bloß durch sorgfältige Vergleichung weit von einander entfernter *Vulkane* die einzelnen *Verhältnisse* ihrer Gestaltung genauer erforscht; sondern auch in die Sprachen bestimmtere Ausdrücke eingeführt zu haben, wodurch das Ungleichartige in den Relieftheilen, wie in den Aeußerungen vulkanischer Thätigkeit getrennt wird. Ist man nicht entschieden allen Classificationen abhold, weil dieselben in dem Bestreben nach Verallgemeinerung noch immer nur auf unvollständigen Inductionen beruhen; so kann man sich das Hervorbrechen von feuerflüssigen Massen und festen Stoffen, von Dämpfen und Gas-Arten begleitet, auf viererlei Weise vorstellen. Von den einfachen zu den zusammengesetzten Erscheinungen übergehend: nennen wir zuerst Eruptionen auf *Spalten*, nicht einzelne Kegelreihen bildend, sondern in geflossenem und zähem Zustande über einander gelagerte vulkanische Gebirgsmassen erzeugend; zweitens Ausbrüche durch *Aufschüttungs-Kegel* ohne Umwallung, und doch Lavaströme ergießend: wie fünf Jahre lang bei der Verwüstung der Insel Lancerote, in der ersten Hälfte des verflossenen Jahrhunderts; drittens *Erhebungs-Krater* mit gehobenen Schichten, ohne Centralkegel: Lavaströme nur an der *äußeren* Seite der Umwallung, nie aus dem Inneren, das früh sich durch Einsturz verschließt, aussendend; viertens geschlossene *Glockenberge* oder an der Spitze geöffnete *Erhebungs-Kegel:* entweder mit einem, wenigstens theilweise erhaltenen, Circus umgeben: wie am Pic von Teneriffa, in Fogo und Rocca Monfina; oder ganz ohne Umwallung und ohne Erhebungs-Krater: wie in Island, in den Cordilleren von Quito und dem mittleren Theile von Mexico. Die offenen *Erhebungs-Kegel* dieser vierten Classe bewahren eine permanente, in unbestimmten Zeiträumen mehr oder weniger thätige Verbindung zwischen dem feurig heißen Erd-Inneren und dem Luftkreise. Der an dem

Gipfel *verschlossen* gebliebenen dom- und glockenförmigen Trachyt- und Doleritberge scheint es nach meinen Beobachtungen mehr als der *offenen*, noch thätigen oder erloschenen Kegel, weit mehr als der eigentlichen Vulkane zu geben. Dom- und glockenartige Bergformen: wie der Chimborazo, Puy de Dôme, Sarcouy, Rocca Monfina und Vultur; verleihen der Landschaft einen eigenen Charakter, durch welchen sie mit den *Schiefer-Hörnern* oder den zackigen Formen des Kalkgesteins anmuthig contrastiren.

In der uns bei Ovid „in anschaulicher Darstellung" aufbewahrten Tradition über das große vulkanische Naturereigniß auf der Halbinsel Methone ist die Entstehung einer solchen *Glockenform*, die eines uneröffneten Berges, mit methodischer Deutlichkeit bezeichnet. „Die Gewalt der in finsteren Erdhöhlen eingekerkerten Winde treibt, eine Oeffnung vergebens suchend, den gespannten Erdboden auf (extentam tumefecit humum), wie wenn man eine Blase oder einen Schlauch mit Luft anfüllt. Die hohe Anschwellung hat sich durch langsame *Erhärtung* in der Gestalt eines Hügels erhalten." Ich habe schon an einem anderen Orte daran erinnert, wie ganz verschieden diese römische Darstellung von der Aristotelischen Erzählung des vulkanischen Ereignisses auf Hiera, einer neu entstandenen Aeolischen (Liparischen) Insel, ist: in welchem „der unterirdische, mächtig treibende Hauch zwar ebenfalls einen Hügel erhebt, ihn aber später zum Erguß eines feurigen Aschenregens aufbricht". Die Erhebung wird hier bestimmt als dem Flammenausbruch vorhergehend geschildert. Nach Strabo hatte der aufgestiegene domförmige Hügel von Methana sich ebenfalls in feuriger Eruption geöffnet, bei deren Ende sich *nächtlich* ein *Wohlgeruch* verbreitete. Letzterer war, was sehr auffallend ist, unter ganz ähnlichen Verhältnissen bei dem vulkanischen Ausbruch von Santorin im Herbst 1650 bemerkt: und in der bald darauf von einem Mönche gehaltenen und aufgeschriebenen Bußpredigt „ein tröstendes Zeichen" genannt worden, „daß Gott seine Heerde noch nicht verderben wolle".Sollte dieser Wohlgeruch nicht auf Naphtha deuten? Es wird desselben ebenfalls von Kotzebue in seiner russischen Entdeckungsreise gedacht, bei Gelegenheit eines Feuerausbruchs (1804) des aus dem Meere aufgestiegenen neuen Insel-Vulkans Umnack im aleutischen Archipel. Bei dem großen Ausbruch des Vesuvs am 12 August 1805, den ich mit Gay-Lussac beobachtete, fand Letzterer einen bituminösen Geruch im entzündeten Krater zu Zeiten vorherrschend. Ich stelle diese wenig beachteten Thatsachen zusammen, weil sie beitragen die enge Verkettung aller Aeußerung vulkanischer Thätigkeit, die Verkettung der schwachen Salsen und Naphtha-Quellen mit den wirklichen Vulkanen, zu bewähren.

Umwallungen, denen der *Erhebungs-Krater* analog, zeigen sich auch in Gebirgsarten, die von Trachyt, Basalt und Porphyrschiefer sehr verschieden sind: z. B. nach Elie de Beaumont's scharfsinniger Auffassung im Granit der französischen Alpenkette. Die Bergmasse von *Oisans*, zu welcher der höchsteDer höchste Gipfel der Pyrenäen, d. i. der Pic de Nethou (der östliche und höhere Gipfel der Maladetta- oder Malahita-Gruppe), ist zweimal trigonometrisch gemessen worden; und hat nach Reboul 10737 Fuß (3481^m), nach Coraboeuf 10478 Fuß (3404^{m}). Er ist also an 1600 F. niedriger als der Mont Pelvoux in den französischen Alpen bei Briançon. Dem Pic de Nethou sind in den Pyrenäen am nächsten an Höhe der Pic Posets oder Erist, und aus der Gruppe des Marboré der Montperdu und der Cylindre. Gipfel von Frankreich, der Mont Pelvoux bei Briançon (12109 Fuß), gehört, bildet einen *Circus* von acht geogr. Meilen Umfang, in dessen Mitte das kleine Dorf de la Bérarde liegt. Die steilen Wände des Circus steigen über 9000 Fuß hoch an. Die *Umwallung* selbst ist Gneiß, alles Innere ist Granit. In den schweizer und savoyer Alpen zeigt sich in kleinen Dimensionen mehrfach dieselbe Gestaltung. Das Grand-Plateau des Montblanc, in welchem Bravais und Martins mehrere Tage campirt haben, ist ein geschlossener Circus mit fast ebenem Boden in 12020 Fuß Höhe; ein Circus, aus dem sich die colossale Gipfel-Pyramide erhebt.Dieselben *hebenden* Kräfte bringen, doch durch die Zusammensetzung der Gebirgsarten modificirt, ähnliche Formen hervor. Auch die von Hoffmann, Buckland, Murchison und Thurmann beschriebenen *Ring-* und *Kesselthäler* (valleys of elevation) im Sediment-Gestein des nördlichen Deutschlands, in Herefordshire und dem Jura-Gebirge von Porrentruy hangen mit den hier beschriebenen Erscheinungen zusammen: wie, doch in geringerem Maaße der Analogie, einige, von allen Seiten durch Bergmassen *eingeschlossene Hochebenen der Cordilleren*, in denen die Städte Caxamarca (8784 F.), Bogota (8190 F.) und Mexico (7008 F.) liegen; wie im Himalaya das Kesselthal von Kaschmir (5460 F.).

Minder mit den *Erhebungs-Krateren* verwandt als mit der oben geschilderten einfachsten Form vulkanischer Thätigkeit (der Wirkung aus bloßen Spalten) sind unter den erloschenen Vulkanen der *Eifel* die zahlreichen *Maare:* kesselförmige Einsenkungen in nicht vulkanischem Gestein (devonischem Schiefer) und von wenig erhabenen Rändern umgeben, die sie selbst gebildet. „Es sind gleichsam *Minen-Trichter*, Zeugen *minenartiger* Ausbrüche“, welche an das von mir beschriebene sonderbare Phänomen der bei dem Erdbeben von Riobamba (4 Febr. 1797) auf den Hügel de la Culca . Ich habe die Eifeler Vulkane zweimal, bei sehr verschiedenen Zuständen der Entwickelung der Geognosie, im Herbste 1794 und im August 1845, besucht: das erste Mal in der Umgegend des Laacher Sees und der, damals dort noch von Geistlichen bewohnten Abtei; das zweite Mal in der Umgegend von Bertrich, dem Mosenberge und den nahen *Maaren:* immer nur auf wenige Tage. Da ich bei der letzten Excursion das Glück genoß meinen innigen Freund, den Berghauptmann von Dechen, begleiten zu können: so habe ich, durch einen vieljährigen Briefwechsel und durch Mittheilung wichtiger handschriftlicher Aufsätze, die Beobachtungen dieses scharfsinnigen Geognosten frei benutzen dürfen. Oft habe ich, wie es meine Art ist, durch Anführungszeichen das unterschieden, was ich wörtlich dem Mitgetheilten entlehnte. geschleuderten menschlichen Gebeine erinnern. Wenn einzelne, nicht sehr hoch liegende *Maare:* in der Eifel, in der Auvergne, oder auf Java, mit Wasser gefüllt sind; so mögen in diesem Zustande solche ehemaligen *Explosions-Kratere* mit dem Namen cratères-lacs belegt werden; aber als eine synonyme Benennung für *Maar* sollte das Wort, glaube ich, nicht im allgemeinen genommen werden: da auf den Gipfeln der höchsten Vulkane, auf wahren *Erhebungs-Kegeln*, in erloschenen Krateren: z. B. auf dem mexicanischen Vulkan von Toluca in 11490 Fuß und auf dem caucasischen Elburuz in 18500 Fuß Höhe, kleine Seen von mir und Abich gefunden worden sind. Man muß bei den *Eifeler Vulkanen* zwei Arten der vulkanischen Thätigkeit, sehr ungleichen Alters, sorgfältig von einander unterscheiden: die, Lavaströme entsendenden, *eigentlichen Vulkane;* und die schwächeren Ausbruchs-Phänomene der Maare. Zu den ersteren gehören: der basaltische, olivinreiche, in aufrecht stehende Säulen gespaltene Lavastrom im Uesbach-Thale bei Bertrich; der Vulkan von Gerolstein: welcher in einem, Dolomit enthaltenden, den devonischen Grauwacken-Schiefern muldenförmig eingelagerten Kalkstein seinen Sitz hat; und der lange Rücken des Mosenberges (1645 Fuß über dem Meere), unweit Bettenfeld, westlich von Manderscheid. Der letztgenannte Vulkan hat drei Kratere: deren erster und zweiter, die nördlichsten, vollkommen rund und auf dem Boden mit Torfmooren bedeckt sind; während aus dem dritten, südlichsten Krater ein mächtiger, röthlichbrauner, tiefer gegen das Thal der kleinen Kyll hin säulenförmig abgesonderter Lavastrom herabfließt. Eine merkwürdige, lavagebenden Vulkanen im allgemeinen fremdartige Erscheinung ist es, daß weder am Mosenberge, noch am Gerolstein, noch in anderen eigentlichen Vulkanen der Eifel die Lava-Ausbrüche an ihrem Ursprunge von einer trachytischen Gebirgsart sichtbar umgeben sind; sondern, so weit sie der Beobachtung zugänglich werden, unmittelbar aus den devonischen Schichten hervorkommen. Die Oberfläche des Mosenberges bezeugt gar nicht, was in der Tiefe verborgen ist. Die augithaltigen Schlacken, welche zusammenhangend in Basaltströme übergehen, enthalten kleine gebrannte Schieferstücke, aber keine Spur von eingeschlossenem Trachyt. Die letzteren Einschlüsse sind auch nicht zu finden am Krater des Rodderberges, der doch der größten Trachytmasse der Rheingegend, dem Siebengebirge, so nahe ist.

„Die Maare scheinen“, wie der Berghauptmann von Dechen scharfsinnig bemerkt, „in ihrer Bildung ziemlich derselben Epoche anzugehören als die Ausbrüche der Lavaströme, der eigentlichen Vulkane. Beide liegen in der Nähe tief eingeschnittener Thäler. Die lavagebenden Vulkane waren entschieden zu einer Zeit thätig, als die Thäler bereits sehr nahe ihre heutige Form erhalten hatten; auch sieht man die ältesten Lavaströme dieses Gebietes in die Thaler herabstürzen.“ Die Maare sind von Fragmenten devonischer Schiefer und von aufgeschüttetem grauem Sande und Tuffrändern umgeben. Der Laacher See: man mag ihn nun als ein großes Maar oder, wie mein vieljähriger Freund, C. von Oeynhausen, (gleich dem Becken von Wehr) als Theil eines großen Kesselthales im Thonschiefer betrachten; zeigt an dem ihn umgebenden Kranze einige vulkanische Schlacken-Ausbrüche: so am Krufter Ofen, am Veitskopf und Laacher Kopf. Es ist aber nicht bloß der gänzliche Mangel von Lavaströmen, wie sie an dem äußeren Rande wirklicher *Erhebungs-Krater* oder ganz in ihrer Nähe auf den canarischen Inseln zu beobachten sind; es ist nicht die unbedeutende Höhe des Kranzes, der die

Maare umgiebt: welche dieselben von den *Erhebungs-Krateren* unterscheiden; es fehlt den Rändern der Maare eine regelmäßige, als Folge der Hebung stets nach außen abfallende Gesteinsschichtung. Die in den devonischen Schiefer eingesenkten Maare erscheinen, wie schon oben bemerkt, als *Minen-Trichter*, in welche nach der gewaltsamen Explosion von heißen Gas-Arten und Dämpfen die ausgestoßenen lockeren Massen (Rapilli), größtentheils zurückgefallen sind. Ich nenne hier beispielsweise nur das Immerather, das Pulver- und Meerfelder Maar. In der Mitte des ersteren: dessen trockener Boden, in zweihundert Fuß Tiefe, cultivirt wird, liegen die beiden Dörfer Ober- und Unter-*Immerath*. Hier finden sich in dem vulkanischen Tuff der Umgebung, ganz wie am Laacher See, Gemenge von Feldspath und Augit als *Kugeln*, in welche Theilchen von schwarzem und grünem Glase eingesprengt sind. Aehnliche Kugeln von Glimmer, Hornblende und Augit, voll von Verglasungen, enthalten auch die Tuffkränze des *Pulver-Maares* bei Gillenfeld, das aber gänzlich in einen tiefen See umgewandelt ist. Das regelmäßig runde, theils mit Wasser, theils mit Torf bedeckte, *Meerfelder Maar* zeichnet sich geognostisch durch die Nähe der drei Krater des großen *Mosenbergs* aus, deren südlichster einen Lavastrom gegeben hat. Das Maar liegt jedoch 600 Fuß tiefer als der lange Rücken des Vulkans, und an seinem nördlichen Ende; auch nicht in der Achse der Krater-Reihe, mehr in Nordwesten. Die mittlere Höhe der Eifeler Maare über der Meeresfläche fällt zwischen 865 F. (Laacher See?) und 1490 F. (Mosbrucher Maar).

Da hier besonders der Ort ist darauf aufmerksam zu machen, wie gleichmäßig und übereinstimmend in der *stoffartig* producirenden Wirksamkeit die vulkanische Thätigkeit sich bei den verschiedensten Formen des äußeren Gerüstes (als Maaren, als umwallten Erhebungs-Kratern oder am Gipfel geöffneten Kegeln) zeigt; so erwähne ich der auffallenden Reichhaltigkeit von krystallisirten Mineralien, welche die *Maare* bei ihrer ersten Explosion ausgestoßen haben und die jetzt zum Theil in den Tuffen vergraben liegen. In der Umgebung des Laacher Sees ist diese Reichhaltigkeit allerdings am größten; aber auch andere Maare: z. B. das Immerather und das, an Olivin-Kugeln reiche Meerfelder, enthalten ausgezeichnete krystallinische Massen. Wir nennen hier: Zirkon, Hauyn, Leucit, Apatit, Nosean, Olivin, Augit, Rhyakolith, gemeinen Feldspath (Orthoklas), glasigen Feldspath (Sanidin), Glimmer, Sodalit, Granat und Titan-Eisen. Wenn die Zahl der schönen krystallisirten Mineralien am Vesuv so vielmal größer ist (Scacchi zählt deren 43 Arten), so darf man nicht vergessen, daß sehr wenige derselben vom Vesuv ausgestoßen werden; und daß die größere Zahl dem Theil der *sogenannten Auswürflinge des Vesuvs* angehört, die nach Leopolds von Buch Meinung, „dem Vesuv gänzlich fremd, einer, weit über Capua hinaus verbreiteten Tuff-Bedeckung beizuzählen sind, welche von dem aufsteigenden Kegel des Vesuvs mit emporgehoben wurde und wahrscheinlich das Erzeugniß einer submarinen, tief im Inneren verborgenen, vulkanischen Wirkung gewesen ist."

Gewisse bestimmte Richtungen der verschiedenartigen Erscheinungen vulkanischer Thätigkeit sind auch in der *Eifel* nicht zu verkennen. „Die, Lavaströme erzeugenden

Ausbrüche der hohen Eifel liegen auf einer Spalte, fast 7 Meilen lang, von Bertrich bis zum Goldberg bei Ormond, von Südost nach Nordwest gerichtet; dagegen folgen die Maare, von dem Meerfelder an bis Mosbruch und zum Laacher See hin, einer Richtungslinie von Südwest gegen Nordost. Die beiden angegebenen Hauptrichtungen schneiden sich in den drei Maaren von Daun. In der Umgegend des Laacher Sees ist nirgends Trachyt an der Oberfläche sichtbar. Auf das Vorkommen dieser Gebirgsart in der Tiefe weisen nur hin die eigenthümliche Natur des ganz feldspathartigen Laacher Bimssteins, wie die ausgeworfnen Bomben von Augit und Feldspath. Sichtbar sind aber Eifeler Trachyte, aus Feldspath und großen Hornblende-Krystallen zusammengesetzt, nur zwischen Basaltberge vertheilt: so im Sellberg (1776 F.) bei Quiddelbach, in der Anhöhe von Struth, bei Kelberg, und in dem wallartigen Bergzuge von Reimerath bei Boos."

Nächst den Liparischen und Ponza-Inseln haben wohl wenige Theile von Europa eine größere Masse von Bimsstein hervorgebracht als diese Gegend Deutschlands: welche bei verhältnißmäßig geringer Erhebung so verschiedene Formen vulkanischer Thätigkeit in Maaren cratères d'explosion, Basaltbergen und lava-ausstoßenden Vulkanen darbietet. Die Hauptmasse des Bimssteines liegt zwischen Nieder-Mendig und Sorge, Andernach und Rübenach; die Hauptmasse des Ducksteins oder *Traß* (eines durch Wasser abgesetzten, sehr neuen Conglomerats) liegt im Brohlthale, von seiner Mündung in den Rhein aufwärts bis Burgbrohl, bei Plaidt und Kruft. Die Traß-Formation des Brohlthales enthält, neben Fragmenten von Grauwacken-Schiefer und Holzstücken, Bimsstein-Brocken: die sich durch nichts von dem Bimsstein unterscheiden, welcher die oberflächliche Bedeckung der Gegend, ja auch die des Ducksteins selbst ausmacht. Ich habe immer, trotz einiger Analogien, welche die Cordilleren darzubieten scheinen, daran gezweifelt, daß man den Traß *Schlamm-Ausbrüchen* aus lavagebenden Eifler Vulkanen zuschreiben könne. Ich vermuthe vielmehr mit H. von Dechen, daß der Bimsstein trocken ausgeworfen wurde und daß der Traß sich nach Art anderer Conglomerate bildete. „Der Bimsstein ist dem *Siebengebirge* fremd; und der große Bimsstein-Ausbruch der Eifel, dessen Hauptmasse noch über dem Löß liegt und in einzelnen Theilen mit demselben abwechselt, mag: nach der Vermuthung, zu welcher die Localverhältnisse führen, im Rheinthale oberhalb Neuwied, in dem großen Neuwieder Becken, vielleicht nahe bei Urmits auf der linken Seite des Rheins statt gefunden haben. Bei der Zerreiblichkeit des Stoffes mag die Ausbruch-Stelle durch die spätere Einwirkung des Rheinstromes spurlos verschwunden sein. In dem ganzen Strich der Eifeler Maare wie in dem der Eifeler Vulkane von Bertrich bis Ormond wird kein Bimsstein gefunden. Der des Laacher Sees ist auf dessen Randgebirge beschränkt; und an den übrigen Maaren gehen die kleinen Stücke von Feldspath-Gestein, die im vulkanischen Sande und Tuff liegen, nicht in Bimsstein über."

Wir haben bereits oben die Altersverhältnisse der Maare und der, von ihnen so verschiedenen Ausbrüche der Lavaströme zu der Thalbildung berührt. „Der *Trachyt* des

Siebengebirges scheint viel älter als die *Thalbildung*, sogar älter als die rheinische *Braunkohle*. Sein Hervortreten ist der Aufreißung des Rheinthales fremd gewesen, selbst wenn man dieses Thal einer Spaltenbildung zuschreiben wollte. Die Thalbildung ist wesentlich jünger als die rheinische Braunkohle, jünger als der meiste rheinische Basalt; dagegen älter als die vulkanischen Ausbrüche mit Lavaströmen, älter als der große Bimsstein-Ausbruch und der Traß. *Basaltbildungen* reichen bestimmt bis in eine jüngere Zeit hinein als die *Trachytbildung*, und die Hauptmasse des Basaltes ist daher für jünger als der Trachyt anzusehn. An den jetzigen Gehängen des Rheinthals wurden viele Basaltgruppen (Unkeler Steinbruch, Rolandseck, Godesberg) erst durch die Thal-Eröffnung bloß gelegt, da sie wahrscheinlich bis dahin im devonischen Grauwacken-Gebirge eingeschlossen waren."

Die *Infusorien:* deren, durch Ehrenberg erwiesene, so allgemeine Verbreitung auf den Continenten, in den größten Tiefen des Meeres wie in den hohen Schichten des Luftkreises zu den glänzendsten Entdeckungen unsres Zeitalters gehört; haben in der vulkanischen Eifel ihren Hauptsitz in den Rapillen, Traßschichten und Bimsstein-Conglomeraten. Kieselschalige Organismen füllen das Brohlthal und die Auswürflinge von Hochsimmern; bisweilen sind sie im Traß mit unverkohlten Zweigen von Coniferen vermengt. Dies ganze *kleine Leben* ist nach Ehrenberg ein *Süßwasser*-Gebilde; und nur ausnahmsweise zeigen sich in der obersten Ablagerung von dem zerreiblichen, gelblichen Löß am Fuß und an den Abhängen des Siebengebirges (auf die *brakische* vormalige Küstennatur hindeutend) Polythalamien des Meeres.

Ist das Phänomen der *Maare* auf das westliche Deutschland beschränkt? Graf Montlosier, der die Eifel durch eigene Beobachtungen von 1819 kannte und den Mosenberg für einen der schönsten Vulkane erkennt, den er je gesehen, zählt (wie Rozet) zu den Maaren oder *Explosions-Krateren* den Gouffre de Tazenat, den Lac Pavin und Lac de la Godivel in der Auvergne. Sie sind in sehr verschiedenartigen Gebirgsarten: in Granit, Basalt und Domit (Trachyt-Gestein), eingeschnitten; an den Rändern mit Schlacken und Rapilli umgeben. Auch auf der Insel Java, dieser wunderbaren Stätte vielfacher vulkanischer Thätigkeit, findet man „Krater ohne Kegel, gleichsam flache Vulkane", zwischen Gunung Salak und Perwakti, „als Explosions-Kratere" den *Maaren* analog. Ohne alle Rand-Erhöhung, liegen sie zum Theil in ganz flachen Gegenden der Gebirge, haben eckige Bruchstücke der gesprengten Gesteinschichten um sich her zerstreut, und stoßen jetzt nur Dämpfe und Gas-Arten aus.

Die *Gerüste*, welche eine mächtigere Ausbruch-Thätigkeit der Vulkane durch Hebung des Bodens und Lava-Erguß aufbaut, erscheinen wenigstens in sechsfacher Gestalt, und kehren in der Verschiedenheit dieser Gestaltung in den entferntesten Zonen der Erde wieder. Wer in vulkanischen Gegenden zwischen Basalt- und Trachytbergen geboren ist, fühlt sich oft heimisch da, wo dieselben Gestalten ihn anlächeln. *Bergformen* gehören zu den wichtigsten bestimmenden Elementen der *Physiognomik der Natur;* sie geben der

Gegend, je nachdem sie sich mit Vegetation geschmückt oder in öder Nacktheit erheben, einen fröhlichen oder einen ernsten, großartigen Charakter. Ich habe ganz neuerlich versucht, in einem besonderen Atlas eine Zahl von Umrissen der Cordilleren von Quito und Mexico, nach eigenen Zeichnungen entworfen, neben einander zu stellen. Wie der *Basalt* bald in kegelförmigen, am Gipfel etwas abgerundeten Kuppen, bald als nahe an einander gereihte Zwillingsberge von ungleicher Höhe, bald als ein langer horizontaler Rücken, von einer höheren Kuppe an jeglichem Ende begrenzt, auftritt; so unterscheidet man vorzugsweise im *Trachyt* die majestätische *Domform*(Chimborazo, 20100 Fuß): welche nicht mit der Form, ebenfalls ungeöffneter, aber schlankerer *Glockenberge* zu verwechseln ist. Die *Kegelgestalt* ist am vollkommensten ausgeprägt: nächst dem im Popocatepetl. Ueber die topographische Lage des Popocatepetl (*rauchender Berg* in aztekischer Sprache) neben der (liegenden) *weißen Frau*, Iztaccihuatl, und sein geographisches Verhältniß zu dem westlichen See von Tezcuco und der östlich gelegenen Pyramide von Cholula s. meinen *Atlas géogr. et phys. de la Nouvelle-Espagne* Pl. 3. (16632 F.), wie er am schönen Ufer des Sees von Tezcuco oder von der Höhe der altmexicanischen Treppen-Pyramide von Cholula gesehen wird; und im Vulkan von Orizaba (16302 F., nach Ferrer 16776 F.). Eine stark *abgestumpfte KegelformUmrisse von Vulkanen* Tafel II. zeigt der Nevado de Cayambe-Urcu (18170 F.), den der Aequator durchschneidet; wie der Vulkan von Tolima (17010 F.): am Fuß des Paramo de Quindin, bei dem Städtchen Ibague, über dem Urwald sichtbar*Humboldt, Vues des Cordillères et Monumens des peuples indigènes de l'Amérique* (fol.) Pl. LXII. Einen langgestreckten Rücken bildet zum Erstaunen des Geognosten der Vulkan von Pichincha (14910 F.): an dessen einem, wenig höheren Ende der weite, noch entzündete Krater liegt.

Durch große Naturbegebenheiten veranlaßte Einstürze von Kraterwänden oder Zerreißung derselben durch minenartige Explosion aus dem tiefen Inneren bringen in *Kegelbergen* sonderbare und contrastirende Formen hervor: so die Spaltung in *Doppel-Pyramiden* von mehr oder minder regelmäßiger Art bei dem Carguairazo (14700 F.), plötzlich eingestürztin der Nacht vom 19 Juli 1698, und bei den schöneren Pyramiden; so eine *Crenulirung* der oberen Kraterwände: bei welcher zwei, sehr gleichartige, gegen einander anstrebende Hörner die primitive, vormalige Form ahnden lassen (Capac-Urcu, Cerro del Altar, jetzt nur von 16380 Fuß Höhe). Es hat sich unter den Eingeborenen des Hochlandes von Quito: zwischen Chambo und Lican, zwischen den Gebirgen von Condorasto und Cuvillan, allgemein die Sage erhalten, daß der Gipfel des hier zuletzt genannten Vulkans 14 Jahre vor dem Einfall von Huayna Capac, dem Sohne des Inca Tupac Yupanqui: nach Ausbrüchen, die ununterbrochen sieben bis acht Jahre dauerten, eingestürzt sei und das ganze Plateau, in welchem Neu-Riobamba liegt, mit Bimsstein und vulkanischer Asche bedeckt habe. Der Vulkan, ursprünglich höher als der Chimborazo, wurde in der Inca- oder Quichua-Sprache capac, der *König* oder *Fürst* der Berge (urcu), genannt, weil die Eingeborenen seinen Gipfel sich mehr über die untere Schneegrenze erheben sahen als bei irgend einem anderen Berge der Umgegend.Lange vor der Ankunft von Bouguer und La Condamine (1736) in der Hochebene von Quito, lange vor den Bergmessungen der Astronomen wußten dort die Eingeborenen, daß der Chimborazo höher als alle anderen Nevados (Schneeberge) der Gegend sei. Sie hatten zwei, sich fast im ganzen Jahre überall gleich bleibende Niveau-Linien erkannt: die der unteren Grenze des ewigen Schnees; und die Linie der Höhe, bis zu welcher ein einzelner, zufälliger Schneefall herabreicht. Da in der Aequatorial-Gegend von Quito, wie ich durch Messungen an einem anderen Orte (*Asie centrale* T. III. p. 255) erwiesen habe, die Schneelinie nur um 180 Fuß Höhe an dem Abhange von sechs der höchsten Colosse variirt; und da diese Variation, wie noch kleinere, welche Localverhältnisse erzeugen, in einer großen Entfernung gesehen (die Höhe des Gipfels vom Montblanc ist der Höhe der unteren Aequatorial-Schneegrenze gleich), dem bloßen Auge unbemerkbar wird: so entsteht durch diesen Umstand für die Tropenwelt eine scheinbar ununterbrochene Regelmäßigkeit der Schneebedeckung, d. h. der Form der Schneelinie. Die landschaftliche Darstellung dieser Horizontalität setzt die Physiker in Erstaunen, welche nur an die Unregelmäßigkeit der Schneebedeckung in der veränderlichen, sogenannten *gemäßigten* Zone gewöhnt sind. Die Gleichheit der Schneehöhe um Quito und die Kenntniß von dem Maximum ihrer Oscillation bietet *senkrechte Basen* von 14800 Fuß über der Meeresfläche: von 6000 Fuß über der Hochebene dar, in welcher die Städte Quito, Hambato und Nuevo Riobamba liegen; Basen, die, mit sehr genauen Messungen von Höhenwinkeln verbunden, zu Distanz-Bestimmungen und mannigfaltigen topographischen, schnell auszuführenden Arbeiten benutzt werden können. Die zweite der hier bezeichneten Niveau-Linien: die Horizontale, welche den unteren Theil eines einzelnen, zufälligen Schneefalles begrenzt; entscheidet über die relative Höhe der Bergkuppen, welche in die Region des ewigen Schnees nicht hineinreichen. Von einer langen Kette solcher Bergkuppen, die man irrigerweise für gleich hoch gehalten hat, bleiben viele unterhalb der temporären Schneelinie; und der Schneefall entscheidet so über das relative Höhenverhältniß. Solche Betrachtungen über perpetuirliche und zufällige *Schneegrenzen* habe ich in dem Hochgebirge von Quito, wo die Sierras nevadas oft einander genähert sind ohne Zusammenhang ihrer ewigen Schneedecken, aus dem Munde roher Landleute und Hirten vernommen. Eine großartige Natur schärft anregend die Empfänglichkeit bei einzelnen Individuen unter den farbigen Eingeborenen selbst da, wo sie auf der tiefsten Stufe der Cultur stehen. Der Große Ararat: dessen Gipfel (16026 F.) Friedrich Parrot im Jahr 1829, Abich und Chodzko in den Jahren 1845 und 1850 erreicht haben, bildet, wie der Chimborazo, einen *ungeöffneten Dom*. Seine mächtigen Lavaströme sind tief unterhalb der Schneegrenze ausgebrochen. Ein wichtiger Charakter in der Gestaltung des Ararat ist ein Seitenschlund, der tiefe Ausschnitt des Jacobs-Thales, das man mit dem Val del Bove des Aetna vergleichen kann. In demselben wird, nach Abich's Beobachtung, erst recht eigentlich die innere Structur von dem Kern des trachytischen *Glockenberges* sichtbar, da dieser Kern und die Erhebung des ganzen Ararats um vieles älter sind als die Lavaströme.Der Kasbegk und Tschegem, welche auf demselben caucasischen Haupt-Bergrücken (OSO–WNW) ausgebrochen sind als der Elburuz (18500 F.), sind ebenfalls *Kegel* ohne Gipfel-Krater, während der colossale Elburuz auf seinem Gipfel einen Kratersee trägt.

Da *Kegel-* und *Domformen* in allen Weltgegenden bei weitem die häufigsten sind, so ist, wie vereinzelt in der Gruppe der Vulkane von Quito, um desto merkwürdiger der *lange Rücken* des Vulkans von *Pichincha*. Ich habe mich mit seiner Gestaltung lange und sorgfältig beschäftigt, und neben seiner, auf viele Winkelmessungen gegründeten Profil-Ansicht auch eine topographische Skizze seiner Queerthäler veröffentlicht. Pichincha bildet eine über zwei geographische Meilen lange Mauer von schwarzem Trachyt-Gestein (zusammengesetzt aus Augit und Oligoklas), auf einer Spalte in der westlichsten, der Südsee nahen Cordillere gehoben: ohne daß die Achse des hohen Bergrückens mit der der Cordillere, der Richtung nach, zusammentrifft. Auf dem Rücken der Mauer folgen, castellartig aufgesetzt, von SW gen NO die drei Kuppen: Cunturguachana, Guagua-Pichincha (das *Kind* des alten Vulkans) und el Picacho de los Ladrillos. Der eigentliche Feuerberg (Vulkan) wird der *Vater* oder *Alte*, Rucu-Pichincha, genannt. Er ist der einzige Theil des langen Bergrückens, welcher in die ewige Schneeregion reicht: also sich zu einer Höhe erhebt, welche die Kuppe von Guagua-Pichincha, dem Kinde, etwa um 180 Fuß übersteigt. Drei thurmartige Felsen umgeben den ovalen Krater: der etwas südwestlicher, also außerhalb der Achsenrichtung einer, im Mittel 14706 Fuß hohen Mauer, liegt. Ich bin auf den östlichsten Felsthurm im Frühjahr 1802 allein mit dem Indianer Felipe Aldas gelangt. Wir standen dort am äußersten Kraterrande, ohngefähr 2300 Fuß hoch über dem Boden des entzündeten Schlundes. Sebastian *Wisse*, welchem während seines langen Aufenthaltes in Quito die physikalischen Wissenschaften so viele interessante Beobachtungen verdanken, hat die Kühnheit gehabt im Jahre 1845 mehrere Nächte in einem Theile des Kraters von Rucu-Pichincha zuzubringen: wo das Thermometer gegen Sonnenaufgang 2° unter den Nullpunkt fiel. Der Krater ist durch einen, mit verglasten Schlacken bedeckten Felskamm in zwei Theile getheilt. Der östliche liegt über tausend Fuß tiefer als der westliche, und ist jetzt der eigentliche Sitz vulkanischer Thätigkeit. Dort erhebt sich ein Auswurfs-Kegel von 250 Fuß Höhe. Er wird von mehr als 70 entzündeten, Schwefeldampf ausstoßenden Fumarolen umgeben.Aus diesem kreisrunden, östlichen Krater, der jetzt an den minder warmen Stellen mit Stauden schilfartiger Gräser und einer bromelienblättrigen Pourretia bedeckt ist, sind wahrscheinlich die feurigen Schlacken-, Bimsstein- und Aschen-Auswürfe des Rucu-Pichincha von 1539, 1560, 1566, 1577, 1580 und 1660 erfolgt. Die Stadt Quito war damals oft tagelang durch die fallenden, staubartigen Rapilli in tiefe Finsterniß gehüllt.

Zu der seltneren Gestaltungs-Classe der Vulkane, welche langgestreckte Rücken bilden, gehören in der Alten Welt: der *Galungung*, mit einem großen Krater, im westlichen Theile von Java; die Doleritmasse des *Schiwelutsch* auf Kamtschatka: eines Kettengebirges, auf dessen Kamme sich einzelne Kuppen bis zu der Höhe von 9540 Fuß erheben; der *Hekla*, von der Nordwest-Seite, in normaler Richtung auf die Haupt- und Längenspalte, gesehen, über der er hervorgebrochen ist: als ein breiter, mit verschiedenen kleinen Hörnern versehener Gebirgszug. Seit den letzten Eruptionen von 1845 und 1846, die einen Lavastrom von 2 geogr. Meilen Länge und an einigen Stellen von ½ Meile Breite, dem Aetna-Strome von 1669 vergleichbar, gegeben haben, liegen auf dem Rücken des Hekla in einer Reihe fünf kesselförmige Krater. Da die Hauptspalte Nord 65° Ost gerichtet ist, so erscheint der Vulkan: von Selsundsfjäll, d. h. von der Südwest-Seite, also im Queerschnitt, gesehen, als ein spitziger Kegelberg.

Wie die Gestalten der Feuerberge so auffallend verschieden sind (Cotopaxi und Pichincha), ohne daß die ausgestoßenen Stoffe und die chemischen Processe des tiefen Inneren sich ändern; so ist die relative *Stellung* der Erhebungs-Kegel bisweilen noch sonderbarer. Auf Luzon, in der Inselgruppe der Philippinen, erhebt sich der noch thätige Vulkan von Taal, dessen zerstörendster Ausbruch der vom Jahr 1754 war, mitten in einem, von Crocodilen bewohnten, großen See (laguna de Bombon genannt). Der Kegel, der auf der Kotzebue'schen Entdeckungsreise erstiegen ward, hat einen Kratersee, aus welchem wiederum ein Ausbruch-Kegel mit einem zweiten Krater aufsteigt. Diese Beschreibung erinnert unwillkührlich an Hanno's Reisejournal: in dem einer Insel gedacht wird, einen kleinen See einschließend, aus dessen Mitte sich eine zweite Insel erhebt. Das Phänomen soll zweimal vorkommen: einmal im Golf des *Westlichen Hornes*, und dann in der Bai der *Gorillas-Affen*, an der west-afrikanischen Küste. So individuelle Schilderungen möchte man auf wirkliche Naturbeobachtung gegründet glauben!

Die kleinste und größte Höhe der Punkte, in denen die vulkanische Thätigkeit des Inneren der Erde sich an der Oberfläche permanent wirksam zeigt: ist eine hypsometrische Betrachtung, die für die physische Erdbeschreibung das Interesse gewährt, welches allen sich auf die Reaction des flüssigen Inneren der Planeten gegen ihre Oberfläche beziehenden Thatsachen eigen ist. Das Maaß der *hebenden Kraft*offenbart sich allerdings in der Höhe vulkanischer Kegelberge; aber über den Einfluß der *Höhenverhältnisse* auf *Frequenz* und *Stärke der Ausbrüche* ist nur mit vieler Vorsicht ein Urtheil zu fällen. Einzelne Contraste gleichartiger Wirkungen in Frequenz und Stärke bei sehr hohen oder sehr niedrigen Vulkanen können hier nicht entscheiden; und von den mehreren Hunderten thätiger Vulkane, welche man auf den Continenten und den Inseln voraussetzt, ist die Kenntniß noch so überaus unvollständig, daß die einzig entscheidende Methode, die der *Mittelzahlen*, noch nicht angewendet werden kann. Auch würden solche Mittelzahlen, wenn sie das bestimmte Resultat geben sollten, in welcher *Höhenclasse* der Erhebungs-Kegel sich eine schnellere Wiederkehr der Eruptionen offenbare, noch immer Raum zu dem Zweifel übrig lassen: daß neben der Höhe, d. h. der Entfernung von dem vulkanischen Heerde, die unberechenbaren

Zufälligkeiten in dem, sich schwerer oder leichter verstopfenden Spaltennetze wirken. Das Phänomen ist also in Hinsicht auf den Causal-Zusammenhang ein *unbestimmtes*.

Vorsichtig bei dem Thatsächlichen verweilend, da, wo die Complication der Naturerscheinungen und der Mangel der historischen Nachrichten über die Zahl der Ausbrüche im Lauf der Jahrhunderte das Auffinden des Gesetzlichen noch nicht erlaubt haben: begnüge ich mich, für die *vergleichende Hypsometrie der Vulkane* fünf Gruppen aufzustellen, in denen die *Höhenclassen* durch eine kleine, aber sichere Zahl von Beispielen charakterisirt sind. Ich habe in diesen 5 Gruppen nur isolirt sich erhebende, mit noch *entzündeten* Gipfel-Kratern versehene Kegelberge aufgeführt: also eigentliche, jetzt noch thätige Vulkane; nicht ungeöffnete Glockenberge, wie der Chimborazo. Alle *Eruptions-Kegel*, die von einem nahen Vulkan abhängig sind oder, fern von demselben, wie auf der Insel Lancerote und im Arso am Epomeo auf Ischia, keinen permanenten Zusammenhang des Inneren mit dem Luftkreise bewahrt haben: bleiben hier ausgeschlossen. Nach dem Zeugniß des eifrigsten Forschers über die Vulcanicität des Aetna, Sartorius von Waltershausen, wird dieser Vulkan von fast 700 größeren und kleineren *Ausbruch-Kegeln* umgeben. Da die gemessenen Höhen der Gipfel sich auf das Niveau des Meeres, der jetzigen flüssigen Oberfläche des Planeten, beziehen; so ist es wichtig hier daran zu erinnern, daß *Insel-Vulkane:* von denen einige nicht tausend Fuß (wie der von Horner und Tilesius beschriebene japanische Vulkan Kosima am Eingange der Tsugar-Straße), andere, wie der Pic von Teneriffa, mehr als 11500 Fuß über den Meeresspiegel hervorragen; sich durch vulkanische Kräfte über einen Meeresgrund *erhoben* haben, der oft 20000 Fuß, ja einmal über 43000 Fuß Tiefe unter der jetzigen Meeres-Oberfläche gefunden worden ist. Um eine Täuschung in numerischen Verhältnissen zu vermeiden, ist auch dieser Erinnerung hinzuzufügen: daß, wenn für die Vulkane auf den Continenten Unterschiede der ersten und vierten Classe, also in Vulkanen von 1000 und 18000 Fuß, sehr beträchtlich scheinen, das Verhältniß dieser Zahlen ganz verändert wird, wenn man (nach Mitscherlich's Versuchen über den Schmelzgrad des Granits und nach der, nicht ganz wahrscheinlichen Hypothese über die mit der Tiefe in arithmetischer Progression gleichmäßig zunehmende Wärme) die obere Grenze des geschmolzenen Inneren der Erde etwa zu 114000 Fuß unter dem jetzigen Meeresspiegel annimmt. Bei der durch Verstopfung vulkanischer Spalten sich so mächtig vermehrenden Spannung elastischer Dämpfe sind die Höhenunterschiede der bisher gemessenen Vulkane wohl nicht beträchtlich genug, um als ein Hinderniß angesehen zu werden für das Gelangen der Lava und anderer dichter Massen zur Kraterhöhe.

Hypsometrie der Vulkane.

Erste Gruppe, von 700 bis 4000 Par. Fuß Höhe.

Der Vulkan der japanischen Insel *Kosima*, südlich von Jezo: 700 F. nach Horner.

Der Vulkan der Liparischen Insel *Volcano:* 1224 F. nach Fr. Hoffmann.

Gunung Api (bedeutend Feuerberg in der malayischen Sprache), der Vulkan der Insel *Banda:* 1828 F.

Der, erst im Jahr 1770 aufgestiegene, fast ununterbrochen speiende Vulkan von *IzalcoSquier* in der *American Association* (tenth annual meeting, at New-Haven 1850). im Staate San Salvador (Central-Amerika): 2000 F. nach Squier.

Gunung *Ringgit,* der niedrigste Vulkan von Java: 2200 F. nach Junghuhn.S. Franz *Junghuhn's* überaus lehrreiches Werk: *Java, seine Gestalt und Pflanzendecke* 1852 Abth. I. S. 99. Der *Ringgit* ist jetzt fast *erloschen*, nachdem seine furchtbaren Ausbrüche im Jahr 1586 vielen tausend Menschen das Leben gekostet hatten.

Stromboli: 2775 F. nach Fr. Hoffmann.

Vesuv, die Rocca del Palo, am höchsten nördlichen Kraterrande: das Mittel meiner beiden Barometer-MessungenDer Gipfel des Vesuvs ist also nur 242 Fuß höher als der Brocken. von 1805 und 1822 giebt 3750 F.

Der in der mexicanischen Hochebene am 29 September 1759 ausgebrochene Vulkan von *Jorullo:* 4002 F.

Zweite Gruppe, von 4000 bis 8000 Par. Fuß Höhe.

Mont Pelé de la *Martinique*: 4416 F. ? nach Dupuget.

Soufrière de la *Guadeloupe*: 4567 F. nach Charles Deville.

Gunung *Lamongan* im östlichsten Theile von Java: 5010 F. nach Junghuhn.

Gunung *Tengger*, von allen Vulkanen Java's der, welcher den größten Kraterhat: Höhe am Eruption-Kegel Bromo 7080 F. nach Junghuhn.

Vulkan von *Osorno* (Chili): 7083 F. nach Fitzroy.

Vulkan der Insel *Pico* besonders wegen der Entfernung, in welcher der Gipfel des Vulkans der Insel *Pico* bisweilen gesehen worden ist. Die ältere Messung Ferrer's gab 7428 Fuß: also 285 F. mehr als die, gewiß sorgfältigere Aufnahme des Cap. Vidal von 1843. (Azoren): 7143 F. nach Cap. Vidal.

Der Vulkan von der Insel *Bourbon:* 7507 F. nach Berth.

Dritte Gruppe, von 8000 bis 12000 Par. Fuß Höhe.

Der Vulkan von *Awatscha* (Halbinsel Kamtschatka): nicht zu verwechseln mit der etwas nördlicheren *Strjeloschnaja Sopka,* welche die englischen Seefahrer gewöhnlich den Vulkan von Awatscha nennen; 8360 F. nach Erman.

Vulkan von *Antuco* oder Antoïo (Chili): 8368 F. nach Domeyko.

Vulkan der capverdischen Insel *Fogo:* 8587 F. nach Charles Deville.

Vulkan *Schiwelutsch* (Kamtschatka): der nordöstliche Gipfel 9898 F. nach Erman.

Aetna: nach Smyth 10200 F.

Pic von *Teneriffa:* 11408 F. nach Charles Deville.

Vulkan Gunung *Semeru*, der höchste aller Berge auf der Insel Java: 11480 F. nach Junghuhn's barometrischer Messung.

Vulkan *Erebus*, Br. 77° 32', der nächste am Südpol: nach Sir James Roß 11603 F.

Vulkan *Argäus* in Cappadocien, jetzt Erdschisch-Dagh, süd-süd-östlich von Kaisarieh: nach Peter von Tschichatscheff 11823 F.

Vierte Gruppe, von 12000 bis 16000 Par. Fuß Höhe.

Vulkan von *Tuqueres*, in dem Hochlande der Provincia de los Pastos: nach Boussingault 12030 F.

Vulkan von *Pasto*: nach Boussingault 12620 F.

Vulkan *Mauna Roa*: nach Wilkes 12909 F.

Vulkan von *Cumbal* in der Prov. de los Pastos: 14654 F. nach Boussingault.

Vulkan *Kljutschewsk*: nach Erman 14790 F.

Vulkan *Rucu-Pichincha:* nach barometrischen Messungen von Humboldt 14940 F.

Vulkan *Tungurahua:* nach einer trigonometrischen MessungBouguer und La Condamine geben in der Inschrift zu Quito für den Tungurahua vor dem großen Ausbruch von 1772 und vor dem Erdbeben von Riobamba (1797), welches große Bergstürze veranlaßte, 15738 Fuß. Ich fand trigonometrisch im Jahr 1802 für den Gipfel des Vulkans nur 15473 Fuß. von Humboldt 15473 F.

Vulkan von *Puracé* bei Popayan: 15957 F. nach José Caldas.

Fünfte Gruppe, von 16000 bis mehr als 20000 Par. Fuß Höhe.

Vulkan *Sangay*, südsüdöstlich von Quito: 16068 F. nach Bouguer und La Condamine.

Vulkan *Popocatepetl*: nach einer trigonometrischen Messung von Humboldt 16632 F.

Vulkan von *Orizaba*: nach Ferrer 16776 F.

Eliasberg (Westküste Nordamerika's): nach den Messungen von Quadra und Galiano 16750 F.

Vulkan von *Tolima*: nach einer trigonometrischen Messung von Humboldt 17010 F.

Vulkan von *Arequipa*: nach einer trigonometrischen Messung von Dolley 17714 F.?

Vulkan *Cotopaxi*: 17712 F. nach Bouguer.

Vulkan *Sahama* (Bolivia); nach Pentland 20970 F.

Der Vulkan, mit welchem die fünfte Gruppe endigt, ist mehr denn zweimal so hoch als der Aetna, fünf und ein halbmal so hoch als der Vesuv. Die *Stufenleiter* der Vulkane, die ich aufgestellt: von den niedrigen Maaren anhebend (Minen-Trichtern ohne Gerüste: die Olivin-Bomben, von halbgeschmolzenen Schieferstücken umgeben, ausgeworfen haben) und bis zu dem noch entzündeten, ein-und-zwanzig-tausend Fuß hohen Sahama aufsteigend, hat uns gelehrt: daß es keinen nothwendigen Zusammenhang zwischen dem Maximum der Erhebung, dem geringeren Maaße der vulkanischen Thätigkeit und der Natur der sichtbaren Gebirgsart giebt. Beobachtungen, die auf einzelne Länder beschränkt bleiben, können hier leicht zu irrigen Annahmen verleiten. In dem Theile von Mexico z. B., welcher in der heißen Zone liegt, sind alle mit ewigem Schnee bedeckten Berge, d. h. die Culminationspunkte des ganzen Landes, allerdings Vulkane; eben so ist es meist in den Cordilleren von Quito, wenn man die glockenförmigen, im Gipfel nicht geöffneten Trachytberge (den Chimborazo und Corazon) den Vulkanen beigesellen will: dagegen sind in der östlichen Andeskette von Bolivia die Maxima der Gebirgshöhen völlig unvulkanisch. Die Nevados von Sorata (19974 Fuß) und Illimani (19843 Fuß) bestehen aus Grauwacken-Schiefern, die von Porphyrmassendurchbrochen sind, und in denen sich (als Zeugen dieses Durchbruchs) Fragmente von Schiefer eingeschlossen finden. Auch in der östlichen Cordillere von Quito, südlich vom Parallel von 1° 35', sind die den Trachyten gegenüber liegenden, ebenfalls in die Region des ewigen Schnees eintretenden, hohen Gipfel (Condorasto, Cuvillan und die Collanes) Glimmerschiefer und Gestellstein. Nach dem, was wir bis jetzt durch die verdienstvollen Arbeiten von Brian H. Hodgson, Jacquemont, Joseph Dalton Hooker, Thomson und Henry Strachey von der mineralogischen Beschaffenheit der größten Höhen des Himalaya wissen, scheinen ebenfalls in diesen die ehemals so genannten *uranfänglichen* Gebirgsarten: Granit, Gneiß und Glimmerschiefer, aber keine Trachyt-Formationen, sichtbar zu werden. Pentland hat in Bolivia Muschel-Versteinerungen in den silurischen Schiefern am Nevado de Antacaua, 16400 Fuß über dem Meere, zwischen la Paz und Potosi, gefunden. Die ungeheure Höhe, zu welcher nach dem Zeugniß der von Abich aus dem Daghestan, von mir aus den peruanischen Cordilleren (zwischen Guambos und Montan) gesammelten Petrefacten die Kreide-Formation gehoben ist, erinnert recht lebhaft daran, daß unvulkanische Sedimentschichten, voll organischer Reste, nicht zu verwechseln mit vulkanischen

Tuffschichten, sich da zeigen: wo weit umher Melaphyre, Trachyte, Dolerite und anderes Pyroxen-Gestein, denen man die hebenden, treibenden Kräfte zuschreibt, in der Tiefe versteckt bleiben. In wie unermeßlichen Strecken der Cordilleren und ihrer östlichen Umgebung ist keine Spur der ganzen Granit-Formation sichtbar!

Da, wie ich schon mehrmals bemerkt, die Frequenz der Ausbrüche eines Vulkans von mehrfachen und sehr verwickelten Ursachen abzuhangen scheint, so ist über das Verhältniß der absoluten Höhe zu der Häufigkeit und dem Maaß der erneuerten Entflammung mit Sicherheit kein allgemeines Gesetz aufzustellen. Wenn in einer kleinen Gruppe die Vergleichung vom Stromboli, dem Vesuv und dem Aetna verleiten kann zu glauben, daß die Anzahl der Eruptionen der Höhe der Vulkane umgekehrt proportional sei; so stehn andere Thatsachen mit diesem Satze in geradem Widerspruche. Sartorius von Waltershausen, der sich um die Kenntniß des Aetna so verdient gemacht hat, bemerkt, daß bei diesem im mittleren Durchschnitt, welchen die letzten Jahrhunderte geben, von sechs zu sechs Jahren ein Ausbruch zu erwarten ist: während daß auf Island, wo eigentlich kein Theil der Insel gegen Zerstörung durch unterseeische Gluth gesichert ist, an dem, 5400 Fuß niedrigeren Hekla die Eruptionen nur alle 70 bis 80 Jahre beobachtet werden.Die Gruppe der Vulkane von Quito bietet einen noch viel auffallenderen Contrast dar. Der 16000 Fuß hohe Vulkan von Sangay ist um vieles thätiger als der kleine Kegelberg Stromboli (2775 F.); er ist unter allen bekannten Vulkanen der, welcher in jeder Viertelstunde die meisten feurigen, weitleuchtenden Schlacken-Auswürfe zeigt. Statt uns in Hypothesen über Causal-Verhältnisse unzugänglicher Erscheinungen zu verirren, wollen wir lieber hier bei sechs Punkten der Erdfläche verweilen, welche in der Geschichte der vulkanischen Thätigkeit vorzugsweise wichtig und lehrreich sind: bei *Stromboli*, bei der *Chimära* in Lycien, dem alten Vulkan von *Masaya*, dem sehr neuen von *Izalco*, dem Vulkan *Fogo* auf den capverdischen Inseln und dem colossalen *Sangay*.

Die *Chimära* in Lycien und *Stromboli*, das alte Strongyle, sind die zwei feurigen Erscheinungen vulkanischer Thätigkeit, deren Permanenz, historisch erwiesen, auch am weitesten hinaufreicht. Der conische Hügel von *Stromboli*, ein Dolerit-Gestein, ist zweimal höher als der Feuerberg auf Volcano (Hiera, Thermessa), dessen letzter großer Ausbruch sich im Jahr 1775 ereignete. Die ununterbrochene Thätigkeit des Stromboli wird von Strabo und Plinius mit der der Insel Lipari, der alten Meligunis, verglichen; „seiner Flamme“ aber, d. i. seinen ausgestoßenen Schlacken, „bei weniger Hitze eine größere Reinheit und Leuchtkraft“ zugeschrieben.Die Zahl und Gestalt der kleinen Feuerschlünde ist sehr wechselnd. Spallanzani's lange für übertrieben gehaltene Darstellung des Kraterbodens ist von einem erfahrneren Geognosten, Friedrich Hoffmann, wie auch noch neuerlichst von einem scharfsinnigen Physiker, A. de Quatrefages, vollkommen bestätigt worden. Einer der rothglühenden Feuerschlünde hat eine Oeffnung von nur 20 Fuß Durchmesser; es gleicht dieselbe dem Schacht eines hohen Ofens: und man sieht in ihr zu jeder Stunde, oben an dem Kraterrande gelagert, das Aufsteigen und Ueberwallen der flüssigen Lava. Die, uralten, permanenten Ausbrüche des Stromboli dienen noch jetzt bisweilen zur Orientirung der Schiffenden; und durch Beobachtung der Richtung der Flamme und der aufsteigenden Dampfsäule, wie bei den Griechen und Römern, zu unsicherer Wetterprophezeiung. An die Mythe von des Aeolus frühestem Aufenthalte auf Strongyle, und mehr noch an Beobachtungen über das damals heftige Feuer auf Volcano (der „heiligen Insel des Hephaistos"), knüpft Polybius, der eine sonderbar genaue Kenntniß von dem Zustand des Kraters verräth, die mannigfaltigen Kennzeichen einer nahen Windveränderung. Die Frequenz der Feuer-Erscheinung hat in der neuesten Zeit einige Unregelmäßigkeit gezeigt. Die Thätigkeit des Stromboli ist, wie die des Aetna nach Sartorius von Waltershausen, am größten im November und in den Wintermonaten. Sie wird bisweilen durch einzelne Ruhepunkte unterbrochen; letztere sind aber, wie eine Erfahrung von vielen Jahrhunderten lehrt, von sehr kurzer Dauer.

Die *Chimära* in Lycien, welche der Admiral Beaufort so trefflich beschrieben und deren ich schon zweimal erwähnt habe, ist kein Vulkan, sondern ein perpetuirlicher Feuerbrunnen, eine durch die vulkanische Thätigkeit des Erd-Inneren immerfort entzündete Gasquelle. Dieselbe hat vor wenigen Monaten ein talentvoller Künstler, Albert Berg, besucht: um diese, in dem hohen Alterthume (seit den Zeiten des Ctesias und Scylax aus Caryanda) schon berühmte Oertlichkeit malerisch aufzunehmen, und die Gebirgsarten zu sammeln, aus denen die Chimära ausbricht. Die Beschreibungen von Beaufort, Professor Edward Forbes und Lieutenant Spratt in den *Travels in Lycia* finden sich vollkommen bestätigt. Eine Eruptiv-Masse von Serpentin-Gestein durchsetzt den dichten Kalkstein in einer Schlucht, die von Südost in Nordwest ansteigt. An dem nordwestlichen Ende dieser Schlucht ist der Serpentinstein durch einen in einen Bogen gekrümmten Kamm von Kalkfelsen abgeschnitten oder vielleicht bloß verdeckt. Die mitgebrachten Stücke sind theils grün und frisch, theils braun und im Zustand der Verwitterung. In beiden Serpentinen ist Diallag deutlich erkennbar.

Der Vulkan von *Masaya*, dessen Ruf unter dem Namen der *Hölle*, el Infierno de Masaya, schon im Anfang des 16ten Jahrhunderts weit verbreitet war und zu Berichten an Kaiser Carl V Anlaß gab, liegt zwischen den beiden Seen Nicaragua und Managua, südwestlich von dem reizenden Indianer-Dorfe Nindiri. Er bot Jahrhunderte lang dasselbe seltene Phänomen dar, das wir am Vulkan von Stromboli beschrieben haben. Man sah vom Kraterrande aus, in dem rothglühenden Schlunde, die von Dämpfen bewegten, auf- und niederschlagenden Wellen flüssiger Lava. Der spanische Geschichtsschreiber Gonzalez Fernando de Oviedo bestieg den Masaya zuerst im Juli 1529, und stellte Vergleichungen an mit dem Vesuv, welchen er früher (1501) in Begleitung der Königinn von Neapel als ihr xefe de guardaropa besucht hatte. Der Name *Masaya* gehört der Chorotega-Sprache von Nicaragua an und bedeutet *brennender Berg*. Der Vulkan, von einem weiten Lavafelde (mal-pays) umgeben, das er wahrscheinlich selbst erzeugt hat, wurde damals zu der Berggruppe der

„neun brennenden Maribios“ gezählt. In dem gewöhnlichen Zustande, sagt Oviedo, steht die Oberfläche der Lava, auf welcher schwarze Schlacken schwimmen, mehrere hundert Fuß unter dem Kraterrande; bisweilen aber ist die Aufwallung plötzlich so groß, daß die Lava fast den oberen Rand erreicht. Das perpetuirliche Lichtphänomen wird, wie Oviedo sich bestimmt und scharfsinnig ausdrückt, nicht durch eine eigentliche Flamme, sondern durch von unten erleuchteten Dampf verursacht. Es soll von solcher Intensität gewesen sein, daß auf dem Wege vom Vulkan nach Granada, in mehr als drei leguas Entfernung, die Erleuchtung der Gegend fast der des Vollmondes glich.

Acht Jahre nach Oviedo erstieg den Vulkan der Dominicaner-Mönch Fray Blas del Castillo: welcher die alberne Meinung hegte, daß die flüssige Lava im Krater flüssiges Gold sei, und sich mit einem eben so habsüchtigen Franciscaner-Mönche aus Flandern, Fray Juan de Gandavo, verband. Beide, die Leichtgläubigkeit der spanischen Ankömmlinge benutzend, stifteten eine *Actien-Gesellschaft*, um auf gemeinschaftliche Kosten das Metall zu erbeuten. Sie selbst, setzt Oviedo satirisch hinzu, erklärten sich als Geistliche von allem pecuniären Zuschusse befreit. Der Bericht, welchen über die Ausführung dieses kühnen Unternehmens Fray Blas del Castillo (dieselbe Person, die in den Schriften von Gomara, Benzoni und Herrera Fray Blas de Iñesta genannt wird) an den Bischof von Castilla del Oro, Thomas de Verlenga, erstattete, ist erst (1840) durch das Auffinden von Oviedo's Schrift über Nicaragua bekannt geworden. Fray Blas, der früher als Matrose auf einem Schiffe gedient hatte, wollte die Methode nachahmen, mittelst welcher, an Seilen über dem Meere hangend, die Einwohner der canarischen Inseln den Färbestoff der Orseille (Lichen Roccella) an schroffen Felsen sammeln. Es wurden Monate lang, oft geänderte Vorrichtungen getroffen, um vermittelst eines Drehhaspels und Krahns einen mehr als 30 Fuß langen Balken über dem tiefen Abgrund hervortreten zu lassen. Der Dominicaner-Mönch, das Haupt mit einem eisernen Helm bedeckt und ein Crucifix in der Hand, wurde mit drei anderen Mitgliedern der Association herabgelassen; sie blieben eine ganze Nacht in diesem Theil des festen Kraterbodens: von dem aus sie mit irdenen Gefäßen, die in einem eisernen Kessel standen, vergebliche Versuche zum Schöpfen des vermeinten flüssigen Goldes machten. Um die Actionäre nicht abzuschrecken, kamen sie übereinzu sagen, wenn sie herausgezogen würden, sie hätten große Reichthümer gefunden, und die *Hölle* (el Infierno) von Masaya verdiente künftig el Paraiso de Masaya genannt zu werden. Die Operation wurde später mehrmals wiederholt, bis der Governador der nahen Stadt Granada Verdacht des Betruges oder gar einer Defraudation des Fiscus schöpfte und „ferner sich an Seilen in den Krater herabzulassen“ verbot. Dies geschah im Sommer 1538; aber 1551 erhielt dennoch wieder der Decan des Capitels von Leon, Juan Alvarez, die naive Erlaubniß von Madrid, „den Vulkan zu öffnen und das Gold zu gewinnen, welches er enthalte“. So fest stand der Volksglaube im 16ten Jahrhundert. Mußten doch noch im Jahr 1822 in Neapel Monticelli und Covelli durch chemische Versuche erweisen, daß die am 28 October ausgeworfene Asche des Vesuvs kein Gold enthalte!

Der Vulkan von *Izalco,* welcher an der Westküste Central-Amerika's, 8 Meilen nördlich von San Salvador und östlich von dem Hafen von Sonsonate, liegt, ist 11 Jahre später ausgebrochen als der Vulkan von Jorullo tief im Inneren des mexicanischen Landes. Beide Ausbrüche geschahen in einer cultivirten Ebene und nach mehrmonatlichen Erdbeben und unterirdischem Brüllen (bramidos). Es erhob sich im Llano de Izalco ein conischer Hügel, und mit seiner Erhebung begann aus dessen Gipfel ein Lava-Erguß am 23 Februar 1770. Was bei schnell zunehmender Höhe der *Erhebung des Bodens:* was der *Aufhäufung* von ausgeworfenen Schlacken, Asche und Tuffmassen zuzuschreiben sei; bleibt bis jetzt unentschieden; nur so viel ist gewiß, daß seit dem ersten Ausbruch der neue Vulkan: statt, wie der Jorullo, bald zu erlöschen, in ununterbrochener Thätigkeit geblieben ist und oft den Schiffern bei der Landung in der Bai von Acayutla als Leuchtthurm dient. Man zählt in der Stunde vier feurige Eruptionen, und die große Regelmäßigkeit des Phänomens hat die wenigen genauen Beobachter desselben in Erstaunen gesetzt. Die Stärke der Ausbrüche war wechselnd, nicht aber die Zeit ihres jedesmaligen Eintretens. Die Höhe, welche der Vulkan von Izalco jetzt nach der letzten Eruption von 1825 erlangt hat, wird zu ohngefähr 1500 Fuß geschätzt: fast gleich der Höhe, die der Vulkan von Jorullo über der ursprünglichen cultivirten Ebene erreicht; aber fast viermal höher als der Erhebungs-Krater (Monte Nuovo) in den phlegräischen Feldern: welchem Scacchi. Die Höhe des Vulkans von Jorullo habe ich über der Ebene, in welcher er aufgestiegen, 1578 Fuß, über der Meeresfläche 4002 Fuß gefunden. nach genauer Messung 405 Fuß giebt. Die permanente Thätigkeit des Vulkans von Izalco, welchen man lange als ein Sicherheits-Ventil für die Umgegend von San Salvador betrachtete, hat die Stadt doch nicht vor der völligen Zerstörung in der Osternacht dieses Jahres (1854) bewahrt.

Die *capverdische* Insel, welche sich zwischen S. Jago und Brava erhebt, hat früh von den Portugiesen den Namen Ilha do Fogo erhalten, weil sie, wie Stromboli, von 1680 bis 1713 ununterbrochen Feuer gab. Nach langer Ruhe entzündete sich der Vulkan dieser Insel von neuem im Sommer des Jahres 1798, kurz nach dem letzten Seiten-Ausbruch des Pics von Teneriffa im Krater von Chahorra: der irrig, als wäre er ein eigener Berg, der *Vulkan von Chahorra* genannt wird.

Der thätigste von allen Vulkanen Südamerika's, ja von allen, die ich hier einzeln aufgeführt habe, ist der *Sangay:* der auch Volcan de Macas genannt wird, weil die Reste dieser alten, in der ersten Zeit der Conquista volkreichen Stadt am Rio Upano nur 7 geographische Meilen südlicher liegen. Der colossale Berg, von 16068 Fuß Höhe, hat sich am östlichen Abhange der östlichen Cordillere erhoben: zwischen zwei Systemen von Zuflüssen des Amazonenstroms, denen des Pastaza und des Upano. Das große, unvergleichbare Feuerphänomen, das er jetzt darbietet, scheint erst im Jahr 1728 begonnen zu haben. Bei der astronomischen Gradmessung von Bouguer und La Condamine (1738 bis 1740) diente der Sangay als ein perpetuirliches Feuersignal.Ich selbst hörte Monate lang im Jahr 1802, besonders am frühen Morgen, seinen Donner in

Chillo, dem anmuthigen Landsitze des Marques de Selvalegre nahe bei Quito: wie ein halbes Jahrhundert früher Don Jorge Juan die ronquidos del Sangay etwas weiter nordöstlich, bei Pintac, am Fuß des Antisana, vernommen hatte. In den Jahren 1842 und 1843, wo die Eruptionen mit dem meisten Getöse verbunden waren, hörte man dasselbe deutlichst nicht bloß im Hafen von Guayaquil, sondern auch weiter südlich längs der Südsee-Küste, bis Payta und San Buenaventura: in einem Abstande wie Berlin von Basel, die Pyrenäen von Fontainebleau, oder London von Aberdeen. Wenn seit dem Anfang des jetzigen Jahrhunderts die Vulkane von Mexico, Neu-Granada, Quito, Bolivia und Chili von einigen Geognosten besucht worden sind; ist leider! der Sangay, der den Tungurahua an Höhe übertrifft, wegen seiner einsamen, von allen Communications-Wegen entfernten Lage, völlig vernachlässigt geblieben. Erst im December 1849 hat ihn ein kühner und kenntnißvoller Reisender, Sebastian Wisse, nach einem fünfjährigen Aufenthalte in der Andeskette, bestiegen; und ist fast bis zum äußersten Gipfel des, mit Schnee bedeckten, steilen Kegels gelangt. Er hat sowohl die so wunderbare Frequenz der Auswürfe genau chronometrisch bestimmt, als auch die Beschaffenheit des, auf einen so engen Raum eingeschränkten, den Gneiß durchbrechenden Trachyts untersucht. Es wurden, wie schon oben bemerkt, 267 Eruptionen in 1 Stunde gezählt: jede dauernd im Mittel 13",4 und, was sehr auffallend ist, von keiner am Aschenkegel bemerkbaren Erschütterung begleitet. Das Ausgeworfene, in vielen Rauch von bald grauer, bald orangegelber Farbe gehüllt, ist der größeren Masse nach ein Gemenge von schwarzer Asche und Rapilli; aber theilweise sind es auch Schlacken, die senkrecht aufsteigen, in kugliger Form und von einem Durchmesser von 15 bis 16 Zoll. In einem der stärkeren Auswürfe zählte Wisse als gleichzeitig ausgeworfen doch nur 50 bis 60 glühende Steine. Sie fallen meist wieder in den Krater zurück; bisweilen bedecken sie dessen oberen Rand: oder gleiten bei Nacht, fern leuchtend, an einem Theil des Conus herab: was wahrscheinlich in großer Ferne bei La Condamine zu der irrigen Meinung von „einem Erguß brennenden Schwefels und Erdpechs“ Veranlassung gab. Die Steine steigen einzeln nach einander auf: so daß die einen im Herabfallen begriffen sind, während andere erst den Krater verlassen. Durch genaue Zeitbestimmung wurde der sichtbare Fallraum (also bis zum Kraterrande gerechnet) im Mittel nur zu 737 Fuß bestimmt. Am Aetna gelangen die ausgeworfenen Steine, zufolge der Messungen von Sartorius v. Waltershausen und dem Astronomen Dr. Christian Peters, bis zu 2500 Fuß Höhe über den Kraterwänden. Gemellaro's Schätzungen während der Aetna-Eruption von 1832 gaben sogar eine dreifach größere Höhe. Die schwarze ausgeworfene Asche bildet am Abhange des Sangay und 3 Meilen im Umkreise drei- bis vierhundert Fuß dicke Schichten. Die Farbe der Asche und der Rapilli giebt dem oberen Theil des Kegels einen furchtbar ernsten Charakter. Es ist hier noch einmal auf die colossale Größe dieses Vulkans, welche die des Stromboli sechsmal übertrifft, die Aufmerksamkeit zu richten: da diese Betrachtung dem absoluten Glauben, daß die niederen Feuerberge immer die häufigsten Ausbrüche haben, kräftig entgegentritt.

Mehr noch als die Gestalt und Höhe der Vulkane ist ihre Gruppirung wichtig, weil sie auf das große geologische Phänomen der Erhebung auf Spalten führt. Diese Gruppen, sie mögen nach Leopold von Buch in *Reihen* oder um einen *Central-Vulkan* vereinigt aufgestiegen sein, bezeichnen die Theile der Erdrinde, wo der Ausbruch des geschmolzenen Inneren: sei es durch die mindere Dicke der Gesteinschichten, sei es durch ihre Naturbeschaffenheit oder ursprüngliche Zerklüftung, minderen Widerstand gefunden hat. Drei Breitengrade umfaßt der Raum, in dem die vulkanische Thätigkeit sich furchtbar äußert im Aetna, in den Aeolischen Inseln, im Vesuv, und dem Brandland (den phlegräischen Feldern), von Puteoli (Dicäarchia) an bis Cumä und bis zum feuerspeienden Epomeus auf Ischia, der tyrrhenischen Affen-Insel Aenaria. Ein solcher Zusammenhang analoger Erscheinungen konnte den Griechen nicht entgehen. Strabo sagt: „Das ganze von Cumä beginnende Meer bis Sicilien ist *mit Feuer durchzogen*, und hat in der Tiefe gewisse, unter einander und mit dem Festlande sich in eins verbindende *Hohlgänge*.Es zeigen sich in solcher (entzündlicher) Natur, wie ihn Alle beschreiben, nicht nur der Aetna, sondern auch die Gegenden um Dicäarchia und Neapolis, um Bajä und Pithecusä"; daraus entstand die Fabel, daß Typhon unter Sicilien lagere und daß, wenn er sich kehre, Flammen und Gewässer hervorbrechen, ja zuweilen auch kleine Eilande mit siedendem Wasser. „Oftmals sind zwischen Strongyle und Lipara (in diesem weiten Bezirke) auf die Oberfläche des Meeres hervorbrechende Flammen gesehen worden, indem das Feuer aus den Höhlungen in der Tiefe sich einen Durchgang öffnete und mit Gewalt nach außen hervordrang." Im Pindar*i* ist der Körper des Typhon von solcher Ausdehnung, daß „Sicilien und die meerumgrenzten Höhen über Cumä (*Phlegra*, das Brandfeld, genannt) auf der zottigen Brust des Unthiers liegen".

So war Typhon (der tobende Enceladus) in der griechischen Volksphantasie die *mythische* Bezeichnung der *unbekannten*, tief im Inneren der Erde liegenden *Ursach* vulkanischer Erscheinungen. Durch seine Lage und Raumausfüllung wurden angedeutet die Begrenzung und das Zusammenwirken einzelner *vulkanischer Systeme*. In dem phantasiereichen geologischen Bilde des Erd-Innern, in der großen Weltanschauung, welche Plato im Phädon aufstellt (pag. 112–114), wird dies Zusammenwirken noch kühner auf alle vulkanische Systeme ausgedehnt. Die Lavaströme schöpfen ihr Material aus dem *Pyriphlegethon:* der, „nachdem er sich oftmals unter der Erde umhergewälzt", in den Tartarus sich ergießt. Plato sagt ausdrücklich: „daß von dem Pyriphlegethon die feuerspeienden Berge, *wo sich deren auf der Erde finden*, kleine Theilchen *heraufblasen* (οὗτος δ'ἐστὶν ὃν ἐπονομάζουσι Πυριφλεγέθοντα, οὗ καὶ οἱ ῥύακες ἀποσπάσματα ἀναφυσῶσιν, ὅπῃ ἂν τύχωσι τῆς γῆς)." Dieser Ausdruck (pag. 113B) des Herausstoßens mit Heftigkeit deutet gewissermaßen auf die bewegende Kraft des, vorher eingeschloßnen, dann plötzlich durchbrechenden *Windes*, auf welche später der Stagirite in der Meteorologie seine ganze Theorie der Vulcanicität gegründet hat.

Nach diesen so uralten Ansichten sind bei der Betrachtung des ganzen Erdkörpers die *Reihen-Vulkane* noch bestimmter charakterisirt als die Gruppirungen um einen *Central-Vulkan.* Am auffallendsten ist die Reihung da, wo sie von der Lage und Ausdehnung von Spalten abhängt, welche, meist unter einander parallel, große Landesstrecken linear (*cordillerenartig*) durchsetzen. Wir finden so im Neuen Continent, um bloß die wichtigsten Reihen *sehr nahe aneinander gedrängter* Vulkane zu nennen, die von *Central-Amerika* sammt ihrem Anschlusse an *Mexico,* von *Neu-Granada* und *Quito,* von *Peru, Bolivia* und *Chili;* im Alten Continent die *Sunda-Inseln* (den südindischen Archipel, besonders Java), die Halbinsel *Kamtschatka* und ihre Fortsetzung in den *Kurilen*; die *Aleuten,* welche das fast geschlossene Berings-Meer südlich begrenzen. Wir werden bei einigen der Hauptgruppen verweilen. Einzelheiten leiten durch ihre Zusammenstellung auf die Gründe der Erscheinungen.

Die Reihen-Vulkane von *Central-Amerika:* nach älteren Benennungen die Vulkane von Costa Rica, Nicaragua, San Salvador und Guatemala; erstrecken sich von dem Vulkan Turrialva bei Cartago bis zum Vulkan von Soconusco, durch sechs Breitengrade, zwischen 10° 9' und 16° 2': in einer Linie, im ganzen von SO nach NW gerichtet, und mit den wenigen Krümmungen, die sie erleidet, eine Länge von 135 geographischen Meilen einnehmend. Diese Länge ist ohngefähr gleich der Entfernung vom Vesuv bis Prag. Am meisten zusammengedrängt: wie auf einer und derselben, nur 16 Meilen langen Spalte ausgebrochen, sind die 8 Vulkane, welche zwischen der Laguna de Managua und der Bai von Fonseca liegen, zwischen dem Vulkan von Momotombo und dem von Conseguina: dessen unterirdisches Getöse in Jamaica und auf dem Hochlande von Bogota im Jahr 1835 wie Geschützfeuer gehört wurde. In Central-Amerika und in dem ganzen südlichen Theil des Neuen Continents, ja im allgemeinen von dem Archipel de los Chonos in Chili bis zu den nördlichsten Vulkanen Edgecombe auf der kleinen Insel bei Sitkaund dem Eliasberg am Prinz-William-Sund, in einer Länge von 1600 geogr. Meilen: sind die vulkanischen Spalten überall in dem *westlichen,* dem Littoral der Südsee näheren Theile ausgebrochen. Wo die Reihe der Vulkane von Central-Amerika unter der geographischen Breite von 13°½ (nördlich vom Golf de Fonseca) bei dem Vulkan von Conchagua in den Staat von San Salvador eintritt, ändert sich auf einmal mit der Richtung der Westküste auch die der Vulkane. Die Reihe der letzteren streicht dann OSO–WNW; ja wo die Feuerberge wieder so an einander gedrängt sind, daß 5, noch mehr oder weniger thätige in der geringen Länge von 30 Meilen gezählt werden, ist die Richtung fast ganz O–W. Dieser Abweichung entspricht eine große Anschwellung des Continents gegen Osten in der Halbinsel Honduras: wo die Küste ebenfalls plötzlich vom Cap Gracias á Dios bis zum Golf von Amatique 75 Meilen lang genau von Ost gegen West streicht, nachdem sie vorher in derselben Länge von Norden gegen Süden gerichtet war. In der Gruppe der hohen Vulkane von Guatemala (Br. 14° 10') nimmt die Reihung wieder ihr altes Streichen N45°W an, und setzt dasselbe fort bis an die mexicanische Grenze gegen Chiapa und den Isthmus von Huasacualco. Nordwestlich vom Vulkan von

Soconusco bis zu dem von Tuxtla ist nicht einmal ein ausgebrannter Trachytkegel aufgefunden worden; es herrschen dort quarzreicher Granit und Glimmerschiefer.

Die Vulkane von Central-Amerika krönen nicht die nahen Gebirgsketten, sie erheben sich längs dem Fuße derselben meist ganz von einander getrennt. An den beiden äußersten Enden der Reihe liegen die größten Höhen. Gegen Süden, in Costa Rica, sind von dem Gipfel des Irasu (des Vulkans von Cartago) beide Meere sichtbar: wozu außer der Höhe (10395 F.) auch die mehr centrale Lage beiträgt. In Südost von Cartago stehen Berge von zehn- bis eilftausend Fuß: der Chiriqui (10567 F.) und der Pico blanco (11013 F.). Man weiß nichts von ihrer Gestein-Beschaffenheit; wahrscheinlich sind es ungeöffnete Trachytkegel. Weiter nach SO hin verflachen sich die Höhen in Veragua bis zu sechs- und fünftausend Fuß. Dies scheint auch die mittlere Höhe der Vulkane von Nicaragua und San Salvador zu sein; aber gegen das nordwestliche Extrem der ganzen Reihe, unfern der Neuen Stadt Guatemala, erheben sich wiederum zwei Vulkane bis über 12000 Fuß. Die *Maxima* fallen also, nach meinem obigen Versuche hypsometrischer Classification der Vulkane, in die *dritte* Gruppe, gleichkommend dem Aetna und Pic von Teneriffa: während die größere Zahl der Höhen, die zwischen beiden Extremen liegen, den Vesuv kaum um 2000 Fuß übertreffen. Die Vulkane von Mexico, Neu-Granada und Quito gehören zur fünften Gruppe und erreichen meist über 16000 Fuß.

Wenn auch der Continent von Central-Amerika vom Isthmus von Panama an durch Veragua, Costa Rica und Nicaragua bis zum Parallelkreise von 11°½ an Breite beträchtlich zunimmt; so veranlaßt doch gerade in dieser Gegend das große Areal des Sees von Nicaragua und die geringe Höhe seines Spiegels (kaum 120 Pariser Fußüber beiden Meeren) eine solche Landes-Erniedrigung, daß aus derselben eine oft den Seefahrern im sogenannten *stillen Meer* gefahrbringende Luft-Ueberströmung vom antillischen Meere in die Südsee verursacht wird. Die so erregten Nordost-Stürme werden mit dem Namen der Papagayos belegt, und wüthen bisweilen ununterbrochen 4 bis 5 Tage. Sie haben die große Merkwürdigkeit, daß gewöhnlich der Himmel dabei ganz wolkenlos bleibt. Der Name ist dem Theil der Westküste von Nicaragua zwischen Brito oder Cabo Desolado und Punta de S. Elena (von 11° 22' bis 10° 50') entlehnt, welcher Golfo del Papagayo heißt und südlich vom Puerto de San Juan del Sur die kleinen Baien von Salinas und S. Elena einschließt. Ich habe auf der Schifffahrt von Guayaquil nach Acapulco über zwei volle Tage (9–11 März 1803) die *Papagayos* in ihrer ganzen Stärke und Eigenthümlichkeit: aber schon etwas südlicher, in weniger als 9° 13' Breite, beobachten können. Die Wellen gingen höher, als ich sie je gesehen; und die beständige Sichtbarkeit der Sonnenscheibe am heitersten, blauen Himmelsgewölbe machte es mir möglich die Höhe der Wellen durch Sonnenhöhen, auf dem Rücken der Wellen und in der Tiefe genommen, nach einer damals noch nicht versuchten Methode zu messen. Alle spanische, englischeund amerikanische Seefahrer schreiben dem atlantischen Nordost-Passate die hier beschriebenen Stürme der Südsee zu.

In einer neuen ArbeitMeine früheste Arbeit über 17 *gereihete* Vulkane von Guatemala und Nicaragua ist in der geographischen Zeitschrift von Berghaus (*Hertha* Bd. VI. 1826 S. 131–161) enthalten. Ich konnte damals außer dem alten Chronista *Fuentes* (lib. IX cap. 9) nur benutzen die wichtige Schrift von Domingo *Juarros*: *Compendio de la Historia de la ciudad de Guatemala*; wie die drei Karten von *Galisteo* (auf Befehl des mexicanischen Vicekönigs Matias de Galvez 1781 aufgenommen), von José *Rossi y Rubí* (Alcalde mayor de Guatemala, 1800), und von Joaquin *Ysasi* und Antonio de la *Cerda* (Alcalde de Granada): die ich großentheils handschriftlich besaß. Leopold von *Buch* hat in der französischen Uebersetzung seines Werkes über die canarischen Inseln meinen ersten Entwurf meisterhaft erweitert (*descr. physique des Iles Canaries* 1836 p. 500–514); aber die Ungewißheit der geographischen Synonymie und die dadurch veranlaßten Namenverwechselungen haben viele Zweifel erregt: welche durch die schöne Karte von *Baily* und *Saunders*; durch *Molina*, *bosquejo de la Republica de Costa Rica*; und durch das große, sehr verdienstliche Werk von *Squier* (*Nicaragua, its people and monuments*, with tables of the comparative heights of the mountains in Central America, 1852; s.Vol. I. p. 418 und Vol. II. p. 102) großentheils gelöst worden sind. Das wichtige Reisewerk, welches uns sehr bald Dr. *Oersted* unter dem Titel: *Schilderung der Naturverhältnisse von Nicaragua und Costa Rica* zu geben verspricht, wird neben ausgezeichneten botanischen und zoologischen Forschungen, welche der Hauptzweck der Unternehmung waren, auch Licht auf die geognostische Beschaffenheit von Central-Amerika werfen. Herr Oersted hat von 1816 bis 1848 dasselbe mannigfach durchstrichen und eine Sammlung von Gebirgsarten nach Kopenhagen zurückgebracht. Seinen freundschaftlichen Mittheilungen verdanke ich interessante Berichtigungen meiner fragmentarischen Arbeit. Nach den mir bekannt gewordenen, mit vieler Sorgfalt verglichenen Materialien, denen auch die sehr schätzbaren des preußischen General-Consuls in Central-Amerika, Herrn Hesse, beizuzählen sind, stelle ich die Vulkane von Central-Amerika, von Süden gegen Norden fortschreitend, folgendermaßen zusammen:

Ueber der Central-Hochebene von Cartago (4360 F.) in der Republik Costa Rica (Br. 10° 9') erheben sich die drei Vulkane *Turrialva*, *Irasu* und *Reventado*: von denen die ersten beiden noch entzündet sind.

Volcan de *Turrialva** (Höhe ohngefähr 10300 F.); ist nach Oersted vom Irasu nur durch eine tiefe, schmale Kluft getrennt. Sein Gipfel, aus welchem Rauchsäulen aufsteigen, ist noch unbestiegen.

Vulkan *Irasu**, auch der Vulkan von *Cartago* genannt (10412 F.), in Nordost vom Vulkan Reventado; ist die Haupt-Esse der vulkanischen Thätigkeit auf Costa Rica: doch sonderbar zugänglich; und gegen Süden dergestalt in Terrassen getheilt, daß man den hohen Gipfel: von welchem beide Meere, das der Antillen und die Südsee, gesehen werden, fast ganz zu Pferde erreichen kann. Der etwa tausend Fuß hohe Aschen- und Rapilli-Kegel steigt aus einer Umwallungsmauer (einem Erhebungs-Krater) auf. In dem flacheren nordöstlichen Theil des Gipfels liegt der eigentliche Krater, von 7000 Fuß im Umfang, der nie Lavaströme ausgesendet hat. Seine Schlacken-Auswürfe sind oft (1723, 1726, 1821, 1847) von städtezerstörenden Erdbeben begleitet gewesen; diese haben gewirkt von Nicaragua oder Rivas bis Panama. (*Oersted.*) Bei einer neuesten Besteigung des Irasu durch Dr. Carl Hoffmann im Anfang Mai 1855 sind der Gipfel-Krater und seine Auswurfs-Oeffnungen genauer erforscht worden. Die Höhe des Vulkans wird nach einer trigonometrischen Messung von Galindo zu 12000 span. Fuß angegeben oder, die vara cast. = 0^t,43 angesetzt, zu 10320 Pariser Fuß (Bonplandia Jahrgang 1856 No. 3).

El Reventado (8900 F.): mit einem tiefen Krater, dessen südlicher Rand eingestürzt ist und der vormals mit Wasser gefüllt war.

Vulkan *Barba* (über 7900 F.): nördlich von San José, der Hauptstadt von Costa Rica; mit einem Krater, der mehrere kleine Seen einschließt.

Zwischen den Vulkanen *Barba* und *Orosi* folgt eine Reihe von Vulkanen, welche die in Costa Rica und Nicaragua SO–NW streichende Hauptkette in fast entgegengesetzter Richtung, ostwestlich, durchschneidet. Auf einer solchen Spalte stehen: am östlichsten *Miravalles* und *Tenorio* (jeder dieser Vulkane ohngefähr 4400 F); in der Mitte, südöstlich von Orosi, der Vulkan *Rincon*, auch Rincon de la Vieja* genannt (Squier Vol. II. p. 102), welcher jedes Frühjahr beim Beginn der Regenzeit kleine Aschen-Auswürfe zeigt; am westlichsten, bei der kleinen Stadt Alajuela, der schwefelreiche Vulkan *Votos** (7050 F.). Dr. Oersted vergleicht dieses Phänomen der Richtung vulkanischer Thätigkeit auf einer *Queerspalte* mit der ost-westlichen Richtung, die ich bei den mexicanischen Vulkanen von Meer zu Meer aufgefunden.

*Orosi**, noch jetzt entzündet: im südlichsten Theile des Staates von Nicaragua (4900 F.); wahrscheinlich der Volcan del Papagayo auf der Seekarte des Desposito hidrografico.

Die zwei Vulkane *Mandeira* und *Ometepec** (3900 und 4900 F.): auf einer kleinen, von den aztekischen Bewohnern der Gegend nach diesen zwei Bergen benannten Insel (ome tepetl bedeutet: zwei Berge; vgl. *Buschmann, aztekische Ortsnamen* S. 178 und 171) in dem westlichen Theile der Laguna de Nicaragua. Der Insel-Vulkan Ometepec, fälschlich von Juarros Ometep genannt (*Hist. de Guatem.* T. I. p. 51), ist noch thätig. Er findet sich abgebildet bei Squier Vol. II. p. 235.

Der ausgebrannte Krater der Insel *Zapatera*, wenig erhaben über dem Seespiegel. Die Zeit der alten Ausbrüche ist völlig unbekannt.

Der Vulkan von *Momobacho*: am westlichen Ufer der Laguna de Nicaragua, etwas in Süden von der Stadt Granada. Da diese Stadt zwischen den Vulkanen von Momobacho (der Ort wird auch Mombacho genannt; *Oviedo, Nicaragua* ed. Ternaux p. 45) und Masaya liegt, so bezeichnen die Piloten bald den einen, bald den anderen dieser Kegelberge mit dem unbestimmten Namen des Vulkans von Granada.

Vulkan *Massaya* (Masaya), von dem bereits oben (–300) umständlicher gehandelt worden ist: einst ein Stromboli, aber seit dem großen Lava-Ausbruch von 1670 erloschen. Nach den interessanten Berichten von Dr. *Scherzer* (*Sitzungsberichte der philos. hist. Classe der Akad. der Wiss. zu Wien* Bd. XX. S. 58) wurden im April 1853 aus einem neu eröffneten Krater wieder starke Dampfwolken ausgestoßen. Der Vulkan von Massaya liegt zwischen den beiden Seen von Nicaragua und Managua, im Westen der Stadt Granada. Massaya ist nicht synonym mit dem *Nindiri*; sondern *Massaya* und *Nindiri** bilden, wie Dr. Oersted sich ausdrückt, einen Zwillings-Vulkan, mit zwei Gipfeln und zwei verschiedenen Kratern, die beide Lavaströme gegeben haben. Der Lavastrom des Nindiri von 1775 hat den See von Managua erreicht. Die gleiche Höhe beider so nahen Vulkane wird nur zu 2300 Fuß angegeben.

Volcan de *Momotombo** (6600 F.): entzündet, auch oft donnernd, ohne zu rauchen; in Br. 12° 28': an dem nördlichen Ende der Laguna de Managua, der kleinen, sculpturreichen Insel Momotombito gegenüber (s. die Abbildung des Momotombo in Squier Vol. I. p. 233 und 302–312). Die Laguna de Managua liegt 26 Fuß höher als die, mehr als doppelt größere Laguna de Nicaragua, und hat keinen Insel-Vulkan.

Von hier an bis zu dem Golf von Fonseca oder Conchagua zieht sich, in 5 Meilen Entfernung von der Südsee-Küste, von SO nach NW eine Reihe von 6 Vulkanen hin, welche dicht an einander gedrängt sind und den gemeinsamen Namen los Maribios führen (Squier Vol. I. p. 419, Vol. II. p. 123).

El *Nuevo**: fälschlich Volcan de las Pilas genannt, weil der Ausbruch vom 12 April 1850 am Fuß dieses Berges statt fand:, ein starker Lava-Ausbruch fast in der Ebene selbst! (Squier Vol. II. p. 105–110.)

Volcan de *Telica**: schon im 16ten Jahrhundert (gegen 1529) während seiner Thätigkeit von Oviedo besucht; östlich von Chinandega, nahe bei Leon de Nicaragua: also etwas außerhalb der vorher angegebenen Richtung. Dieser wichtige Vulkan, welcher viele Schwefeldämpfe aus einem 300 Fuß tiefen Krater ausstößt, ist vor wenigen Jahren von dem, mir befreundeten, naturwissenschaftlich sehr unterrichteten Prof. Julius *Fröbel* bestiegen worden. Er fand die Lava aus glasigem Feldspath und Augit zusammengesetzt (Squier Vol. II. p. 115–117). Auf dem Gipfel, in 3300 Fuß Höhe, liegt ein Krater, in welchem die Dämpfe große Massen Schwefels absetzen. Am Fuß des Vulkans ist eine Schlammquelle (Salse?).

Vulkan el *Viejo**: der nördlichste der gedrängten Reihe von sechs Vulkanen. Er ist vom Capitän Sir Edward Belcher im Jahr 1838 bestiegen und gemessen worden. Das Resultat der Messung war 5216 F. Eine neuere Messung von Squimer gab 5630 F. Dieser, schon zu Dampier's Zeiten sehr thätige Vulkan ist noch entzündet. Die feurigen Schlacken-Auswürfe werden häufig in der Stadt Leon gesehen.

Vulkan *Guanacaure*: etwas nördlich außerhalb der Reihe von El Nuevo zum Viejo, nur 3 Meilen von der Küste des Golfs von Fonseca entfernt.

Vulkan *Conseguina**: auf dem Vorgebirge, welches an dem südlichen Ende des großen Golfs von Fonseca vortritt (Br. 12° 50'); berühmt durch den furchtbaren, durch Erdbeben verkündigten Ausbruch vom 23 Januar 1835. Die große Verfinsterung bei dem Aschenfall: der ähnlich, welche bisweilen der Vulkan Pichincha verursacht hat, dauerte 43 Stunden lang. In der Entfernung weniger Fuße waren Feuerbrände nicht zu erkennen. Die Respiration war gehindert; und unterirdisches Getöse, gleich dem Abfeuern schweren Geschützes, wurde nicht nur in Balize auf der Halbinsel Yucatan, sondern auch auf dem Littoral von Jamaica und auf der Hochebene von Bogota: in letzterer auf mehr als 8000 Fuß Höhe über dem Meere wie in fast hundert und vierzig geographischen Meilen Entfernung, gehört. (Juan *Galindo* in *Silliman's American Journal* Vol. XXVIII. 1835 p. 332–336; *Acosta, Viajes á los Andes* 1849 p. 56, und *Squier* Vol. II. p. 110–113; Abbildung p. 163 und 165.) Darwin (*Journal of researches during the voyage of the Beagle* 1845 chapt. 14 p. 291) macht auf ein sonderbares Zusammentreffen von Erscheinungen aufmerksam: nach langem Schlummer brachen an Einem Tage (zufällig?) Conseguina in Central-Amerika, Aconcagua und Corcovado (südl. Br. 32°¾ und 43°½) in Chili aus.

Vulkan von *Conchagua* oder von Amalapa: an dem nördlichen Eingange des Golfs von Fonseca, dem Vulkan Conseguina gegenüber; bei dem schönen Puerto de la Union, dem Hafen der nahen Stadt San Miguel.

Von dem Staat von Costa Rica an bis zu dem Vulkan Conchagua folgt demnach die gedrängte Reihe von 20 Vulkanen der Richtung SO–NW; bei Conchagua aber in den Staat von San Salvador eintretend, welcher in der geringen Länge von 40 geogr. Meilen 5 jetzt mehr oder weniger thätige Vulkane zählt, wendet sich die Reihung, wie die Südsee-Küste selbst, mehr OSO–WNW, ja fast O–W: während das Land gegen die östliche, antillische Küste (gegen das Vorgebirge Gracias á Dios) hin in Honduras und los Mosquitos plötzlich auffallend anschwillt (vergl. oben). Erst von den hohen Vulkanen von Alt-Guatemala an in Norden tritt, wie schon () bemerkt wurde, gegen die Laguna von Atitlan hin, die ältere, allgemeine Richtung N 45° W wiederum ein: bis endlich in Chiapa und auf dem Isthmus von Tehuantepec sich noch einmal, doch in unvulkanischen Gebirgsketten, die abnorme Richtung O–W offenbart. Der Vulkane des Staats San Salvador sind außer dem von Conchagua noch folgende vier:

Vulkan von *San Miguel Bosotlan** (Br. 13° 35'), bei der Stadt gleiches Namens: der schönste und regelmäßigste Trachytkegel nächst dem Insel-Vulkan Ometepec im See von Nicaragua (Squier Vol. II. p. 196). Die vulkanischen Kräfte sind im Bosotlan sehr thätig; derselbe hatte einen großen Lava-Erguß am 20 Juli 1844.

Vulkan von *San Vicente**: westlich vom Rio de Lempa, zwischen den Städten Sacatecoluca und Sacatelepe. Ein großer Aschen-Auswurf geschah nach Juarros 1643, und im Januar 1835 war bei vielem zerstörenden Erdbeben eine langdauernde Eruption.

Vulkan von *San Salvador* (Br. 13° 47'), nahe bei der Stadt dieses Namens. Der letzte Ausbruch ist der von 1656 gewesen. Die ganze Umgegend ist heftigen Erdstößen ausgesetzt; der vom 16 April 1854, dem kein Getöse voranging, hat fast alle Gebäude in San Salvador umgestürzt.

Vulkan von *Izalco**, bei dem Dorfe gleiches Namens; oft Ammoniak erzeugend. Der erste historisch bekannte Ausbruch geschah am 23 Februar 1770; die letzten, weitleuchtenden Ausbrüche waren im April 1798, 1805 bis 1807 und 1825 (s. oben , und *Thompson, official visit to Guatemala* 1829 p. 512).

Volcan de *Pacaya** (Br. 14° 23'): ohngefähr 3 Meilen in Südosten von der Stadt Neu-Guatemala, am kleinen Alpensee Amatitlan; ein sehr thätiger, oft flammender Vulkan: ein gedehnter Rücken mit 3 Kuppen. Man kennt die großen Ausbrüche von 1565, 1651, 1671, 1677 und 1775; der letzte, viel Lava gebende, ist von Juarros als Augenzeugen beschrieben.

Es folgen nun die beiden Vulkane von Alt-Guatemala, mit den sonderbaren Benennungen de Agua und de Fuego; in der Breite von 14° 12', der Küste nahe:

Volcan de *Agua*: ein Trachytkegel bei Escuintla, höher als der Pic von Teneriffa; von Obsidian-Massen (Zeugen alter Eruptionen?) umgeben. Der Vulkan, welcher in die ewige Schneeregion reicht, hat seinen Namen davon erhalten, daß ihm im Sept. 1541 eine (durch Erdbeben und Schneeschmelzen veranlaßte?) große Ueberschwemmung zugeschrieben wurde, welche die am frühesten gegründete Stadt Guatemala zerstörte und die Erbauung der zweiten, nordnordwestlicher gelegenen und jetzt Antigua Guatemala genannten Stadt veranlaßte.

Volcan de *Fuego**: bei Acatenango, fünf Meilen in WNW vom sogenannten Wasser-Vulkan. Ueber die gegenseitige Lage s. die in Guatemala gestochene und mir von da aus geschenkte, seltene Karte des Alcalde mayor, Don José Rossi y Rubí: *bosquejo del espacio que media entre los estremos de la Provincia de Suchitepeques y la Capital de Guatemala*, 1800. Der Volcan de Fuego ist immer entzündet, doch jetzt viel weniger als ehemals. Die älteren großen Eruptionen waren von 1581, 1586, 1623, 1705, 1710, 1717, 1732, 1737 und 1799; aber nicht sowohl diese Eruptionen, sondern die zerstörenden Erdbeben, welche sie begleiteten, haben in der zweiten Hälfte des vorigen Jahrhunderts die spanische Regierung bewogen den zweiten Sitz der Stadt (wo jetzt die Ruinen von la Antigua Guatemala stehen) zu verlassen, und die Einwohner zu zwingen sich nördlicher, in der neuen Stadt Santiago de Guatemala, anzusiedeln. Hier, wie bei der Verlegung von Riobamba und mehrerer anderer den Vulkanen der Andeskette naher Städte, ist dogmatisch und leidenschaftlich ein Streit geführt worden über die problematische

Auswahl einer Localität, „von der man nach den bisherigen Erfahrungen vermuthen dürfte, daß sie den Einwirkungen naher Vulkane (Lavaströmen, Schlacken-Auswürfen und Erdbeben!) wenig ausgesetzt wäre". Der Volcan de Fuego hat 1852 in einem großen Ausbruch einen Lavastrom gegen das Littoral der Südsee ergossen. Capitän Basil Hall maß unter Segel beide Vulkane von Alt-Guatemala, und fand für den Volcan de Agua 13760, für den Volcan de Fuego 13983 Pariser Fuß. Die Fundamente dieser Messung hat Poggendorff geprüft. Er hat die mittlere Höhe beider Berge geringer gefunden und auf ohngefähr 12300 Fuß reducirt.

Volcan de *Quesaltenango** (Br. 15° 10'), entzündet seit 1821 und rauchend: neben der Stadt gleichen Namens; eben so sollen entzündet sein die drei Kegelberge, welche südlich den Alpensee Atitlan (im Gebirgsstock Solola) begrenzen. Der von Juarros benannte Vulkan von *Tajamulco* kann wohl nicht mit dem Vulkan von Quesaltenango identisch sein, da dieser von dem Dörfchen Tajamulco, südlich von Tejutla, 10 geogr. Meilen in NW entfernt isr.

Was sind die zwei von Funel genannten Vulkane von *Sacatepeques* und *Sapotitlan*, oder Brué's Volcan de Amilpas?

Der große Vulkan von *Soconusco*: liegend an der Grenze von Chiapa, 7 Meilen südlich von Ciudad Real, in Br. 16° 2'.

Ich glaube am Schluß dieser langen Note abermals erinnern zu müssen, daß die hier angegebenen barometrischen Höhen-Bestimmungen theils von Espinache herrühren: theils den Schriften und Karten von Baily, Squier und Molina entlehnt; und in Pariser Fußen ausgedrückt sind.

, die ich mit vielem Fleiße, theils nach den bis jetzt veröffentlichten Materialien, theils nach handschriftlichen Notizen, über die Reihen-Vulkane von Central-Amerika unternommen habe, sind 29 Vulkane aufgezählt, deren vormalige oder jetzige Thätigkeit in verschiedenen Graden mit Sicherheit angegeben werden kann. Die Eingeborenen führen eine um mehr als ⅓ größere Zahl auf: und bringen dabei eine Menge von alten Ausbruch-Becken in Anschlag, welche vielleicht nur Seiten-Eruptionen am Abhange eines und desselben Vulkans waren. Unter den isolirten Kegel- und Glockenbergen, die man dort *Vulkane* nennt, mögen allerdings viele aus Trachyt oder Dolerit bestehen: aber, von je her *ungeöffnet*, seit ihrer Hebung nie eine feurige Thätigkeit gezeigt haben. Als *entzündet* sind jetzt zu betrachten *achtzehn:* von denen Flammen, Schlacken und Lavaströme ausstießen in diesem Jahrhundert (1825, 1835, 1848 und 1850) *sieben;* und aus dem Ende des vorigen Jahrhunderts (1775 und 1799) *zwei.*Der Mangel von Lavaströmen in den mächtigen Vulkanen der Cordilleren von Quito hat in neuerer Zeit mehrmals zu der Behauptung Anlaß gegeben, als sei dieser Mangel eben so allgemein in den Vulkanen von Central-Amerika. Allerdings sind, der Mehrzahl nach, Schlacken- und Aschen-Ausbrüche von keinem Erguß von

Lava begleitet gewesen, wie z. B. jetzt in dem Vulkan von Izalco; aber die Beschreibungen, welche Augenzeugen von den lavaergießenden Ausbrüchen der vier Vulkane Nindiri, el Nuevo, Conseguina und San Miguel de Bosotlan gegeben haben, sprechen dagegen.

Ich habe absichtlich bei den Einzelheiten der Lage und der dichten Zusammendrängung der Reihen-Vulkane von Central-Amerika lange verweilt: in der Hoffnung, daß endlich einmal ein Geognost, der vorher europäische thätige Vulkane und die ausgebrannten der Auvergne, oder des Vivarais, oder der Eifel gründlich beobachtet hat, auch (was von der größten Wichtigkeit ist) die petrographische Zusammensetzung der Gebirgsarten nach den Erfordernissen des jetzigen Zustandes unserer mineralogischen Kenntnisse zu beschreiben weiß; sich angeregt fühlen möchte diese so nahe und zugängliche Gegend zu besuchen. Vieles ist hier noch zu thun übrig, wenn der Reisende sich *ausschließlich* geognostischen Untersuchungen widmet: besonders der oryctognostischen Bestimmung der trachytischen, doleritischen und melaphyrischen Gebirgsarten; der Sonderung des ursprünglich Gehobenen und des Theils der gehobenen Masse, welcher durch spätere Ausbrüche überschüttet worden ist; der Aufsuchung und Erkennung von wirklichen, schmalen, ununterbrochenen Lavaströmen: die nur zu oft mit Anhäufungen ausgeworfener Schlacken verwechselt werden. Nie geöffnet Kegelberge, in Dom- und Glockenform aufsteigend, wie der Chimborazo: sind dann von vormals oder jetzt noch thätigen Schlacken und Lavaströme: wie Vesuv und Aetna, oder Schlacken und Asche allein: wie Pichincha und Cotopaxi, ausstoßenden Vulkanen scharf zu trennen. Ich wüßte nicht, was unserer Kenntniß vulkanischer Thätigkeit, der es so sehr noch an Mannigfaltigkeit des Beobachteten auf großen und zusammenhangenden Continental-Räumen gebricht, einen glänzenderen Fortschritt verheißen könnte. Würden dann, als materielle Früchte solch einer großen Arbeit, Gebirgssammlungen von vielen isolirten wirklichen Vulkanen und ungeöffneten Trachytkegeln, sammt den unvulkanischen Massen, welche von beiden durchbrochen worden sind, heimgebracht; so wäre der nachfolgenden chemischen Analyse und den chemisch-geologischen Folgerungen, welche die Analyse veranlaßt, ein eben so weites als fruchtbares Feld geöffnet. Central-Amerika und Java haben vor Mexico, Quito und Chili den unverkennbaren Vorzug, in einem größeren Raume die vielgestaltetsten und am meisten zusammengedrängten *Gerüste* vulkanischer Thätigkeit aufzuweisen.

Da, wo mit dem Vulkan von Soconusco (Br. 16° 2') an der Grenze von Chiapa die so charakteristische Reihe der Vulkane von Central-Amerika endet, fängt ein ganz verschiedenes System von Vulkanen, das *mexicanische*, an. Die, für den Handel mit der Südsee-Küste so wichtige Landenge von Huasacualco und Tehuantepec ist, wie der nordwestlicher gelegene Staat von Oaxaca, ganz ohne Vulkane, vielleicht auch ohne ungeöffnete Trachytkegel. Erst in 40 Meilen Entfernung vom Vulkan von Soconusco erhebt sich nahe an der Küste von Alvarado der kleine Vulkan von Tuxtla (Br. 18° 28'). Am östlichen Abfall der Sierra de San Martin gelegen, hat er einen großen Flammen- und

Aschen-Ausbruch am 2 März 1793 gehabt. Eine genaue astronomische Ortsbestimmung der colossalen Schneeberge und Vulkane im Inneren von Mexico (dem alten Anahuac) hat mich erst nach meiner Rückkehr nach Europa, beim Eintragen der Maxima der Höhen in meine große Karte von Neu-Spanien, zu dem überaus merkwürdigen Resultate geführt: daß es dort, *von Meer zu Meer*, einen *Parallel* der *Vulkane* und *größten Höhen* giebt, der um wenige Minuten um den Parallel von 19° oscillirt. Die einzigen Vulkane und zugleich die einzigen mit *ewigem Schnee* bedeckten Berge des Landes, also Höhen, welche eilf- bis zwölftausend Fuß übersteigen: die Vulkane von *Orizaba*, *Popocatepetl*, *Toluca* und *Colima;* liegen zwischen den Breitengraden von 18° 59' und 19° 20', und bezeichnen gleichsam *die Richtung einer Spalte vulkanischer Thätigkeit* von 90 Meilen Länge.In derselben Richtung (Br. 19° 9'), zwischen den Vulkanen von Toluca und Colima, von beiden 29 und 32 geogr. Meilen entfernt: hat sich in einer weiten Hochebene von 2424 Fuß am 14 September 1759 der neue Vulkan von *Jorullo* (4002 Fuß) erhoben. Die *Oertlichkeit* dieser Erscheinung im Verhältniß zu der Lage der anderen mexicanischen Vulkane: und der Umstand, daß die ost-westliche Spalte, welche ich hier bezeichne, fast *rechtwinklig* die Richtung der großen, von Süd-Süd-Ost nach Nord-Nord-West streichenden Gebirgskette durchschneidet: sind geologische Erscheinungen von eben so wichtiger Art, als es sind die Entfernung des Ausbruchs des Jorullo von den Meeren: die Zeugnisse seiner Hebung, welche ich umständlich graphisch dargestellt; die zahllosen dampfenden hornitos, die den Vulkan umgeben; die Granitstücke, welche, in einer weit umher granitleeren Umgebung, ich dem Lava-Erguß des Hauptvulkans von Jorullo eingebacken gefunden habe.

Folgende Tabelle enthält die speciellen Ortsbestimmungen und Höhen der Vulkan-Reihe von Anahuac auf einer Spalte, welche von Meer zu Meer die Erhebungsspalte des großen Gebirgszuges durchschneidet:

Folge von O–W	geogr. Breite			Höhen über dem Meere in Toisen	
Vulkan von Orizaba	19°	2'	17"	2796^{t}	
Nevado Iztaccihuatl	19°	10'	3"	2456^{t}	
Vulkan Popocatepetl	18°	59'	47"	2772^{t}	
Vulkan von Toluca	19°	11'	33"	2372^{t}	
Vulkan von Jorullo	19°	9'	0"	667^{t}	

Vulkan von Colima	19°	20'	0"	1877t	

Die Verlängerung des Parallels vulkanischer Thätigkeit in der Tropenzone von Mexico führt in 110 Meilen westlicher Entfernung von den Südsee-Küsten nach der Inselgruppe *Revillagigedo*, in deren Nähe Collnet hat Bimsstein schwimmen sehen; vielleicht noch weiter hin, in 840 Meilen Entfernung, zu dem großen Vulkan *Mauna Roa* (19° 28'): ohne dazwischen irgend eine Erhebung von Inseln veranlaßt zu haben!

Die Gruppe der Reihen-Vulkane von *Quito* und *Neu-Granada* begreift eine vulkanische Zone, welche sich von 2° südlicher bis fast 5° nördlicher Breite erstreckt. Die äußersten Grenzen des Areals, in welchem jetzt sich die Reaction des Erd-Inneren gegen die Oberfläche offenbart, sind der ununterbrochen thätige *Sangay*, und der Paramo und Volcan de *Ruiz*: dessen neueste Wieder-Entzündung vom Jahr 1829 war, und den Carl Degenhardt 1831 von der Mina de Santana in der Provinz Mariquita und 1833 von Marmato aus hat rauchen sehen. Die merkwürdigsten Spuren großer Ausbruch-Phänomene zeigen von Norden gegen Süden nächst dem Ruiz: der abgestumpfte Kegel des Vulkans von *Tolima* (17010 F.), berühmt durch das Andenken an die verheerende Eruption vom 12 März 1595; die Vulkane von *Puracé* (15957 F.) und *Sotara* bei Popayan; von *Pasto* (12620 F.) bei der Stadt gleiches Namens, vom Monte de *Azufre* (12030 F.) bei Tuquerres, von *Cumbal* (14654 F.) und von *Chiles* in der Provincia de los Pastos; dann folgen die historisch berühmteren Vulkane des eigentlichen Hochlandes von Quito, südlich vom Aequator, deren vier: *Pichincha*, *Cotopaxi*, *Tungurahua* und *Sangay*, mit Sicherheit als nicht erloschene Vulkane betrachtet werden können. Wenn nördlich von dem Bergknoten der Robles, bei Popayan, wie wir bald näher entwickeln werden, in der *Dreitheilung* der mächtigen Andeskette nur die *mittlere* Cordillere und nicht die, der Seeküste nähere, *westliche*, eine vulkanische Thätigkeit zeigt; so sind dagegen südlich von jenem Bergknoten: wo die Andes nur *zwei*, von Bouguer und La Condamine in ihren Schriften so oft erwähnte, parallele Ketten bilden, Feuerberge so gleichmäßig vertheilt, daß die vier Vulkane der Pastos, wie Cotocachi, Pichincha, Iliniza, Carguairazo und Yana-Urcu, am Fuß des Chimborazo, auf der *westlichen*, dem Meere näheren: und Imbabura, Cayambe, Antisana, Cotopaxi, Tungurahna (dem Chimborazo östlich gegenüber, doch der Mitte der schmalen Hochebene nahe gerückt), der Altar de los Collanes (Capac-Urcu) und Sangay auf der *östlichen* Cordillere ausgebrochen sind. Wenn man die nördlichste Gruppe der Reihen-Vulkane von Südamerika in einem Blicke zusammenfaßt, so gewinnt allerdings die, in Quito oft ausgesprochene und durch historische Nachrichten einigermaßen begründete Meinung von der Wanderung der vulkanischen Thätigkeit und Intensitäts-Zunahme von Norden nach Süden einen gewissen Grad der Wahrscheinlichkeit. Freilich finden wir im Süden, und zwar neben dem wie Stromboli wirkenden Colosse Sangay, die Trümmer des „Fürsten der Berge“, Capac-Urcu: welcher den Chimborazo an Höhe übertroffen haben soll, aber in den letzten Decennien des 15ten Jahrhunderts (14 Jahre vor der Eroberung von Quito durch den Sohn des Inca Tupac Yupanqui) einstürzte, verlosch und seitdem nicht wieder entbrannte.

Der Raum der Andeskette, welchen die Gruppen der Vulkane nicht bedecken, ist weit größer, als man gewöhnlich glaubt. In dem nördlichen Theile von Südamerika findet sich von dem Volcan de Ruiz und dem Kegelberge Tolima, den beiden nördlichsten Vulkanen der *Vulkan-Reihe* von *Neu-Granada* und *Quito* an, bis über den Isthmus von Panama gegen Costa Rica hin, wo die *Vulkan-Reihe von Central-Amerika* beginnt: ein von Erdstößen oft und mächtig erschüttertes Land, in welchem flammengebende Salsen, aber keine ächt vulkanische Eruptionen bekannt sind. Die Länge dieses Landes beträgt 157 geogr. Meilen. Fast zwiefach so lang (242 Meilen einnehmend) ist eine *vulkanleere* Strecke vom Sangay, dem südlichen Endpunkte der Gruppe von Neu-Granada und Quito, bis zum Chacani bei Arequipa, dem Anfang der *Vulkan-Reihe von Peru und Bolivia*. So verwickelt und verschiedenartig muß in derselben Gebirgskette das Zusammentreffen der Verhältnisse gewesen sein, von welchen die Bildung permanent offen bleibender Spalten und der ungehinderte Verkehr des geschmolzenen Erd-Inneren mit dem Luftkreise abhangen. Zwischen den Gruppen von trachyt- und doleritartigem Gestein, durch welche die vulkanischen Kräfte thätig werden, liegen etwas kürzere Strecken, in denen herrschen: Granit, Syenit, Glimmerschiefer, Thonschiefer, Quarzporphyre, kieselartige Conglomerate und solche Kalksteine, von denen ein beträchtlicher Theil (nach Leopolds von Buch scharfsinniger Untersuchung der von mir und Degenhardt heimgebrachten organischen Reste) zur Kreide-Formation gehört. Das allmälige Häufiger-Werden von labradorischen, pyroxen- und oligoklas-reichen Gebirgsarten verkündigt dem aufmerksamen Reisenden, wie ich schon an einem anderen Orte gezeigt habe, den Uebergang einer, bis dahin in sich abgeschlossenen, unvulkanischen, und in quarzlosen Porphyren, voll glasigen Feldspaths, oft sehr silberreichen Zone in die noch frei mit dem Inneren des Erdkörpers communicirenden vulkanischen Regionen.

Die genauere Kenntniß von der Lage und den Grenzen der 5 Gruppen von Vulkanen (den Gruppen von *Anahuac* oder des tropischen Mexico's, von *Central-Amerika*, von *Neu-Granada und Quito*, von *Peru und Bolivia*, und von *Chili*), zu der wir in der neuesten Zeit gelangt sind; lehrt uns, daß in dem Theil der Cordilleren, welcher sich von 19°¼ nördlicher bis 46°südlicher Breite erstreckt: also, die durch eine veränderte Achsenrichtung verursachten Krümmungen mit eingerechnet, in einer Länge von fast 1300 geographischen Meilen; unbedeutend mehr

I. Gruppe der *mexicanischen* Vulkane. Die Spalte, auf der die Vulkane ausgebrochen sind, ist von Ost nach West gerichtet, vom Orizaba bis zum Colima, in einer Erstreckung von 98 geogr. Meilen; zwischen Br. 19° und 19° 20'. Der Vulkan von Tuxtla liegt isolirt 32 Meilen östlicher als Orizaba, der Küste des mexicanischen Golfes nahe: und in einem Parallelkreise (18° 28'), der einen halben Grad südlicher ist.

II. *Entfernung* der mexicanischen Gruppe von der nächstfolgenden Gruppe Central-Amerika's (Abstand vom Vulkan von Orizaba zum Vulkan von Soconusco in der Richtung OSO–WNW): 75 Meilen.

III. Gruppe der Vulkane von *Central-Amerika*: ihre Länge von NW nach SO, vom Vulkan von Soconusco bis Turrialva in Costa Rica, über 170 Meilen.

IV. *Entfernung* der Gruppe Central-Amerika's von der Vulkan-Reihe von Neu-Granada und Quito: 157 Meilen.

V. Gruppe der Vulkane von *Neu-Granada und Quito*; ihre Länge vom Ausbruch in dem Paramo de Ruiz nördlich vom Volcan de Tolima bis zum Vulkan von Sangay: 118 Meilen. Der Theil der Andeskette zwischen dem Vulkan von Puracé bei Popayan und dem südlichen Theile des vulkanischen Bergknotens von Pasto ist NNO–SSW gerichtet. Weit östlich von den Vulkanen von Popayan, an den Quellen des Rio Fragua, liegt ein sehr isolirter Vulkan, welchen ich nach der mir von Missionaren von Timana mitgetheilten Angabe auf meine General-Karte der Bergknoten der südamerikanischen Cordilleren eingetragen habe; Entfernung vom Meeresufer 38 Meilen.

VI. *Entfernung* der Vulkan-Gruppe Neu-Granada's und Quito's von der Gruppe von Peru und Bolivia: 240 Meilen; die größte Länge einer vulkanfreien Kette.

VII. Gruppe der Vulkan-Reihe von *Peru* und *Bolivia*: vom Volcan de Chacani und Arequipa bis zum Vulkan von Atacama (16°¼–21°½) 105 Meilen.

VIII. *Entfernung* der Gruppe Peru's und Bolivia's von der Vulkan-Gruppe Chili's: 135 Meilen. Von dem Theil der Wüste von Atacama, an dessen Rand sich der Vulkan von San Pedro erhebt, bis weit über Copiapo hinaus, ja bis zum Vulkan von Coquimbo (30° 5') in der langen Cordillere westlich von den beiden Provinzen Catamarca und Rioja, steht kein vulkanischer Kegel.

IX. Gruppe von *Chili*: vom Vulkan von Coquimbo bis zum Vulkan San Clemente 242 Meilen.

Diese Schätzungen der Länge der Cordilleren mit der Krümmung, welche aus der Veränderung der Achsenrichtung entsteht, von dem Parallel der mexicanischen Vulkane in 19°¼ nördlicher Breite bis zum Vulkan von San Clemente in Chili (46° 8' südl. Breite); geben für einen Abstand von 1242 Meilen einen Raum von 635 Meilen, der mit fünf Gruppen gereihter Vulkane (*Mexico*, *Central-Amerika*, *Neu-Granada* mit *Quito*, *Peru* mit *Bolivia*, und *Chili*) bedeckt ist; und einen wahrscheinlich ganz vulkanfreien Raum von 607 Meilen. Beide Räume sind sich ohngefähr gleich. Ich habe *sehr bestimmte numerische* Verhältnisse angegeben, wie sie sorgfältige Discussion eigener und fremder Karten dargeboten, damit man mehr angeregt werde dieselben zu verbessern. Der längste vulkanfreie Theil der Cordilleren ist der zwischen den Gruppen

Neu-Granada-Quito und Peru-Bolivia. Er ist zufällig dem gleich, welchen die Vulkane von Chili bedecken.

Betrachtet man die Vertheilung des vulkanleeren Raumes zwischen den 5 Vulkan-Gruppen, so findet man das Maximum des Abstandes zweier Gruppen von einander bei den Vulkan-Reihen von Quito und Peru. Es ist derselbe volle 240 Meilen: während die am meisten einander genäherten Gruppen die erste und zweite, die von Mexico und Central-Amerika, sind. Die 4 Zwischenräume zwischen den 5 Gruppen entsprechen den Meilenzahlen 75, 157, 240, 135. Der große Abstand, welchen der südlichste Vulkan Quito's von dem nördlichsten Peru's darbietet, ist auf den ersten Anblick um so auffallender, als man nach altem Gebrauch die Gradmessung auf dem Hochlande von *Quito* die *peruanische* zu nennen pflegte. Nur der kleinere südliche Theil der Andeskette von Peru ist vulkanisch. Die *Zahl* der Vulkane ist zufolge der Listen, welche ich nach sorgfältiger Discussion der neuesten Materialien angefertigt habe, in allgemeiner Uebersicht folgende:

Namen der fünf Gruppen von Reihen-Vulkanen des Neuen Continents von 19° 25' nördlicher bis 46° 8' südlicher Breite	***Zahl der Vulkane, welche jede Gruppe umfaßt***	***Zahl der Vulkane, welche noch als entzündet zu betrachten sind***
Gruppe von Mexico	6	4
Gruppe von Central-Amerika	29	18
Gruppe von Neu-Granada und Quito	18	10
Gruppe von Peru und Bolivia	14	3

Nach diesen Angaben ist die Summe der Vulkane in den fünf amerikanischen Gruppen 91, von denen 56 dem Continent von Südamerika angehören. Ich zähle als Vulkane auf, außer denen, welche noch gegenwärtig entzündet und thätig sind; auch diejenigen vulkanischen Gerüste, deren alte Ausbrüche einer historischen Zeit angehören, oder deren Bau und Eruptions-Massen (Erhebungs- und Auswurfs-Krater, Laven, Schlacken, Bimssteine und Obsidiane) sie jenseits aller Tradition als längst erloschene Feuerberge charakterisiren. Ungeöffnete Trachytkegel und Dome oder ungeöffnete lange Trachytrücken, wie der Chimborazo und Iztaccihuatl, sind ausgeschlossen. Diesen Sinn haben auch Leopold von Buch, Charles Darwin und Friedrich Naumann dem Worte *Vulkan* in ihren geographischen Aufzählungen gegeben. Noch entzündete Vulkane nenne ich solche, welche, in großer Nähe gesehen, noch Zeichen ihrer

Thätigkeit in hohem oder geringem Grade darbieten; theilweise auch in neuerer Zeit große, historisch bekannte Ausbrüche gezeigt haben. Der Beisatz „in großer Nähe gesehen“ ist sehr wichtig, da vielen Vulkanen die noch bestehende Thätigkeit abgesprochen wird: weil, aus der Ebene beobachtet, die dünnen Dämpfe, welche in bedeutender Höhe aus dem Krater aufsteigen, dem Auge unsichtbar bleiben. Wurde nicht zur Zeit meiner amerikanischen Reise geläugnet, daß Pichincha und der große Vulkan von Mexico (Popocatepetl) entzündet seien! da doch ein unternehmender Reisender, Sebastian Wisse, im Krater des Pichincha um den großen thätigen Auswurfskegel noch 70 entzündete Mündungen (Fumarolen) zählte: und ich am Fuß des Popocatepetl in dem Malpais del Llano de Tetimpa, in welchem ich eine Grundlinie zu messen hatte, Zeuge eines höchst deutlichen Aschen-Auswurfs des Vulkans wurde.

In der Reihenfolge der Vulkane von *Neu-Granada und Quito*, welche in 18 Vulkanen noch 10 entzündete umfaßt und ohngefähr die doppelte Länge der Pyrenäen hat, kann man von Norden nach Süden als vier kleinere Gruppen oder Unterabtheilungen bezeichnen: den Paramo de Ruiz und den nahen Vulkan von *Tolima* (Br. nach Acosta 4° 55' N.); *Puracé* und *Sotará* bei Popayan(Br. 2°¼); die Volcanes de Pasto, *Tuquerres* und *Cumbal* (Br. 2° 20' bis 0° 50'); die Reihe der Vulkane von *Pichincha* bei Quito bis zu dem ununterbrochen thätigen *Sangay* (Aequator bis 2° südlicher Breite). Diese letzte Unterabtheilung der ganzen Gruppe ist unter den Vulkanen der Neuen Welt weder besonders auffallend durch ihre große *Länge*, noch durch die *Gedrängtheit* ihrer Reihung. Man weiß jetzt, daß sie auch nicht die höchsten Gipfel einschließt; denn der *Aconcagua* in Chili (Br. 32° 39'): von 21584 F. nach Kellet, von 22434 F. nach Fitz-Roy und Pentland; wie die Nevados von *Sahama* (20970 F.), *Parinacota* (20670 F.), *Gualateiri* (20604 F.) und *Pomarape* (20360 F.), alle vier zwischen 18° 7' und 18° 25' südlicher Breite: werden für höher gehalten als der Chimborazo (20100 F.) Dennoch genießen die Vulkane von Quito unter allen Vulkanen des Neuen Continents den am weitesten verbreiteten Ruf; denn an jene Berge der Andeskette, an jenes Hochland von Quito ist das Andenken mühevoller, nach wichtigen Zwecken strebender: astronomischer, geodätischer, optischer, barometrischer Arbeiten geknüpft; das Andenken an zwei glänzende Namen, *Bouguer* und *La Condamine!* Wo geistige Beziehungen walten, wo eine Fülle von Ideen angeregt wird, welche gleichzeitig zur Erweiterung mehrerer Wissenschaften geführt haben, bleibt gleichsam *örtlich* der Ruhm auf lange gefesselt. So ist er auch vorzugsweise in den schweizer Alpen dem Montblanc geblieben: nicht wegen seiner Höhe, welche die des Monte Rosa nur um 523 Fuß übertrifft; nicht wegen der überwundenen Gefahr seiner Ersteigung: sondern wegen des Werthes und der Mannigfaltigkeit physikalischer und geologischer Ansichten, welche *Saussure's* Namen und das Feld seiner rastlosen Arbeitsamkeit verherrlichen. Die Natur erscheint da am größten, wo neben dem sinnlichen Eindruck sie sich auch in der Tiefe des Gedankens reflectirt.

Die *Vulkan-Reihe von Peru und Bolivia*, noch ganz der Aequinoctial-Zone angehörig und nach Pentland erst bei 15900 Fuß Höhe mit ewigem Schnee bedeckt (Darwin, Journal 1845 p. 244), erreicht ohngefähr in der Mitte ihrer Länge, in der Sahama-Gruppe, das Maximum ihrer Erhebung (20970 F.), zwischen 18° 7' und 18° 25' südlicher Breite. Dort erscheint bei Arica eine sonderbare busenförmige Einbiegung des Gestades, welcher eine plötzliche Veränderung in der *Achsenrichtung* der Andeskette und der ihr westlich vorliegenden Vulkan-Reihe entspricht. Von da gegen Süden streicht das Littoral, und zugleich die vulkanische Spalte, nicht mehr von Südost in Nordwest, sondern in der Richtung des Meridians: einer Richtung, die sich bis nahe dem westlichen Eingange der Magellanischen Meerenge, auf einer Länge von mehr als fünfhundert geographischen Meilen, erhält. Ein Blick auf die von mir im Jahr 1831 herausgegebene *Karte der Verzweigungen und Bergknoten der Andeskette* bietet noch viele andere ähnliche Uebereinstimmungen zwischen dem Umriß des Neuen Continents und den nahen oder fernen Cordilleren dar. So richten sich zwischen den Vorgebirgen Aguja und San Lorenzo (5°½ bis 1° südlicher Breite) beide, das Littoral der Südsee und die Cordilleren, von Süd nach Nord, nachdem sie so lange zwischen den Parallelen von Arica und Caramarca von Südost nach Nordwest gerichtet waren; so laufen Littoral und Cordilleren vom Bergknoten des Imbabura bei Quito bis zu dem de los Robles

Die *westliche* Cordillere läuft östlich vom Rio Dagua, westlich von Cazeres, Roldanilla, Toro und Anserma bei Cartago, von SSW in NNO, bis zum Salto de San Antonio im Rio Cauca (Br. 5° 14'): welcher südwestlich von der Vega de Supia liegt. Von da und bis zu dem neuntausend Fuß hohen Alto del Viento (Cordillera de Abibe oder Avidi, Br. 7° 12') nimmt die Kette an Höhe und Umfang beträchtlich zu, und verschmelzt sich in der Provinz Antioaquia mit der mittleren oder Central-Cordillere. Weiter in Norden, gegen die Quellen der Rios Lucio und Guacuba, verläuft sich die Kette, in Hügelreihen vertheilt. Die Cordillera occidental, welche bei der Mündung des Dagua in die Bahia de San Buenaventura kaum 8 Meilen von der Südsee-Küste entfernt ist (Br. 3° 50'), hat die doppelte Entfernung im Parallel von Quibdo im Choco (Br. 5° 48'). Diese Bemerkung ist deshalb von einiger Wichtigkeit, weil mit der westlichen Andeskette nicht das hochhüglige Land und die Hügelkette verwechselt werden muß, welche in dieser, an Waschgold reichen Provinz sich von Novita und Tado an längs dem rechten Ufer des Rio San Juan und dem linken Ufer des großen Rio Atrato von Süden nach Norden hinzieht. Diese unbedeutende Hügelreihe ist es, welche in der Quebrada de la Raspadura von dem, zwei Flüsse (den Rio San Juan oder Noanama und den Rio Quibdo, einen Zustrom des Atrato), und durch diese zwei Oceane verbindenden *Canal des Mönches* durchschnitten wird (*Humboldt*, *Essai pol.* T. I. p. 235); sie ist es auch, welche zwischen der von mir so lange vergeblich gerühmten Bahia de Cupica (Br. 6° 42') und den Quellen des Napipi, der in den Atrato fällt, auf der lehrreichen Expedition des Cap. Kellet gesehen worden ist. (Vergl. a. a. O. T. I. p. 231; und Robert *Fitz-*

Roy, considerations on the great Isthmus of Central America, im *Journal of the Royal Geogr. Soc.* Vol. XX. 1851 p. 178, 180 und 186.)

Die *mittlere* Andeskette (Cordillera central): anhaltend die höchste, bis in die ewige Schneegrenze reichend, und in ihrer ganzen Erstreckung wie die westliche Kette fast von Süden nach Norden gerichtet, beginnt 8 bis 9 Meilen in Nordost von Popayan mit den Paramos von Guanacos, Huila, Iraca und Chinche. Weiter hin erheben sich von S gegen N zwischen Buga und Chaparral der langgestreckte Rücken des Nevado de Baraguan (Br. 4° 11'), la Montaña de Quindio, der schneebedeckte, abgestumpfte Kegel von Tolima, der Vulkan und Paramo de Ruiz und die Mesa de Herveo. Diese hohen und rauhen Berg-Einöden, die man im Spanischen mit dem Namen Paramos belegt, sind durch ihre Temperatur und einen eigenthümlichen Vegetations-Charakter bezeichnet: und liegen in dem Theil der Tropengegend, welchen ich hier beschreibe, nach dem Mittel vieler meiner Messungen von 9500 bis 11000 Fuß über dem Meeresspiegel. In dem Parallel von Mariquita, des Herveo und des Salto de San Antonio des Cauca-Thals beginnt eine massenhafte Vereinigung der westlichen und der Central-Kette, deren oben Erwähnung geschehen ist. Diese Verschmelzung wird am auffallendsten zwischen jenem Salto und der Angostura und Cascada de Caramanta bei Supia. Dort liegt das Hochland der schwer zugänglichen Provinz Antioquia, welche nach Manuel Restrepo sich von 5°¼ bis 8° 34' erstreckt, und in welcher wir in der Richtung von Süden nach Norden nennen als Höhenpunkte: Arma, Sonson; nördlich von den Quellen des Rio Samana: Marinilla, Rio Negro (6420 F.) und Medellin (4548 F.); das Plateau von Santa Rosa (7944 F.) und Valle de Osos. Weiter hin über Cazeres und Zaragoza hinaus, gegen den Zusammenfluß des Cauca und Nechi, verschwindet die eigentliche Gebirgskette; und der östliche Abfall der Cerros de San Lucar, welchen ich bei der Beschiffung und Aufnahme des Magdalena-Stromes von Badillas (Br. 8° 1') und Paturia (Br. 7° 36') aus gesehen, macht sich nur bemerkbar wegen des Contrastes der weiten Flußebene.

Die *östliche* Cordillere bietet das geologische Interesse dar, daß sie nicht nur das ganze nördliche Bergsystem Neu-Granada's von dem Tieflande absondert: aus welchem die Wasser theils durch den Caguan und Caqueta dem Amazonenfluß, theils durch den Guaviare, Meta und Apure dem Orinoco zufließen; sondern auch deutlichst mit der Küstenkette von Caracas in Verbindung tritt. Es findet nämlich dort statt, was man bei Gangsystemen ein *Anscharen* nennt: eine Verbindung von Gebirgsjöchern, die auf zwei Spalten von sehr verschiedener Richtung und wahrscheinlich auch zu sehr verschiedenen Zeiten sich erhoben haben. Die östliche Cordillere entfernt sich weit mehr als die beiden anderen von der Meridian-Richtung, abweichend gegen Nordosten, so daß sie in den Schneebergen von Merida (Br. 8° 10') schon 5 Längengrade östlicher liegt als bei ihrem Ausgang aus dem Bergknoten de los Robles unfern der Ceja und Timana. Nördlich von dem Paramo de la Suma Paz, östlich von der Purificacion, an dem westlichen Abhange des Paramo von Chingaza, in nur 8220 Fuß Höhe: erhebt sich über einem Eichenwald die schöne, aber baumlose und ernste Hochebene von Bogota (Br.

4° 36'). Sie hat ohngefähr 18 geographische Quadratmeilen, und ihre Lage bietet eine auffallende Aehnlichkeit mit der des Beckens von Kaschmir: das aber am Wuller-See, nach Victor Jacquemont, um 3200 Fuß minder hoch ist und dem südwestlichen Abhange der Himalaya-Kette angehört. Von dem Plateau von Bogota und dem Paramo de Chingaza ab folgen in der östlichen Cordillere der Andes gegen Nordost die Paramos von Guachaneque über Tunja, von Zoraca über Sogamoso; von Chita (15000 F.?), nahe den Quellen des Rio Casanare, eines Zuflusses des Meta; vom Almorzadero (12060 F.) bei Socorro, von Cacota (10308 F.) bei Pamplona, von Laura und Porquera bei la Grita. Hier zwischen Pamplona, Salazar und Rosario (zwischen Br. 7° 8' und 7° 50') liegt der kleine Gebirgsknoten, von dem aus sich ein Kamm von Süden nach Norden gegen Ocaña und Valle de Upar westlich von der Laguna de Maracaibo vorstreckt und mit den Vorbergen der Sierra Nevada de Santa Marta (18000 Fuß?) verbindet. Der höhere und mächtigere Kamm fährt in der ursprünglichen Richtung nach Nordosten gegen Merida, Truxillo und Barquisimeto fort: um sich dort östlich von der Laguna de Maracaibo der *Granit-Küstenkette von Venezuela*, in Westen von Puerto Cabello, anzuschließen. Von der Grita und dem Paramo de Porquera an erhebt sich die östliche Cordillere auf einmal wieder zu einer außerordentlichen Höhe. Es folgen zwischen den Parallelen von 8° 5' und 9° 7' die Sierra Nevada de Merida (Mucuchies), von Boussingault untersucht und von Codazzi trigonometrisch zu 14136 Fuß Höhe bestimmt; und die vier Paramos de Timotes, Niquitao, Boconó und de las Rosas: voll der herrlichsten Alpenpflanzen.

Vulkanische Thätigkeit fehlt der westlichen Cordillere ganz; der mittleren ist sie eigen bis zum Tolima und Paramo de Ruiz: die aber vom Vulkan von Puracé fast um drei Breitengrade getrennt sind. Die östliche Cordillere hat nahe an ihrem östlichen Abfall, an dem Ursprung des Rio Fragua, nordöstlich von Mocoa, südöstlich von Timana, einen rauchenden Hügel: entfernter vom Littoral der Südsee als irgend ein anderer noch thätiger Vulkan im Neuen Continent. Eine genaue Kenntniß der örtlichen Verhältnisse der Vulkane zu der Gliederung der Gebirgszüge ist für die Vervollkommnung der Geologie der Vulkane von höchster Wichtigkeit. Alle älteren Karten, das einzige Hochland von Quito abgerechnet, konnten nur irre leiten.

bei Popayan gar von Südwest in Nordost. Ueber den geologischen *Causal-Zusammenhang* dieser sich so vielfach offenbarenden Uebereinstimmung der *Contour-Formen der Continente* mit der *Richtung naher* Gebirgsketten (Südamerika, Alleghanys, Norwegen, Apenninen) scheint es schwer zu entscheiden.

Wenn auch gegenwärtig in den Vulkan-Reihen von Bolivia und Chili der, der Südsee nähere, *westliche* Zweig der Andeskette die meisten Spuren noch dauernder vulkanischer Thätigkeit aufweist; so hat ein sehr erfahrener Beobachter, Pentland, doch auch am Fuß der *östlichen*, von der Meeresküste über 45 geogr. Meilen entfernten Kette einen völlig erhaltenen, aber ausgebrannten Krater mit unverkennbaren Lavaströmen aufgefunden. Es liegt derselbe auf dem Gipfel eines Kegelberges bei San Pedro de Cacha im Thal von Yucay, in fast 11300 Fuß Höhe (Br. 14° 8', Länge 73° 40'): südöstlich von Cuzco, wo die östliche Schneekette von Apolobamba, Carabaya und Vilcanoto sich von SO nach NW hinzieht. Dieser merkwürdige Punkt*Pentland* in Mary *Somerville's Phys. Geography* (1851) Vol. I. p. 185. Der Pic von Vilcanoto (15970 F.): liegend in Br. 14° 28', ein Theil des mächtigen Gebirgsstockes dieses Namens, ost-westlich gerichtet, schließt das Nordende der Hochebene: in welcher der 22 geogr. Meilen lange See von Titicaca, ein kleines Binnenmeer, liegt. ist durch die Ruinen eines berühmten Tempels des Inca Viracocha bezeichnet. Die *Meeresferne* des alten, lavagebenden Vulkans ist weit größer als die des Sangay, der ebenfalls einer östlichen Cordillere zugehört; größer als die des Orizaba und Jorullo.

Eine vulkanleere Strecke von 135 Meilen Länge scheidet die *Vulkan-Reihe* Peru's und Bolivia's von der von *Chili*. Das ist der Abstand des Ausbruchs in der Wüste von Atacama von dem Vulkan von Coquimbo. Schon 2° 34' südlicher erreicht, wie früher bemerkt, im Vulkan Aconcagua (21584 F.) die Gruppe der Vulkane von Chili das Maximum ihrer Höhe: welches nach unsren jetzigen Kenntnissen zugleich auch das Maximum aller Gipfel des Neuen Continents ist. Die mittlere Höhe der Sahama-Gruppe ist 20650 Fuß, also 550 Fuß höher als der Chimborazo. Dann folgen in schnell abnehmender Höhe: Cotopaxi, Arequipa(?) und Tolima zwischen 17712 und 17010 Fuß Höhe. Ich gebe scheinbar in sehr genauen Zahlen, unverändert, Resultate von Messungen an, welche ihrer Natur nach leider! aus trigonometrischen und barometrischen Bestimmungen zusammengesetzt sind: weil auf diese Weise am meisten zur Wiederholung der Messungen und Correction der Resultate angeregt wird. In der Reihe der Vulkane Chili's, deren ich 24 aufgeführt habe, sind leider sehr wenige und meist nur die südlichen, niedrigeren: zwischen den Parallelen von 37° 20' bis 43° 40', von Antuco bis Yantales, hypsometrisch bestimmt. Es haben dieselben die unbeträchtlichen Höhen von sechs- bis achttausend Fuß. Auch in der Tierra del Fuego selbst erhebt sich der mit ewigem Schnee bedeckte Gipfel des Sarmiento nach Fitz-Roy nur bis 6400 Fuß. Vom Vulkan von Coquimbo bis zu dem Vulkan San Clemente zählt man 242 Meilen.

Ueber die Thätigkeit der Vulkane von Chili haben wir die wichtigen Zeugnisse von Charles Darwin: der den Osorno, Corcovado und Aconcagua sehr bestimmt als entzündet aufführt; die Zeugnisse von Meyen, Pöppig und Gay: welche den Maipu, Antuco und Peteroa bestiegen; die von Domeyko, dem Astronomen Gillиß und Major Philippi. Man möchte die Zahl der entzündeten Krater auf dreizehn setzen: nur fünf weniger als in der Gruppe von Central-Amerika.

Von den 5 Gruppen der Reihen-Vulkane des *Neuen Continents*, welche nach astronomischen Ortsbestimmungen und meist auch hypsometrisch in Lage und Höhe haben angegeben werden können, wenden wir uns nun zu dem *Alten Continent:* in dem, ganz im Gegensatz mit dem Neuen, die größere Zahl zusammengedrängter Vulkane nicht dem festen Lande, sondern den Inseln angehört. Es liegen die meisten *europäischen* Vulkane im mittelländischen Meere, und zwar (wenn man den großen, mehrfach thätigen Krater zwischen Thera, Therasia und Aspronisi mitrechnet) in dem tyrrhenischen und ägäischen Theile; es liegen in *Asien* die mächtigsten Vulkane auf den Großen und Kleinen Sunda-Inseln, den Molukken, den Philippinen; in den Archipelen von Japan, der Kurilen und der Aleuten im Süden und Osten des Continents.

In keiner anderen Region der Erdoberfläche zeigen sich so häufige und so frische Spuren des regen Verkehrs zwischen dem Inneren und dem Aeußeren unseres Planeten als auf dem engen Raume von kaum 800 geographischen Quadratmeilen zwischen den Parallelen von 10° südlicher und 14° nördlicher Breite, wie zwischen den Meridianen der Südspitze von Malacca und der Westspitze der Papua-Halbinsel von Neu-Guinea. Das Areal dieser vulkanischen Inselwelt erreicht kaum die Größe der Schweiz: und wird bespült von der Sunda-, Banda-, Solo- und Mindoro-See. Die einzige Insel *Java* enthält noch jetzt eine größere Zahl entzündeter Vulkane als die ganze südliche Hälfte von Amerika, wenn gleich diese Insel nur 136 geographische Meilen lang ist, d. i. nur $^1/_7$ der Länge von Südamerika hat. Ein neues, langerwartetes Licht über die geognostische Beschaffenheit von Java ist (nach früheren, sehr unvollständigen, aber verdienstlichen Arbeiten von Horsfield, Sir Thomas Stamford Raffles und Reinwardt) durch einen kenntnißvollen, kühnen und unermüdet thätigen Naturforscher, Franz *Junghuhn*, neuerdings verbreitet worden. Nach einem mehr als zwölfjährigen Aufenthalte hat er in einem lehrreichen Werke: *Java, seine Gestalt und Pflanzendecke und innere Bauart*, die ganze Naturgeschichte des Landes umfaßt. Ueber 400 Höhen wurden barometrisch mit Sorgfalt gemessen; die vulkanischen Kegel- und Glockenberge, 45 an der Zahl, in Profilen dargestellt und bis auf dreialle von Junghuhn erstiegen. Ueber die Hälfte, wenigstens 28, wurden als noch entzündet und thätig erkannt; ihre merkwürdigen und so verschiedenen Reliefformen mit ausgezeichneter Klarheit beschrieben, ja in die erreichbare Geschichte ihrer Ausbrüche eingedrungen. Nicht minder wichtig als die vulkanischen Erscheinungen von Java sind die dortigen Sediment-Formationen tertiärer Bildung, die vor der eben genannten ausführlichen Arbeit uns vollkommen unbekannt waren und doch $^3/_5$ des ganzen Areals der Insel, besonders in dem südlichen Theile, bedecken. In vielen Gegenden von Java finden sich als Reste ehemaliger weitverbreiteter Wälder drei bis sieben Fuß lange Bruchstücke von verkieselten Baumstämmen, die allein den Dicotyledonen angehören. Für ein Land, in welchem jetzt eine Fülle Palmen und Baumfarren wachsen, ist dies um so merkwürdiger, als im miocänen Tertiär-Gebirge der Braunkohlen-Formation von Europa: da, wo jetzt baumstämmige Monocotyledonen nicht mehr gedeihen, nicht selten fossile Palmen angetroffen werden. Die Abwesenheit der Monocotyledonen ist aber nur eigenthümlich den zerstreut auf der Oberfläche und besonders in den Bächen der Regentschaft Bantam liegenden *verkieselten* Baumstämmen; in den unterirdischen Kohlenschichten finden sich dagegen Reste von Palmenholz, die zwei Geschlechtern

(Flabellaria und Amesoneuron) angehören. Durch das fleißige Sammeln von Blatt-Abdrücken und versteinerten Hölzern hat Junghuhn Gelegenheit dargeboten, daß die nach seiner Sammlung von Göppert scharfsinnig bearbeitete vorweltliche Flora von Java als das erste Beispiel der fossilen Flora einer rein tropischen Gegend hat erscheinen können.

Die Vulkane von Java stehen in Ansehung der Höhe, welche sie erreichen, denen der drei Gruppen von Chili, Bolivia und Peru, ja selbst der zwei Gruppen von Quito sammt Neu-Granada und vom tropischen Mexico, weit nach. Die Maxima, welche die genannten amerikanischen Gruppen erreichen, sind für Chili, Bolivia und Quito 20000 bis 21600 Fuß; für Mexico 17000 Fuß. Das ist fast um zehntausend Fuß (um die Höhe des Aetna) mehr als die größte Höhe der Vulkane von Sumatra und Java. Auf der letzteren Insel ist der höchste und noch entzündete Coloß der Gunung Semeru, die culminirende Spitze der ganzen javanischen Vulkan-Reihe. Junghuhn hat dieselbe im September 1844 erstiegen; das Mittel seiner Barometer-Messungen gab 11480 Fuß über der Meeresfläche: also 1640 Fuß mehr als der Gipfel des Aetna. Bei Nacht sank das hunderttheilige Thermometer unter 6°,2. Der ältere, Sanskrit-Name des Gunung Semeru war Mahâ-Mêru (der große Meru): eine Erinnerung an die Zeit, als die Malayen indische Cultur aufnahmen; eine Erinnerung an den *Weltberg* im Norden, welcher nach dem Mahabharata der mythische Sitz ist von Brahma, Wischnu und den sieben Dêvarschi. Auffallend ist es, daß: wie die Eingeborenen der Hochebene von Quito schon vor jeglicher Messung errathen hatten, daß der Chimborazo alle andere Schneeberge des Landes überrage, so die Javanen auch wußten, daß der heilige Berg Mahâ-Mêru, welcher von dem Gunung Ardjuna (10350 F.) wenig entfernt ist, das Maximum der Höhe auf der Insel erreiche; und doch konnte hier, in einem schneefreien Lande, der größere Abstand des Gipfels von der Niveau-Linie der ewigen unteren Schneegrenze eben so wenig das Urtheil leiten als die Höhe eines temporären, zufälligen Schneefalles.

Der Höhe des Gunung Semeru, welcher 11000 Fuß übersteigt, kommen vier andere Vulkane am nächsten, die hypsometrisch zu zehn- und eilftausend Fuß gefunden wurden. Es sind Gunung Slamat oder Berg von Tegal (10430 F.), G. Ardjuna (10350 F.), G. Sumbing (10348 F.) und G. Lawu (10065 F.). Zwischen neun- und zehntausend Fuß fallen noch sieben Vulkane von Java: ein Resultat, das um so wichtiger ist, als man früher keinem Gipfel auf der Insel mehr als sechstausend Fuß zuschrieb. Aber nicht bloß *Java* (*Junghuhn* Abth. I. S. 61 und Abth. II. S. 547) hat einen Coloß, den Semeru von 11480 F.: welcher also den Pic von Teneriffa um ein Geringes an Höhe übersteigt; dem, ebenfalls noch thätigen, aber, wie es scheint, minder genau gemessenen Pic von *Indrapura* auf Sumatra werden auch 11500 Fuß zugeschrieben (Abth. I. S. 78 und Profil-Karte No. 1). Diesem stehen auf Sumatra am nächsten die Kuppe Telaman, welche einer der Gipfel des Ophir (nicht 12980, sondern nur 9010 F. hoch) ist; und der *Merapi* (nach Dr. Horner 8980 F.), der thätigste unter den 13 Vulkanen von Sumatra: der aber (Abth. II. S. 294 und *Junghuhn's Battaländer* 1847 Th. I. S. 25), bei Unter den fünf

Gruppen der nord- und südamerikanischen Vulkane ist die von Guatemala (Central-Amerika) die einzige, welche in *mittlerer* Höhe von der Java-Gruppe übertroffen wird. Wenn auch bei Alt-Guatemala der Volcan de Fuego (nach der Berechnung und Reduction von Poggendorff) 12300 Fuß, also 820 Fuß mehr Höhe als der Gunung Semeru, erreicht; so schwankt doch der übrige Theil der Vulkan-Reihe Central-Amerika's nur zwischen fünf- und siebentausend: nicht, wie auf Java, zwischen sieben- und zehntausend Fuß. Der höchste Vulkan Asiens ist aber nicht in dem asiatischen Inselreiche (dem Archipel der Sunda-Inseln), sondern auf dem Continent zu suchen; denn auf der Halbinsel Kamtschatka erhebt sich der Vulkan Kljutschewsk bis 14790 Fuß, fast zur Höhe des Rucu-Pichincha in den Cordilleren von Quito.

Die gedrängte Reihe der Vulkane von Java (über 45 an der Zahl) hat in ihrer Haupt-Axe*Junghuhn, Java* Abth. I. S. 80. die Richtung WNW–OSO (genau W 12° N): also meist der Vulkan-Reihe des östlichen Theils von Sumatra, aber nicht der Längen-Axe der Insel Java parallel. Diese allgemeine Richtung der Vulkan-Kette schließt keineswegs die Erscheinung aus, auf welche man neuerlichst auch in der großen Himalaya-Kette aufmerksam gemacht hat: daß einzeln 3 bis 4 hohe Gipfel so zusammengereiht sind, daß die kleinen Axen dieser Partial-Reihen mit der Haupt-Axe der Kette einen schiefen Winkel machen. Dies Spalten-Phänomen: welches Hodgson, Joseph Hooker und Strachey beobachtet und theilweise dargestellt haben, ist von großem Interesse. Die kleinen Axen der Nebenspalten scharen sich an die große an, bisweilen fast unter einem rechten Winkel, und selbst in vulkanischen Ketten liegen oft gerade die Maxima der Höhen etwas von der großen Axe entfernt. Wie in den meisten Reihen-Vulkanen, bemerkt man auch auf Java kein bestimmtes Verhältniß zwischen der Höhe und der Größe des Gipfel-Kraters. Die beiden größten Krater gehören dem Gunung Tengger und dem Gunung Raon an. Der erste von beiden ist ein Berg dritter Classe, von nur 8165 Fuß Höhe. Sein zirkelrunder Krater hat aber über 20000 Fuß, also fast eine geographische Meile, im Durchmesser. Der ebene Boden des Kraters ist ein Sandmeer, dessen Fläche 1750 Fuß unter dem höchsten Punkte der Umwallung liegt, und in dem hier und da aus der Schicht zerriebener Rapilli schlackige Lavamassen hervorragen. Selbst der ungeheure und dazu mit glühender Lava angefüllte Krater des Kirauea auf Hawaii erreicht nach der so genauen trigonometrischen Aufnahme des Cap. Wilkes und den vortrefflichen Beobachtungen Dana's nicht die Krater-Größe des Gunung Tengger. In der Mitte des Kraters von dem letzteren erheben sich vier kleine Auswurfs-Kegel, eigentlich umwallte trichterförmige Schlünde: von denen jetzt nur einer, *Bromo* (der mythische Name Brahma: ein Wort, welchem in den Kawi-Wortverzeichnissen die Bedeutung *Feuer* beigelegt wird, die das Sanskrit nicht zeigt), unentzündet ist. Bromo bietet das merkwürdige Phänomen dar, daß in seinem Trichter sich von 1838 bis 1842 ein See bildete: von welchem Junghuhn erwiesen hat, daß er seinen Ursprung dem Zufluß atmosphärischer Wasser verdankt, die durch gleichzeitiges Eindringen von Schwefeldämpfen erwärmt und gesäuert wurden. Nach dem Gunung Tengger hat der

Gunung Raon den größten Krater, im Durchmesser jedoch um die Hälfte kleiner. Seine Tiefe gewährt einen schauervollen Anblick. Sie scheint über 2250 Fuß zu betragen; und doch ist der merkwürdige, 9550 Fuß hohe Vulkan, welchen Junghuhn bestiegen und so sorgfältig beschrieben hat, nicht einmal auf der so verdienstvollen Karte von Raffles genannt worden.

Die Vulkane von Java bieten, wie meist alle Reihen-Vulkane, die wichtige Erscheinung dar, daß Gleichzeitigkeit großer Eruptionen viel seltener bei einander nahe liegenden als bei weit von einander entfernten Kegeln beobachtet wird. Als in der Nacht vom 11ten zum 12ten August 1772 der Vulkan G. Pepandajan (6600 F.) den verheerendsten Feuerausbruch hatte, der in historischen Zeiten die Insel betroffen hat, entflammten sich in derselben Nacht zwei andere Vulkane, der G. Tjerimaï und der G. Slamat, welche in gerader Linie 46 und 88 geogr. Meilen vom Pepandajan entfernt liegen. Der G. Pepandajan ist 1819 von Reinwardt, 1837 von Junghuhn erstiegen worden. Der Letztere: welcher die Umgebung des Berges, ein mit vielen eckigen ausgeworfenen Lavablöcken bedecktes Trümmerfeld, genau untersucht und mit den frühesten Berichten verglichen hat, hält die durch so viele schätzbare Werke verbreitete Nachricht, daß ein Theil des eingestürzten Berges und ein Areal von mehreren Quadratmeilen während des Ausbruchs von 1772 versunken sei, für sehr übertrieben. Stehen auch die Vulkane einer Reihe alle über Einem Heerde; so ist doch gewiß das Netz der Spalten, durch welche sie communiciren, so zusammengesetzt, daß die Verstopfung alter Dampfcanäle, oder im Lauf der Jahrhunderte die temporäre Eröffnung neuer den simultanen Ausbruch auf sehr entfernten Punkten begreiflich machen. Ich erinnere an das plötzliche Verschwinden der Rauchsäule, die aus dem Vulkan von Pasto aufstieg, als am Morgen des 4ten Februars 1797 das furchtbare Erdbeben von Riobamba die Hochebene von Quito zwischen dem Tunguragua und Cotopaxi erschütterte.

Den Vulkanen der Insel Java wird im allgemeinen ein Charakter *gerippter* Gestaltung zugeschrieben: von dem ich auf den canarischen Inseln, in Mexico und in den Cordilleren von Quito nichts ähnliches gesehen habe. Der neueste Reisende, welchem wir so treffliche Beobachtungen über den Bau der Vulkane, die Geographie der Pflanzen und die psychrometrischen Feuchtigkeits-Verhältnisse verdanken: hat die Erscheinung, deren ich hier erwähne, mit so bestimmter Klarheit beschrieben, daß ich, um zu neuen Untersuchungen Anlaß zu geben, nicht versäumen darf die Aufmerksamkeit auf jene Regelmäßigkeit der Form zu richten. „Obgleich", sagt Herr Junghuhn, „die Oberfläche eines 10300 Fuß hohen Vulkans, des Gunung Sumbing, aus einiger Entfernung gesehen, wie eine ununterbrochen ebene und geneigte Fläche des Kegelberges erscheint; so findet man doch bei näherer Betrachtung, daß sie aus lauter einzelnen schmalen *Länge-Rücken* oder *Rippen* besteht, die nach unten zu sich immer mehr spalten und breiter werden. Sie ziehen sich vom Gipfel des Vulkans oder noch häufiger von einer Höhe, die einige hundert Fuß unterhalb des Gipfels liegt, nach allen Seiten, wie die Strahlen eines Regenschirmes divergirend, zum Fuße des Berges herab." Diese rippenförmigen Länge-

Rücken haben bisweilen auf kurze Zeit einen geschlängelten Lauf: werden aber alle durch neben einander liegende, gleich gerichtete, auch im Herabsteigen breiter werdende Zwischenklüfte von drei- bis vierhundert Fuß Tiefe gebildet. Es sind Ausfurchungen der Oberfläche, „welche an den Seitengehängen aller Vulkane der Insel Java sich wiederfinden, aber in der mittleren Tiefe und dem Abstande ihres oberen Anfanges vom Kraterrande und von einem uneröffneten Gipfel bei den verschiedenen Kegelbergen bedeutend von einander abweichen. Der G. Sumbing (10348 F.) gehört zu der Anzahl derjenigen Vulkane, welche die schönsten und regelmäßigst gebildeten Rippen zeigen, da der Berg von Waldbäumen entblößt und mit Gras bedeckt ist." Nach den Messungen, welche Junghuhnbekannt gemacht, nimmt die Zahl der Rippen durch Verzweigung eben so zu, als der Neigungswinkel abnimmt. Oberhalb der Zone von 9000 Fuß sind im G. Sumbing nur etwa 10 solche Rippen, in 8500 F. Höhe 32, in 5500 F. an 72, in 3000 F. Höhe über 95. Der Neigungswinkel nimmt dabei ab von 37° zu 25° und 10°½ Fast eben so regelmäßig sind die Rippen am Vulkan G. Tengger (8165 F.): während sie am G. Ringgit durch die verwüstenden Ausbrüche, welche dem Jahre 1586 folgten, bedeckt und zerstört worden sind. „Die Entstehung der so eigenthümlichen Längen-Rippen und der dazwischen liegenden Bergklüfte, deren Zeichnungen gegeben sind, wird der Auswaschung durch Bäche zugeschrieben."

Allerdings ist die Masse der Meteorwasser in dieser Tropengegend im Mittel wohl 3- bis 4mal beträchtlicher als in der temperirten Zone, ja die Zuströmungen sind oft wolkenbruchartig; denn wenn auch im ganzen die Feuchtigkeit mit der Höhe der Luftschichten abnimmt, so üben dagegen die großen Kegelberge eine besondere Anziehung auf das Gewölk aus: und die vulkanischen Ausbrüche sind, wie ich schon an anderen Orten bemerkt habe, ihrer Natur nach gewittererregend. Die Kluft- und Thalbildungen (Barrancos), welche in den Vulkanen der canarischen Inseln und in den Cordilleren von Südamerika nach den von Leopold von Buch und von mir vielfältig gegebenen Beschreibungen dem Reisenden wichtig werden, weil sie ihm das Innere des Gebirges erschließen und ihn selbst bisweilen bis in die Nähe der höchsten Gipfel und an die Umwallung eines Erhebungs-Kraters leiten, bietet analoge Erscheinungen dar; aber wenn dieselben auch zu Zeiten die sich sammelnden Meteorwasser fortführen, so ist diesen doch wohl nicht die primitive Entstehung der barrancosan dem Abfall der Vulkane zuzuschreiben. Spaltungen als Folge der Faltung in der weich gehobenen und sich erst später erhärtenden trachytischen Masse sind wahrscheinlich allen Erosions-Wirkungen und dem Stoß der Wasser vorhergegangen. Wo aber tiefe barrancos in den von mir besuchten vulkanischen Gegenden sich an dem Abfall oder Gehänge von Glocken- oder Kegelbergen (*en las faldas* de los Cerros barrancosos) zeigten, war keine Spur von der Regelmäßigkeit oder strahlenförmigen Verzweigung zu entdecken, welche wir nach Junghuhn's Werken in den sonderbaren Reliefformen der Vulkane von Java kennen lernen. Die auffallendste Analogie mit dem Phänomen regelmäßiger Geripptheit auf Java bietet die Oberfläche des Somma-Mantels am Vesuv dar: über dessen 70

Faltungen ein scharfsinniger und genau messender Beobachter, der Astronom Julius Schmidt, viel Licht verbreitet hat (*die Eruption des Vesuvs im Mai 1855* S. 101–109). Diese Thalfurchen sind nach Leop. von Buch ihrem primitiven Ursprunge nach nicht Regenrisse (fiumare), sondern Folgen der Zersprengtheit (Faltung, étoilement) bei erster Erhebung der Vulkane. Auch die meist radiale Stellung der Seiten-Ausbrüche gegen die Achse der Vulkane scheint damit zusammenzuhangen (S. 129). Die meiste Analogie mit der hier behandelten Reliefform gewährt das Phänomen, auf welches Leopold von Buch und der scharfsinnige Beobachter der Vulkane, Poulet Scrope, schon aufmerksam gemacht haben: das Phänomen, daß große Spalten sich fast immer nach der Normal-Richtung der Abhänge, strahlenförmig, doch unverzweigt, vom Centrum des Berges aus, nicht queer auf denselben, in rechtem oder schiefem Winkel eröffnen.

Der Glaube an die völlige Abwesenheit von Lavaströmen auf der Insel Java, zu dem Leopold von Buch nach Erfahrungen des verdienstvollen Reinwardt sich hinzuneigen schien, ist durch die neueren Beobachtungen mehr als erschüttert worden. Junghuhn bemerkt allerdings, „daß der mächtige Vulkan Gunung Merapi in der geschichtlichen Periode seiner Ausbrüche nicht mehr zusammenhangende, compacte Lavaströme gebildet, und daß er nur Lava-Fragmente (Trümmer) oder unzusammenhangende Steinblöcke ausgeworfen habe: wenn man auch im Jahr 1837 neun Monate lang an dem Abhange des Auswurfskegels nächtlich feurige Streifen herabziehen sah.“Aber derselbe so aufmerksame Reisende hat umständlichst und deutlich drei basaltartige schwarze Lavaströme an drei Vulkanen: Gunung Tengger, G. Idjen und Slamat, beschrieben. An dem letzteren verlängert sich der Lavastrom, nachdem er Veranlassung zu einem Wasserfall gegeben, bis in das Tertiär-Gebirge. Junghuhn unterscheidet von solchen wahren Lava-Ergüssen, die zusammenhangende Massen bilden, sehr genau bei dem Ausbruch des G. Lamongan vom 6ten Juli 1838, was er einen *Steinstrom* nennt: aus gereiht ausgestoßenen, großentheils eckigen, glühenden Trümmern bestehend. „Man hörte das Gekrach der aufschlagenden Steine, die, feurigen Punkten gleich, in einer Linie oder ordnungslos herabrollten.“ Ich hefte sehr absichtlich die Aufmerksamkeit auf die sehr verschiedene Art, in der feurige Massen an dem Abhange eines Vulkans erscheinen, weil in dem Streite über das Maximum des Fallwinkels der Lavaströme bisweilen glühende Steinströme (Schlackenmassen), in Reihen sich folgend, mit continuirlichen Lavaströmen verwechselt werden.

Da gerade in neuester Zeit das wichtige, die innere Constitution der Vulkane betreffende und, ich darf hinzusetzen, nicht ernst genug behandelte Problem der Seltenheit oder des völligen *Mangels von Lavaströmen* in Beziehung auf Java so oft zur Sprache gekommen ist; so scheint es hier der Ort dasselbe unter einen allgemeineren Gesichtspunkt zu stellen. Wenn auch sehr wahrscheinlich in einer Vulkan-Gruppe oder Vulkan-Reihe alle Glieder in gewissen gemeinsamen Verhältnissen zu dem allgemeinen *Heerde*, dem geschmolzenen Erd-Inneren, stehen: so bietet doch jedes Individuum eigenthümliche physikalische und chemische Processe dar in Hinsicht auf

Stärke und Frequenz der Thätigkeit, auf Grad und Form der Fluidität und auf Stoff-Verschiedenheit der Producte: Eigenthümlichkeiten, welche man nicht durch Vergleichung der Gestaltung und der Höhe über der jetzigen Meeresfläche erklären kann. Der Bergcoloß Sangay ist eben so ununterbrochen in Eruption als der niedrige Stromboli; von zwei einander nahen Vulkanen wirft der eine nur Bimsstein ohne Obsidian, der andere beide zugleich aus; der eine giebt nur lose Schlacken, der andere in schmalen Strömen fließende Lava. Diese charakterisirenden Processe scheinen dazu bei vielen in verschiedenen Epochen ihrer Thätigkeit nicht immer dieselben gewesen zu sein. Keinem der beiden Continente ist vorzugsweise Seltenheit oder gar Abwesenheit von Lavaströmen zuzuschreiben. Auffallende Unterschiede treten nur in solchen Gruppen hervor, für welche man sich auf uns nahe liegende, bestimmte historische Perioden beschränken muß. Das Nicht-Erkennen von einzelnen Lavaströmen hängt von vielerlei Verhältnissen gleichzeitig ab. Zu diesen gehören: die Bedeckung mächtiger Tuff-, Rapilli- und Bimsstein-Schichten; die gleich- oder ungleichzeitige Confluenz mehrerer Ströme, welche ein weit ausgedehntes *Lava-* oder *Trümmerfeld* bilden; der Umstand, daß in einer weiten Ebene längst zerstört sind die kleinen conischen Ausbruchkegel: gleichsam das vulkanische *Gerüste*, welchem, wie auf Lancerote, die Lava stromweise entflossen war. In den urältesten Zuständen unseres ungleich erkaltenden Planeten, in den frühesten Faltungen seiner Oberfläche, scheint mir sehr wahrscheinlich ein häufiges zähes Entquellen von trachytischen und doleritischen *Gebirgsarten*, von Bimsstein-Massen oder obsidianhaltigen Perliten aus einem zusammengesetzten *Spalten-Netze*, über dem nie ein *Gerüste* sich erhoben oder aufgebaut hat. Das Problem solcher einfachen *Spalten-Ergüsse* verdient die Aufmerksamkeit der Geologen.

In der Reihe der mexicanischen Vulkane ist das größte und, seit meiner amerikanischen Reise, berufenste Phänomen die Erhebung und der Lava-Erguß des neu erschienenen *Jorullo*. Dieser Vulkan, dessen auf Messungen gegründete Topographie ich zuerst bekannt gemacht habe, bietet durch seine Lage zwischen den beiden Vulkanen von Toluca und Colima, und durch seinen Ausbruch auf der großen Spalte vulkanischer Thätigkeit, welche sich vom atlantischen Meere bis an die Südsee erstreckt, eine wichtige und deshalb um so mehr bestrittene geognostische Erscheinung dar. Dem mächtigen Lavastrom folgend, welchen der neue Vulkan ausgestoßen, ist es mir gelungen tief in das Innere des Kraters zu gelangen und in demselben Instrumente aufzustellen. Dem Ausbruch in einer weiten, lange friedlichen Ebene der ehemaligen Provinz Michuacan in der Nacht vom 28ten zum 29ten September 1759, über 30 geographische Meilen von jedem anderen Vulkane entfernt, ging seit dem 29 Juni desselben Jahres, also zwei volle Monate lang, ein ununterbrochenes unterirdisches Getöse voraus. Es war dasselbe dadurch schon von den wunderbaren bramodos von Guanaxuato, die ich an einem anderen Ortebeschrieben, verschieden, daß es, wie es gewöhnlicher der Fall ist, von Erdstößen begleitet war: welche der silberreichen Bergstadt im Januar 1784 gänzlich fehlten. Der Ausbruch des neuen Vulkans um 3 Uhr Morgens verkündigte sich Tages vorher durch eine Erscheinung, welche bei anderen Eruptionen nicht den Anfang, sondern das Ende zu bezeichnen pflegt. Da, wo gegenwärtig der große Vulkan steht, war ehemals ein dichtes Gebüsch von der, ihrer wohlschmeckenden Früchte wegen bei den Eingeborenen so beliebten Guayava (Psidium pyriferum). Arbeiter aus den Zuckerrohr-Feldern (cañaverales) der Hacienda de San Pedro Jorullo, welche dem reichen, damals in Mexico wohnenden Don Andres Pimentel gehörte, waren ausgegangen, um Guayava-Früchte zu sammeln. Als sie nach der Meierei (hacienda) zurückkehrten, bemerkte man mit Erstaunen, daß ihre großen Strohhüte mit vulkanischer Asche bedeckt waren. Es hatten sich demnach schon in dem, was man jetzt das *Malpais* nennt, wahrscheinlich am Fuß der hohen Basaltkuppe el Cuiche, Spalten geöffnet, welche diese Asche (Rapilli) ausstießen, ehe noch in der Ebene sich etwas zu verändern schien. Aus einem in den bischöflichen Archiven von Valladolid aufgefundenen Briefe des Pater Joaquin de Ansogorri, welcher 3 Wochen nach dem Tage des ersten Ausbruchs geschrieben ist, scheint zu erhellen, daß der Pater Isidro Molina, aus dem Jesuiter-Collegium des nahen Patzcuaro: hingesandt, „um den von dem unterirdischen Getöse und den Erdbeben auf's äußerste beunruhigten Bewohnern der Playas de Jorullo geistlichen Trost zu geben", zuerst die zunehmende Gefahr erkannte und dadurch die Rettung der ganzen kleinen Bevölkerung veranlaßte.

In den ersten Stunden der Nacht lag die schwarze Asche schon einen Fuß hoch; alles floh gegen die Anhöhen von Aguasarco zu: einem Indianer-Dörfchen, das 2260 Fuß höher als die alte Ebene von Jorullo liegt. Von diesen Höhen aus sah man (so geht die Tradition) eine große Strecke Landes in furchtbarem Feuerausbruch: und „mitten zwischen den Flammen (wie sich die ausdrückten, welche das *Berg-Aufsteigen* erlebt) erschien, gleich einem schwarzen Castell (castillo negro), ein großer unförmiger Klumpen (bulto grande)". Bei der geringen Bevölkerung der Gegend (die Indigo- und Baumwollen-Cultur wurde damals nur sehr schwach betrieben) hat selbst die Stärke langdauernder Erdbeben kein Menschenleben gekostet: obgleich durch dieselben, wie ich aus handschriftlichen Nachrichten

Antonio de *Alcedo* gab in dem 5ten Theile seines großen und nützlichen *Diccionario geográfico-histórico de las Indias occidentales ó América*, 1789, also in demselben Jahre als des Gouverneurs Riaño und Berg-Commissars Franz Fischer Bericht in der *Gazeta de Mexico* erschien, in dem Artikel *Xurullo* (p. 374–375), die interessante Notiz: daß, als die Erdbeben in den Playas anfingen (29 Juni 1759), der im Ausbruch begriffene westlichste Vulkan von Colima sich plötzlich beruhigte: ob er gleich „70 leguas" (wie Alcedo sagt; nach meiner Karte nur 28 geogr. Meilen!) von den Playas entfernt ist. „Man meint", setzt er hinzu, „die Materie sei in den Eingeweiden der Erde dort auf Hindernisse gestoßen, um ihrem alten Laufe zu folgen; und da sie geeignete Höhlungen (in Osten) gefunden habe, sei sie im Jorullo ausgebrochen (para reventar en Xurullo)." Genaue topographische Angaben über die Umgegend des Vulkans finden sich auch in des Juan José Martinez de *Lejarza* geographischem Abriß des alten Tarasker-Landes: *Análisis estadístico de la provincia de Michuacan, en 1822* (Mexico 1824), p. 125, 129, 130 und 131. Das Zeugniß des zu Valladolid in der Nähe des Jorullo wohnenden Verfassers, daß seit meinem Aufenthalte in Mexico keine Spur einer vermehrten vulkanischen Thätigkeit sich an dem Berge gezeigt hat, hat am frühesten das Gerücht von einem neuen Ausbruche im Jahr 1819 (*Lyell, Principles of Geology* 1855 p. 430) widerlegt. Da die Position des Jorullo in der Breite nicht ohne Wichtigkeit ist, so bin ich darauf aufmerksam geworden, daß Lejarza: der sonst immer meinen astronomischen Ortsbestimmungen folgt, auch die Länge des Jorullo ganz wie ich 2° 25' westlich vom Meridian von Mexico (103° 50' westlich von Paris) nach Zeit-Uebertragung angiebt, in der Breite von mir abweicht. Sollte die von ihm dem Jorullo beigelegte Breite von 18° 53' 30", welche der des Vulkans Popocatepetl (18° 59' 47") am nächsten kommt, sich auf neuere, mir unbekannte Beobachtungen gründen? Ich habe in meinem *Recueil d'Observ. astronomiques* Vol. II,. p. 521 ausdrücklich gesagt: „latitude *supposé* 19° 8': geschlossen aus guten Sternbeobachtungen zu Valladolid, welche 19° 52' 8" gaben, und aus der Wegrichtung." Die Wichtigkeit der Breite von Jorullo habe ich erst erkannt, als ich später die große Karte des Landes Mexico in der Hauptstadt zeichnete und die ostwestliche Vulkan-Reihe eintrug.

Da ich in diesen Betrachtungen über den Ursprung des Jorullo mehrfach der Sagen gedacht habe, welche noch heute in der Umgegend herrschen, so will ich am Schluß dieser langen Anmerkung noch einer sehr volksthümlichen Sage Erwähnung thun, welche ich schon in einem anderen Werke (*Essai pol. sur la Nouv. Espagne* T. II. 1827 p. 172) berührt habe: "Selon la crédulité des indigènes, ces changemens extraordinaires que nous venons de décrire, sont l'ouvrage des moines, le plus grand peut-être qu'ils aient produit dans les deux hémisphères. Aux *Playas de Jorullo*, dans la chaumière que nous habitions, notre hôte indien nous raconta qu'en 1759 des Capucins en mission prêchèrent à l'habitation de San Pedro; mais que, n'ayant pas trouvé un accueil favorable, ils chargèrent cette plaine, alors si belle et si fertile, des imprécations les plus horribles et les plus compliquées: ils prophétisèrent que d'abord l'habitation serait engloutie par des flammes qui sortiraient de la terre, et que plus tard l'air ambiant se refroidirait à tel point que les montagnes voisines resteraient éternellement couvertes de neige et de glace. La première de ces malédictions ayant eu des suites si funestes, le bas peuple indien voit déjà dans le refroidissement progressif du Volcan le présage d'un hiver perpétuel."

Neben dem Dichter, Pater Landivar, ist wohl die erste gedruckte Erwähnung der Catastrophe die schon vorhin genannte in der *Gazeta de Mexico* de 5 e Mayo 1789 (T. II. Núm. 30 pag. 293–297) gewesen; sie führt die bescheidene Ueberschrift: „Superficial y nada facultativa Descripcion del estado en que se hallaba el Volcán de *Jorullo* la mañana del dia 10 de Marzo de 1789" und wurde veranlaßt durch die Expedition von Riaño, Franz Fischer und Espelde. Später (1791) haben auf der nautisch-astronomischen Expedition von Malaspina die Botaniker Moziño und Don Martin Sesse, ebenfalls von der Südsee-Küste aus, den Jorullo besucht.

ersehen, bei den Kupfergruben von Inguaran, in dem Städtchen Patzcuaro, in Santiago de Ario, und viele Meilen weiter, doch nicht über S. Pedro Churumuco hinaus, Häuser umgestürzt worden waren. In der Hacienda de Jorullo hatte man bei der allgemeinen nächtlichen Flucht einen taubstummen Negersklaven mitzunehmen vergessen. Ein Mestize hatte die Menschlichkeit umzukehren und ihn, als die Wohnung noch stand, zu retten. Man erzählt gern noch heute, daß man ihn knieend, eine geweihte Kerze in der Hand, vor dem Bilde de Nuestra Señora de Guadalupe gefunden habe.

Nach der weit und übereinstimmend unter den Eingeborenen verbreiteten Tradition soll in den ersten Tagen der Ausbruch von großen Felsmassen, Schlacken, Sand und Asche immer auch mit einem Erguß von schlammigem *Wasser* verbunden gewesen sein. In dem vorerwähnten denkwürdigen Berichte vom 19ten October 1759, der einen Mann zum Verfasser hat, welcher mit genauer Localkenntniß das eben erst Vorgefallene schildert, heißt es ausdrücklich: que espele el dicho Volcan arena, ceniza y agua. Alle Augenzeugen erzählen (ich übersetze aus der Beschreibung, welche der Intendant, Oberst Riaño, und der deutsche Berg-Commissar Franz Fischer, der in spanische Dienste getreten war, über den Zustand des Vulkans von Jorullo am 10ten März 1789 geliefert haben): „daß, ehe der furchtbare Berg erschien (antes de reventar y aparecerse este terrible Cerro), die Erdstöße und das unterirdische Getöse sich häuften; am Tage des Ausbruchs selbst aber der flache Boden sich sichtbar senkrecht erhob (se observó, que el plan de la tierra se levantaba perpendicularmente), und das Ganze sich mehr oder weniger aufblähte, so daß Blasen (vexigones) erschienen: deren größte heute der Vulkan ist (de los que el mayor es hoy el Cerro del Volcan). Diese *aufgetriebenen Blasen*, von sehr verschiedenem Umfang und zum Theil ziemlich regelmäßiger conischer Gestalt, platzten später (estas ampollas, gruesas vegigas ó conos diferentemente regulares en sus figuras y tamaños, reventáron despues), und stießen aus ihren Mündungen kochend heißen Erdschlamm (tierras hervidas y calientes) wie verschlackte Steinmassen (piedras cocidas? y fundidas) aus: die man, mit schwarzen Steinmassen bedeckt, noch bis in ungeheure Ferne auffindet."

Diese historischen Nachrichten, die man freilich ausführlicher wünschte, stimmen vollkommen mit dem überein, was ich aus dem Munde der Eingeborenen 14 Jahre nach der Besteigung des Antonio de Riaño vernahm. Auf die Fragen, ob man *„das Berg-Castell"* nach Monaten oder Jahren sich allmälig habe erhöhen sehen, oder ob es gleich in den ersten Tagen schon als ein hoher Gipfel erschienen sei? war keine Antwort zu erhalten. Riaño's Behauptung, daß Eruptionen noch in den ersten 16 bis 17 Jahren vorgefallen wären, also bis 1776, wurde als unwahr geläugnet. Die Erscheinungen von kleinen Wasser- und Schlamm-Ausbrüchen, die in den ersten Tagen gleichzeitig mit den glühenden Schlacken bemerkt wurden, werden nach der Sage dem Versiegen zweier

Bäche zugeschrieben, welche: an dem westlichen Abhange des Gebirges von Santa Ines, also östlich vom Cerro de Cuiche entspringend, die Zuckerrohr-Felder der ehemaligen Hacienda de San Pedro de Jorullo reichlich bewässerten und weit in Westen nach der Hacienda de la Presentacion fortströmten. Man zeigt noch nahe bei ihrem Ursprunge den Punkt, wo sie in einer Kluft mit ihren einst kalten Wassern bei Erhebung des östlichen Randes des Malpais verschwunden sind. Unter den Hornitos weglaufend, erscheinen sie (das ist die allgemeine Meinung der Landleute) erwärmt als zwei Thermalquellen wieder. Da der gehobene Theil des Malpais dort fast senkrecht abgestürzt ist, so bilden sie die zwei kleinen Wasserfälle, die ich gesehen und in meine Zeichnung aufgenommen habe. Jedem derselben ist der frühere Name, Rio de San Pedro und Rio de Cuitimba, erhalten worden. Ich habe an diesem Punkte die Temperatur der dampfenden Wasser 52°,7 gefunden. Die Wasser sind auf ihrem langen Wege nur erwärmt, aber nicht gesäuert worden. Die Reactiv-Papiere, welche ich die Gewohnheit hatte mit mir zu führen, erlitten keine Veränderung; aber weiter hin: nahe bei der Hacienda de la Presentacion, gegen die Sierra de las Canoas zu, sprudelt eine mit geschwefeltem Wasserstoffgas geschwängerte Quelle, die ein Becken von 20 Fuß Breite bildet.

Um sich von der complicirten Reliefform der Bodenfläche einen klaren Begriff zu machen, in welcher so merkwürdige Erhebungen vorgefallen sind, muß man hypsometrisch und morphologisch unterscheiden: 1) die Lage des Vulkan-Systems von Jorullo im Verhältniß zu dem mittleren Niveau der mexicanischen Hochebene; 2) die Convexität des Malpais, das von Tausenden von Hornitos bedeckt ist; 3) die Spalte, auf welcher 6 große vulkanische Bergmassen aufgestiegen sind.

An dem westlichen Abfall der von SSO nach NNW streichenden Cordillera central de Mexico bildet die Ebene der Playas de Jorullo in nur 2400 Fuß Höhe über dem Niveau der Südsee eine von den horizontalen Bergstufen, welche überall in den Cordilleren die Neigungs-Linie des Abfalls unterbrechen und deshalb mehr oder minder die Abnahme der Wärme in den über einander liegenden Luftschichten verlangsamen. Wenn man von dem Central-Plateau von Mexico in 7000 Fuß mittlerer Höhe nach den Weizenfeldern von Valladolid de Michuacan, nach dem anmuthigen See von Patzcuaro mit dem bewohnten Inselchen Janicho und in die Wiesen um Santiago de Ario, die wir (Bonpland und ich) mit den nachmals so berühmt gewordenen *Georginen* (Dahlia, Cav.) geschmückt fanden, herabsteigt; so ist man noch nicht neunhundert bis tausend Fuß tiefer gelangt. Um aber von Ario am steilen Abhange über Aguasarco in das Niveau der alten Ebene von Jorullo zu treten, vermindert man in dieser so kurzen Strecke die absolute Höhe um 3600 bis 4000 Fuß.Der rundliche, convexe Theil der gehobenen Ebene hat ohngefähr 12000 Fuß im Durchmesser, also ein Areal von mehr als ⅓ einer geographischen Quadratmeile. Der eigentliche Vulkan von Jorullo und die 5 anderen Berge, die sich mit ihm zugleich und auf Einer Spalte erhoben haben, liegen so, daß nur ein kleiner Theil des Malpais östlich von ihnen fällt. Gegen Westen ist die Zahl der Hornitos daher um vieles größer; und wenn ich am frühen Morgen aus dem Indianer-Häuschen der Playas de Jorullo heraustrat oder einen Theil des Cerro del Mirador bestieg, so sah ich den schwarzen Vulkan sehr malerisch über die Unzahl von weißen Rauchsäulen der „kleinen Oefen“ (Hornitos) hervorragen. Sowohl die Häuser der Playas als der basaltische Hügel Mirador liegen auf dem Niveau des alten unvulkanischen oder, vorsichtiger zu reden, nicht gehobenen Bodens. Die schöne Vegetation desselben, auf dem ein Heer von Salvien unter dem Schatten einer neuen Art der Fächerpalme (Corypha pumos) und einer neuen Eller-Art (Alnus Jorullensis) blühen, contrastirt mit dem öden, pflanzenleeren Anblick des Malpais. Die Vergleichung der Barometerständedes Punktes, wo die Hebung in den Playas anfängt, mit dem Punkte unmittelbar am Fuß des Vulkans giebt 444 Fuß relativer senkrechter Höhe. Das Haus, das wir bewohnten, stand ohngefähr nur 500 Toisen von dem Rande des Malpais ab. Es fand sich dort ein kleiner senkrechter Absturz von kaum 12 Fuß Höhe, von welchem die heiß gewordenen Wasser des Baches (Rio de San Pedro) herabfallen. Was ich dort am Absturz von dem inneren Bau des Erdreichs untersuchen konnte: zeigte schwarze, horizontale *Lettenschichten*, mit Sand (Rapilli) gemengt. An anderen Punkten, die ich nicht gesehen, hat Burkart „an der senkrechten Begrenzung des erhobenen Bodens, wo dieser schwer zu ersteigen ist, einen lichtgrauen, wenig dichten (verwitterten) Basalt, mit vielen Körnern von Olivin“, beobachtet. Dieser genaue und erfahrene Beobachter hat aber an Ort und Stelle, ganz wie ich, die Ansicht von einer durch elastische Dämpfe bewirkten, blasenförmigen Hebung der Erdoberfläche gefaßt: entgegengesetzt der Meinung berühmter Geognosten, welche die Convexität, die ich durch unmittelbare Messung gefunden, allein dem stärkeren Lava-Erguß am Fuß des Vulkans zuschreiben.

Die vielen Tausende der kleinen Auswurfskegel (eigentlich mehr rundlicher oder etwas verlängerter, backofenartiger Form), welche die gehobene Fläche ziemlich gleichmäßig bedecken, sind im Mittel von 4 bis 9 Fuß Höhe. Sie sind fast allein auf der westlichen Seite des großen Vulkans emporgestiegen, da ohnedies der östliche Theil gegen den Cerro de Cuiche hin kaum $^1/_{25}$ des Areals der ganzen blasenförmigen Hebung der Playas ausmacht. Jeder der vielen Hornitos ist aus verwitterten *Basaltkugeln* zusammengesetzt, mit concentrisch schalig abgesonderten Stücken; ich konnte oft 24 bis 28 solcher Schalen zählen. Die Kugeln sind etwas sphäroidisch abgeplattet, und haben meist 15–18 Zoll im Durchmesser; variiren aber auch von 1 bis 3 Fuß. Die schwarze Basaltmasse ist von heißen Dämpfen durchdrungen und erdig aufgelöst; doch der Kern ist dichter: während die Schalen, wenn man sie ablöst, gelbe Flecken oxydirten Eisens zeigen. Auch die weiche Lettenmasse, welche die Kugeln verbindet, ist, sonderbar genug, in gekrümmte Lamellen getheilt, die sich durch alle Zwischenräume der Kugeln durchwinden. Ich habe mich bei dem ersten Anblick befragt, ob das Ganze statt verwitterter, sparsam olivinhaltiger Basaltkugeln nicht vielleicht in der Ausbildung begriffene, aber gestörte Massen darböte. Es spricht dagegen die Analogie der wirklichen, mit Thon- und Mergelschichten gemengten Kugelbasalt-Hügel, welche oft von sehr kleinen Dimensionen im *böhmischen Mittelgebirge:* theils isolirt, theils lange Basaltrücken an beiden Extremen krönend, gefunden werden. Einige der Hornitos sind so aufgelöst oder haben so große innere Höhlungen, daß Maulthiere, wenn man sie zwingt die Vorderfüße auf die flächeren zu setzen, tief einsinken: wogegen bei ähnlichen Versuchen, die ich machte, die Hügel, welche die Termiten aufbauen, widerstanden.

In der Basaltmasse der Hornitos habe ich keine Schlacken oder Fragmente älterer durchbrochener Gebirgsarten, wie in den Laven des großen Jorullo, eingebacken gefunden. Was die Benennung Hornos oder Hornitos besonders rechtfertigt, ist der Umstand, daß in jedem derselben (ich rede von der Epoche, wo ich die Playas de Jorullo durchwanderte und mein Journal niederschrieb, 18 Sept. 1803) die Rauchsäulen nicht aus dem Gipfel, sondern seitwärts ausbrechen. Im Jahr 1780 konnte man noch Cigarren anzünden, wenn man sie, an einen Stab befestigt, 2 bis 3 Zoll tief eingrub; in einigen Gegenden war damals durch die Nähe der Hornitos die Luft so erhitzt, daß man Umwege machen mußte, um das Ziel, das man sich vorgesetzt, zu erreichen. Ich fand trotz der Erkaltung, welche nach dem allgemeinen Zeugniß der Indianer die Gegend seit 20 Jahren erlitten hatte, in den Spalten der Hornitos meist 93° und 95° Cent.; zwanzig Fuß von einigen Hügeln hatte die umgebende Luft: da, wo keine Dämpfe mich berührten, noch eine Temperatur von 42°,5 und 46°,8, wenn die eigentliche Luft-Temperatur der Playas zu derselben Stunde kaum 25° war. Die schwach schwefelsauren Dämpfe entfärbten reagirende Papierstreifen, und erhoben sich einige Stunden nach Sonnenaufgang sichtbar bis 60 Fuß Höhe. An einem frühen, kühlen Morgen ist der Anblick der Rauchsäulen am merkwürdigsten. Gegen Mittag, ja schon nach 11 Uhr, sind sie ganz erniedrigt und nur in der Nähe sichtbar. Im Inneren von mehreren der Hornitos hörten wir Geräusch wie Sturz von Wasser. Die kleinen basaltischen *Backöfen* sind, wie schon oben bemerkt worden ist, leicht zerstörbare Gebäude. Als Burkart, 24 Jahre nach mir, das Malpais besuchte, fand er keinen der Hornitos mehr rauchend; ihre Temperatur war bei den meisten die der umgebenden Luft, und viele hatten alle Regelmäßigkeit der Gestalt durch Regengüsse und meteorische Einflüsse verloren. Dem Hauptvulkan nahe fand Burkart kleine Kegel, die aus einem braunrothen Conglomerate von abgerundeten oder eckigen Lavastücken zusammengesetzt waren und nur locker zusammenhingen. Mitten in dem erhobenen, von Hornitos bedeckten Areal sieht man noch ein Ueberbleibsel der alten Erhöhung, an welche die Gebäude der Meierei San Pedro angelehnt waren. Der Hügel, den ich auf meiner Karte angedeutet, bildet einen Rücken, welcher von Osten nach Westen gerichtet ist: und seine Erhaltung an dem Fuß des großen Vulkans erregt Erstaunen. Nur ein Theil ist mit dichtem Sande (gebrannten Rapilli) bedeckt. Die hervorstehende Basaltklippe, mit uralten Stämmen von Ficus indica und Psidium bewachsen, ist gewiß: wie die des Cerro del Mirados und der hohen Gebirgsmassen, welche die Ebene in Osten bogenförmig begrenzen, als der Catastrophe präexistirend zu betrachten.

Es bleibt mir übrig die mächtige Spalte zu beschreiben, auf der in der allgemeinen Richtung von Süd-Süd-West nach Nord-Nord-Ost sechs an einander gereihte Vulkane sich erhoben haben. Die partielle Richtung der ersten drei, mehr südlichen und niedrigeren ist SW–NO; die der folgenden drei fast S–N. Die Gangspalte ist also gekrümmt gewesen, und hat ihr Streichen ein wenig verändert, in der Total-Länge von 1700 Toisen. Die hier bezeichnete Richtung der gereihten, aber sich nicht berührenden Berge ist allerdings fast rechtwinklig mit der Linie, auf welcher nach meiner Bemerkung die mexicanischen Vulkane von Meer zu Meer auf einander folgen. Diese Differenz nimmt aber weniger Wunder, wenn man bedenkt, daß man ein großes geognostisches Phänomen (die Beziehung der Hauptmassen gegen einander queer durch einen Continent) nicht mit den Localverhältnissen der Orientation im Inneren einer einzelnen Gruppe verwechseln darf. Der lange Rücken des großen Vulkans von Pichincha hat auch nicht die Richtung der Vulkan-Reihe von Quito; und in unvulkanischen Ketten, z. B. im Himalaya, liegen, worauf ich schon früher aufmerksam gemacht habe, die *Culminationspunkte* oft fern von der allgemeinen *Erhebungs-Linie* der Kette. Sie liegen auf partiellen Schneerücken, die selbst fast einen rechten Winkel mit jener allgemeinen Erhebungs-Linie bilden.

Von den sechs über der genannten Spalte aufgestiegenen vulkanischen Hügeln scheinen die ersteren drei: die südlicheren, zwischen denen der Weg nach den Kupfergruben von Inguaran durchgeht, in ihrem jetzigen Zustande die unwichtigsten. Sie sind nicht mehr geöffnet, und ganz mit graulich weißem vulkanischen Sande bedeckt, der aber nicht aus Bimsstein besteht; denn von Bimsstein und Obsidian habe ich in dieser Gegend nichts gesehen. Auch am Jorullo scheint, wie nach der Behauptung Leopolds von Buch und Monticelli's am Vesuv, der letzte überdeckende Aschenfall der weiße gewesen zu sein. Der vierte, nördliche Berg ist der große und eigentliche Vulkan von Jorullo: dessen Spitze ich, trotz seiner geringen Höhe (667 Toisen über der Meeresfläche, 180 Toisen über dem Malpais am Fuße des Vulkans und 263 Toisen über dem alten Boden der Playas), nicht ohne Mühseligkeit am 19 September 1803 mit Bonpland und Carlos Montufar erreicht habe. Wir glaubten am sichersten in den, damals noch mit heißen Schwefeldämpfen gefüllten Krater zu gelangen, wenn wir den schroffen Rücken des mächtigen Lavastroms erstiegen, welcher aus dem Gipfel selbst ausgebrochen ist. Der Weg ging über eine krause, schlackige, coak- oder vielmehr blumenkohlartig aufgeschwollene, hellklingende Lava. Einige Theile haben einen metallischen Glanz, andere sind basaltartig und voll kleiner Olivinkörner. Als wir uns so in 667 Fuß senkrechter Höhe bis zur oberen Fläche des Lavastroms erhoben hatten, wendeten wir uns zum weißen Aschenkegel: an dem wegen seiner großen Steilheit man fürchten mußte bei dem häufigen und beschleunigten Herabrutschen durch den Stoß an die zackige Lava schmerzhaft verwundet zu werden. Der obere Rand des Kraters, an dessen südwestlichem Theile wir die Instrumente aufstellten, bildet einen Ring von der Breite weniger Fuße. Wir trugen das Barometer von dem Rande in den ovalen Krater des abgestumpften Kegels. An einer offenen Kluft strömt Luft aus von 93°,7 Cent. Temperatur. Wir standen nun 140 Fuß senkrecht unter dem Kraterrande; und der tiefste Punkt des Schlundes, welchen wir des dicken Schwefeldampfes wegen zu erreichen aufgeben mußten, schien auch nur noch einmal so tief zu sein. Der geognostische Fund, welcher uns am meisten interessirte, war die Entdeckung mehrerer in die schwarzbasaltische Lava eingebackener, scharfbegrenzter *weißer*, feldspathreicher Stücke einer Gebirgsart von 3 bis 4 Zoll Durchmesser. Ich hielt dieselben zuerstfür Syenit; aber zufolge der genauen Untersuchung eines von mir mitgebrachten Fragments durch Gustav Rose gehören sie wohl eher zu der Granit-Formation: welche der Oberbergrath Burkart auch unter dem Syenit des Rio de las Balsas hat zu Tage kommen sehen. „Der Einschluß ist ein Gemenge von Quarz und Feldspath. Die schwarzgrünen Flecken scheinen, mit etwas Feldspath zusammengeschmolzener Glimmer, nicht Hornblende, zu sein. Das eingebackene weiße Bruchstück ist durch vulkanische Hitze gespalten: und in dem Risse laufen weiße, zahnförmige, geschmolzene Fäden von einem Rande zum anderen."

Nördlicher als der große Vulkan von Jorullo und der schlackige Lavaberg, den er ausgespieen in der Richtung der alten Basalte des Cerro del Mortero, folgen die beiden letzten der oft genannten 6 Eruptionen. Auch diese Hügel waren anfangs sehr wirksam, denn das Volk nennt noch jetzt den äußersten Aschenberg el Volcancito. Eine nach Westen geöffnete weite Spalte trägt hier die Spuren eines zerstörten Kraters. Der große Vulkan scheint, wie der Epomeo auf Ischia, nur einmal einen mächtigen Lavastrom ergossen zu haben. Daß seine lavaergießende Thätigkeit über die Epoche des ersten Ausbruchs hinaus gedauert habe, ist nicht historisch erwiesen; denn der seltene, glücklich aufgefundene Brief des Pater Joaquin de Ansogorri, kaum zwanzig Tage nach dem ersten Ausbruch geschrieben, handelt fast allein von den Mitteln „Pastoral-Einrichtungen für die bessere Seelsorge der vor der Catastrophe geflohenen und zerstreuten Landleute" zu treffen: für die folgenden 30 Jahre bleiben wir ohne alle Nachricht. Wenn die Sage sehr allgemein von Feuern spricht, die eine so große Fläche bedeckten, so ist allerdings zu vermuthen, daß alle 6 Hügel auf der großen Spalte und ein Theil des Malpais selbst, in welchem die Hornitos erschienen sind, gleichzeitig entzündet waren. Die Wärmegrade der umgebenden Luft, die ich selbst noch gemessen, lassen auf die Hitze schließen, welche 43 Jahre früher dort geherrscht hat; sie mahnen an den urweltlichen Zustand unseres Planeten, in dem die Temperatur seiner Lufthülle und mit dieser die Vertheilung des organischen Lebens, bei thermischer Einwirkung des Inneren mittelst tiefer Klüfte (unter jeglicher Breite und in langen Zeitperioden), modificirt werden konnte.

Man hat, seitdem ich die Hornitos, welche den Vulkan von Jorullo umgeben, beschrieben habe, manche analoge Gerüste in verschiedenen Weltgegenden mit diesen backofen-ähnlichen kleinen Hügeln verglichen. Mir scheinen die mexicanischen, ihrer inneren Zusammensetzung nach, bisher noch sehr contrastirend und isolirt dazustehen.

Will man *Auswurfs-Kegel* alle Erhebungen nennen, welche Dämpfe ausstoßen, so verdienen die Hornitos allerdings die Benennung von *Fumarolen.* Die Benennung *Auswurfskegel* würde aber zu der irrigen Meinung leiten, als seien Spuren vorhanden, daß die Hornitos je Schlacken ausgeworfen oder gar, wie viele Auswurfs-Kegel, Lava ergossen haben. Ganz verschieden z. B. sind, um an ein größeres Phänomen zu erinnern, in Kleinasien, auf der vormaligen Grenze von Mysien und Phrygien, in dem alten *Brandlande* (Katakekaumene), „in welchem es sich (wegen der Erdbeben) gefahrvoll wohnt", die drei *Schlünde*, die Strabo φύσαι, *Blasebälge*, nennt, und die der verdienstvolle Reisende William Hamilton wieder aufgefunden hat. Auswurfs-Kegel, wie sie die Insel Lancerote bei Tinguaton, oder Unter-Italien, oder (von kaum zwanzig Fuß Höhe) der Abhang des großen kamtschadalischen Vulkans Awatscha zeigen: den mein Freund und sibirischer Reisegefährte, Ernst Hofmann, im Juli 1824 erstiegen; bestehen aus Schlacken und Asche, die einen kleinen Krater, welcher sie ausgestoßen hat und von ihnen wieder verschüttet worden ist, umgeben. An den Hornitos ist nichts kraterähnliches zu sehen; und sie bestehn, was ein wichtiger Charakter ist, aus bloßen Basaltkugeln mit schalig abgesonderten Stücken, ohne Einmischung loser eckiger Schlacken. Am Fuß des Vesuvs, bei dem mächtigen Ausbruch von 1794 (wie auch in früheren Epochen), bildeten sich, auf einer Längenspalte gereiht, 8 verschiedene kleine Eruptions-Kratere, bocche nuove: die sogenannten *parasitischen* Ausbruchs-Kegel, lavaergießend und schon dadurch den Jorullo-Hornitos gänzlich entfremdet. „Ihre Hornitos", schrieb mir Leopold von Buch, „sind nicht durch Auswürflinge aufgehäufte Kegel; sie sind *unmittelbar* aus dem Erd-Inneren gehoben." Die Entstehung des Vulkans von Jorullo selbst wurde von diesem großen Geologen mit der des Monte nuovo in den phlegräischen Feldern verglichen. Dieselbe Ansicht der Erhebung von 6 vulkanischen Bergen auf einer Längenspalte hat sich (s. oben –337) dem Oberst Riaño und dem Berg-Commissar Fischer 1789, mir bei dem ersten Anblick 1803, Herrn Burkart 1827 als die wahrscheinlichere aufgedrängt. Bei beiden *neuen Bergen*, entstanden 1538 und 1759, wiederholen sich dieselben Fragen. Ueber den süd-italischen sind die Zeugnisse von Falconi, Pietro Giacomo di Toledo, Francesco del Nero und Porzio umständlicher, der Zeit der Catastrophe nahe und von gebildeteren Beobachtern abgefaßt. Eines dieser Zeugnisse, das gelehrteste des berühmten Porzio, sagt: "Magnus terrae tractus, qui inter radices montis, quem Barbarum incolae appellant, et mare juxta Avernum jacet, sese *erigere videbatur* et montis subito nascentis figuram imitari. Iste terrae cumulus aperto veluti ore magnos ignes evomuit, pumicesque et lapides, cineresque."

Von der hier vervollständigten geognostischen Beschreibung des Vulkans von Jorullo gehen wir zu den östlicheren Theilen von Mittel-Mexico (Anahuac) über. Nicht zu verkennende Lavaströme, von meist basaltartiger Grundmasse, hat der Pic von Orizaba nach den neuesten, interessanten Forschungen von Pieschel (März 1854) und H. de Saussure ergossen. Die Gebirgsart des Pic von Orizaba, wie die des von mir erstiegenen großen Vulkans von TolucaZu der sicheren Bestimmung der Mineralien, aus welchen die mexicanischen Vulkane zusammengesetzt sind, haben ältere und neuere Sammlungen von mir und Pieschel verglichen werden können., ist aus Hornblende, Oligoklas und etwas Obsidian zusammengesetzt: während die Grundmasse des Popocatepetl ein Chimborazo-Gestein ist, zusammengesetzt aus sehr kleinen Krystallen von Oligoklas und Augit. An dem Fuß des östlichen Abhanges des Popocatepetl, westlich von der Stadt la Puebla de los Angeles, habe ich in dem Llano de Tetimpa: wo ich die Base zu den Höhen-Bestimmungen der beiden großen, das Thal von Mexico begrenzenden Nevados (Popocatepetl und Iztaccihuatl) gemessen, siebentausend Fuß über dem Meere ein weites und räthselhaftes Lavafeld aufgefunden. Es heißt das Malpais (rauhe Trümmerfeld) von Atlachayacatl: einer niedrigen Trachytkuppe, an deren Abhange der Rio Atlaco entspringt; und erstreckt sich, 60 bis 80 Fuß über die angrenzende Ebene prallig erhoben, von Osten nach Westen, also rechtwinklig den Vulkanen zulaufend. Von dem indianischen Dorfe San Nicolas de los Ranchos bis nach San Buenaventura schätzte ich die Länge des Malpais über 18000, seine Breite 6000 Fuß. Es sind schwarze, theilweise aufgerichtete Lavaschollen von grausig wildem Ansehen, nur sparsam hier und da mit Lichenen überzogen: contrastirend mit der gelblich weißen Bimsstein-Decke, die weit umher alles überzieht. Letztere besteht hier aus grobfasrigen Fragmenten von 2 bis 3 Zoll Durchmesser, in denen bisweilen Hornblende-Krystalle liegen. Dieser gröbere Bimsstein-Sand ist von dem sehr feinkörnigen verschieden, welcher an dem Vulkan Popocatepetl, nahe am Fels el Frayle und an der ewigen Schneegrenze, das Bergbesteigen so gefährlich macht: weil, wenn er an steilen Abhängen sich in Bewegung setzt, die herabrollende Sandmasse alles überschüttend zu vergraben droht. Ob dieses *Lava-Trümmerfeld* (im Spanischen Malpais, in Sicilien Sciarra viva, in Island Odaada-Hraun) alten, über einander gelagerten Seiten-Ausbrüchen des Popocatepetl angehört oder dem etwas abgerundeten Kegelberg Tetliyolo (Cerro del Corazon de Piedra), kann ich nicht entscheiden. Geognostisch merkwürdig ist noch, daß östlicher, auf dem Wege nach der kleinen Festung Perote, dem alt-aztekischen Pinahuizapan, sich zwischen Ojo de Agua, Venta de Soto und el Portachuelo die vulkanische Formation von grobfasrigem, weißem, zerbröckelndem *Perlstein*neben einem, wahrscheinlich tertiären Kalkstein (Marmol de la Puebla) erhebt. Dieser Perlstein ist dem der conischen Hügel von Zinapecuaro (zwischen Mexico und Valladolid) sehr ähnlich; und enthält, außer Glimmer-Blättchen und Knollen von eingewachsenem Obsidian, auch eine glasige, bläulich-graue, zuweilen rothe, jaspisartige Streifung. Das weite Perlstein-Gebiet ist hier mit feinkörnigem Sande verwitterten Perlsteins bedeckt, welchen man auf den ersten Anblick für Granitsand halten könnte und welcher, trotz seiner Entstehungs-Verwandtschaft, doch von dem eigentlichen, graulich weißen Bimsstein-Sande leicht zu unterscheiden ist. Letzterer gehört mehr der näheren Umgegend von Perote an, dem siebentausend Fuß hohen Plateau zwischen den zwei vulkanischen, Nord-Süd streichenden Ketten des Popocatepetl und des Orizaba.

Wenn man auf dem Wege von Mexico nach Veracruz von den Höhen des quarzlosen, trachytartigen Porphyrs der Vigas gegen Canoas und Jalapa anfängt herabzusteigen, überschreitet man wieder zweimal *Trümmerfelder* von schlackiger Lava: das erste Mal zwischen der Station Parage de Carros und Canoas oder Tochtlacuaya, das zweite Mal zwischen Canoas und der Station Casas de la Hoya. Der erste Punkt wird wegen der vielen aufgerichteten, basaltischen, olivinreichen Lavaschollen Loma de Tablas; der zweite schlechthin el Malpais genannt. Ein kleiner Rücken desselben trachytartigen Porphyrs, voll glasigen Feldspaths, welcher bei la Cruz blanca und Rio frio (am westlichen Abfall der Höhe von las Vigas) dem Arenal (den Perlstein-Sandfeldern) gegen Osten eine Grenze setzt, trennt die eben genannten beiden Zweige des Trümmerfeldes: die Loma de Tablas und das, um vieles breitere *Malpais*. Die der Gegend Kundigen unter dem Landvolke behaupten, daß der Schlacken-Streifen sich gegen Süd-Süd-West, also gegen den Cofre de *Perote* hin, verlängere. Da ich den Cofre selbst bestiegen und viele Messungen an ihm vorgenommenhabe, so bin ich wenig geneigt gewesen aus einer, allerdings sehr wahrscheinlichen Verlängerung des *Lavastromes* (als ein solcher ist er in meinen Profilen Tab. 9 und 13, wie in dem *Nivellement barométrique* bezeichnet) zu folgern, daß derselbe jenem, so sonderbar gestalteten Berge selbst entflossen sei. Der Cofre de Perote: zwar an 1300 Fuß höher als der Pic von Teneriffa, aber unbedeutend im Vergleich mit den Colossen Popocatepetl und Orizaba, bildet wie Pichincha einen langen Felsrücken, auf dessen südlichem Ende der kleine Fels-Cubus (la Peña) steht, dessen Form zu der alt-aztekischen Benennung *Nauhcampatepetl* Anlaß gegeben hat. Der Berg hat mir bei der Besteigung keine Spur von einem eingestürzten Krater oder von Ausbruch-Mündungen an seinen Abhängen; keine Schlackenmassen, keine ihm gehörige Obsidiane, Perlstein oder Bimssteine gezeigt. Das schwärzlich-graue Gestein ist sehr einförmig aus vieler Hornblende und einer Feldspath-Art zusammengesetzt, welche nicht glasiger Feldspath (Sanidin), sondern Oligoklas ist: was dann die ganze Gebirgsart, welche nicht porös ist, zu einem dioritartigen Trachyte stempeln würde. Ich schildere die Eindrücke, die ich empfangen. Ist das grausige, schwarze Trümmerfeld (Malpais), bei dem ich hier absichtlich verweile, um der allzu einseitigen Betrachtung vulkanischer *Kraftäußerungen* aus dem Inneren entgegenzuarbeiten, auch nicht dem Cofre de Perote selbst an einer Seiten-Oeffnung entflossen; so kann doch die Erhebung dieses isolirten, 12714 Fuß hohen Berges die Veranlassung zu der Entstehung der Loma de Tablas gewesen sein. Es können bei einer solchen Erhebung weit umher durch *Faltung* des Bodens *Längenspalten* und *Spaltengewebe* entstanden sein, aus denen unmittelbar geschmolzene Massen ohne Bildung eigener Berggerüste (geöffneter Kegel oder Erhebungs-Krater) sich bald als dichte Massen, bald als schlackige Lava ergossen haben. Sucht man nicht vergebens in den großen Gebirgen von Basalt und Porphyrschiefer nach Centralpunkten (Kraterbergen) oder niedrigeren, umwallten, kreisförmigen Schlünden, denen man ihre gemeinsame Erscheinung zuschreiben könnte? Die sorgfältigste Trennung dessen, was in den Erscheinungen genetisch verschieden ist: formbildend in Kegelbergen mit offen gebliebenen Gipfel-Kratern und Seiten-Oeffnungen; oder in umwallten Erhebungs-Kratern und Maaren; oder theils aufgestiegen als geschlossene Glockenberge oder geöffnete Kegel, theils ergossen aus zusammenscharenden Spalten: ist ein Gewinn für die Wissenschaft. Sie ist es schon deshalb, weil die Mannigfaltigkeit der Ansichten, welche ein erweiterter Horizont der Beobachtung nothwendig hervorruft, die streng kritische Vergleichung des Seienden mit dem, wovon man vorgiebt, daß es die einzige Form der Entstehung sei, am kräftigsten zur Untersuchung anregt. Ist doch auf europäischem Boden selbst: auf der, an heißen Quellen reichen Insel Euböa, zu historischen Zeiten in der großen *Ebene* von Lelanton (fern von allen Bergen) *aus einer Spalte* ein mächtiger Lavastrom ergossen worden.

In der auf die mexicanische gegen Süden zunächst folgenden *Vulkan-Gruppe von Central-Amerika*, wo 18 Kegel- und Glockenberge als jetzt noch entzündet betrachtet werden können, sind 4 (Nindiri, el Nuevo, Conseguina und San Miguel de Bosotlan) als Lavaströme gebend erkannt wordenDie Berge der dritten Vulkan-Gruppe, der von *Popayan und Quito*, stehen bereits seit mehr als einem Jahrhundert in dem Rufe keine Lavaströme: sondern nur unzusammenhangende, aus dem alleinigen Gipfel-Krater ausgestoßene, oft reihenartig herabrollende, glühende Schlackenmassen zu geben. Dies war schon die Meinungvon La Condamine, als er im Frühjahr 1743 das Hochland von Quito und Cuenca verließ. Er hatte vierzehn Jahre später: da er von einer Besteigung des Vesuvs (4 Juni 1755) zurückkehrte, bei welcher er die Schwester Friedrichs des Großen, die Markgräfinn von Baireuth, begleitete, Gelegenheit sich in einer akademischen Sitzung über den Mangel von eigentlichen Lavaströmen (laves coulées par torrens de matières liquefiées) aus den Vulkanen von Quito lebhaft zu äußern. Das in der Sitzung vom 20 April 1757 gelesene *Journal d'un Voyage en Italie* erschien erst 1762 in den *Mémoires* der Pariser Akademie: und ist für die Geschichte der Erkennung alter *ausgebrannter Vulkane in Frankreich* auch darum geognostisch von einiger Wichtigkeit, weil La Condamine in demselben Tagebuche mit dem ihm eigenen Scharfsinn, ohne von Guettard's, allerdings früheren Behauptungen etwas zu wissen, sich sehr bestimmt über die Existenz alter Kraterseen und ausgebrannter Vulkane im mittleren und nördlichen Italien wie im südlichen Frankreich ausspricht.

Eben dieser auffallende Contrast zwischen den so früh erkannten, schmalen und unbezweifelten Lavaströmen der Auvergne und der, oft nur allzu absolut behaupteten Abwesenheit jedes Lava-Ergusses in den Cordilleren hat mich während der ganzen Dauer meiner Expedition ernsthaft beschäftigt. Alle meine Tagebücher sind voll von Betrachtungen über dieses Problem: dessen Lösung ich lange in der absoluten Höhe der Gipfel und in der Mächtigkeit der Umwallung, d. i. der Einsenkung, trachytischer Kegelberge in acht- bis neuntausend Fuß hohen *Bergebenen* von großer Breite gesucht habe. Wir wissen aber jetzt, daß ein 16000 Fuß hoher, Schlacken auswerfender Vulkan von Quito, der von Macas, ununterbrochen um vieles thätiger ist als die niedrigen Vulkane Izalco und Stromboli; wir wissen, daß die östlichen Dom- und Kegelberge,

Antisana und Sangay, gegen die Ebene des Napo und Pastaza: die westlichen, Pichincha, Iliniza und Chimborazo, gegen die Zuflüsse des stillen Oceans hin freie Abhänge haben. Auch unumwallt ragt bei vielen der obere Theil noch acht- bis neuntausend Fuß hoch über die Hochebene empor. Dazu sind ja alle diese Höhen über der Meeresfläche: welche, wenn gleich nicht ganz mit Recht, als die mittlere Höhe der Erdoberfläche betrachtet wird, unbedeutend in Hinsicht auf die Tiefe, in welcher man den Sitz der vulkanischen Thätigkeit und die zur Schmelzung der Gesteinmassen nöthige Temperatur vermuthen kann.

Die einzigen schmäleren Lava-Ausbrüchen ähnlichen Erscheinungen, die ich in den Cordilleras von Quito aufgefunden, sind diejenigen, welche der Bergcoloß des *Antisana*, dessen Höhe ich durch eine trigonometrische Messung auf 17952 Fuß (5833^{m}) bestimmt habe, darbietet. Da die Gestaltung hier die wichtigsten Criterien an die Hand giebt, so werde ich die systematische und den Begriff der Entstehung zu eng beschränkende Benennung *Lava* gleich anfangs vermeiden und mich nur ganz objectiv der Bezeichnungen von *„Felstrümmern"* oder *„Schuttwällen"* (traînées de masses volcaniques) bedienen. Das mächtige Gebirge des Antisana bildet in 12625 Fuß Höhe eine fast ovalförmige, in langem Durchmesser über 12500 Toisen weite Ebene, aus welcher inselförmig der mit ewigem Schnee bedeckte Theil des Vulkans aufsteigt. Der höchste Gipfel ist abgerundet und domförmig. Der Dom ist durch einen kurzen, zackigen Rücken mit einem, gegen Norden vorliegenden, abgestumpften Kegel verbunden. In der, theils öden und sandigen, theils mit Gras bedeckten Hochebene (dem Aufenthalt einer sehr muthigen Stier-Race, welche wegen des geringen Luftdruckes leicht Blut aus Mund und Nasenlöchern ausstoßen, wenn sie zu großer Muskel-Anstrengung angeregt werden) liegt eine kleine Meierei (Hacienda): ein einzelnes Haus, in welchem wir bei einer Temperatur von 3°,7 bis 9° Cent. vier Tage zubrachten. Die große Ebene, *keineswegs umwallt*, wie in Erhebungs-Kratern, trägt die Spuren eines alten Seebodens. Als Rest der alten Wasserbedeckung ist westlich von den Altos de la Moya die Laguna Mica zu betrachten. Am Rande der ewigen Schneegrenze entspringt der Rio Tinajillas: welcher später unter dem Namen Rio de Quixos ein Zufluß des Maspa, des Napo und des Amazonenflusses wird. Zwei Steinwälle: schmale, mauerförmige Erhöhungen, welche ich auf dem von mir aufgenommenen Situationsplane vom Antisana als coulées de laves bezeichnet habe, und welche die Eingeborenen Volcan de la Hacienda und Yana Volcan (yana bedeutet *schwarz* oder *braun* in der Qquechhua-Sprache) nennen; gehen bandförmig aus von dem Fuß des Vulkans am unteren Rande der ewigen Schneegrenze, vom südwestlichen und nördlichen Abhange, und erstrecken sich: wie es scheint, mit sehr mäßigem Gefälle, in der Richtung von NO–SW über 2000 Toisen weit in die Ebene hinein. Sie haben bei sehr geringer Breite wohl eine Höhe von 180 bis 200 Fuß über dem Boden der Llanos de la Hacienda, de Santa Lucia und del Cuvillan. Ihre Abhänge sind überall sehr schroff und steil, selbst an den Endpunkten. Sie bestehen in ihrem jetzigen Zustande aus schaligen, meist scharfkantigen Felstrümmern eines schwarzen basaltischen Gesteins: ohne Olivin und Hornblende, aber sparsam kleine weiße Feldspath-Krystalle enthaltend. Die Grundmasse hat oft einen pechsteinartigen Glanz und enthielt Obsidian eingemengt: welcher besonders in sehr großer Menge und noch deutlicher in der sogenannten Cueva de Antisana zu erkennen war, deren Höhe wir zu 14958 Fuß fanden. Es ist keine eigentliche Höhle, sondern ein Schutz, welchen den bergbesteigenden Viehhirten und also auch uns gegen einander gefallene und sich wechselseitig unterstützende Felsblöcke bei einem furchtbaren Hagelschauer gewährten. Die Cueva liegt etwas nördlich von dem Volcan de la Hacienda. In den beiden schmalen Steinwällen, die das Ansehen erkalteter Lavaströme haben, zeigen sich die Tafeln und Blöcke theils an den Rändern schlackig, ja schwammartig aufgetrieben; theils verwittert und mit erdigem Schutt gemengt.

Analoge, aber mehr zusammengesetzte Erscheinungen bietet ein anderes, ebenfalls bandartiges Steingerölle dar. Es liegen nämlich an dem östlichen Abfall des Antisana, wohl um 1200 Fuß senkrecht tiefer als die Ebene der Hacienda, in der Richtung nach Pinantura und Pintac hin, zwei kleine runde Seen: von denen der nördlichere Ansango, der südlichere Lecheyacu heißt. Der erste hat einen Inselfels und wird, was sehr entscheidend ist, von Bimsstein-Gerölle umgeben. Jeder dieser Seen bezeichnet den Anfang eines Thales; beide Thäler vereinigen sich, und ihre erweiterte Fortsetzung führt den Namen Volcan de Ansango: weil von dem Rande beider Seen schmale Felstrümmer-Züge, ganz den zwei Steinwällen der Hochebene, die wir oben beschrieben haben, ähnlich, nicht etwa die Thäler *ausfüllen*, sondern sich in der Mitte derselben dammartig bis zu 200 und 250 Fuß Höhe erheben. Ein Blick, auf den Situationsplan geworfen, den ich in dem *Atlas géographique et physique* meiner amerikanischen Reife (Pl. 26) veröffentlicht, wird diese Verhältnisse verdeutlichen. Die Blöcke sind wieder theils scharfkantig, theils an den Rändern verschlackt, ja coakartig gebrannt. Es ist eine basaltartige, schwarze Grundmasse mit sparsam eingesprengtem glasigem Feldspath; einzelne Fragmente sind schwarzbraun und von mattem Pechstein-Glanze. So basaltartig auch die Grundmasse erscheint, fehlt doch ganz in derselben der Olivin, welcher so häufig am Rio Pisque und bei Guallabamba sich findet: wo ich 68 Fuß hohe und 3 Fuß dicke Basaltsäulen sah, die gleichzeitig Olivin und Hornblende eingesprengt enthalten. In dem Steinwall von Ansango deuten viele Tafeln, durch Verwitterung gespalten, auf Porphyrschiefer. Alle Blöcke haben eine gelbgraue Verwitterungs-Kruste. Da man den Trümmerzug (los derrumbamientos, la reventazon nennen es die spanisch redenden Eingebornen) vom Rio del Molino unfern der Meierei von Pintac aufwärts bis zu den von Bimsstein umgebenen kleinen Kraterseen (mit Wasser gefüllten Schlünden) verfolgen kann, so ist natürlich die Meinung wie von selbst entstanden, daß die Seen die Oeffnungen sind, aus welchen die Steinblöcke an die Oberfläche kamen. Wenige Jahre vor meiner Ankunft in dieser Gegend hatte ohne bemerkbare vorhergegangene Erderschütterung der Trümmerzug sich auf der geneigten Fläche Wochen lang in Bewegung gesetzt, und durch den Drang und Stoß der Steinblöcke waren einige Häuser bei Pintac umgestürzt worden. Der Trümmerzug von Ansango ist noch ohne alle Spur von Vegetation: die man schon, wenn gleich sehr sparsam, auf den zwei, gewiß älteren, mehr verwitterten Ausbrüchen der Hochebene von Antisana findet.

Wie soll diese Art der Aeußerung vulkanischer Thätigkeit benanntwerden, deren Wirkung ich schildere? Haben wir hier zu thun mit Lavaströmen? oder nur mit halb verschlackten und glühenden Massen, die unzusammenhangend, aber in *Zügen*, dicht an einander gedrängt (wie in uns sehr nahen Zeiten am Cotopaxi) ausgestoßen werden? Sind die Steinwälle vom *Yana-Vulkan* und *Ansango* vielleicht gar feste fragmentarische Massen gewesen, welche ohne erneuerte Erhöhung der Temperatur aus dem Inneren eines vulkanischen Kegelberges, in dem sie lose angehäuft und also schlecht unterstützt lagen: von Erdbeben erschüttert und kleine locale Erdbeben erregend, durch Stoß oder Fall getrieben, ausbrachen? Ist keine der drei angedeuteten, so verschiedenartigen Aeußerungen der vulkanischen Thätigkeit hier anwendbar? und sind die linearen Anhäufungen von Felstrümmern *auf Spalten* an den Orten, wo sie jetzt liegen (am Fuß und in der Nähe eines Vulkans), *erhoben* worden? Die beiden Trümmerwälle in der so wenig geneigten Hochebene, Volcan de la Hacienda und Yana Volcan genannt: die ich einst, doch nur muthmaßlich, als erkaltete *Lavaströme* angesprochen; scheinen mir heute noch, in so alter Erinnerung, wenig die letztere Ansicht unterstützendes darzubieten. Bei dem Volcan de Ansango, dessen Trümmerreihe man wie ein Strombette bis zu den Bimsstein-Rändern von zwei kleinen Seen ohne Unterbrechung verfolgen kann, widerspricht allerdings das Gefälle, der Niveau-Unterschied von Pinantura (1482 T.) und Lecheyacu (1900 T.) in einem Abstande von etwa 7700 T. keinesweges dem, was wir jetzt von den, im Mittelwerthe so geringen Neigungs-Winkeln der Lavaströme zu wissen glauben. Aus dem Niveau-Unterschiede von 418 T. folgt eine Neigung von 3°6'. Ein partielles Aufsteigen des Bodens in der Mitte der Thalsohle würde nicht einmal ein Hinderniß scheinen: weil Rückstauungen flüssiger, thalaufwärts getriebener Massen z. B. bei der Eruption des Scaptar Jökul auf Island im Jahr 1783 beobachtet worden sind (*Naumann, Geognosie* Bd. I. S. 160).

Das Wort *Lava* bezeichnet keine besondere mineralische Zusammensetzung des Gesteins; und wenn Leopold von Buch sagt, daß alles Lava ist, was im Vulkan fließt und durch seine Flüssigkeit neue Lagerstätten annimmt: so füge ich hinzu, daß auch nicht von neuem Flüssig-Gewordenes, aber *in dem Inneren eines vulkanischen Kegels Enthaltenes, seine Lagerstätte verändern kann.* Schon in der ersten Beschreibungmeines Versuchs den Gipfel des Chimborazo zu ersteigen (veröffentlicht erst 1837 in Schumacher's astronomischem Jahrbuche) habe ich diese Vermuthung geäußert, indem ich von den merkwürdigen „Stücken von Augit-Porphyr sprach, welche ich am 23 Junius 1802 in achtzehntausend Fuß Höhe auf dem schmalen zum Gipfel führenden Felskamm in losen Stücken von zwölf bis vierzehn Zoll Durchmesser sammelte. Sie waren kleinzellig, mit glänzenden Zellen, porös und von rother Farbe. Die schwärzesten unter ihnen sind bisweilen bimssteinartig leicht und wie frisch durch Feuer verändert. Sie sind indeß nie in Strömen lavaartig geflossen, sondern wahrscheinlich auf Spalten an dem Abhange des früher emporgehobenen glockenförmigen Berges herausgeschoben." Diese genetische Erklärungsweise könnte reichhaltige Unterstützung finden durch die Vermuthungen *Boussingault's*, der die vulkanischen Kegel selbst „als einen Haufen ohne alle Ordnung über einander gethürmter, in *starrem* Zustande gehobener, eckiger Trachyt-Trümmer betrachtet. Da nach der Aufhäufung die zertrümmerten Felsmassen einen größeren Raum als vor der Zertrümmerung einnehmen, so bleiben zwischen ihnen große Höhlungen, indem durch Druck und Stoß (die Wirkung der vulkanischen Dampfkraft abgerechnet) Bewegung entsteht." Ich bin weit entfernt an dem partiellen Vorkommen solcher Bruchstücke und Höhlungen, die sich in den Nevados mit Wasser füllen, zu zweifeln: wenn auch die schönen, regelmäßigen, meist ganz senkrechten Trachyt-Säulen vom Pico de los Ladrillos und Tablahuma am Pichincha, und vor allem über dem kleinen Wasserbecken Yana-Cocha am Chimborazo mir an Ort und Stelle gebildet scheinen. Mein theurer und vieljähriger Freund Boussingault, dessen chemisch-geognostische und meteorologische Ansichten ich immer gern theile, hält, was man den Vulkan von Ansango nennt und was mir jetzt eher als ein *Trümmer-Ausbruch aus zwei kleinen Seiten-Kratern* (am westlichen Antisana, unterhalb des Chussulongo) erscheint, für Hebung von Blöckenauf langen Spalten. Er dringt, da er 30 Jahre nach mir selbst diese Gegend scharfsinnig durchforscht hat, auf die Analogie, welche ihm die geognostischen Verhältnisse des Ausbruchs von Ansango zum Antisana und des Yana-Urcu, von dem ich einen besonderen Situationsplan aufgenommen, zum Chimborazo darzubieten scheinen. Zu dem Glauben an eine Erhebung auf Spalten unmittelbar unter der ganzen linearen Erstreckung des Trümmerzuges von Ansango war ich weniger geneigt, da dieser Trümmerzug, wie ich schon mehrmals erinnert, an seiner oberen Extremität auf die zwei, jetzt mit Wasser bedeckten *Schlünde* hinweist. Unfragmentarische, *mauerartige* Erhebungen von großer Länge und gleichmäßiger Richtung sind mir übrigens gar nicht fremd, da ich sie in unserer Hemisphäre, in der chinesischen Mongolei, in flözartig gelagerten Granitbänken gesehen und beschrieben habe.

Der *Antisana* hat einen Feuerausbruch im Jahr 1590 und einen anderen im Anfange des vorigen Jahrhunderts, wahrscheinlich 1728, gehabt. Nahe dem Gipfel an der nord-nord-östlichen Seite bemerkt man eine schwarze Felsmasse, auf der selbst frisch gefallener Schnee nicht haftet. An diesem Punkte sah man im Frühjahr 1801 mehrere Tage lang: zu einer Zeit, wo der Gipfel auf allen Seiten völlig frei von Gewölk war, eine schwarze Rauchsäule aufsteigen. Wir gelangten: Bonpland, Carlos Montufar und ich, am 16 März 1802 auf einer Felsgräte, die mit Bimsstein und schwarzen, basaltartigen Schlacken bedeckt war, in der Region des ewigen Schnees bis 2837 Toisen, also 2213 Fuß höher als der Montblanc. Der Schnee war, was unter den Tropen so selten ist, fest genug, um uns an mehreren Punkten neben der Felsgräte zu tragen (Luft-Temperatur -1°,8 bis +1°,4 Cent.). An dem mittägigen Abhange, welchen wir nicht bestiegen: an der Piedra de azufre, wo sich Gestein-Schalen bisweilen durch Verwitterung von selbst ablösen, findet man reine Schwefelmassen von 10 bis 12 Fuß Länge und 2 Fuß Dicke; Schwefelquellen fehlen in der Umgegend.

Obgleich in der *östlichen* Cordillere der Vulkan *Antisana* und besonders sein westlicher Abhang (von Ansango und Pinantura gegen das Dörfchen Pedregal hin) durch den ausgebrannten Vulkan Passuchoamit seinem weit erkennbaren Krater (la Peila), durch den Nevado Sinchulahua und den niedrigeren Rumiñaui vom *Cotopaxi* getrennt sind; so ist doch eine gewisse Aehnlichkeit zwischen den Gebirgsarten beider Colosse. Vom Quinche an hat die ganze östliche Andeskette Obsidian hervorgebracht; und doch gehören el Quinche, Antisana und Passuchoa zu dem Bassin, in welchem die Stadt Quito liegt, während Cotopaxi ein anderes Bassin begrenzt: das von Lactacunga, Hambato und Riobamba. Der kleine Bergknoten der Altos von Chisinche trennt nämlich, einem Damme gleich, die beiden Becken; und, was dieser Kleinheit wegen auffallend genug ist: die Wasser des nördlichen Abfalles von Chisinche gehen durch die Rios de San Pedro, de Pita und de Guallabamba in die Südsee, wenn die des südlichen Abhanges durch den Rio Alaques und de San Felipe dem Amazonenstrom und dem atlantischen Ocean zufließen. Die Gliederung der Cordilleren durch Bergknoten und Bergdämme (bald niedrig, wie die eben genannten Altos; bald an Höhe gleich dem Montblanc, wie am Wege über den Paso del Assuay) scheint ein neueres und auch minder wichtiges Phänomen zu sein als die Erhebung der getheilten parallelen Bergzüge selbst. Wie der Cotopaxi, der mächtigste aller Vulkane von Quito, viele Analogie in dem Trachyt-Gestein mit dem Antisana darbietet, so findet man auch an den Abhängen des Cotopaxi und in größerer Zahl die Reihen von Felsblöcken (Trümmerzüge) wieder, welche uns oben lange beschäftigt haben.

Es lag den Reisenden besonders daran diese Reihen bis an ihren Ursprung oder vielmehr bis dahin zu verfolgen, wo sie unter der ewigen Schneedecke verborgen liegen. Wir stiegen an dem südwestlichen Abhange des Vulkans von Mulalo (Mulahalo) aus: längs dem Rio Alaques, der sich aus dem Rio de los Baños und dem Rio Barrancas bildet, nach Pansache (11322 Fuß) aufwärts: wo wir die geräumige Casa del Paramo in der Grasebene (el Pajonal) bewohnten. Obgleich sporadisch bis dahin viel nächtlicher Schnee gefallen war, so gelangten wir doch östlich von dem vielberufenen *Inga-Kopf* (Cabeza del Inga) erst in die Quebrada und Reventazon de las Minas, und später noch östlicher über das Alto de Suniguaicu bis zur Schlucht des *Löwenberges* (Puma-Urcu): wo das Barometer doch nur erst eine Höhe von 2263 Toisen oder 13578 Fuß anzeigte. Ein anderer Trümmerzug, den wir aber bloß aus der Entfernung sahen, hat sich vom östlichen Theile des mit Schnee bedeckten Aschenkegels gegen den Rio Negro (Zufluß des Amazonenstroms) und gegen Valle vicioso hin bewegt. Ob diese Blöcke als glühende, nur an den Rändern geschmolzene Schlackenmassen: – bald eckig, bald rundlich, von 6 bis 8 Fuß Durchmesser; selten schalig, wie es die des Antisana sind –; alle aus dem Gipfel-Krater zu großen Höhen ausgeworfen, an den

Abhang des Cotopaxi herabgefallen und durch den Sturz der geschmolzenen Schneewasser in ihrer Bewegung beschleunigt worden sind; oder ob sie, ohne durch die Luft zu kommen, aus Seitenspalten des Vulkans ausgestoßen wurden, wie das Wort reventazon andeuten würde: bleibt ungewiß. Von Suniguaicu und der Quebrada del Mestizo bald zurückkehrend, untersuchten wir den langen und breiten Rücken, welcher, von NW in SO streichend, den Cotopaxi mit dem Nevado de Quelendaña verbindet. Hier fehlen die gereihten Blöcke: und das Ganze scheint eine dammartige Erhebung, auf deren Rücken der kleine Kegelberg el Morro und, dem hufeisenförmigen Quelendaña näher, mehrere Sümpfe, wie auch zwei kleine Seen (Lagunas de Yauricocha und de Verdecocha) liegen. Das Gestein des Morro und der ganzen linearen vulkanischen Erhebung war grünlich grauer Porphyrschiefer, in achtzöllige Schichten abgesondert, die sehr regelmäßig mit 60° nach Osten fielen. Von eigentlichen Lavaströmen war nirgends eine Spur.

Je regelmäßiger die Figur des schneebedeckten, abgestumpften Kegels selbst ist, desto auffallender ist an der unteren Grenze der ewigen Schneeregion: da, wo die Kegelform beginnt, im Südwesten des Gipfels, die Erscheinung einer grotesk-zackigen, drei- bis vierspitzigen, kleinen Gesteinmasse. Der Schnee bleibt wahrscheinlich wegen ihrer Steilheit nur fleckenweise auf derselben liegen. Ein Blick auf meine Abbildung (*Atlas pittoresque du Voyage* Pl. 10) stellt das Verhältniß zum Aschenkegel am deutlichsten dar. Ich habe mich dieser schwarzgrauen, wahrscheinlich basaltischen Gesteinmasse am meisten in der Quebrada und Reventazon de Minas genähert. Obgleich in der ganzen Provinz seit Jahrhunderten dieser weit sichtbare Hügel, sehr fremdartigen Anblicks, allgemein la Cabeza del Inga genannt wird, so herrschen doch über seinen Ursprung unter den farbigen Eingeborenen (Indios) zwei sehr verschiedene Hypothesen: nach der einen wird bloß behauptet, ohne Angabe der Zeit, in der die Begebenheit vorgefallen sei, daß der Fels der herabgestürzte Gipfel des, einst in eine Spitze endigenden Vulkans sei; nach einer anderen Hypothese wird die Begebenheit in das Jahr (1533) verlegt, in welchem der Inca Atahuallpa in Caxamarca erdrosselt wurde: und so mit dem, in demselben Jahre erfolgten, von Herrera beschriebenen, furchtbaren Feuerausbruche des Cotopaxi, wie auch mit der dunklen Prophezeiung von Atahuallpa's Vater, Huayna Capac, über den nahen Untergang des peruanischen Reichs in Beziehung gesetzt. Sollte das, was beiden Hypothesen gemeinsam ist: die Ansicht, daß jenes Felsenstück vormals die Endspitze des Kegels bildete, der traditionelle Nachklang oder die dunkle Erinnerung einer wirklichen Begebenheit sein? Die Eingeborenen, sagt man, würden bei ihrer Uncultur wohl Thatsachen auffassen und im Gedächtniß bewahren, aber sich nicht zu geognostischen Combinationen erheben können. Ich bezweifle die Richtigkeit dieses Einwurfs. Die Idee, daß ein abgestumpfter Kegel „seine Spitze verloren“, sie unzertrümmert weggeschleudert habe, wie bei späteren Ausbrüchen große Blöcke ausgeworfen wurden: kann sich auch bei großer Uncultur darbieten. Die Treppen-Pyramide von Cholula, ein Bauwerk der Tolteken, ist abgestumpft. Es war den

Eingeborenen ein Bedürfniß sich die Pyramide als ursprünglich vollendet zu denken. Es wurde die Mythe ersonnen, ein Aërolith, vom Himmel gefallen, habe die Spitze zerstört; ja Theile des Aëroliths wurden den spanischen Conquistadoren gezeigt. Wie kann man dazu den ersten Ausbruch des Vulkans Cotopaxi in eine Zeit versetzen, wo der Aschenkegel (Resultat einer Reihe von Eruptionen) schon vorhanden gewesen sein soll? Mir ist es wahrscheinlich, daß die Cabeza del Inga an der Stelle, welche sie jetzt einnimmt, entstanden ist; daß sie dort erhoben wurde: wie am Fuß des Chimborazo der Yana-Urcu, wie am Cotopaxi selbst der Morro südlich von Suniguaicu und nordwestlich von der kleinen Lagune Yurakcocha (im Qquechhua: weißer See).

Ueber den Namen des *Cotopaxi* habe ich im 1ten Bande meiner *Kleineren Schriften* (S. 463) gesagt, daß nur der erste Theil desselben sich durch die Qquechhua-Sprache deuten lasse, indem er das Wort ccotto, Haufe, sei; daß aber pacsi unbekannt sei. La Condamine deutet (p. 53) den ganzen Namen des Berges, indem er sagt: "le nom signifie en langue des Incas *masse brillante*." Buschmann bemerkt aber, daß dabei an die Stelle von pacsi das, davon gewiß ganz verschiedene Wort pacsa gesetzt worden sei: welches: Glanz, Schein, besonders den sanften des Mondes, bedeutet; um glänzende Masse auszudrücken, müßte dazu nach dem Geiste der Qquechhua-Sprache die Stellung beider Wörter die umgekehrte sein: pacsaccotto.

Wenn auf der bimssteinreichen Insel *Lipari*, nördlich von Caneto, aus dem wohlerhaltenen, ausgebrannten Krater des Monte di Campo Bianco ein Lavastrom von Bimsstein und Obsidian sich gegen das Meer herabzieht, in welchem die Fasern der ersten Substanz merkwürdig genug der Richtung des Stromes parallel laufen; so bieten dagegen, nach meiner Untersuchung der örtlichen Verhältnisse, die ausgedehnten Bimsstein-Brüche eine Meile von Lactacunga eine Analogie mit jenem Vorkommen auf Lipari dar. Diese Brüche: in denen der Bimsstein, in horizontale Bänke getheilt, ganz das Ansehen von einem anstehenden Gesteine hat, erregten schon (1737) das Erstaunen von Bouguer. Wie oft ist seit dem Erdbeben vom 19 Juli 1698 das Städtchen Lactacunga zerstört und von Bimsstein-Quadern aus den unterirdischen Steinbrüchen von Zumbalica wieder aufgebaut worden! Nach historischen Documenten, welche mir bei meiner Anwesenheit aus alten Abschriften oder aus neueren, theilweise geretteten Documenten des Stadt-Archives mitgetheilt wurden, traten die Zerstörungen ein: in den Jahren 1703, 1736, 9 December 1742, 30 November 1744, 22 Februar 1757, 10 Februar 1766 und 4 April 1768: also siebenmal in 65 Jahren! Im Jahr 1802 fand ich noch $^{4}/_{5}$ der Stadt in Trümmern, in Folge des großen Erdbebens von Riobamba am 4 Februar 1797. "On ne trouve", sagt er, "sur les montagnes volcaniques que de simples fragments de pierre-ponce d'une certaine grosseur; mais à 7 lieues au sud du Cotopaxi, dans un point qui répond à notre dixième triangle, la pierre-ponce forme des rochers entiers; ce sontdes bancs parallèles de 5 à 6 pieds d'épaisseur dans un espace de plus d'une lieue carrée. On n'en connoît pas la profondeur. Qu'on s'imagine, quel feu il a fallu pour mettre en fusion cette masse énorme, et dans l'endroit même où elle se trouve aujourd'hui: car on reconnoît aisément qu'elle n'a pas été dérangée et qu'elle s'est refroidie dans l'endroit où elle a été liquifiée. On a dans les environs profité du voisinage de cette immense carrière: car la petite ville de Lactacunga, avec de très jolis édifices, est entièrement bâtie de pierre-ponce depuis le tremblement de terre qui la renversa en 1698."

Die Bimsstein-Brüche liegen bei dem Indianer-Dorfe San Felipe, in den Hügeln von Guapulo und Zumbalica, welche 480 Fuß über der Hochebene und 9372 Fuß über der Meeresfläche erhoben sind. Die obersten Bimsstein-Schichten sind also fünf- bis sechshundert Fuß unter dem Niveau von Mulalo: der einst architectonisch schönen, durch häufige Erdstöße aber ganz zertrümmerten Villa des Marques de Maenza (am Fuß des Cotopaxi), ebenfalls von Bimsstein-Blöcken erbaut. Die unterirdischen Brüche sind von den beiden thätigen Vulkanen Tungurahua und Cotopaxi ungleich entfernt: von ersterem 8 geogr. Meilen, dem letzteren um die Hälfte näher. Man gelangt zu ihnen durch einen Stollen. Die Arbeiter versichern, daß man aus den horizontalen, festen Schichten, von denen einige wenige mit lettigem Bimsstein-Schutt umgeben sind, vierkantige, durch keine seigere Queerklüfte getrennte Blöcke von 20 Fuß erlangen könnte. Der Bimsstein: theils weiß, theils bläulich grau, ist sehr fein und langfasrig, von seidenartigem Glanze. Die parallelen Fasern haben bisweilen ein knotiges Ansehen, und zeigen dann eine sonderbare Structur. Die Knoten werden durch 1 bis 1½ Linien breite, rundliche Brocken von feinporigem Bimsstein gebildet, um welche sich lange Fasern zum Einschlusse krümmen. Bräunlich schwarzer Glimmer in sechsseitigen kleinen Tafeln, weiße Oligoklas-Krystalle und schwarze Hornblende sind darin sparsam zerstreut; dagegen fehlt ganz der glasige Feldspath, welcher sonst wohl (Camaldoli bei Neapel) im Bimsstein vorkommt. Der Bimsstein des Cotopaxi ist von dem der Zumbalica-Brüche sehr verschieden: er ist kurzfasrig; nicht parallel, sondern verworren gekrümmt. Magnesia-Glimmer ist aber nicht bloß den Bimssteinen eigen, sondern auch der Grundmasse des Trachytsvom Cotopaxi nicht fremd. Dem südlicher gelegenen Vulkan Tungurahua scheint der Bimsstein ganz zu fehlen. Von Obsidian ist in der Nähe der Steinbrüche von Zumbalica keine Spur, aber in sehr großen Massen habe ich schwarzen Obsidian von muschligem Bruch in bläulich grauen, verwitterten Perlstein eingewachsen gefunden unter den vom Cotopaxi ausgestoßenen und bei Mulalo liegenden Blöcken. Fragmente davon werden in der königlichen Mineralien-Sammlung zu Berlin aufbewahrt. Die hier beschriebenen Bimsstein-Brüche, vier deutsche Meilen vom Fuß des Cotopaxi entfernt, scheinen daher ihrer mineralogischen Beschaffenheit nach jenem Kegelberge ganz fremd zu sein: und mit demselben nur in dem Zusammenhange zu stehen, welchen alle Vulkane von Pasto und Quito mit dem, viele hundert Quadratmeilen einnehmenden, vulkanischen Heerde der Aequatorial-Cordilleren darbieten. Sind diese Bimssteine das Centrum und Innere eines eigenen Erhebungs-Kraters gewesen, dessen äußere Umwallung in den vielen Umwälzungen, welche die Oberfläche der Erde hier erlitten hat, zerstört worden ist? oder sind sie bei den ältesten Faltungen der Erdrinde hier aus Spalten horizontal in scheinbarer Ruhe abgelagert worden? Denn die Annahme von wässrigen Sediment-Anschwemmungen, wie sie sich bei den vulkanischen, mit Pflanzenresten und Muscheln gemengten Tuffmassen oft zeigen, ist mit noch größeren Schwierigkeiten verbunden.

Dieselben Fragen regt die große, von allem intumescirten vulkanischen Gerüste entfernte Masse von Bimsstein an, die ich in der Cordillere von Pasto zwischen Mamendoy und dem Cerro del Pulpito, neun geographische Meilen nördlich vom thätigen Vulkan von Pasto, am *Rio Mayo* fand. Leopold von Buch hat auch auf einen ähnlichen, von Meyen beschriebenen, ganz isolirten Ausbruch von Bimsstein, der als Gerölle einen 300 Fuß hohen Hügel bildet: in Chili, östlich von Valparaiso, bei dem Dorfe Tollo, aufmerksam gemacht. Der im Aufsteigen Juraschichten erhebende Vulkan *Maypo* ist noch zwei volle Tagereisen von diesem Bimsstein-Ausbruch entfernt.Auch der preußische Gesandte in Washington, Friedrich von Gerolt, dem wir die ersten geognostisch colorirten Karten von Mexico verdanken, erwähnt „einer unterirdischen Gewinnung von Bimsstein zu Bauten“ bei Huichapa, 8 geogr. Meilen südöstlich von Queretaro, fern von allen Vulkanen. Der geologische Erforscher des Caucasus, *Abich*, ist zufolge seiner eigenen Beobachtungen zu glauben geneigt, daß am nördlichen Abfall der Centralkette des Elburuz die mächtige Eruption von Bimsstein bei dem Dorfe *Tschegem*, in der kleinen Kabarda, als eine *Spaltenwirkung* viel älter sei wie das Aufsteigen des, sehr fernen, eben genannten Kegelberges.

Wenn demnach die vulkanische Thätigkeit des Erdkörpers durch Ausstrahlung der Wärme gegen den Weltraum bei Verminderung seiner ursprünglichen Temperatur und im Zusammenziehen der oberen erkaltenden Schichten *Spalten* und *Faltungen* (fractures et rides), also gleichzeitig *Senkung* der oberen und *Emportreibung* der unteren Theile, erzeugt; so ist natürlich als Maaß und Zeugen dieser Thätigkeit in den verschiedenen Regionen der Erde die *Zahl* der erkennbar gebliebenen, aus den Spalten aufgetriebenen, vulkanischen *Gerüste* (der *geöffneten* Kegel und domförmigen Glockenberge) betrachtet worden. Man hat mehrfach und oft sehr unvollkommen diese Zählung versucht; Auswurfs-Hügel und Solfataren, die zu einem und demselben Systeme gehören, wurden als besondere Vulkane aufgeführt. Die Größe der Erdräume, welche bisher im Inneren der Continente allen wissenschaftlichen Untersuchungen verschlossen bleiben, ist für die Gründlichkeit dieser Arbeit ein nicht so bedeutendes Hinderniß gewesen, als man gewöhnlich glaubt: da Inseln und den Küsten nahe Regionen im ganzen der Hauptsitz der Vulkane sind. In einer numerischen Untersuchung, welche nach dem jetzigen Zustande unserer Kenntnisse nicht zum völligen Abschluß gebracht werden kann, ist schon viel gewonnen, wenn man zu einem Resultat gelangt, das als eine *untere Grenze* zu betrachten ist; wenn mit großer Wahrscheinlichkeit bestimmt werden kann, auf wie vielen Punkten das flüssige Innere der Erde noch in *historischer* Zeit mit der Atmosphäre in lebhaftem Verkehr geblieben ist. Eine solche Lebhaftigkeit äußert sich dann und meist gleichzeitig in Ausbrüchen aus *vulkanischen Gerüsten* (Kegelbergen), in der zunehmenden Wärme und Entzündlichkeit der Thermal- und Naphtha-Quellen, in der vermehrten Ausdehnung der Erschütterungskreise: Erscheinungen, welche alle in innigem Zusammenhange und in gegenseitiger Abhängigkeit von einander stehen.Leopold von Buch hat auch hier wieder das große Verdienst, in den Nachträgen zu der „physicalischen Beschreibung der canarischen Inseln", zum ersten Male unternommen zu haben die *Vulkan-Systeme des ganzen Erdkörpers*, nach gründlicher Unterscheidung von *Central-* und *Reihen-Vulkanen*, unter Einen kosmischen Gesichtspunkt zu fassen. Meine eigene neueste und schon darum wohl vollständigere Aufzählung, nach Grundsätzen unternommen, welche ich oben (und) bezeichnet: also ungeöffnete Glockenberge, bloße Ausbruch-Kegel ausschließend; giebt als wahrscheinliche *untere Grenzzahl* (nombre limite inférieur) ein Resultat, das von allen früheren beträchtlich abweicht. Sie strebt die Vulkane zu bezeichnen, welche thätig in die historische Zeit eingetreten sind.

Es ist mehrfach die Frage angeregt worden, ob in den Theilen der Erdoberfläche, in welchen die meisten Vulkane zusammengedrängt sind und wo die Reaction des Erd-Inneren auf die starre (feste) Erdkruste sich am thätigsten zeigt, der geschmolzene Theil vielleicht der Oberfläche näher liege? Welches auch der Weg ist, den man einschlägt, die *mittlere Dicke der festen Erdkruste* in ihrem Maximum zu bestimmen: sei es der rein mathematische, welchen die theoretische Astronomie eröffnen soll; oder der einfachere, welcher auf das Gesetz der mit der Tiefe zunehmenden Wärme in dem Schmelzungsgrade der Gebirgsarten gegründet ist: so bietet die Lösung dieses Problems doch noch eine große Zahl jetzt unbestimmbarer Größen dar. Als solche sind zu nennen: der Einfluß eines ungeheuren Druckes auf die Schmelzbarkeit; die so verschiedene Wärmeleitung heterogener Gebirgsarten; die sonderbare, von Edward Forbes behandelte Schwächung der Leitungsfähigkeit bei großer Zunahme der Temperatur; die ungleiche Tiefe des oceanischen Beckens; die localen Zufälligkeiten in dem Zusammenhange und der Beschaffenheit der Spalten, welche zu dem flüssigen Inneren hinabführen! Soll die größere Nähe der oberen Grenzschicht des flüssigen Inneren in einzelnen Erdregionen die Häufigkeit der Vulkane und den mehrfacheren Verkehr zwischen der Tiefe und dem Luftkreise erklären, so kann allerdings diese Nähe wiederum abhangen: entweder von dem relativen *mittleren Höhen-Unterschiede* des Meeresbodens und der Continente; oder von der ungleichen senkrechten Tiefe, in welcher unter verschiedenen geographischen Längen und Breiten sich die Oberfläche der geschmolzenen, *flüssigen* Masse befindet. Wo aber fängt eine solche Oberfläche an? giebt es nicht Mittelgrade zwischen vollkommener *Starrheit* und vollkommener Verschiebbarkeit der Theile? Uebergänge, die bei den Streitigkeiten über den Zustand der Zähigkeit einiger plutonischer und vulkanischer Gebirgs-Formationen, welche an die Oberfläche erhoben worden, so wie bei der Bewegung der Gletscher oft zur Sprache gekommen sind? Solche *Mittelzustände* entziehen sich einer mathematischen Betrachtung eben so sehr wie der Zustand des sogenannten *flüssigen Inneren* unter einer ungeheuren Compression. Wenn es schon an sich nicht ganz wahrscheinlich ist, daß die Wärme überall fortfahre mit der Tiefe in arithmetischer Progression zu wachsen; so können auch *locale Zwischen-Störungen* eintreten: z. B. durch unterirdische Becken (Höhlungen in der starren Masse), welche von Zeit zu Zeit *von unten* theilweise mit flüssiger Lava und darauf ruhenden Dämpfen angefüllt sind. Diese Höhlungen läßt schon der unsterbliche Verfasser der *Protogäa* eine Rolle spielen in der Theorie der abnehmenden Centralwärme: "Postremo credibile est contrahentem se refrigeratione crustam *bullas* reliquisse, ingentes pro rei magnitudine, id est sub vastis fornicibus *cavitates*."Je unwahrscheinlicher es ist, daß die Dicke der schon erstarrten Erdkruste in allen Gegenden dieselbe sei, desto wichtiger ist die Betrachtung der *Zahl* und der *geographischen Lage* der noch in historischen Zeiten geöffnet gewesenen Vulkane. Eine solche Betrachtung der *Geographie der Vulkane* kann nur durch oft *erneuerte* Versuche vervollkommnet werden.

I. Europa.

Aetna
Volcano in den Liparen
Stromboli
Ischia
Vesuv
Santorin
Lemnos:

alle zum großen Becken des mittelländischen Meeres, aber zu den europäischen Ufern desselben, nicht zu den afrikanischen, gehörig; alle 7 Vulkane in bekannten historischen Zeiten noch thätig; der *brennende Berg* Mosychlos auf Lemnos, welchen Homer den Lieblingssitz des Hephästos nennt, erst nach den Zeiten des großen Macedoniers sammt der Insel Chryse durch Erdstöße zertrümmert und in den Meeresfluthen versunken. Die große, seit fast 1900 Jahren (186 vor Chr. bis 1712 unserer Zeitrechnung) sich mehrmals wiederholende Hebung der drei Kaimenen in der Mitte des Golfs von *Santorin* (theilweise umschlossen von Thera, Therasia und Aspronisi) hat bei dem Entstehen und Verschwinden auffallende Aehnlichkeit gehabt mit dem, freilich sehr kleinen Phänomen der temporären Bildung der Insel, welche man Graham, Julia und Ferdinandea nannte, zwischen Sciacca und Pantellaria. Auf der Halbinsel Methana, deren wir schon oft erwähnt, sind deutliche Spuren vulkanischer Ausbrüche im rothbraunen Trachyt, der aus dem Kalkstein aufsteigt bei Kaïmenochari und Kaïmeno (*Curtius, Peloponnesos* Bd. II. S. 439).

Vorhistorische Vulkane mit frischen Spuren von Lava-Erguß aus Krateren sind, von Norden nach Süden aufgezählt: die der *Eifel* (Mosenberg, Geroldstein) am nördlichsten;

der große Erhebungs-Krater, in welchem Schemnitz liegt; *Auvergne* (Chaînes des Puys oder der Monts Dômes, le Cône du Cantal, les Monts-Dores); *Vivarais*, in welchem die alten Laven aus Gneiß ausgebrochen sind (Coups d'Aysac und Kegel von Montpezat); *Velay:* Schlacken-Ausbrüche, von denen keine Laven ausgehen; die *Euganeen*; das *Albaner-Gebirge*, *Rocca Monfina* und *Vultur* bei Teano und Melfi; die ausgebrannten Vulkane um *Olot* und *Castell Follit* in Catalonien; die Inselgruppe las Columbraria nahe der Küste von Valencia (die sichelförmige größere Insel Colubraria der Römer: auf der Montcolibre, nach Capt. Smyth Br. 39° 54', voll Obsidians und zelligen Trachyts); die griechische Insel *Nisyros*, eine der karpathischen Sporaden, von ganz runder Gestalt: in deren Mitte auf einer Höhe von 2130 Fuß nach Roß ein umwallter, tiefer Kessel mit einer stark detonirenden Solfatare liegt: aus welcher einst strahlförmig, jetzt kleine Vorgebirge bildende Lavaströme sich in das Meer ergossen, vulkanische Mühlsteine liefernd noch zu Strabo's Zeit (*Roß, Reisen auf den griech. Inseln* Bd. II. S. 69 und 72–78). Für die *britischen* Inseln sind hier wegen des Alters der Formationen noch zu erwähnen die merkwürdigen Einwirkungen unterseeischer Vulkane auf die Schichten der Unter-Silur-Formation (Llandeilo-Bildung): indem vulkanische zellige Fragmente in diese Schichten eingebacken sind, und nach Sir Roderick Murchison's wichtiger Beobachtung selbst eruptive Trappmassen in den Corndon-Bergen in unter-silurische Schichten eindringen (Shropshire und Montgomeryshire); die Gang-Phänomene der Insel Arran: und die anderen Punkte, in denen das Einschreiten vulkanischer Thätigkeit sichtbar ist, ohne daß Spuren eigener Gerüste aufgefunden werden.

II. Inseln des atlantischen Meeres.

Vulkan *Esk* auf der Insel Jan Mayen: von dem verdienstvollen Scoresby erstiegen und nach seinem Schiffe benannt; Höhe kaum 1500 Fuß. Ein offner, nicht entzündeter Gipfel-Krater; pyroxenreicher Basalt und Traß.

Südwestlich vom Esk, nahe bei dem Nordcap der *Eier-Insel*, ein anderer Vulkan, der im April 1818 von 4 zu 4 Monaten hohe Aschen-Ausbrüche zeigte.

Der 6448 Fuß hohe *Beerenberg*, in dem breiten nordöstlichen Theile von Jan Mayen (Br. 71° 4'), ist nicht als Vulkan bekannt.*Scoresby, account of the arctic regions* Vol. I. p. 155–169, tab. V und VI.

Vulkane von *Island:* Oeräfa, Hekla, Rauda-Kamba . . .

Vulkan der *azorischen Insel Pico:* großer Lava Ausbruch vom 1 Mai bis 5 Juni 1800.

Pic von *Teneriffa*.

Vulkan von *Fogo*, einer der capverdischen Inseln.

Vorhistorische vulkanische Thätigkeit: Es ist dieselbe auf *Island* weniger bestimmt an gewisse Centra gebunden. Wenn man mit Sartorius von Waltershausen die Vulkane der Insel in zwei Classen theilt, von denen die der einen nur Einen Ausbruch gehabt haben, die der anderen auf derselben Hauptspalte wiederholt Lavaströme ergießen: so sind zu der ersteren Rauda-Kamba, Scaptar, Ellidavatan, südöstlich von Reykjavik . . . .; zu der zweiten, welche eine dauerndere Individualität zeigt, die zwei höchsten Vulkane von Island, Oeräfa (über 6000 Fuß) und Snaefiall, Hekla . . . . zu rechnen. Der Snaefiall ist seit Menschengedenken nicht in Thätigkeit gewesen, während der Oeräfa durch die furchtbaren Ausbrüche von 1362 und 1727 bekannt ist (*Sart.* von *Waltershausen, phys. geogr. Skizzen von Island* S. 108 und 112). – Auf *Madera* können die beiden höchsten Berge: der 5685 Fuß hohe, kegelförmige Pico Ruivo und der wenig niedrigere Pico de Torres, mit schlackigen Laven an den steilen Abhängen bedeckt, nicht als die central wirkenden Punkte der vormaligen vulkanischen Thätigkeit auf der ganzen Insel betrachtet werden: da in vielen Theilen derselben, besonders gegen die Küsten hin, Eruptions-Oeffnungen, ja ein großer Krater, der der Lagoa bei Machico, gefunden werden. Die Laven, durch Zusammenfluß verdickt, sind nicht als einzelne Ströme weit zu verfolgen. Reste alter Dicotyledonen und Farn-Vegetation, von Charles Bunbury genau untersucht, finden sich vergraben in gehobenen vulkanischen Tuff- und Lettenschichten, bisweilen von neuerem Basalte bedeckt. – *Fernando de Noronha*, lat. 3° 50' S. und 2° 27' östlich von Pernambuco: eine Gruppe sehr kleiner Inseln; hornblendehaltige Phonolith-Felsen; kein Krater: aber Gangklüfte, gefüllt mit Trachyt und basaltartigem Mandelstein, weiße Tufflagen durchsetzend – Insel *Ascension*, im höchsten Gipfel 2690 Fuß: Basaltlaven mit mehr eingesprengtem glasigem Feldspath als Olivin und wohl begrenzten Strömen, bis zu dem Ausbruch-Kegel von Trachyt zu verfolgen. Die letztere Gebirgsart von lichten Farben, oft tuffartig aufgelöst, herrscht im Inneren und im Südosten der Insel. Die von Green Mountain ausgeworfenen Schlackenmasse enthalten eingebacken syenit- und granithaltige, eckige Fragmente, welche an die der Laven von Jorullo erinnern. Westlich von Green Mountain findet sich ein großer offener Krater. Vulkanische Bomben: theilweis hohl, bis 10 Zoll im Durchmesser, liegen in zahlloser Menge zerstreut umher; auch große Massen von Obsidian. – *Sanct Helena:* die ganze Insel vulkanisch; im Inneren mehr feldspathartige Lavaschichten; gegen die Küste hin Basaltgestein, von zahllosen Gängen (dikes) durchsetzt: wie am Flagstaff-Hill. Zwischen Diana Peak und Nest-Lodge, in der Central-Bergreihe: der halbmondartig gekrümmte, seigere Absturz und Rest eines weiten, zerstörten Kraters, voll Schlacken und zelliger Lava („the mere weeck of one great crater is left"). Die Lavenschichten nicht begrenzt, und daher nicht als eigentliche Ströme von geringer Breite zu verfolgen. – *Tristan da Cunha* (Br. 37° 3' südl., Lg. 13° 48' westl.), schon 1506 von den Portugiesen entdeckt: eine zirkelrunde kleine Insel von 1½ geographischen Meilen im Durchmesser, in deren Centrum ein Kegelberg liegt, den Cap. Denham als von ohngefähr 7800 Par. Fuß Höhe und von vulkanischem Gestein zusammengesetzt beschreibt (Dr. *Petermann's geogr. Mittheilungen* 1855 No. III. S. 84). Südöstlich, aber im 53° südlicher Breite, liegt die, ebenfalls vulkanische Thompsons-Insel; zwischen beiden in gleicher Richtung Gough-Insel, auch Diego Alvarez genannt. *Deception-Insel,* ein schmaler, eng geöffneter Ring (südl. Br. 62° 55'); und *Bridgman's-Insel,* zu der South-Shetlands-Gruppe gehörig: beide vulkanisch; Schichten von Eis, Bimsstein, schwarzer Asche und Obsidian; perpetuirlicher Ausbruch heißer Dämpfe (Kendal im *Journal of the Geogr. Soc.* Vol. I. 1831 p. 62). Im Februar 1842 sah man die Deception-Insel gleichzeitig an 13 Punkten im Ringe Flammen geben (Dana in der *U. St. Explor. Exped.* Vol. X. p. 548). Auffallend ist es, daß, da so viele andere Inseln im atlantischen Meere vulkanisch sind, weder das ganz flache Inselchen *St. Paul* (Peñedo de S. Pedro), einen Grad nördlich vom Aequator (ein wenig blättriger Grünstein-Schiefer, in Serpentin übergehend); noch die *Malouinen* (mit ihren quarzigen Thonschiefern), *Süd-Georgien* oder das *Sandwich-Land* vulkanisches Gestein darzubieten scheinen. Dagegen wird eine Region des atlantischen Meeres, ohngefähr 0° 20' südlich vom Aequator, lg. 22° westl. für den Sitz eines unterseeischen Vulkans gehalten. Krusenstern hat in dieser Nähe schwarze Rauchsäulen aus dem Meere aufsteigen sehen (19 Mai 1806); und der asiatischen Societät zu Calcutta ist 1836, zweimal an demselben Punkte (südöstlich von dem oben genannten Felsen von St. Paul) gesammelte, vulkanische Asche vorgezeigt worden. Nach sehr genauen Untersuchungen von Daussy, sind von 1747 bis zu Krusenstern's Weltumsegelung schon fünfmal und von 1806 bis 1836 siebenmal in dieser Volcanic Region, wie sie auf der neuesten schönen amerikanischen Karte des Lieut. Samuel Lee (track of the surveying Brig Dolphin 1854) genannt wird, seltsame Schiffsstöße und Aufwallungen des Meeres bemerkt worden, welche man dem durch Erdbeben erschütterten Meeresboden zuschrieb. Doch ist neuerlichst auf der Expedition der Brig Delphin (Jan. 1852): welche „wegen Krusenstern's Volcano" die Instruction hatte, zwischen dem Aequator und 7° südl. Breite bei lg.. 18° bis 27° auch durch das Senkblei Nachforschungen zu machen, wie vorher (1838) bei Wilkes Exploring Expedition, nichts auffallendes bemerkt worden.

III. Afrika.

Der Vulkan Mongo-ma Leba im Camerun-Gebirge (nördl. Br. 4° 12'): westlich von der Mündung des Flusses gleiches Namens in die Bucht von Biafra, östlich von dem Delta des Kowara (Niger); gab nach Cap. Allan einen Lava-Ausbruch im Jahr 1838. Die lineare Reihenfolge der vier vulkanischen hohen Inseln Anobon, St. Thomas, Prinzen-Insel und San Fernando Po, auf einer Spalte (SSW–NNO), weist auf den *Camerun* hin, welcher nach den Messungen von Cap. Owen und Lieut. Boteler die große Höhe von ohngefähr 12200 Fußerreicht.

Ein Vulkan? etwas westlich von dem Schneeberge *Kignea* im östlichen Afrika, ohngefähr 1° 20' südl. Br.: aufgefunden 1849 von dem Missionar Krapf, nahe den Quellen des Dana-Flusses, etwa 80 geogr. Meilen in Nordwest von dem Littoral von Mombas. In einem fast 2° südlicheren Parallel als der Kignea liegt ein anderer Schneeberg, der *Kilimandjaro*, welchen 1847 der Missionar Rebmann entdeckt hat: vielleicht kaum 50 geogr. Meilen von dem eben genannten Littoral. Etwas westlicher liegt ein dritter Schneeberg, der vom Cap. Short gesehene *Doengo Engai*. Die Kenntniß von der Existenz dieser Berge ist die Frucht muthiger und gefahrvoller Unternehmungen.

Beweise vorhistorischer vulkanischer Thätigkeit in dem großen, aber zwischen dem 7ten nördlichen und 12ten südlichen Parallelkreise (denen von Adamana und des wasserscheidenden Gebirges Lubalo) im Inneren noch so unerforschten Continente liefern die Umgegend des Tzana-Sees im Königreich Gondar nach Rüppell; wie die Basaltlaven, Trachyte und Obsidian-Schichten von Schoa nach Rochet d'Hèricourt: dessen mitgebrachte Gebirgsarten, denen des Cantal und Mont-Dore ganz analog, von Dufrénoy haben untersucht werden können *Comptes rendus* T. XXII. 1846 p. 806--810. Wenn auch in Kordofan der Kegelberg Koldghi sich nicht als jetzt entzündet und rauchend zeigt, so soll sich doch das Vorkommen schwarzen, porösen, verglasten Gesteins daselbst bestätigt haben.

In Adamana, südlich vom großen Benue-Flusse, steigen die isolirten Bergmassen Bagele und Alantika auf: welche den Dr. Barth, auf seiner Reise von Kuka nach Jola, durch ihre kegel- und domförmige Gestaltung an Trachytberge mahnten. Der so früh den Naturwissenschaften entzogene Overweg fand in der von ihm durchforschten Gegend von Gudscheba, westlich vom Tsad-See, nach Petermann's Notizen aus den Tagebüchern, olivinreiche, säulenförmig abgetheilte Basaltkegel: welche bald die Schichten des rothen, thonartigen Sandsteins, bald quarzigen Granit durchbrochen haben.

Der große Mangel jetzt entzündeter Vulkane in dem ungegliederten Continente, dessen Küstenländer genugsam bekannt sind, bietet eine sonderbare Erscheinung dar. Sollte es in dem unbekannten Central-Afrika, besonders südlich vom Aequator, große Wasserbecken geben, analog dem See Uniamesi (früher vom Dr. Cooley N'yassi genannt), an deren Ufern sich Vulkane, wie der Demavend nahe dem caspischen Meere, erheben? Bisher hat kein Bericht der vielreisenden Eingeborenen uns davon irgend eine Kunde gebracht!

IV. Asien.

α) *Der westliche und centrale Theil.*

Vulkan von *Demavend*: entzündet, aber nach den Berichten von Olivier, Morier und Taylor Thomson (1837) nur mäßig und nicht ununterbrochen rauchend;

Vulkan von *Medina* (Lava-Ausbruch 1276);

Vulkan *Djebel el-Tir* (Tair oder Tehr): ein Inselberg von 840 Fuß zwischen Loheia und Massaua im rothen Meere;

Vulkan *Peschan:* nördlich von Kutsche in der großen Bergkette des Thian-schan oder Himmelsgebirges in Inner-Asien; Lava-Ausbrüche in ächt historischer Zeit vom Jahr 89 bis in den Anfang des 7ten Jahrhunderts unserer Zeitrechnung;

Vulkan *Ho-tscheu,* auch bisweilen in der so umständlichen chinesischen Länderbeschreibung Vulkan von *Turfan* genannt: 30 geogr. Meilen von der großen Solfatara von Urumtsi, nahe dem östlichen Ende des Thian-schan gegen das schöne Obstland von Hami hin.

Der Vulkan *Demavend,* welcher sich bis zu mehr als 18000 Fuß Höhe erhebt, liegt fast 9 geogr. Meilen von dem südlichen Littoral des caspischen Meeres, in Mazenderan: fast in gleicher Entfernung von Rescht und Asterabad, auf der gegen Herat und Meschid in Westen schnell abfallenden Kette des Hindu-Kho. Ich habe an einem anderen Orte (*Asie centrale* T. I. p. 124–129, T. III. p. 433–435) wahrscheinlich gemacht, daß der Hindu-Kho von Chitral und Kafiristan eine westliche Fortsetzung des mächtigen, Tibet gegen Norden begrenzenden, das Meridian-Gebirge Bolor im Tsungling durchsetzenden *Kuen-lün* ist. Der Demavend gehört zum *persischen* oder *caspischen Elburz:* Name eines *Bergsystems,* welchen man nicht mit dem gleichlautenden caucasischen, 7°½ nördlicher und 10° westlicher gelegenen (jetzt *Elburuz* genannten) Gipfel verwechseln muß. Das Wort Elburz ist eine Verunstaltung von *Albordj,* dem Weltberge, welcher mit der uralten Cosmogonie des Zendvolkes zusammenhängt.

Wenn bei Verallgemeinerung geognostischer Ansichten über die Richtung der Gebirgssysteme von Inner-Asien der Vulkan Demavend die große Kuen-lün-Kette nahe an ihrem westlichen Ende begrenzt; so verdient eine andere Feuererscheinung an dem östlichsten Ende, deren Existenz ich zuerst bekannt gemacht habe (*Asie centrale* T. II. p. 427 und 483), eine besondere Aufmerksamkeit. In den wichtigen Untersuchungen, zu denen ich meinen verehrten Freund und Collegen im Institute, Stanislas Julien, aufgefordert, um aus den reichen geographischen Quellen der alten chinesischen Litteratur zu schöpfen: über den *Bolor,* den *Kuen-lün* und das *Sternenmeer;* fand der scharfsinnige Forscher in dem großen, vom Kaiser Yongtsching im Anfang des 18ten Jahrhunderts edirten Wörterbuche die Beschreibung der „ewigen Flamme“, welche am Abhange des östlichen Kuen-lün aus einer Höhle in dem Hügel Schinkhieu ausbricht. Die weitleuchtende Erscheinung, so tief sie auch gegründet sein mag, kann wohl nicht ein Vulkan genannt werden. Sie scheint mir vielmehr Analogie mit der so früh den Helenen bekannten Chimära in Lycien, bei Deliktasch und Yanartasch, darzubieten. Es ist diese ein Feuerbrunnen, eine durch vulkanische Thätigkeit des Erd-Inneren immerfort entzündete Gasquelle (*Kosmos* und dazu).

Arabische Schriftsteller lehren, meist ohne bestimmte Jahre anzugeben, daß im Mittelalter im südwestlichen Littoral Arabiens, in der Inselkette der Zobayr, in der Meerenge Bab-el-Mandeb und Aden (*Wellsted, Travels in Arabia* Vol. II. p. 466–468), in Hadhramaut, in der Straße von Ormuz und im westlichen Theile des persischen Golfs noch an einzelnen Punkten Lava-Ausbrüche statt gefunden haben: immer auf einem Boden, der schon seit vorhistorischer Zeit der Sitz vulkanischer Thätigkeit gewesen war. Die Epoche des Ausbruchs eines Vulkans um Medina selbst, 12°½ nördlich von der Meerenge Bab-el-Mandeb, hat Burckhardt in Samhudy's Chronik der berühmten Stadt dieses Namens im Hedschaz gefunden. Sie ward gesetzt auf den 2 November 1276. Daß aber dort eine Feuer-Eruption bereits 1254, also 22 Jahre früher, gewesen war, lehrt nach Seetzen Abul-Mahasen (vergl. Kosmos). – Der Insel-Vulkan *Djebel Tair*, in welchem schon Vincent die „ausgebrannte Insel" des *Periplus Maris Erythraei* erkannte, ist noch thätig und Rauch ausstoßend nach Botta und nach den Nachrichten, die Ehrenberg und Rußegger (*Reisen in Europa, Asien und Afrika* Bd. II. Th. 1. 1843 S. 54) gesammelt. Ueber die ganze Umgegend der Meerenge Bab-el-Mandeb, mit der Basalt-Insel Perim; die kraterartige Umwallung, in welcher die Stadt Aden liegt; die Insel Seerah mit Obsidian-Strömen, die mit Bimsstein bedeckt sind; über die Inselgruppen der Zobayr und der Farsan (die Vulcanicität der letzteren hat Ehrenberg 1825 entdeckt) s. die schönen Untersuchungen von Ritter in der *Erdkunde von Asien* Bd. VIII. Abth. 1. S. 664–707, 889–891 und 1021–1034.

Der vulkanische Gebirgszug des *Thian-schan* (*Asie centrale* T. I. p. 201–203, T. II. p. 7–61): ein Bergsystem, welches zwischen dem Altai und Kuen-lün von Osten nach Westen Inner-Asien durchzieht, ist zu einer Zeit der besondere Gegenstand meiner Untersuchungen gewesen: da ich zu dem Wenigen, was Abel-Rémusat aus der japanischen Encyclopädie geschöpft hatte, wichtigere, von Klaproth, Neumann und Stanislas Julien aufgefundene Bruchstücke habe hinzufügen können (*Aeie centr.* T. II. p. 39–50 und 335–364). Die Länge des Thian-schan übertrifft achtmal die Länge der Pyrenäen: wenn man jenseits der durchsetzten Meridiankette des Kusyurt-Bolor den Asferah hinzurechnet: der sich in Westen bis in den Meridian von Samarkand erstreckt, und in dem Ibn Haukal und Ibn al-Vardi Feuerbrunnen und Salmiak ausstoßende, leuchtende (?) Spalten, wie im Thian-schan, beschreiben (s. über den Berg Botom a. a. O. p. 16–20). In der Geschichte der Dynastie der Thang wird ausdrücklich gesagt, daß an einem der Abhänge des Peschan, welcher immerfort Feuer und Rauch ausstößt, die Steine brennen, schmelzen und mehrere Li weit *fließen*, als wäre es ein „flüssiges Fett. Die weiche Masse erhärtet, so wie sie erkaltet." Charakteristischer kann wohl nicht ein *Lavastrom* bezeichnet werden. Ja in dem 49ten Buche der großen Geographie des chinesischen Reichs, welche in Peking selbst von 1789 bis 1804 auf Staatskosten gedruckt worden ist, werden die Feuerberge des Thian-schan als „noch thätig" beschrieben. Ihre Lage ist so central, daß sie ohngefähr gleich weit (380 geogr. Meilen) vom nächsten Littoral des Eismeeres und von dem Ausfluß des Indus und Ganges, 255 M. vom Aral-

See, 43 und 52 M. von den Salzseen Issikul und Balkasch entfernt sind. Von den Flammen, welche aus dem Berge von Turfan (*Hotscheu*) aufsteigen, gaben auch Kunde die Pilgrime von Mekka, die man in Bombay im Jahr 1835 officiell befragte (*Journal of the Asiatic Soc. of Bengal* Vol. IV. 1835 p. 657–664). Wann werden endlich einmal von dem so leicht erreichbaren Gouldja am Ili aus die Vulkane von *Peschan* und *Turfan*, *Barkul* und *Hami* durch einen wissenschaftlich gebildeten Reisenden besucht werden?

Die jetzt mehr aufgeklärte Lage der vulkanischen Gebirgskette des Thian-schan hat sehr natürlich auf die Frage geleitet, ob das Fabelland *Gog* und *Magog*, wo auf dem Grunde des Flusses el-Macher „ewige Feuer brennen“ sollen, nicht mit den Ausbrüchen des Peschan oder Vulkans von Turfan zusammenhange. Diese orientalische Mythe: welche ursprünglich dem Westen des caspischen Meeres, den Pylis Albaniae bei Derbend, angehörte, ist, wie fast alle Mythen, gewandert: und zwar weit nach Osten. Edrisi läßt den Salam el-Terdjeman, Dolmetscher eines Abbassiden-Chalifen in der ersten Hälfte des 9ten Jahrhunderts, nach dem Lande der Finsterniß von Bagdad aus abreisen. Er gelangt durch die Steppe der Baschkiren nach dem Schneegebirge Cocaïa, welches die große Mauer von Magog (Madjoudj) umgiebt. Amédée Jaubert, dem wir wichtige Ergänzungen des nubischen Geographen verdanken, hat erwiesen, daß die Feuer, welche am Abhange des Cocaïa brennen, nichts vulkanisches haben (*Asie centr.* T. II. p. 99). Weiter in Süden setzt Edrisi den See Tehama. Ich glaube wahrscheinlich gemacht zu haben, daß Tehama der große See *Balkasch* ist, in welchen der Ili mündet, der nur 45 Meilen südlicher liegt. Anderthalb Jahrhunderte nach Edrisi versetzte Marco Polo die Mauer Magog gar in das Gebirge *In-schan*, östlich von der Hochebene Gobi, gegen den Fluß Hoang-ho und die chinesische Mauer hin: von der (sonderbar genug) der berühmte venetianische Reisende eben so wenig spricht als vom Gebrauch des Thees. Der In-schan, die Grenze des Gebietes des Priesters Johann, kann als die *östliche Verlängerung des Thian-schan* angesehen werden (*Asie centrale* T. II. p. 92–104).

Mit Unrecht hat man lange Zeit die zwei, einst lava-ergießenden Kegelberge, den Vulkan *Peschan* und den *Hotscheu* von *Turfan* (sie sind ohngefähr in einer Länge von 105 geogr. Meilen durch den mächtigen, mit ewigem Schnee und Eise bedeckten Gebirgsstock Bogdo-Oola von einander getrennt), für eine isolirte vulkanische Gruppe gehalten. Ich glaube gezeigt zu haben, daß die vulkanische Thätigkeit nördlich und südlich von der langen Kette des Thian-schan mit den Grenzen der Erschütterungskreise, den heißen Quellen, den Solfataren, Salmiak-Spalten und Steinsalz-Lagern, hier wie im Caucasus, in enger geognostischer Verbindung steht.

Da nach meiner, schon oft geäußerten Ansicht, der jetzt auch der gründlichste Kenner des caucasischen Gebirgssystems, Abich, beigetreten ist, der Caucasus selbst nur die Fortsetzungs-Spalte des vulkanischen Thian-schan und Asferah jenseits der großen *aralo-caspischen Erdsenkung* ist; so sind hier neben den Erscheinungen des Thian-schan als vor-historischen Zeiten angehörig anzuführen die vier erloschenen Vulkane: Elburuz von 17352 Pariser Fuß, Ararat von 16056 Fuß, Kasbegk von 15512 Fuß und Savalan von 14787 Fuß Höhe.Ihrer Höhe nach fallen diese Vulkane zwischen den Cotopaxi und Montblanc. Der *Große Ararat* (Agri-dagh): zuerst am 27 September 1829 von Friedrich von Parrot, mehrmals 1844 und 1845 von Abich, zuletzt 1850 vom Oberst Chodzko erstiegen, hat eine Domform wie der Chimborazo, mit zwei überaus kleinen Erhebungen am Rande des Gipfels; doch aber keinen Gipfel-Krater. Die größten und wahrscheinlich neuesten vor-historischen Lava-Eruptionen des Ararat sind alle *unterhalb* der Schneegrenze ausgebrochen. Die Natur dieser Eruptionen ist zweierlei Art: es sind dieselben theils *trachyt-artig* mit glasigem Feldspath und eingemengtem, leicht verwitternden Schwefelkiese; theils *dolerit-artig* meist bestehend aus Labrador und Augit, wie die Laven des Aetna. Die dolerit-artigen hält Abich am Ararat für neuer als die trachyt-artigen. Die Ausbruchstellen der Lavaströme, alle unterhalb der Grenze des ewigen Schnees, sind oftmals (z. B. in der großen Gras-Ebene *Kip-Ghioll* am nordwestlichen Abhange) durch Auswurfs-Kegel und von Schlacken umringte kleine Krater bezeichnet. Wenn auch das tiefe *Thal des heiligen Jacob* (eine Schlucht, welche bis an den Gipfel des Ararat ansteigt und seiner Gestaltung, selbst in weiter Ferne gesehen, einen eigenen Charakter giebt) viel Aehnlichkeit mit dem Thal del Bove am Aetna darbietet und die *innerste* Structur des emporgestiegenen Domes sichtbar macht; so ist die Verschiedenheit doch dadurch sehr auffallend, daß in der Jacobs-Schlucht nur *massenhaftes* Trachyt-Gestein und nicht Lavaströme, Schlackenschichten und Rapilli aufgefunden worden sind.Der *Große* und der *Kleine* Ararat, von denen der erstere nach den vortrefflichen geodätischen Arbeiten von Waßili Fedorow 3' 4" nördlicher und 6' 42" westlicher als der zweite liegt, erheben sich an dem südlichen Rande der großen Ebene, welche der Araxes in einem weiten Bogen durchströmt. Sie stehen beide auf einem elliptischen vulkanischen Plateau, dessen große Axe von Südost nach Nordwest gerichtet ist. Auch der Kasbegk und der Tschegem haben keinen Gipfel-Krater, wenn gleich der erstere mächtige Ausbrüche gegen Norden (nach Wladikaukas zu) gerichtet hat. Der größte aller dieser erloschenen Vulkane, der Trachytkegel des Elburuz, welcher aus dem granitreichen Talk- und Diorit-Schiefergebirge des Backsan-Flußthales aufgestiegen ist, hat einen Kratersee. Aehnliche Kraterseen finden sich in dem rauhen Hochlande Kely, aus welchem zwischen Eruptions-Kegeln sich Lavaströme ergießen. Uebrigens sind hier wie in den Cordilleren von Quito die Basalte weit von dem Trachyt-Systeme abgesondert; sie beginnen erst 6 bis 8 Meilen südlich von der Kette des Elburuz und von dem Tschegem am oberen Phasis- oder Rion-Thale.

β) *Der nordöstliche Theil (Halbinsel Kamtschatka).*

Die Halbinsel *Kamtschatka:* von dem Cap Lopatka, nach Krusenstern lat. 51° 3', bis nördlich zum Cap Ukinsk, gehört mit der Insel Java, mit Chili und Central-Amerika zu den Regionen, wo auf dem kleinsten Raum die meisten, und zwar die meisten noch entzündeten, Vulkane zusammengedrängt sind. Man zählt deren in Kamtschatka 14 in einer Länge von 105 geogr. Meilen. Für *Central-Amerika* finde ich vom Vulkan von Soconusco bis Turrialva in Costa Rica 29 Vulkane, deren 18 brennen, auf 170 Meilen; für *Peru* und *Bolivia* vom Vulkan Chacani bis zum Volcan de San Pedro de Atacama 14 Vulkane, von welchen nur 3 gegenwärtig thätig sind, auf 105 Meilen; für *Chili* vom V. de Coquimbo bis zum V. de San Clemente 24 Vulkane auf 240 Meilen. Von diesen 24 sind 13 aus historischen Zeiten als thätig bekannt. Die Kenntniß der *kamtschadalischen* Vulkane in Hinsicht auf Form, auf astronomische Ortsbestimmung und Höhe ist in neuerer Zeit durch Krusenstern, Horner, Hofmann, Lenz, Lütke, Postels, Cap. Beechey, und vor allen durch Adolph Erman rühmlichst erweitert worden. Die Halbinsel wird ihrer Länge nach von zwei Parallelketten durchschnitten, in deren östlicher die Vulkane angehäuft sind. Die höchsten derselben erreichen 10500 bis 14800 Fuß. Es folgen von Süden nach Norden:

der *Opalinskische* Vulkan (Pic *Koscheleff* vom Admiral Krusenstern), lat. 51° 21': nach Cap. Chwostow fast die Höhe des Pics von Teneriffa erreichend und am Ende des 18ten Jahrhunderts überaus thätig;

die *Hodutka* Sopka (51° 35'). Zwischen dieser Sopka und der vorigen liegt ein unbenannter vulkanischer Kegel (51° 32'): der aber, wie die Hodutka, nach Postels erloschen scheint.

Poworotnaja Sopka (52° 22'), nach Cap. Beechey 7442 F. hoch (*Erman's Reise* Bd. III. S. 253; Leop. von *Buch, Iles Can.* p. 447).

Aßatschinakaja Sopka (52° 2'); große Aschen-Auswürfe, besonders im Jahr 1828.

Wiljutschinsker Vulkan (Br.52° 52'): nach Cap. Beechey 6918 F., nach Admiral Lütke 6330 F.; nur 5 geogr. Meilen vom Petropauls-Hafen jenseit der Bai von Torinsk entfernt.

Awatschinskaja oder *Gorelaja* Sopka (Br. 53° 17'), Höhe nach Erman 8360 F.; zuerst bestiegen auf der Expedition von la Pérouse 1787 durch Mongez und Bernizet; später durch meinen theuren Freund und sibirischen Reisebegleiter, Ernst Hofmann (Juli 1824, bei der Kotzebue'schen Weltumseglung); durch Postels und Lenz auf der Expedition des Admirals Lütke 1828, durch Erman im Sept. 1829. Dieser machte die wichtige geognostische Beobachtung, daß der Trachyt bei seiner Erhebung Schiefer und Grauwacke (ein silurisches Gebirge) durchbrochen habe. Der immer rauchende Vulkan hat einen furchtbaren Ausbruch im October 1837, früher einen schwachen im April 1828 gehabt. Postels in *Lütke, Voyage* T. III. p. 67–84; *Erman, Reise,* hist. Bericht Bd. III. S. 494 und 534–540.

Ganz nahe bei dem Awatscha-Vulkan liegt die *Koriatskaja* oder *Strjeloschnaja* Sopka (Br. 53° 19'), Höhe 10518 F. nach Lütke T. III. p. 84; reich an Obsidian: dessen die Kamtschadalen sich noch im vorigen Jahrhundert, wie die Mexicaner und im hohen Alterthume die Hellenen, zu Pfeilspitzen bedienten.

Jupanowa Sopka: Br. nach Erman's Bestimmung (*Reise* Bd. III. S. 469) 53° 32'. Der Gipfel ist ziemlich abgeplattet, und der eben genannte Reisende sagt ausdrücklich: „daß diese Sopka wegen des Rauchs, den sie ausstößt, und wegen des unterirdischen Getöses, welches man vernimmt, von je her mit dem mächtigen Schiwelutsch verglichen und den unzweifelhaften Feuerbergen beigezählt wird." Seine Höhe ist vom Meere aus durch Lütke gemessen 8496 F.

Kronotskaja Sopka, 9954 F.: an dem See gleiches Namens, Br. 54° 8'; ein rauchender Krater auf dem Gipfel des, sehr zugespitzten Kegelberges (*Lütke, Voyage* T. III. p. 85).

Vulkan *Schiwelutsch*, 5 Meilen südöstlich von Jelowka, über den wir eine beträchtliche und sehr verdienstliche Arbeit von Erman (*Reise* Bd. III. S. 261–317 und *phys. Beob.* Bd. I. S. 400–403) besitzen: vor dessen Reise der Berg fast unbekannt war. Nördliche Spitze: Br. 56° 40', Höhe 9894 F.; südliche Spitze: Br. 56° 39', Höhe 8250 F. Als Erman im Sept. 1829 den Schiwelutsch bestieg, fand er ihn stark rauchend. Große Eruptionen waren 1739 und zwischen 1790 und 1810: letztere nicht von fließend ergossener Lava, sondern als Auswürfe von losem vulkanischem Gestein. Nach C. von Dittmar stürzte der nördlichste Gipfel in der Nacht vom 17 zum 18 Februar 1854 ein, worauf eine von wirklichen Lavaströmen begleitete, noch dauernde Eruption erfolgte.

Tolbatschinskaja Sopka: heftig rauchend, aber in früherer Zeit die Eruptions-Oeffnungen ihrer Aschen-Auswürfe oft verändernd; nach Erman Br. 55° 51' und Höhe 7800 F.

Uschinskaja Sopka: nahe verbunden mit dem Kljutschewsker Vulkan; Br. 56° 0', Höhe an 11000 F. (*Buch, Can.* p. 452 *Landgrebe, Vulkane* Bd. I. S. 375).

Kljutschewskaja Sopka (56° 4'): der höchste und thätigste aller Vulkane der Halbinsel Kamtschatka; von Erman gründlich geologisch und hypsometrisch erforscht. Der Kljutschewsk hat nach dem Berichte von Kraschenikoff große Feuerausbrüche von 1727 bis 1731 wie auch 1767 und 1795 gehabt. Im Jahr 1829 war Erman bei der gefahrvollen Besteigung des Vulkans am 11 September Augenzeuge von dem Ausstoßen glühender Steine, Asche und Dämpfe auf dem Gipfel: während tief unterhalb desselben ein mächtiger Lavastrom sich am West-Abhange aus einer Spalte ergoß. Auch hier ist die Lava reich an Obsidian. Nach Erman (*Beob*. Bd. I S. 400–403 und 419) ist die geogr. Breite des Vulkans 56° 4', und seine Höhe war im Sept. 1829 sehr genau 14790 Fuß. Im August 1828 hatte dagegen Admiral Lütke durch Höhenwinkel, die zur See in einer Entfernung von 40 Seemeilen genommen waren, den Gipfel des Kljutschewsk 15480 F. hoch gefunden (*Voyage* T. III. p. 86; *Landgrebe, Vulkane* Bd. I. S. 375–386). Diese Messung:

und die Vergleichung der vortrefflichen Umriß-Zeichnungen des Baron von Kittlitz, der die Lütke'sche Expedition auf dem Seniawin begleitete, mit dem, was Erman selbst im Sept. 1829 beobachtete; führten diesen zu dem Resultate, daß in der engen Epoche dieser 13 Monate große Veränderungen in der Form und Höhe des Gipfels sich zugetragen haben. „Ich denke", sagt Erman (*Reise* Bd. III. S. 359), „daß man kaum merklich irren kann, wenn man für August 1828 die Höhe der Oberfläche des Gipfels um 250 Fuß größer als im Sept. 1829 während meines Aufenthalts in der Gegend von Kljutschi, und mithin für die frühere Epoche zu 15040 Fuß annimmt." Am Vesuv habe ich, die Saussure'sche Barometer-Messung der Rocca del Palo, des höchsten nördlichen Kraterrandes, vom Jahre 1773 zum Grunde legend, durch eigene Messung gefunden: daß bis 1805, also in 32 Jahren, dieser nördliche Kraterrand sich um 36 Fuß gesenkt hatte; daß er aber von 1773 bis 1822, also in 49 Jahren, um 96 Fuß (scheinbar?) gestiegen sei (*Ansichten der Natur* 1849 Bd. II. S. 290). Im Jahr 1822 fanden Monticelli und Covelli für die Rocca del Palo 624^{t}, ich 629^{t}. Für das damalige wahrscheinlichste Endresultat gab ich 625^{t}. Im Frühjahr 1855, also 33 Jahre später, gaben die schönen Barometer-Messungen des Olmützer Astronomen Julius Schmidt wieder 624^{t} (*neue Bestimm. am Vesuv* 1856 S. 1, 16 und 33). Was mag davon der Unvollkommenheit der Messung und der Barometer-Formel zugehören? Untersuchungen der Art könnten in größerem Maaßstabe und mit größerer Sicherheit vervielfältigt werden, wenn man: statt oft erneuerter vollständiger trigonometrischer Operationen oder für zugängliche Gipfel mehr anwendbarer, aber minder befriedigender Barometer-Messungen, sich darauf beschränkte, für die zu vergleichenden Perioden von 25 oder 50 Jahren den einzigen Höhenwinkel des Gipfelrandes aus demselben und zwar aus einem sicher wiederzufindenden Standpunkte bis auf Fractionen von Secunden zu bestimmen. Des Einflusses der terrestrischen Refraction wegen würde ich rathen, in jeder der Normal-Epochen das Mittel aus vielstündlichen Beobachtungen von 3 Tagen zu suchen. Um nicht bloß das allgemeine Resultat der Vermehrung oder Verminderung des einzigen Höhenwinkels, sondern auch in Fußen die absolute Quantität der Veränderung zu erhalten, wäre nur eine einmal vorgenommene Bestimmung des Abstandes erforderlich. Welche reiche Quelle der Erfahrungen würden uns nicht für die vulkanischen Colosse der Cordilleren von Quito die vor mehr als einem Jahrhundert bestimmten Höhenwinkel der hinlänglich genauen Arbeiten von Bouguer und La Condamine gewähren, wenn diese vortrefflichen Männer für gewisse auserlesene Punkte hätten die Stationen *bleibend* bezeichnen können, in denen die Höhenwinkel der Gipfel von ihnen gemessen wurden. Nach C. von Dittmar hat nach dem Ausbruch von 1841 der Kljutschewsk ganz geruht, bis er lavagebend 1853 wieder erwachte. Der Gipfel-Einsturz des Schiwelutsch unterbrach aber die neue Thätigkeit. (*Bulletin de la classe physico-mathém. de l'Acad. des Sc. de St.-Pétersbourg* T. XIV. 1856 p. 246)

Noch vier andere, theils vom Admiral Lütke und theils von Postels genannte Vulkane: den noch rauchenden *Apalsk* südöstlich vom Dorfe Bolscheretski, die *Schischapinskaja* Sopka (Br. 55° 11'), die Kegel *Krestowsk* (Br. 56° 4'), nahe an der Gruppe Kljutschewsk, und *Uschkowsk;* habe ich in der obigen Reihe nicht aufgeführt wegen Mangels genauerer Bestimmung. Das kamtschadalische *Mittelgebirge*, besonders in der *Baidaren-Ebene*, Br. 57° 20', östlich von Sedanka, bietet (als wäre sie „der *Boden* eines uralten Kraters von etwa vier Werst, d. i. eben so viele Kilometer, im Durchmesser") das geologisch merkwürdige Phänomen von Lava- und Schlacken-Ergüssen dar aus einem blasigen, oft ziegelrothen, vulkanischen Gestein: das selbst wieder aus Erdspalten ausgebrochen ist in *größter Ferne* von allem *Gerüste* aufgestiegener Kegelberge (*Erman, Reise* Bd. III. S. 221, 228 und 273; *Buch, Iles Canaries* p. 454). Auffallend ist hier die Analogie mit dem, was ich oben über das *Malpais*, die problematischen Trümmerfelder der mexicanischen Hochebene, umständlich entwickelt habe (*Kosmos*).

V. Ost-asiatische Inseln.

Von der Torres-Straße, die, unter 10° südl. Breite, Neu-Guinea von Australien trennt, und von den rauchenden Vulkanen von Flores bis zu den nordöstlichsten Aleuten (Br. 55°) erstreckt sich eine, größtentheils vulkanische Inselwelt, welche, unter einem allgemeinen geologischen Gesichtspunkte betrachtet, wegen ihres generischen Zusammenhanges fast schwer in einzelne Gruppen zu sondern ist, und gegen Süden beträchtlich an Umfang zunimmt. Um von Norden zu beginnen: sehen wir zuerst die von der amerikanischen Halbinsel Alaska ausgehende, bogenförmiggekrümmte Reihe der *Aleuten* durch die der Kupfer- und der Berings-Insel nahe Insel Attu den Alten und Neuen Continent mit einander verbinden, wie im Süden das *Meer von Bering* schließen. Von der Spitze der Halbinsel Kamtschatka (dem Vorgebirge Lopatka) folgen in der Richtung Nord gen Süd, das Saghalinische oder Ochotskische, durch la Pérouse berühmt gewordene Meer in Osten begrenzend, der Archipel der *Kurilen*; dann *Jezo*, vielleicht vormals mit der Südspitze der Insel Krafto(Saghalin oder Tschoka) zusammenhangend; endlich jenseits der engen Tsugar-Straße das *japanische Drei-Inselreich* (Nippon, Sikok und Kiu-Siu: nach der trefflichen Karte von Siebold zwischen 41° 32' und 30° 18'). Von dem Vulkan Kljutschewsk, dem nördlichsten an der östlichen Küste der Halbinsel Kamtschatka, bis zum südlichsten japanischen Insel-Vulkan Iwoga-Sima, in der von Krusenstern durchforschten Meerenge Van Diemen, ist die Richtung der sich in der vielfach gespaltenen Erdrinde äußernden feurigen Thätigkeit genau *Nordost in Südwest*. Es erhält sich dieselbe in fortgesetzter Reihung durch die Insel *Jakuno-Sima:* auf der ein Kegelberg sich zu der Höhe von 5478 Fuß (1780 Meter) erhebt, und welche die beiden Straßen *Van Diemen* und *Colnet* von einander trennt; durch den Siebold'schen *Linschoten-Archipel;* durch die Schwefel-Insel des Capitäns Basil Hall (*Lung-Huang-Schan*); durch die kleinen Gruppen der *Lieu-Khieu* und *Madjiko-Sima*, welche letztere sich dem Ostrande der großen chinesischen Küsten-Insel *Formosa* (Thay-wan) bis auf 23 geogr. Meilen nähert.

Hier bei Formosa (nördl. Breite 25°–26°) ist der wichtige Punkt, wo statt der Erhebungs-Linien NO–SW die der *nord-südlichen* Richtung beginnen und fast bis zum Parallel von 5° oder 6° südlicher Breite herrschend werden. Sie sind zu erkennen in Formosa und in den Philippinen (Luzon und Mindanao) volle zwanzig Breitengrade hindurch, bald an einer, bald an beiden Seiten die Küsten in der Meridian-Richtung abschneidend: so in der Ostküste der großen Insel Borneo, welche durch den Solo-Archipel mit Mindanao und durch die lange, schmale Insel Palawan mit Mindoro zusammenhängt; so die westlichen Theile der vielgestalteten Celebes und Gilolo; so (was besonders merkwürdig ist) die Meridian-Spalte, auf welcher, 350 geogr. Meilen östlich von der Gruppe der Philippinen und in gleicher Breite, sich die vulkanische und Corallen-Insel-Reihe der Marianen oder Ladronen erhoben hat. Ihre allgemeine Richtungist N 10° O.

Wie wir in dem Parallel der steinkohlenreichen Insel Formosa den Wendepunkt bezeichnet haben, an welchem auf die kurilische Richtung NO–SW die Richtung N–S folgt; so beginnt ein neues Spaltensystem südlich von Celebes und der, schon ost-westlich abgeschnittenen Südküste von Borneo. Die großen und kleinen *Sunda-Inseln* von Timor-Laut bis West-Bali folgen in 18 Längengraden meist dem mittleren Parallel von 8° südlicher Breite. Im westlichen Java wendet sich die mittlere Achse schon etwas mehr gen Norden, fast OSO in WNW; von der Sunda-Straße bis zu der südlichsten der Nicobaren aber ist die Richtung SO–NW. Die ganze vulkanische Erhebungs-Spalte (O–W und SO–NW) hat demnach ohngefähr eine Erstreckung von 675 geogr. Meilen (eilfmal die Länge der Pyrenäen); von diesen gehören, wenn man die geringe Abweichung Java's gegen Norden nicht achtet, 405 auf die ost-westliche und 270 auf die südost-nordwestliche Achsenrichtung.

Allgemeine geologische Betrachtungen über Form und Reihungs-Gesetze führen so ununterbrochen in der Inselwelt an den Ostküsten Asiens (in dem ungeheuren Raume von 68 Breitengraden) von den Aleuten und dem nördlichen Bering-Meere zu den Molukken und zu den großen und kleinen Sunda-Inseln. In der Parallel-Zone von 5° nördlicher und 10° südlicher Breite hat sich besonders der größte Reichthum von Länderformen entwickelt. Auf eine merkwürdige Weise wiederholen sich meist die *Ausbruchs*-Richtungen der größeren Theile in einem benachbarten kleineren. So liegt nahe der Südküste von Sumatra und ihr parallel eine lange Inselreihe. Dasselbe bemerken wir in dem kleinen Phänomene der Erzgänge wie in dem größeren der Gebirgszüge ganzer Continente. *Gleichstreichende Nebentrümmer* des Hauptganges, *begleitende Nebenketten* (chaînes accompagnantes) liegen oft in beträchtlichen Abständen von einander; sie deuten auf gleiche Ursachen und gleiche Richtungen der formgebenden Thätigkeit in der sich *faltenden* Erdrinde. Der Conflict der Kräfte bei gleichzeitiger Oeffnung von Spalten entgegengesetzter Richtungen scheint bisweilen wunderbare Gestaltungen neben einander zu erzeugen: so in den Molukken Celebes und Gilolo.

Nachdem wir den inneren geologischen Zusammenhang des *ost-* und *süd-asiatischen* Inselsystems entwickelt haben, setzen wir: um von den alt-eingeführten, etwas willkührlichen, geographischen Abtheilungen und Nomenclaturen nicht abzugehen, die südliche Grenze der *ost-asiatischen Inselreihe* (den Wendepunkt) bei Formosa, wo die Richtung NO–SW in die N–S übergeht, unter dem 24ten Grad nördlicher Breite. Die Auszählung geschieht wieder von Norden nach Süden: von den östlichsten, mehr amerikanischen Aleuten beginnend.

Die vulkanreichen *aleutischen Inseln* begreifen von Osten nach Westen die *Fuchs-Inseln*, unter denen sich die größten aller: Unimak, Unalaschka und Umnak, befinden; die *Andrejanowskischen:* unter denen Atcha, mit drei rauchenden Vulkanen, und der mächtige, von Sauer schon abgebildete Vulkan von Tanaga die berufensten sind; die *Ratten-Inseln* und die etwas getrennten Inseln *Blynie:* unter denen, wie schon oben gesagt, Attu den Uebergang zu der, Asien nahen *Commandeur-Gruppe* (Kupfer- und Berings-Insel) macht. Die mehrfach wiederholte Behauptung, als fange auf der Halbinsel Kamtschatka die, von NNO nach SSW gerichtete Reihe der Continental-Vulkane erst da an, wo die vulkanische Erhebungs-Spalte der Aleuten unterseeisch die Halbinsel schneidet: als biete diese Aleuten-Spalte wie eine Zuleitung dar: scheint wenig begründet zu sein. Nach des Admirals Lütke Karte des Berings-Meeres liegen die Insel Attu, das westliche Extrem der Aleuten-Reihe, Br. 52° 46', die unvulkanische Kupfer- und Berings-Insel, Br. 54° 30' bis 55° 20'; und die Vulkan-Reihe von Kamtschatka beginnt schon unter dem Parallel von 56° 40' mit dem großen Vulkan Schiwelutsch, westlich vom Cap Stolbowoy. Die Richtung der *Eruptiv-Spalten* ist auch sehr verschieden, fast entgegengesetzt. Auf Unimak ist der höchste der aleutischen Vulkane, nach Lütke 7578 Fuß. Nahe an der Nordspitze von Umnak hat sich im Monat Mai 1796 unter sehr merkwürdigen, in Otto's von Kotzebue Entdeckungsreise (Bd. II. S. 106 vortrefflich geschilderten Umständen die fast acht Jahre entzündet gebliebene Insel Agaschagokh (oder Sanctus Johannes Theologus) aus dem Meere erhoben. Nach einem von Krusenstern bekannt gemachten Berichte hatte sie im Jahr 1819 fast vier geographische Meilen im Umfang und noch 2100 Fuß Höhe. Auf der Insel Unalaschka würden besonders die von dem scharfsinnigen Chamisso angegebenen Verhältnisse der hornblendereichen Trachyte des Vulkans Matuschkin (5136 F.) zu dem schwarzen Porphyr (?) und dem nahen Granite verdienen von einem mit dem Zustande der neueren Geologie vertrauten, die Zusammensetzung der Gebirgsarten oryctognostisch und sicher untersuchenden Beobachter erforscht zu werden. Von den zwei sich nahen Inseln der Pribytow-Gruppe, welche vereinzelt in dem Berings-Meer liegen, ist St. Paul ganz vulkanisch, reich an Lava und Bimsstein: wenn dagegen die St. Georgs-Insel nur Granit und Gneiß enthält.

Nach der vollständigsten Aufzählung, die wir bisher besitzen, scheint die 240 geographische Meilen lange Reihe der Aleuten über 34, meist in neuen, historischen Zeiten thätige Vulkane zu enthalten. So sehen wir hier (unter 54° und 60° Breite und

162°–198° westlicher Länge) einen Streifen des ganzen Meeresgrundes zwischen zwei großen Continenten in steter, schaffender und zerstörender Wechselwirkung. Viele Inseln mögen in der Folge von Jahrtausenden, wie in der Gruppe der Azoren, dem Erscheinen über der Meeresfläche nahe, viele lange erschienene ganz oder theilweise unbeobachtet versunken sein! Zur Völker-Mischung, zum Uebergange von Volksstämmen bietet die aleutische Inselreihe einen Weg dar, welcher 13 bis 14 Grad südlicher als der der Berings-Straße ist: auf welchem die Tschuktschen *scheinen* von Amerika nach Asien, und zwar bis jenseits des Anadyr-Flusses, übergegangen zu sein.

Die *kurilische Inselreihe*, von der Endspitze von Kamtschatka bis zum Cap Broughton (dem nordöstlichsten Vorgebirge von Jezo), in einer Länge von 180 geogr. Meilen, erscheint mit 8 bis 10 meist noch entzündeten Vulkanen. Der nördlichste derselben, auf der Insel Alaid, bekannt durch große Ausbrüche in den Jahren 1770 und 1793, verdiente wohl endlich genau gemessen zu werden, da man seine Höhe bis zu zwölf- und vierzehntausend Fuß schätzt. Der weit niedrigere Pic Sarytschew (4227 F. nach Horner) auf Matana und die südlichsten japanischen Kurilen: Urup, Jetorop und Kunasiri, haben sich auch als sehr thätige Vulkane gezeigt.

Nun folgen in der Vulkan-Reihe *Jezo* und die drei großen *japanischen* Inseln: über welche der berühmte Reisende, Herr von Siebold, zur Benutzung für den Kosmos, mir eine große und wichtige Arbeit wohlwollend mitgetheilt hat. Sie wird das Unvollständige berichtigen, was ich in meinen *Fragmens de Géologie et de Climatologie asiatiques* (T. I. p. 217–234) und in der *Asie centrale* (T. II. p. 540–552) der großen japanischen Encyclopädie entlehnte.

Die große, in ihrem nördlichen Theile sehr quadratische Insel *Jezo* (Br. 41°½ bis 45°½): durch die Sangar- oder Tsugar-Straße von Nippon, durch die Straße la Pérouse von der Insel Krafto (Kara-fu-to) getrennt, begrenzt durch ihr nordöstliches Cap den Archipel der Kurilen; aber unfern des nordwestlichen Caps Romanzow auf Jezo, das sich 1½ Grade mehr nach Norden an die Straße la Pérouse vorstreckt, liegt unter Br. 45° 11' der vulkanische Pic de Langle (5020 F.) auf der kleinen Insel Risiri. Auch Jezo selbst scheint von Broughton's südlicher Vulkan-Bai an bis gegen das Nordcap hin von einer Vulkan-Reihe durchschnitten zu sein: was um so merkwürdiger ist, als auf dem schmalen Krafto, das fast eine Fortsetzung vom Jezo ist, die Naturforscher der Lapérousischen Expedition in der Baie de Castries rothe poröse Laven- und Schlackenfelder gefunden haben. Auf Jezo selbst zählt Siebold 17 Kegelberge, von denen der größere Theil erloschene Vulkane zu sein scheint. Der Kiaka: von den Japanern Usuga-Take, d. i. Mörserberg, genannt, wegen eines tief eingesunkenen Kraters, und der Kajo-hori sollen beide noch entzündet sein. (Commod. Perry sah zwei Vulkane bei dem Hafen Endermo, lat. 42° 17', von der Vulkan-Bai aus.) Der hohe Manye (Krusenstern's Kegelberg *Pallas*) liegt mitten auf der Insel Jezo, ohngefähr in Br. 44°, etwas ost-nord-östlich von der Bai Strogonow.

„Die Geschichtsbücher von Japan erwähnen vor und seit unserer Zeitrechnung nur 6 thätige Vulkane, nämlich zwei auf der Insel Nippon und vier auf der Insel Kiusiu. Die Vulkane von *Kiusiu*, der Halbinsel Korea am nächsten, sind, in ihrer geographischen Lage von Süden nach Norden gerechnet: 1) der Vulkan *Mitake* auf dem Inselchen Sayura-Sima, in der nach Süden geöffneten Bai von Kagosima (Provinz Satsuma): Br. 31° 33', Lg. 128° 21'; 2) der Vulkan *Kirisima* im District Naka (Br. 31° 45'), Provinz Fiuga; 3) der Vulkan *Aso jama* im District Aso (Br. 32° 45'), Provinz Figo; 4) der Vulkan *Wunzen* auf der Halbinsel Simabara (Br. 32° 44'), im District Takaku. Seine Höhe beträgt nach einer barometrischen Messung nur 1253 Meter oder 3856 Pariser Fuß: er ist also kaum hundert Fuß höher als der Vesuv (Rocca del Palo). Die geschichtlich heftigste Eruption des Vulkans Wunzen war die vom Februar 1793. Wunzen und Aso jama liegen beide ost-süd-östlich von Nagasaki."

„Die Vulkane der großen Insel *Nippon* sind, wieder von Süden nach Norden gezählt: 1) Vulkan *Fusi jama*, kaum 4 geogr. Meilen von der südlichen Küste entfernt, im District Fusi (Provinz Suruga; Br. 35° 8', Lg. 136° 15'). Seine Höhe: gemessen, wie der vorgenannte Vulkan Wunzen auf Kiusiu, von jungen durch Siebold ausgebildeten Japanern, erreicht 3793 Meter oder 11675 Par. Fuß; er ist also fast 300 Fuß höher als der Pic von Teneriffa, mit dem ihn schon Kämpfer vergleicht (Wilhelm *Heine, Reise nach Japan* 1856 Bd. II. S. 4). Die Erhebung dieses Kegelberges wird im fünften Regierungsjahre des VI. Mikado (286 Jahre vor unserer Zeitrechnung) mit diesen (geognostisch merkwürdigen) Worten beschrieben: „in der Landschaft Omi versinkt eine bedeutende Strecke Landes, ein Binnensee bildet sich und der Vulkan *Fusi* kommt zum Vorschein." Die geschichtlich bekanntesten, heftigsten Eruptionen aus den christlichen Jahrhunderten sind gewesen die von 799, 800, 863, 937, 1032, 1083 und 1707; seitdem ruht der Berg. 2) Vulkan *Asama jama:* der centralste der thätigen Vulkane im Inneren des Landes; 20 geogr. Meilen von der süd-süd-östlichen und 13 Meilen von der nord-nord-westlichen Küste entfernt, im District Saku (Provinz Sinano); Br. 36° 2', Lg. 136° 18': also zwischen den Meridianen der beiden Hauptstädte Mijako und Jedo. Bereits im Jahre 864 hatte, gleichzeitig mit dem Vulkan Fusi jama, der Asama jama einen Ausbruch. Besonders verheerend und heftig war der vom Monat Julius 1783. Seitdem bleibt der Asama jama in fortdauernder Thätigkeit."

„Außer diesen Vulkanen wurden von europäischen Seefahrern noch zwei kleine Inseln mit rauchenden Kratern beobachtet, nämlich: 3) das Inselchen Iwôgasima oder *Iwôsima* (sima bedeutet Insel und iwô Schwefel; ga ist bloß ein Affixum des Nominativs), île du Volcan nach Krusenstern: im Süden von Kiusiu, in der Straße Van Diemen, unter 30° 43' N. B. und 127° 58' O. L.; nur 54 englische Meilen vom oben genannten Vulkan Mitake entfernt; Höhe des Vulkans 2220 Fuß (715^m). Dieses Inselchen erwähnt bereits Linschoten im Jahr 1596, mit den Worten: „solches Eiland hat einen Vulkan, der ein Schwefel- oder feuriger Berg ist." Auch findet es sich auf den ältesten holländischen Seekarten unter dem Namen Vulcanus (Fr. von *Siebold, Atlas vom Jap.*

Reiche, Tab. XI). Krusenstern hat die Vulkan-Insel rauchen gesehn (1804); eben so Capt. Blake 1838, wie Guérin und de la Roche Poncié 1846. Höhe des Kegels nach dem letzteren Seefahrer 2218 F. (715^{m}). Das felsige Inselchen, dessen Landgrebe in der *Naturgeschichte der Vulkane* (Bd. I. S. 355) nach Kämpfer ohnweit Firato (Firando) als Vulkans erwähnt, ist unstreitig Iwôsima; denn die Gruppe, zu welcher Iwôsima gehört, heißt Kiusiu ku sima: d. i. die neun Inseln von Kiusiu, und nicht die 99 Inseln. Eine solche Gruppe giebt es bei Firato, nördlich von Nagasaki, und überhaupt in Japan nicht. 4) Die Insel *Ohosima* (Barneveld's Eiland, île de Vries nach Krusenstern); sie wird zur Provinz Idsu auf Nippon gerechnet und liegt vor der Bucht von Wodawara, unter 34° 42' N. B. und 137° 4' O. L. Broughton sah (1797) Rauch dem Krater entsteigen; vor kurzem hatte ein heftiger Ausbruch des Vulkans statt. Von dieser Insel zieht sich eine Reihe kleiner vulkanischer Eilande in südlicher Richtung bis Fatsi sjô (33° 6' N. B.) hin und setzt sich bis nach den Bonin-Inseln (26° 30' N. B. und 139° 45' O. L.) fort, welche nach A. Postels (*Lutké, Voyage autour du monde* dans les années 1826–29 T. III. p. 117) auch vulkanisch und sehr heftigen Erdbeben unterworfen sind."

„Dies sind also die acht geschichtlich thätigen Vulkane im eigentlichen Japan, in und nahe den Inseln Kiusiu und Nippon. Außer diesen geschichtlich bekannten acht Vulkanen ist aber noch eine Reihe von Kegelbergen aufzuführen, von denen einige, durch sehr deutlich, oft tief eingeschnittene Krater ausgezeichnet, als längst erloschene Vulkane erscheinen: so der Kegelberg *Kaimon*, Krusenstern's *Pic Horner*, im südlichsten Theile der Insel Kiusiu: an der Küste der Straße Van Diemen, in der Provinz Satsum (Br. 31° 9', kaum 6 geogr. Meilen entfernt in SSW von dem thätigen Vulkan Mitake; so auf Sikok der *Kofusi* oder kleine Fusi; auf dem Inselchen Kutsunasima (Provinz Ijo), Br. 33° 45', an der östlichen Küste der großen Straße *Suwo Nada* oder *van der Capellen*, welche die drei großen Theile des japanischen Reichs: Kiusiu, Sikok und Nippon, trennt. Auf dem letzten, der Hauptinsel, werden von Südwest nach Nordost neun solcher, wahrscheinlich trachytischer Kegelberge gezählt, unter welchen die merkwürdigsten sind: der *Sira jama* (weiße Berg) in der Provinz Kaga, Br. 36° 5': welcher, wie der *Tsjo kaisan* in der Provinz Dewa (Br. 39° 10'), für höher als der südliche, über 11600 Fuß hohe Vulkan Fusi jama geschätzt wird. Zwischen beiden liegt in der Provinz Jetsigo der *Jaki jama* (Flammenberg, in Br. 36° 53'). Die zwei nördlichsten Kegelberge an der Tsugar-Straße, im Angesicht der großen Insel Jezo, sind: 1) der *Iwaki jama:* welchen Krusenstern, der sich ein unsterbliches Verdienst um die Geographie von Japan erworben hat, den *Pic Tilesius* nennt (Br. 40° 42'); und 2) der *Jake jama* (brennende Berg, Br. 41° 20'), in Nambu, auf der nordöstlichsten Endspitze von Nippon, mit Feuerausbrüchen seit ältester Zeit."

In dem continentalen Theile der nahen *Halbinsel Korea* oder Korai (sie verbindet sich unter den Parallelen von 34° und 34°½ fast mit Kiusiu durch die Eilande Tsu sima und Iki) sind, trotz ihrer Gestalt-Aehnlichkeit mit der Halbinsel Kamtschatka, bisher keine Vulkane bekannt geworden. Die vulkanische Thätigkeit scheint auf die nahe gelegenen Inseln eingeschränkt zu sein. So stieg im Jahr 1007 der Insel-Vulkan *Tsinmura*, den die

Chinesen *Tanlo* nennen, aus dem Meere hervor. Ein Gelehrter, Tien-kong-tschi, wurde ausgesandt, um das Phänomen zu beschreiben und ein Bild davon anzufertigen.Es ist besonders die Insel Se-he-sure (*Quelpaerts* der Holländer), auf welcher die Berge überall eine vulkanische Kegelform zeigen. Der Centralberg erreicht nach la Pérouse und Broughton 6000 Fuß Höhe. Wie viel Vulkanisches mag nicht noch in dem westlichen Archipel zu entdecken sein, wo der König der Koreer in seinem Titel sich König von 10000 Inseln nennt!

Von dem *Pic Horner* (Kaimon ga take) an der westlichen Südspitze von Kiusiu, im japanischen Drei-Inselreiche, zieht sich in einem Bogen, der gegen Westen geöffnet ist, eine kleine vulkanische Inselreihe hin, und begreift zwischen den Straßen Van Diemen und Colnett *Jakuno sima* und *Tanega sima;* dann südlich von der Straße Colnett in der *Linschoten-Gruppe*von Siebold (*Archipel Cecille* des Cap. Guérin), welche sich bis zum Parallel von 29° erstreckt, die Insel *Suwase sima*, die *Vulkan-Insel* des Cap. Belcher (Br. 29° 39' und Lg. 127° 21'): in Höhe von 2630 F. (855^{m}) nach de la Roche Poncié; dann Basil Hall's Schwefel-Insel (Sulphur Island), die Tori sima oder Vogel-Insel der Japaner, *Lung-hoang-schan* des Pater Gaubil: Br. 27° 51', Lg. 125° 54', nach der Bestimmung des Cap. de la Roche Poncié von 1848. Da sie auch *Iwô sima* genannt wird, so ist sie nicht mit der homonymen nördlicheren Insel in der Straße Van Diemen zu verwechseln. Die erstere ist von Basil Hall vortrefflich beschrieben worden. Zwischen 26° und 27° Breite folgen die Gruppe der *Lieu-khieu-* oder Lew-Chew-Inseln (von den Bewohnern Loo Choo genannt), von denen Klaproth bereits 1824 eine Specialkarte geliefert hat; und südwestlicher der kleine Archipel von *Madschiko-sima*, welcher sich an die große Insel Formosa anschließt und von mir als das Ende der *ost-asiatischen* Inseln betrachtet wird. Nahe bei der östlichen Küste von Formosa (lat. 24°) ist vom Lieut. Boyle im October 1853 ein großer Vulkan-Ausbruch im Meere beobachtet worden (Commod. *Perry*, *Exped. to Japan* Vol. I. p. 500). In den Bonin-Inseln (Buna-Sima der Japaner, lat. 26°½ bis 27°¾, lg. 139° 55') hat Peel's Insel mehrere schwefel- und schlackenreiche, wie es scheint, vor nicht langer Zeit ausgebrannte Krater (*Perry* I. p. 200 und 209).

VI. Süd-asiatische Inseln.

Wir begreifen unter diese Abtheilung *Formosa* (Thay-wan), die *Philippinen*, die *Sunda-Inseln* und die *Molukken*. Die Vulkane von Formosa hat uns zuerst Klaproth nach chinesischen, immer so ausführlich naturbeschreibenden Quellen kennen gelehrt. Es sind ihrer vier: unter denen der *Tschy-kang* (Rothberg), mit einem heißen Kratersee, große Feuerausbrüche gehabt hat. Die kleinen *Baschi-Inseln* und die *Babuyanen*, welche noch 1831 nach Meyen's Zeugniß einen heftigen Feuerausbruch erlitten, verbinden Formosa mit den *Philippinen:* von denen die zerstückelten und kleineren Inseln die vulkanreichsten sind. Leopold von Buch zählt auf ihnen 19 hohe isolirte Kegelberge: im Lande Volcanes genannt, aber wahrscheinlich theilweise geschlossene trachytische

Dome. Dana glaubt, daß es im südlichen Luzon jetzt nur zwei entzündete Vulkane giebt: den Vulkan *Taal*, der sich in der Laguna de Bongbong erhebt; mit einem Circus, welcher wiederum eine Lagune einschließt (*Kosmos*); und in dem südlichen Theile der Halbinsel *Camarines* den Vulkan *Albay* oder Mayon, welchen die Eingeborenen *Isaroe* nennen. Letzterer (3000 F. hoch) hatte große Eruptionen in den Jahren 1800 und 1814. In dem nördlichen Theile von Luzon sind Granit und Glimmerschiefer, ja selbst Sediment-Formationen mit Steinkohlen verbreitet.

Die langgedehnte Gruppe der *Sulu-* (Solo-) *Inseln* (wohl 100 an der Zahl), verbindend Mindanao und Borneo, ist theils vulkanisch, theils von Corallenriffen durchzogen. Isolirte ungeöffnete, trachytische, kegelförmige Pics werden freilich von den Spaniern oft Volcanes genannt.

Wenn man alles, was im Süden vom fünften nördlichen Breitengrade (im Süden von den Philippinen) zwischen den Meridianen der Nicobaren und des Nordwestens von Neu-Guinea liegt: also die großen und kleinen *Sunda-Inseln* und die *Molukken*, streng durchmustert; so findet man als Resultat der großen Arbeit des Dr. *Junghuhn* "in einem Kranz von Inseln, welche das fast continentale Borneo umgeben, 109 hohe feuerspeiende Berge und 10 Schlamm-Vulkane." Dies ist nicht eine ohngefähre Schätzung, sondern eine wirkliche Aufzählung.

Borneo, die Giava maggiore des Marco Polo, bietet bis jetzt noch keine sichere Kunde von einem thätigen Vulkane dar; aber freilich sind auch nur schmale Streifen des Littorals (an der Nordwest-Seite bis zur kleinen Küsten-Insel Labuan und bis zum Cap Balambangan; an der Westküste am Ausfluß des Pontianak; an der südöstlichen Spitze im District Banjermas-Sing wegen der Gold-, Diamant- und Platina-Wäschen) bekannt. Man glaubt auch nicht, daß der höchste Berg der ganzen Insel, vielleicht der ganzen süd-asiatischen Inselwelt, der zweigipflige *Kina Bailu* an der Nordspitze, nur acht geogr. Meilen von der Piraten-Küste entfernt, ein Vulkan sei. Cap. Belcher findet ihn 12850 Pariser Fuß hoch, also fast noch 4000 Fuß höher als den Gunung Pasaman (Ophir) von Sumatra.Dagegen nennt Rajah Brooke in der Provinz Sarawak einen viel niedrigeren Berg, dessen Name *Gunung Api* (Feuerberg im Malayischen) wie seine umherliegenden Schlacken auf eine ehemalige vulkanische Thätigkeit schließen lassen. Große Niederlagen von Goldsand zwischen quarzigen Gangstücken, das viele Waschzinn der Flüsse an entgegengesetzten Ufern, der feldspath-reiche Porphyr von den Sarambo-Bergen deuten auf eine große Verbreitung sogenannter Ur- und Uebergangs-Gebirge. Nach den einzigen sicheren Bestimmungen, welche wir von einem Geologen besitzen (von dem Dr. Ludwig Horner, Sohn des verdienstvollen Züricher Astronomen und Weltumseglers), werden im südöstlichen Theile von Borneo in mehreren schwunghaft bearbeiteten *Wäschen* vereint, ganz wie am sibirischen Ural: Gold, Diamanten, Platina, Osmium und Iridium (doch bisher nicht Palladium) gefunden. Formationen von

Serpentin, Gabbro und Syenit gehören in großer Nähe einer 3200 Fuß hohen Gebirgskette, der der Ratuhs-Berge, an.

Von den übrigen drei *großen Sunda-Inseln* werden nach Junghuhn der noch jetzt thätigen Vulkane auf *Sumatra* 6 bis 7, auf *Java* 20 bis 23, auf *Celebes* 11; auf *Flores* 6 gezählt. Von den Vulkanen der Insel Java haben wir schon oben umständlich gehandelt. In dem noch nicht ganz durchforschten Sumatra sind unter 19 Kegelbergen von vulkanischem Ansehen sechs thätig.Als solche sind erkannt: der Gunung *Indrapura*, ohngefähr 11500 Fuß hoch, nach zur See gemessenen Höhenwinkeln, und vielleicht von gleicher Höhe als der genauer gemessene Semeru oder Maha-Meru auf Java; der vom Dr. L. Horner erstiegene Gunung *Pasaman*, auch *Ophir* genannt (9010 F.), mit einem fast erloschenen Krater; der schwefelreiche Gunung *Salasi*, mit Schlacken-Auswürfen in den Jahren 1833 und 1845; Gunung *Merapi* (8980 F.): ebenfalls vom Dr. L. Horner, in Begleitung des Dr. Korthals, im Jahr 1834 erstiegen, der thätigste aller Vulkane Sumatra's und nicht mit den zwei gleichnamigen von Javazu verwechseln; Gunung *Ipu*, ein abgestumpfter, rauchender Kegel; Gunung *Dempo* im Binnenlande von Benkulen, zu zehntausend Fuß Höhe geschätzt.

So wie vier Inselchen als Trachytkegel, unter denen der Pic Rekata und Panahitam (die Prinzen-Insel) die höchsten sind, in der Sunda-Straße aufsteigen und die Vulkan-Reihe von Sumatra mit der gedrängten Reihe von Java verbinden; so schließt sich das östliche Ende Java's mit seinem Vulkan Idjen durch die thätigen Vulkane Gunung Batur und Gunung Agung auf der nahen Insel *Bali* an die lange *Kette der Kleinen Sunda-Inseln* an. In dieser folgen östlich von Bali der rauchende, nach der trigonometrischen Messung des Herrn Melville de Carnbee 11600 F. hohe Vulkan Rindjani auf der Insel *Lombok;* der Temboro (5500 F.) auf *Sumbawa* oder Sambawa: dessen die Luft verfinsternder Aschen- und Bimsstein-Ausbruch (April 1815) zu den größten gehört, deren Andenken die Geschichte aufbewahrt hat;sechs zum Theil noch rauchende Kegelberge auf *Flores* . . .

Die große, vielarmige Insel *Celebes* enthält sechs Vulkane, die noch nicht alle erloschen sind; sie liegen vereinigt auf der nordöstlichen schmalen Halbinsel *Menado*. Neben ihnen sprudeln siedend heiße Schwefelquellen: in deren eine, nahe dem Wege von Sonder nach Lamovang, ein viel gewanderter und frei beobachtender Reisender, mein piemontesischer Freund, der Graf Carlo *Vidua*, einsank und an Brandwunden, welche der Schlamm erzeugte, den Tod fand. Wie in den Molukken die kleine Insel *Banda* aus dem, von 1586 bis 1824 thätigen, kaum 1700 F. Höhe erreichenden Vulkan Gunung Api; so besteht die größere Insel *Ternate* auch nur aus einem einzigen, an 5400 F. hohen Kegelberge, Gunung Gama Lama: dessen heftige Ausbrüche von 1838 bis 1849 (nach mehr als anderthalb-hundertjähriger gänzlicher Ruhe) zu zehn verschiedenen Epochen beschrieben worden sind. Nach Junghuhn ergoß sich bei der Eruption vom 3 Februar 1840 aus einer Spalte nahe bei dem Fort Toluko ein Lavastrom, der bis zum Gestade herabfloß: „sei es, daß die Lava eine zusammenhangende, ganz geschmolzene Masse bildete; oder sich in glühenden Bruchstücken ergoß, welche herabrollten und durch den Druck der darauffolgenden Massen über die Ebene hingeschoben wurden." Wenn zu den hier einzeln genannten wichtigeren vulkanischen Kegelbergen die vielen sehr kleinen Insel-Vulkane zugefügt werden, deren hier nicht Erwähnung geschehen konnte; so steigt, wie schon oben erinnert worden ist, die Schätzung aller südlich von dem Parallel des Caps Serangani auf Mindanao, einer der Philippinen, und zwischen den Meridianen des Nordwest-Caps von Neu-Guinea in Osten und der Nicobaren- und Andaman-Gruppe in Westen gelegenen Feuerberge auf die große Zahl von 109. Diese Schätzung ist in dem Sinne gemacht, als „aus Java 45, meist kegelförmige und mit Kratern versehene Vulkane aufgezählt werden." Von diesen sind aber nur 21, von der ganzen Summe der 109 etwa 42 bis 45, als jetzt oder in historischen Zeiten thätige erkannt. Der mächtige Pic von *Timor* diente einst den Seefahrern zum Leuchtthurme, wie Stromboli. Auf der kleinen Insel Pulu *Batu* (auch P. Komba genannt), etwas nördlich von Flores, sah man 1850 einen Vulkan glühende Lava bis an den Meeresstrand ergießen; eben so früher (1812) und ganz neuerlich, im Frühjahr 1856, den Pic auf der größeren *Sangir*-Insel zwischen Magindanao und Celebes. Ob auf *Amboina* der berufene Kegelberg Wawani oder Ateti mehr als heißen Schlamm 1674 ergossen habe, bezweifelt Junghuhn, und schreibt gegenwärtig die Insel nur den Solfataren zu. Die große Gruppe der *süd-asiatischen* Inseln hängt durch die Abtheilung der *westlichen* Sunda-Inseln mit den *Nicobaren* und *Andamanen* des indischen Oceans; durch die Abtheilung der Molukken und Philippinen mit den Papuas, Pelew-Inseln und Carolinen der Südsee zusammen. Wir lassen aber hier zuerst die minder zahlreichen und zerstreuteren Gruppen des indischen Oceans folgen.

VII. Der indische Ocean.

Er begreift den Raum zwischen der Westküste der Halbinsel Malacca oder der Birmanen bis zur Ostküste von Afrika, also in seinem nördlichen Theile den bengalischen Meerbusen und das arabische und äthiopische Meer einschließend. Wir folgen der vulkanischen Thätigkeit des indischen Oceans in der Richtung von Nordost nach Südwest.

Barren Island (die *Wüste Insel*) in dem bengalischen Meerbusen, etwas östlich von der großen Andamans-Insel (Br. 12° 15'), wird mit Recht ein thätiger Ausbruch-Kegel genannt, der aus einem Erhebungs-Krater hervorragt. Das Meer dringt durch eine schmale Oeffnung ein und füllt ein inneres Becken. Die Erscheinung dieser, von Horsburgh 1791 aufgefundenen Insel ist überaus lehrreich für die Bildungs-Theorie vulkanischer Gerüste. Man sieht hier vollendet und permanent, was in Santorin und an anderen Punkten der Erde die Natur nur vorübergehend darbietet.Die Ausbrüche im November 1803 waren, wie die des Sangay in den Cordilleren von Quito, sehr bestimmt periodisch, mit Intervallen von 10 Minuten.

Die Insel *Narcondam* (Br. 13° 24'), nördlich von Barren Island, hat auch in früheren Zeiten vulkanische Thätigkeit gezeigt: eben so wie noch nördlicher und der Küste von Arracan nahe (10° 52') der Kegelberg der Insel Cheduba (*Silliman's American Journal* Vol. 38 p. 385).

Der thätigste Vulkan, nach der Häufigkeit des Lava-Ergusses gerechnet: nicht bloß in dem indischen Ocean, sondern fast in der ganzen Süd-Hemisphäre zwischen den Meridianen der Westküste von Neu-Holland und der Ostküste von Amerika, ist der Vulkan der Insel *Bourbon* in der Gruppe der *Mascareignes*. Der größere, besonders der westliche und innere Theil der Insel ist basaltisch. Neuere olivinarme Basaltgänge durchsetzen das ältere, olivinreiche Gestein: auch Schichten von Ligniten sind in Basalt eingeschlossen. Die Culminationspunkte der Gebirgsinsel sind le Gros Morne und les trois Salazes, deren Höhe la Caille zu 10000 Fuß überschätzte. Die vulkanische Thätigkeit ist jetzt auf den südöstlichen Theil, le Grand Pays brûlé, eingeschränkt. Der Gipfel des *Vulkans* von Bourbon: welcher fast jedes Jahr nach Hubert zwei, oft das Meer erreichende Lavaströme giebt, hat nach der Messung von Berth 7507 Fuß Höhe. Er zeigt viele Ausbruch-Kegel, denen man besondere Namen gegeben hat und die abwechselnd speien. Die Ausbrüche am Gipfel sind selten. Die Laven enthalten glasigen Feldspath, und sind daher mehr trachytisch als basaltisch. Der Aschenregen enthält oft Olivin in langen und feinen Fäden: ein Phänomen, das sich am Vulkan von Owaihi wiederholt. Ein starker, die ganze Insel Bourbon bedeckender Ausbruch solcher Glasfäden ereignete sich im Jahr 1821.

Von der nahen und großen Terra incognita, *Madagascar*, sind nur bekannt die weite Verbreitung des Bimssteins bei Tintingue, der französischen Insel Sainte Marie gegenüber: und das Vorkommen des Basalts südlich von der Bai von Diego Suarez, nahe bei dem nördlichsten Cap d'Ambre, umgeben von Granit und Gneiß. Der südliche Central-Rücken der Ambohistmene-Berge wird (wohl sehr ungewiß) auf 10000 Fuß geschätzt. Westlich von Madagascar, im nördlichen Ausgange des Canals von Mozambique, hat die größte der Comoro-Inseln einen brennenden Vulkan (*Darwin, Coral Reefs* p. 122).

Die kleine vulkanische Insel *St. Paul* (38° 38'), südlich von Amsterdam, wird vulkanisch genannt nicht bloß wegen ihrer Gestaltung: welche an die von Santorin, Barren Island und Deception Island in der Gruppe der New-Shetland-Inseln lebhaft erinnert; sondern auch wegen der mehrfach beobachteten Feuer- und Dampf-Eruptionen in der neueren Zeit. Die sehr charakteristische Abbildung, welche Valentyn in seinem Werke über die Banda-Inseln bei Gelegenheit der Expedition des Willem de Vlaming (Nov. 1696) giebt, stimmt vollkommen, wie die Breiten-Angabe, mit den Abbildungen im Atlas der Expedition von Macartney und der Aufnahme von Capt. Blackwood (1842) überein. Die kraterförmige, fast eine englische Meile weite, runde Bai ist von nach innen senkrecht abgestürzten Felsen überall umgeben, mit Ausnahme einer schmalen Oeffnung, durch welche das Meer bei Fluthzeit eintritt. Die die Kraterränder bildenden Felsen fallen nach außen sanft und niedrig ab.

Die 50 Minuten nördlicher gelegene Insel *Amsterdam* (37° 48Ä) besteht nach Valentyn's Abbildung aus einem einzigen, waldreichen, etwas abgerundeten Berge: auf dessen höchstem Rücken sich ein kleiner cubischer Fels, fast wie auf dem Cofre de Perote im mexicanischen Hochlande, erhebt. Während der Expedition von d'Entrecasteaux (März 1792) wurde die Insel zwei Tage lang ganz in Flammen und Rauch gehüllt gesehen. Der Geruch des Rauchs schien auf einen Wald- und Erdbrand zu deuten, man glaubte freilich hier und da auch Dampfsäulen *aus dem Boden* nahe dem Ufer aufsteigen zu sehen; doch waren die Naturforscher, welche die Expedition begleiteten, schließlich der Meinung, daß das räthselhafte Phänomen wenigstens nicht dem Ausbruch"Nous n'avons pu former", sagt *d'Entrecasteaux*, "aucune conjecture sur la cause de l'incendie de l'Ile d'Amsterdam. L'île étoit embrasée dans toute son étendue, et nous avons bien distinctement reconnu l'odeur de bois et de terre brûlés. Nous n'avons rien senti qui pût faire présumer que l'embrasement fût l'effet d'un volcan" (T. I. p. 45). "Cependant" heißt es einmal früher (p. 43), "l'on a remarqué le long de la côte que nous avons suivie, et d'où la flamme étoit assez éloignée, de petites bouffées de fumée qui sembloient sortir de la terre comme par jets; on n'a pu néanmoins distinguer la moindre trace de feu tout autour, quoique nous fussions très-près de la terre. Ces jets de fumée se montrant par intervalles ont paru à MM. les naturalistes être des indices presque assurés de feux souterrains." Soll man hier auf Erdbrände; auf Entzündung von Ligniten schließen: deren Schichten, von Basalt und Tuff bedeckt, auf vulkanischen Inseln (Bourbon, Kerguelen-Land und Island) so häufig vorkommen? Der Surtabrand auf der letztgenannten Insel hat seinen Namen nach scandinavischen Mythen von dem, den Weltbrand verursachenden Feuer-Riesen *Surtr*. Aber die Erdbrände selbst verursachen gewöhnlich keine Flammen. – Da in neuerer Zeit die Namen der Inseln *Amsterdam* und *St. Paul* leider auf Karten oft verwechselt worden sind; so ist: damit, bei ihrer sehr verschiedenen Gestaltung, nicht der einen zugeschrieben werde, was auf der anderen beobachtet wird, hier im allgemeinen zu bemerken, daß von den fast unter einem und demselben Meridian liegenden 2 Inseln ursprünglich (schon am Ende des 17ten Jahrhunderts) die südliche St. Paul, die nördliche Amsterdam benannt wurde. Der Entdecker *Vlaming* gab der ersteren die Breite von 38° 40', der zweiten 37° 48', im Süden des Aequators. Diese Benennung und Ortsbestimmungen kommen merkwürdig mit dem überein, was ein Jahrhundert später d'Entrecasteaux auf der Expedition zur Aufsuchung von la Pérouse gefunden hat (*Voyage* T. I. p. 43–45): nämlich für Amsterdam nach Beautemps-Beaupré 37° 47' 46" (long. 75° 51'), für St. Paul 38° 38'. Eine so große Uebereinstimmung muß für Zufall gelten, da die Beobachtungsörter gewiß nicht ganz dieselben waren. Dagegen hat Capt. Blackwood auf seiner Admiralitäts-Karte von 1842 für St. Paul 38° 44' und long. 75° 17'. Auf den Karten, welche der Original-Ausgabe der Reisen des unsterblichen

Weltumseglers Cook beigegeben worden sind: z. B. der der ersten und zweiten Expedition (*Voyage to the South Pole and round the World*, Lond. 1777 p. 1), wie der dritten und letzten Reise (*Voyage to the Pacific Ocean*, published by the Admiralty, Lond. 1784, in 2[d] ed. 1785), ja selbst aller drei Expeditionen (A general Chart, exhibiting the discoveries of Capt. Cook in this 3[d] and two preceeding voyages, by Lieut. Henry Roberts); ist die Insel St. Paul sehr richtig als die südlichere angegeben: aber in dem Texte der Reise von *d'Entrecasteaux* (T. I. p. 44) wird tadelnd erwähnt (ob mit Recht, bleibt mir bei vielem Nachsuchen der Ausgaben auf den Bibliotheken von Paris, Berlin und Göttingen mehr als zweifelhaft), „daß auf der Special-Karte der letzten Cook'schen Expedition die Insel Amsterdam südlicher als St. Paul gesetzt sei". Wenn eine eben solche Umkehrung der Benennungen im ersten Drittel des jetzigen Jahrhunderts, z. B. auf den älteren verdienstlichen Weltkarten von Arrowsmith und Purdy (1833), ganz gegen den ursprünglichen Willen des Entdeckers, Willem de Vlaming, häufig ist; so haben wohl mehr noch als eine Special-Karte von Cook's dritter Reise dazu gewirkt: 1) die Willkühr auf den Karten von Cox und Mortimer; 2) der Umstand, daß in dem Atlas der Reise von Lord Macartney nach China die schön und rauchend abgebildete vulkanische Insel zwar sehr richtig St. Paul, unter lat. 38° 42', genannt wird, aber mit dem bösen Beisatz: "commonly called Amsterdam"; und daß, was noch schlimmer ist, in der Reisebeschreibung selbst Staunton und Dr. Gillan dies "Island still in a state of inflammation" immerfort Amsterdam nennen, ja sogar p. 226 hinzusetzen (nachdem sie p. 219 die wahre Breite gegeben), "that St. Paul is lying to the northward of Amsterdam"; 3) die gleiche Verwechselung der Namen durch Barrow (*Voyage to Cochinchina* in the years 1792 and 1793 p. 140–157): der die Rauch und Flammen gebende, südlichere Insel, welcher er ebenfalls die Breite von 38° 42' beilegt, auch Amsterdam nennt. Malte-Brun (*précis de la Geographie universelle* T. V. 1817 p. 146) beschuldigt Barrow mit Recht, aber sehr irrig Mr. de Rossel und Beautemps-Beaupré. Die Letzeren beiden geben der Insel Amsterdam, die sie allein abbilden, 37° 47', der Insel St. Paul, weil sie 50' südlicher liegt, 38° 38' (*Voy. de Dentrecasteaux* 1808 T. I. p. 40–46); und zum Beweise, daß die Abbildung die wahre Insel Amsterdam von Willem de Vlaming vorstellt, fügt Beautemps-Beaupré in seinem Atlas die Copie des viel bewaldeten Amsterdam aus Valentyn hinzu. Weil der berühmte Seefahrer Abel Tasman 1642 neben Middelburg, in der Tonga-Gruppe, die Insel *Tonga Tabu* Amsterdam genannt hat (*Burney, chronological history of the Voyages and Discoveries in the South-Sea or Pacific Ocean* Part III. p. 81 und 437), in lat. 21°½; so ist wieder aus Mißverständniß bisweilen *Tasman* als Entdecker von Amsterdam und St. Paul im indischen Ocean aufgeführt worden; s. *Leidenfrost, histor. Handwörterbuch* Bd. V. S. 310. des hohen Berges, als eines Vulkans, zuzuschreiben sei. Als sichrere Zeugen älterer und ächt vulkanischer Thätigkeit auf der Insel Amsterdam dürfte man wohl eher die Schichten von Bimsstein (uitgebranden puimsteen) anführen, deren schon Valentyn nach Vlaming's Schiffsjournal von 1696 erwähnt.

In Südost der Endspitze von Afrika liegen *Marion's* oder *Prinz Eduard's* Insel (47° 2') und Possession Island (46° 28' Br. und 49° 36' Lg.), zur Crozet-Gruppe gehörig. Beide zeigen Spuren ehemaliger vulkanischer Thätigkeit: kleine conische HügelSir James *Roß*, *Voyage in the southern and antarctic regions* Vol. I. p. 46 und 50–56., mit Ausbruch-Oeffnungen von säulenförmigem Basalt umgeben.

Oestlich, fast in derselben Breite, folgt *Kerguelen's* Insel (Cook's Island of Desolation): deren erste geologische Beschreibung wir ebenfalls der folgereichen, glücklichen Expedition von Sir James Roß verdanken. Bei dem von Cook benannten Christmas Harbour (Br. 48° 41', Lg. 66° 42') umwickeln Basaltlaven, mehrere Fuß dicke, fossile Holzstämme; dort bewundert man auch den malerischen Arched Rock, eine natürliche Durchfahrts-Oeffnung in einer schmalen vortretenden Basaltmauer. In der Nähe befinden sich: Kegelberge, deren höchste zu 2500 Fuß ansteigen, mit ausgebrannten Kratern; Grünstein- und Porphyr-Massen, von Basaltgängen durchsetzt; Mandelstein mit Quarzdrusen, bei Cumberland Bay. Am merkwürdigsten sind die vielen Kohlenschichten, von Trappfels (Dolerit wie am hessischen Meißner?) bedeckt, im Ausgehenden von der Dicke weniger Zolle bis vier Fuß Mächtigkeit.

Wenn man einen allgemeinen Blick auf das Gebiet des indischen Oceans wirft, so sieht man die in Sumatra nordwestlich gekrümmte Extremität der *Sunda-Reihe* sich verlängern durch die *Nicobaren*, die *großen* und *kleinen Andamanen;* und die Vulkane von Barren Island, *Narcondam* und *Cheduba* fast parallel der Küste von Malacca und Tanasserim in den östlichen Theil des Meerbusens von Bengalen eintreten. Längs den Küsten von Orissa und Coromandel ist der westliche Theil des Busens inselfrei: denn das große Ceylon hat, wie Madagascar, einen mehr continentalen Charakter. Dem jenseitigen Littoral der vor der indischen Halbinsel (der Hochebene von Nil-Gerri, und den Küsten von Canara und Malabar) gegenüber schließt von 14° nördlicher bis 8° südlicher Breite eine nord-südlich gerichtete Reihe von drei Archipelen (der *Lakediven*, *Maldiven* und *Chagos*) sich durch die Bänke von Sahia de Malha und Cargados Carajos an die vulkanische Gruppe der Mascareignes und an Madagascar an: alles, so weit es sichtbar, Gebäude von Corallen-Polypen, wahre Atolls oder Lagunen-Riffe: nach Darwin's geistreichen Vermuthungen, daß hier ein weiter Raum des Meergrundes nicht eine Erhebungs-, sondern eine Senkungs-Fläche (area of subsidence) bildet.

VIII. Die Südsee.

Wenn man den Theil der Erdoberfläche, welcher gegenwärtig von Wasser bedeckt ist, mit dem Areal des *Festen* vergleicht (ohngefährim Verhältniß von 2,7 zu 1), so erstaunt man in geologischer Hinsicht über die Seltenheit der heute noch thätig gebliebenen Vulkane in der oceanischen Region. Die Südsee, deren Oberfläche beinahe um $^1/_6$ größer ist als die Oberfläche aller Festen unseres Planeten: die Südsee, welche in der Aequinoctial-Region von dem Archipel der Galapagos bis zu den Pelew-Inseln eine Breite von nahe an $^{2}/_{5}$ des ganzen Erdumkreises hat: zeigt weniger rauchende Vulkane, weniger Oeffnungen, durch welche das Innere des Planeten noch mit seiner Luft-Umhüllung in thätigem Verkehr steht, als die einzige Insel Java. Der Geologe der großen amerikanischen Exploring Expedition (1838–1842) unter dem Befehle von Charles Wilkes, der geistreiche James *Dana*, hat das unverkennbare Verdienst, sich auf seine eigenen Erforschungen und die fleißige Zusammenstellung aller sicheren älteren Beobachtungen gründend: zuerst durch Verallgemeinerung der Ansichten über Gestaltung, Vertheilung und Achsenrichtung der Inselgruppen: über Charakter der Gebirgsarten, Perioden der Senkung und Erhebung großer Strecken des Meeresbodens ein neues Licht über die Inselwelt der Südsee verbreitet zu haben. Wenn ich aus seinem Werke und aus den vortrefflichen Arbeiten von Charles Darwin, dem Geologen der Expedition des Cap. Fitzroy (1832–1836), schöpfe, ohne sie jedesmal einzeln zu nennen; so kann bei der hohen Achtung, welche ich ihnen seit so vielen Jahren zolle, dies hier nicht gemißdeutet werden.

Ich vermeide gern die so willkührlichen und nach ganz verschiedenen Grundsätzen der Vielheit und Größe, oder der Hautfarbe und Abstammung der Bewohner geschaffenen Abtheilungen: Polynésie, Micronésie, Melanésie und Malaisie; und beginne die Aufzählung der noch *thätigen Vulkane der Südsee* mit denen, welche nördlich vom Aequator liegen. Ich gehe später in der Richtung von Osten nach Westen zu den zwischen dem Aequator und dem Parallel von 30° südl. Breite liegenden Inseln über. Die vielen Basalt- und Trachyt-Inselchen, mit ihren zahllosen, zu ungleicher Zeit einst eruptiven Kratern, dürfen allerdings nicht *ordnungslos zerstreut*"The epithet *scattered* as applied to the islands of the Ocean (in the arrangement of the groups) conveys a very incorrect idea of their positions. There is a system in their arrangement as regular as in the mountain heights of a continent, and ranges of elevations are indicated, as grand and extensive, as any continent presents." *Geology* by I. *Dana*, or *United States' Exploring Exped.* under the command of Charles *Wilkes* Vol. X., (1849) p. 12. Dana zählt in der ganzen Südsee, kleine Klippen-Inseln abgerechnet, auf 350 basaltische oder trachytische und 290 Corallen-Inseln. Er theilt sie in 25 Gruppen, von denen 19 im Mittel die Achsenrichtung N 50°–60° W und 6 die Achsenrichtung N 20°–30° O haben. Ueberaus auffallend ist, daß diese Zahl von Inseln alle, wenige Ausnahmen (wie die Sandwich-Gruppe und Neu-Seeland) abgerechnet, zwischen 23° 28' nördlicher und südlicher Breite liegen, und daß ein so ungeheurer inselleerer Raum östlich von der Sandwich- und der Nukahiva-Gruppe bis zu den amerikanischen Küsten von Mexico und Peru übrig bleibt. Dana fügt zugleich die Betrachtung hinzu, welche mit der so unbedeutend kleinen Zahl jetzt thätiger Vulkane contrastirt: daß, wenn wahrscheinlicherweise die Corallen-Eilande da, wo sie zwischen ganz basaltischen Inseln liegen, ebenfalls ein basaltisches Fundament haben, die Zahl der unter- und überseeischen Vulkan-Oeffnungen (*submariner* und *subaërialer*) auf mehr denn tausend angeschlagen werden kann (p. 17 und 24). genannt werden. Man erkennt bei der größeren Zahl, daß ihre Erhebung auf weit ausgedehnten Spalten und unterseeischen Gebirgszügen geschah, die regions- und gruppenweise bestimmten Richtungen folgen und, ganz wie wir bei den continentalen Gebirgszügen von Inner-Asien und vom Caucasus erkennen, zu verschiedenen Systemen gehören; aber die Raumverhältnisse der Oeffnungen, welche zu einer bestimmten Epoche sich noch gleichzeitig thätig zeigen, hangen bei ihrer so überaus geringen Zahl wahrscheinlich von den sehr localen Störungen ab, welche die zuführenden Spalten erleiden. Linien, die man versuchen könnte durch drei, jetzt gleichzeitig thätige Vulkane zu legen, deren gegenseitige Entfernung zwischen 600 und 750 geographische Meilen beträgt, ohne eruptive Zwischenglieder (ich bezeichne drei gegenwärtig zugleich entzündete Vulkane: *Mauna Loa* mit Kilauea an seinem östlichen Abhange, den Kegelberg von *Tanna* in den Neuen Hebriden, und *Assumption* in den nördlichen Ladronen); würden uns über nichts belehren können, was im allgemeinen mit der Genesis der Vulkane im Becken der Südsee zusammenhängt. Anders ist es, wenn man sich auf einzelne Inselgruppen beschränkt und sich in die, vielleicht vorhistorischen Epochen versetzt, wo die vielen, jetzt erloschenen, an einander gereihten Krater der Ladronen (Marianen), der Neuen Hebriden und der Salomons-Inseln thätig waren: aber dann gewiß nicht in einer Richtung von Südost nach Nordwest oder von Norden nach Süden allmälig erloschen. Ich nenne hier vulkanische Inselreihen des hohen Meeres, denen aber auch analog sind die Aleuten und andere wahre Küsten-Inseln. Allgemeine Schlüsse über die Richtung eines Erkaltungsprocesses sind täuschend, weil die freie oder gestörte Zuleitung temporär darauf einwirkt.

*Mauna Loa** (nach englischer Schreibart Mouna Loa): durch die genaue Messungder amerikanischen Exploring Expedition von Cap. Wilkes 12909 F. hoch befunden, also 1500 Fuß höher als der Pic von Teneriffa, ist der mächtigste Vulkan der Südsee-Inseln und der einzige jetzt noch recht thätige in dem ganz vulkanischen Archipelagus der Hawaii- oder Sandwich-Inseln. Die Gipfel-Krater, von denen der größere über 12000 F. Durchmesser hat, zeigen im gewöhnlichen Zustande einen festen, von erkalteter Lava und Schlacken gebildeten Boden, aus welchem kleine dampfende Auswurfs-Kegel aufsteigen. Die Gipfel-Oeffnungen sind im ganzen wenig thätig; doch haben sie im Juni 1832 und im Januar 1843 viele Wochen lang dauernde Eruptionen gegeben, ja Lavaströme von 5 bis 7 geogr. Meilen Länge, den Fuß des Mauna Kea erreichend. Das Gefälle (die Inclination) des, ganz zusammenhangenden, fließenden Stromswar meist 6°, oft 10°–15°, ja selbst 25°. Sehr merkwürdig ist die Gestaltung des Mauna Loa dadurch, daß der Vulkan *keinen Aschenkegel* hat: wie der Pic von Teneriffa, wie Cotopaxi und so viele andere Vulkane; auch daß Bimsstein fast ganz fehlt: ohnerachtet die schwärzlich grauen, mehr trachytartigen als basaltischen Laven des Gipfels feldspathreich sind. Für die außerordentliche Flüssigkeit der Laven des Mauna Loa, sie mögen aus dem Gipfel-Krater (Mokua-weo-weo) oder aus dem Lavasee (am östlichen Abfall des Vulkans, in nur 3724 F. Höhe über dem Meere) aufsteigen, zeugen die bald glatten, bald gekräuselten Glasfäden, welche der Wind über die ganze Insel verbreitet. Dieses *Haarglas*, das auch der Vulkan von Bourbon ausstößt, wird auf Hawaii (Owyhee) nach der Schutzgöttinn des Landes *Pele's Haar* genannt.

Dana hat scharfsinnig gezeigt, daß *Mauna Loa* kein Central-Vulkan für die Sandwich-Inseln und der Lavasee *Kilauea* keine Solfatare ist. "The term *Solfatara* is wholly misapplied. A Solfatara is an area with steaming fissures and escaping sulphur vapours, and without proper lava ejections; while *Kilauea* is a vast crater with extensive lava ejections and no sulphur, except that of the sulphur banks, beyond what necessarily accompanies, as at Vesuvius, violent volcanic action." Das Gerüste von Kilauea, die Masse des großen Lavabeckens, besteht auch keinesweges aus Schichten von Asche oder fragmentarischem Gestein: sondern aus horizontalen Lavaschichten, gelagert wie Kalkstein. (Vgl. *Strzelecki, phys. descr. of New South Wales* 1845 p. 105–111.) Das Becken von Kilauea hat im langen Durchmesser 15000 Fuß (fast ⅔ einer geogr. Meile), im kleinen Durchmesser 7000 Fuß. Die dampfend aufkochende und aufsprühende Flüssigkeit, der eigentliche *Lavapfuhl*, füllt aber im gewöhnlichen Zustande nicht diese ganze Höhlung: sondern nur einen Raum, der im Längen-Durchmesser 13000, im Breiten-Durchmesser 4800 Fuß hat. Man steigt an den Kraterrändern stufenweise herab. Das große Phänomen läßt einen wunderbaren Eindruck von Stille und feierlicher Ruhe. Die Nähe eines Ausbruchs verkündigt sich hier nicht durch Erdbeben oder unterirdisches Geräusch, sondern bloß durch plötzliches Steigen und Fallen der Oberfläche der Lava, bisweilen mit einem Unterschiede von drei- und vierhundert Fuß bis zur Erfüllung des ganzen Beckens. Wenn man geneigt wäre, nicht achtend die ungeheuren Unterschiede der Dimensionen, das Riesenbecken von Kilauea mit den kleinen, durch Spallanzani zuerst berühmt gewordenen Seiten-Kratern am Abhange des Stromboli in 4/5 Höhe des am Gipfel *ungeöffneten* Berges zu vergleichen: also mit Becken aufkochender Lava von nur 30 bis 200 Fuß Durchmesser; so müßte man vergessen, daß die Feuerschlünde am Abhange des Stromboli Schlacken bis zu großer Höhe ausstoßen, ja selbst Laven ergießen. Wenn der große Lavasee von Kilauea (der untere und secundäre Krater des thätigen Vulkans Mauna Loa) auch bisweilen seine Ränder zu überströmen droht, so erzeugt er doch nie durch wirklich erreichte Ueberströmung einen eigentlichen Lavastrom. Diese entstehen durch Abzug nach unten, durch unterirdische Canäle, durch Bildung neuer Ausbruchs-Oeffnungen in der Entfernung von 4 bis 5 geographischen Meilen: also in noch weit tiefer liegenden Punkten. Nach solchen Ausbrüchen, welche der Druck der ungeheuren Lavamasse im Becken von Kilauea veranlaßt, sinkt die flüssige Oberfläche in diesem Becken.

Von den zwei anderen hohen Bergen Hawaii's, Mauna *Kea* und Mauna *Hualalai*, ist der erstere nach Cap. Wilkes 180 Fuß höher als Mauna Loa: ein Kegelberg, auf dessen Gipfel jetzt nicht mehr ein Terminal-Krater, sondern nur längst erloschene Schlackenhügel zu finden sind. Mauna *Hualalai** hat ohngefähr 9400 Fuß Höhe, und ist noch gegenwärtig entzündet. Im Jahr 1801 war eine Eruption, bei welcher die Lava westwärts das Meer erreichte. Den drei Bergcolossen *Loa, Kea* und *Hualalai*, die aus dem Meeresboden aufstiegen, verdankt die ganze Insel Hawaii ihre Entstehung. In der Beschreibung der vielen Besteigungen des Mauna Loa, unter denen die der Expedition von Capt. Wilkes sich auf 28 Tage lange Forschungen gründete, wird von Schneefall bei einer Kälte von 5 bis 8 Centesimal-Graden unter dem Gefrierpunkt, auch von einzelnen Schneeflecken geredet, welche man schon in der Ferne durch Telescope am Gipfel des Vulkans unterscheiden konnte; nie aber von perpetuirlichem Schnee.Ich habe schon früher erinnert, daß nach den Höhenmessungen, die man gegenwärtig für die genauesten halten kann, der Mauna Loa (12909 F.) und Mauna Kea (13089 F.) noch um 950 und 770 Fuß niedriger sind, als ich die untere Grenze des ewigen Schnees in dem Continental-Gebirge von Mexico unter 19°½ Breite gefunden habe. Auf einer kleinen Insel sollte wegen geringerer Temperatur der unteren Luftschichten in der heißesten Jahreszeit der Tropenzone und wegen des größeren Wassergehalts der oberen Atmosphäre die *ewige Schneelinie* wohl etwas tiefer liegen.

Die Vulkane von *Tafoa** und *Amargura** in der Tonga-Gruppe sind beide thätig, und der letztere hat einen beträchtlichen Lava-Ausfluß am 9 Juli 1847 gehabt.*Dana* p. 25 und 138. Ueberaus merkwürdig und mit den Erfahrungen übereinstimmend, daß die Corallenthiere die Küsten jetzt oder vor nicht langer Zeit entzündeter Vulkane scheuen, ist der Umstand, daß die an Corallenriffen reichen Tonga-Inseln Tafoa und der Kegel von Kao davon ganz entblößt sind.

Es folgen die Vulkane von *Tanna** und *Ambrym**, letzterer westlich von Mallicollo in dem Archipel der *Neuen Hebriden*. Der Vulkan von Tanna, zuerst von Reinhold Forster beschrieben, wurde schon bei Cook's Entdeckung der Insel 1774 in vollem Ausbruch gefunden. Er ist seitdem immer thätig geblieben. Da seine Höhe kaum 430 Fuß beträgt, so ist er mit dem bald zu nennenden Vulkan von Mendaña und dem japanischen Vulkan von Kosima einer der niedrigsten feuerspeienden Kegelberge. Auf Mallicollo findet sich viel Bimsstein.

Mathew's Rock*: eine sehr kleine rauchende Felsinsel von kaum 1110 Fuß Höhe, deren Ausbruch d'Urville im Januar 1828 beobachtet hat. Sie liegt in Osten von der Südspitze Neu-Caledoniens.

Vulkan von *Tinakoro** in der Vanikoro- oder Santa-Cruz-Gruppe.

In demselben Archipel von S. Cruz, wohl 20 geogr. Meilen in NNW von Tinakoro, erhebt sich aus dem Meere, mit kaum 200 Fuß Höhe, der schon von *Mendaña* 1595 gesehene *Vulkan** (Br. 10° 23' südl.). Seine Feuerausbrüche sind bisweilen periodisch von 10 zu 10 Minuten gewesen; bisweilen, wie zur Zeit der Expedition von d'Entrecasteaux, war der Krater selbst die Dampfsäule.

In der Salomons-Gruppe ist entzündet der Vulkan der Insel *Sesarga**. Nahe dabei, also auch noch am südöstlichen Ende der langen Inselreihe gegen die Vanikoro- oder Santa-

Cruz-Gruppe hin, wurde schon an der Küste von Guadalcanar vulkanische Ausbruch-Thätigkeit bemerkt.

In den Ladronen oder Marianen: im nördlichen Theil der Inselreihe, die auf einer Meridian-Spalte ausgebrochen scheint, sollen noch thätig sein Guguan*, Pagon* und der Volcan grande von *Asuncion**.

Die Küstenrichtung des kleinen Continents von *Neu-Holland*, besonders die Veränderung derselben, welche die Ostküste unter 25° südlicher Breite (zwischen Cap Hervey und der Moreton-Bai) erleidet, scheint sich in der Zone nahe gelegener östlicher Inseln zu reflectiren. Die große südliche Insel von Neu-Seeland, und die Kermadec- und Tonga-Gruppe streichen von *Südwest* nach *Nordost:* wie dagegen der nördliche Theil der Nord-Insel von Neu-Seeland, von der Bay of Plenty bis Cap Oton, Neu-Caledonien und Neu-Guinea, die Neuen Hebriden, die Salomons-Inseln, Neu-Irland und Neu-Britannien von *Südost* in *Nordwest*, meist N 48° W, streichen. Leopold von Buchhat zuerst sehr scharfsinnig auf dieses Verhältniß zwischen Continental-Massen und nahen Inseln im griechischen Archipel und dem australischen Corallenmeere aufmerksam gemacht. Auch auf den Inseln des letzteren Meeres fehlen nicht, wie schon beide Forster (Cook's Begleiter) und la Billardière gelehrt, Granit und Glimmerschiefer: die quarzreichen, einst so genannten uranfänglichen Gebirgsarten. Dana hat sie ebenfalls auf der Nord-Insel von Neu-Seeland, westlich von Tipuna, in der Bay of Islands, gesammelt.

Neu-Holland zeigt nur in seiner Südspitze (Australia Felix), am Fuß und südlich von dem Grampian-Gebirge, frische Spuren alter Entzündung; denn nordwestlich von Port Phillip findet man nach Dana eine Zahl vulkanischer Kegel und Lavaschichten, wie ebenfalls gegen den Murray-Fluß hin (*Dana* p. 453).

Auf *Neu-Britannia** liegen an der Ost- und Westküste wenigstens 3 Kegel, die in historischen Zeiten: von Tasman, Dampier, Carteret und la Billardière, als entzündet und lavagebend beobachtet wurden.

Zwei thätige Vulkane sind auf *Neu-Guinea**, an der nordöstlichen Küste, den obsidianreichen Admiralitäts-Inseln und Neu-Britannien gegenüber.

Auf *Neu-Seeland*, von dem wenigstens die Geologie der *Nord-Insel* durch das wichtige Werk von Ernst *Dieffenbach* und die schönen Forschungen *Dana's* aufgeklärt worden ist, durchbricht an mehreren Punkten basaltisches und trachytisches Gestein die allgemeiner verbreiteten plutonischen und sedimentären Gebirgsarten: so in einem überaus kleinen Areal, nahe bei der Bay of Islands (lat. 35° 2'), wo sich die mit erloschenen Kratern gekrönten Aschenkegel *Turoto* und *Poerua* erheben; so südlicher (zwischen 37°½ und 39°¼ Breite), wo der vulkanische Boden die ganze Mitte der Nord-Insel durchzieht: von Nordost nach Südwest in mehr denn 40 geographischen Meilen Länge, von der östlichen Bay of Plenty bis zum westlichen Cap Egmont. Diese Zone vulkanischer Thätigkeit durchschneidet hier, wie wir schon in einem weit größeren

Maaßstabe in dem mexicanischen Festlande gesehen haben, als Queerspalte von Meer zu Meer, von NO in SW das innere, nord-südliche Längen-Gebirge, welches der ganzen Insel ihre Form zu geben scheint. Auf seinem Rücken stehen, wie an Durchschnittspunkten, die hohen Kegel *Tongariro** (5816 F.), an dessen Krater auf der Höhe des Aschenkegels Bidwill gelangt ist, und etwas südlicher *Ruapahu* (8450 F.). Das Nordost-Ende der Zone bildet in der Bay of Plenty (lat. 38°½) eine stets rauchende Solfatare, der Insel-Vulkan *Puhia-i-wakati**(White Island); es folgen in Südwesten am Littoral selbst: der ausgebrannte Vulkan *Putawaki* (Mount Edgecombe), 9036 F. hoch, also wahrscheinlich der höchste Schneeberg auf Neu-Seeland; im Inneren zwischen dem *Edgecombe* und dem noch entzündeten *Tongariro**, welcher einige Lavaströme ergossen hat, eine lange Kette von Seen, zum Theil siedend heißen Wassers. Der See Taupo, von schön glänzendem Leucit- und Sanidin-Sande wie von Bimsstein-Hügeln umgeben, hat nahe an 6 geographische Meilen Länge und liegt mitten auf der Nord-Insel von Neu-Seeland, nach Dieffenbach 1255 F. über dem Meeresspiegel erhoben. Umher sind zwei englische Quadratmeilen ganz mit Solfataren, Dampfhöhlen und Thermalquellen bedeckt: deren letztere, wie am Geysir auf Island, mannigfaltige Silicat-Niederschläge bilden.– Im Westen von *Tongariro**, dem Hauptsitze der vulkanischen Thätigkeit, dessen Krater noch jetzt Dämpfe und Bimsstein-Asche ausstößt, nur 4 Meilen vom westlichen Littoral entfernt, erhebt sich der Vulkan *Taranaki* (Mount Egmont): 8293 Fuß hoch, welchen Dr. Ernst Dieffenbach zuerst im November 1840 erstiegen und gemessen hat. Der Gipfel des Kegels, welcher dem Umriß nach mehr dem Tolima als dem Cotopaxi gleicht, endet mit einer Hochebene, aus der ein sehr steiler Aschenkegel sich erhebt. Spuren jetziger Thätigkeit, wie bei dem Vulkan der Weißen Insel* und bei dem Tongariro*, wurden nicht beobachtet; auch keine zusammenhangenden Lavaströme. Die klingenden, sehr dünnschaligen Massen, welche gratenartig unter Schlacken, wie an einer Seite des Pics von Teneriffa, aus dem Aschenkegel selbst hervorragten, sind dem Porphyrschiefer (Phonolith) ähnlich.

Eine schmale, langgedehnte, ununterbrochene Anhäufung von Inselgruppen, auf *nordwestlichen Spalten:* wie Neu-Caledonien und Neu-Guinea, die Neuen Hebriden und Salomons-Inseln, Pitcairn, Tahiti und die Paumotu-Inseln; ausgebrochen: durchschneidet in einer Länge von 1350 geographischen Meilen in der *südlichen* Hemisphäre den Großen Ocean zwischen den Breiten-Parallelen von 12° und 27°, vom Meridian der Ostküste Australiens bis zur *Osterinsel* und zu dem Felsen *Sala y Gomez* in west-östlicher Richtung. Die westlicheren Theile dieser Insel-Anhäufung (*Neu-Britannien**, die *Neuen Hebriden**, *Vanikoro** in dem Archipel von *Santa Cruz* und die *Tonga-Gruppe**) zeigen zur gegenwärtigen Zeit, in der Mitte des 19ten Jahrhunderts, Entzündung und feurige Thätigkeit. *Neu-Caledonien*, von basaltischen und anderen vulkanischen Inseln umgeben, hat aber bloß plutonisches Gestein: wie in den Azoren nach Leopold von Buch Santa Maria. Auf den hier genannten drei Inseln finden sich indeß neben plutonischen und Sediment-Schichten auch

Phonolithe und basaltisches Gestein; aber diese Gebirgsarten können schon bei der ersten vulkanischen Erhebung der Inseln aus dem Meeresboden über den Meeresspiegel erschienen sein. Von Feuerausbrüchen in historischen Zeiten oder von ausgebrannten Krateren soll keine Spur gefunden werden., und nach Graf Bedemar Flores und Graciosa. Dieser Abwesenheit vulkanischer Thätigkeit in Neu-Caledonien, wo neuerlichst Sediment-Formationen mit Steinkohlen-Flözen entdeckt worden sind, wird die dortige große Entwickelung belebter Corallenriffe zugeschrieben. Der Archipel der *Viti-* oder *Fidschi-Inseln* ist basaltisch und trachytisch zugleich, doch bloß durch heiße Quellen in der Savu-Bai auf Vanua Lebu ausgezeichnet. Die *Samoa*-Gruppe (Navigators Islands), nordöstlich von dem Viti- und fast ganz nördlich von dem noch entzündeten Tonga-Archipel, ist ebenfalls basaltisch; und dabei charakterisirt durch eine Unzahl von linear geordneten Ausbruch-Kratern, die von Tuffschichten mit eingebackenen Corallenstücken umgeben sind. Geognostisch am merkwürdigsten ist der Pic *Tafua* auf der, zu der Samoa-Gruppe gehörigen Insel *Upolu:* nicht zu verwechseln mit dem noch entzündeten Pic *Tafoa* südlich von Amargura in dem Tonga-Archipel. Der Pic *Tafua* (2006 F.), welchen Dana zuerst bestiegen und gemessen, hat einen großen, ganz mit dicker Waldung erfüllten Krater, der einen regelmäßig abgerundeten Aschenkegel krönt. Von Lavaströmen ist hier keine Spur; dagegen fanden sich schlackige Lavafelder (Malpais der Spanier) mit krauser, oft strickförmig gewundener Oberfläche am Kegelberge von Apia (2417 F.), ebenfalls auf Upolu: wie am Pic Fao, der 3000 F. erreicht. Die Lavafelder von Apia enthalten schmale unterirdische Höhlen.

Tahiti, in der Mitte der Societäts-Inseln, weit mehr trachytisch als basaltisch, zeigt recht eigentlich nur noch die Trümmer seines ehemaligen vulkanischen Gerüstes: und aus diesen mächtigen, wall- und zackenartig gestalteten Trümmern, mit senkrechten, mehrere tausend Fuß tiefen Abstürzen, ist es schwer die alte, ursprüngliche Form der Vulkane zu entziffern. Von den beiden größten Gipfeln, *Aorai* und *Orohena*, ist jener zuerst von Danaerstiegen und von diesem gründlichen Geognosten untersucht worden. Der Trachytberg, der *Orohena,* soll die Höhe des Aetna erreichen. Tahiti hat also, nächst der thätigen Gruppe der Sandwich-Inseln, das höchste Eruptions-Gestein des ganzen oceanischen Gebiets zwischen den Continenten von Amerika und Asien. Ein feldspathartiges Gestein von den, Tahiti nahen, kleinen Inseln Borabora und Maurua: von neueren Reisenden mit dem Namen Syenit, von Ellis in den *Polynesian Researches* mit dem Namen eines granitartigen Aggregats von Feldspath und Quarz bezeichnet; verdient, da poröser, schlackiger Basalt ganz in der Nähe ausbricht, eine viel genauere oryctognostische Untersuchung. Ausgebrannte Krater und Lavaströme sind auf den Societäts-Inseln jetzt nicht zu finden. Man fragt sich: sind die Krater auf den Berggipfeln zerstört? oder blieben die hohen, alten, jetzt gespaltenen und umgewandelten Gerüste oben domförmig geschlossen; und sind hier, wie wahrscheinlich an vielen anderen Punkten des gehobenen Meeresbodens, Basalt- und Trachytschichten unmittelbar aus Erdspalten ergossen worden? Extreme großer

Zähigkeit (Viscosität) oder großer Flüssigkeit des Ergossenen, so wie die verschiedene Enge und Weite der Spalten, durch welche der Erguß geschieht, modificiren die Gestaltung der sich bildenden vulkanischen Gebirgsschichten; und veranlassen da, wo Reibung die sogenannte Asche und fragmentarische Zerstückelung hervorbringt, die Entstehung kleiner, meist vergänglicher *Auswurfs-Kegel:* welche mit den großen Terminal-*Aschenkegeln* der permanenten Gerüste nicht zu verwechseln sind.

Ganz nahe östlich folgen auf die Societäts-Inseln die *Niedrigen Inseln* oder *Paumotu*. Sie sind bloß Corallen-Inseln, mit der merkwürdigen Ausnahme der basaltischen, kleinen *Gambier-* und *Pitcairn*-Gruppe.Der letzteren ähnlich findet sich vulkanisches Gestein auch in demselben Parallele (zwischen 25° und 27° südlicher Breite) 315 geogr. Meilen östlicher in der *Osterinsel* (*Waihu*), und wahrscheinlich noch 60 Meilen weiter in den Klippen *Sala y Gomez*. Auf Waihu, wo die höchsten kegelförmigen Gipfel kaum eintausend Fuß hoch sind, bemerkte Cap. Beechey eine Reihe von Krateren, von denen aber keiner entzündet schien.

Im äußersten Osten gegen den Neuen Continent hin endet das Gebiet der Südsee-Inseln mit einer der entzündetsten aller Inselgruppen, mit dem aus fünf größeren Inseln bestehenden Archipel der *Galapagos*. Fast nirgends sind auf einem kleinen Raume von kaum 30 bis 35 geogr. Meilen Durchmessers solch eine Unzahl von Kegelbergen und erloschenen Kratern (Spuren alter Communication des Inneren der Erde mit dem Luftkreise) sichtbar geblieben. Darwin schlägt die Zahl der Krater fast auf *zweitausend* an. Als dieser geistreiche Forscher auf der Expedition des Beagle unter Capitän Fitzroy die Galapagos besuchte, waren zwei Krater zugleich in feuriger Eruption. Auf allen Inseln sind Ströme von sehr flüssiger Lava zu sehen, die sich theilen und sich oft bis in das Meer ergossen haben. Fast alle sind reich an Augit und Olivin; einige mehr trachytartige sollen Albitin großen Krystallen enthalten. Es wären wohl bei der jetzigen Vervollkommnung des oryctognostischen Wissens Untersuchungen anzustellen, ob in diesen porphyrartigen Trachyten nicht Oligoklas: wie auf Teneriffa, im Popocatepetl und Chimborazo; oder Labrador, wie im Aetna und Stromboli, enthalten seien. *Bimsstein fehlt ganz* auf den Galapagos: wie am Vesuv, als von ihm producirt; auch wird der Hornblende nirgends Erwähnung gethan; also herrscht dort nicht die Trachyt-Formation von Toluca, Orizaba und einiger Vulkane Java's: aus denen Dr. Junghuhn mir, wohl ausgewählte, feste Lavastücke zur Untersuchung für Gustav Rose eingeschickt hat. Auf der größten und westlichsten Insel der Galapagos-Gruppe, auf *Albemarle*, sind die Kegelberge linear, also auf Spalten gereiht. Ihre größte Höhe erreicht doch nur 4350 Fuß. Der westliche Busen, in welchem der 1825 heftig entzündete Pic Narborough sich inselförmig erhebt, wird von Leopold von Buchals ein Erhebungs-Krater beschrieben und mit Santorin verglichen. Viele Kraterränder auf den Galapagos sind von Tuffschichten gebildet, die nach allen Seiten abfallen. Denkwürdig und auf die gleichzeitige Wirkung einer großen Catastrophe hindeutend ist es, daß alle Kraterränder gegen Süden ausgebrochen oder gänzlich zerstört sind. Ein Theil von dem, was man in den älteren Beschreibungen Tuff nennt, sind Palagonit-Schichten, ganz denen von Island und Italien gleich: wie schon Bunsen von den Tuffen der Insel *Chatham* durch genaue Analyse ergründet hat.*Bunsen* in *Leonhard's Jahrbuch für Mineralogie* 1851 S. 856, wie auch in *Poggendorff's Annalen der Physik* Bd. 83. S. 223. Diese, die östlichste Insel der ganzen Gruppe und von Beechey astronomisch genau bestimmt, ist, nach meiner Längen-Bestimmung der Stadt Quito (81° 4' 38") und nach Acosta's Mapa de la Nueva Granada von 1849 von der Punta de S. Francisco noch 134 geographische Meilen entfernt.

IX. Mexico.

Die sechs mexicanischen Vulkane: *Tuxtla**, *Orizaba**, *Popocatepetl**, *Toluca*, *Jorullo** und *Colima**; von denen vier in historischen Zeiten entzündet gewesen sind, wurden schon früheraufgezählt und in ihrer geognostisch merkwürdigen gegenseitigen Stellung beschrieben. Nach neueren Untersuchungen von Gustav Rose ist in dem Gestein des *Popocatepetl* oder großen *Vulkans von Mexico* die Formation des Chimborazo wiederholt. Es besteht dies Gestein ebenfalls aus Oligoklas und Augit. Selbst in den pechsteinartigen, fast schwarzen Trachytschichten ist noch der Oligoklas in sehr kleinen, schiefwinkligen Krystallen zu erkennen. Zu eben dieser *Chimborazo-* und *Teneriffa-Formation* gehört der Vulkan von *Colima*, weit in Westen stehend, nahe dem Littoral der Südsee. Ich habe diesen Vulkan nicht gesehen; aber wir verdanken Herrn *Pieschel*(seit dem Frühjahr 1855) die sehr belehrende Ansicht der von ihm gesammelten Gebirgsarten, wie auch interessante geologische Notizen über alle Vulkane des ganzen mexicanischen Hochlandes, die er sämmtlich selbst besucht hat. Der Vulkan von *Toluca*, dessen schmale und schwer zu erreichende höchste Kuppe (den Pico del Frayle) ich am 29 September 1803 erstiegen und barometrisch 14232 Fuß hoch gefunden habe, hat eine ganz andere mineralogische Zusammensetzung als der noch thätige Popocatepetl und der Feuerberg von Colima: welchen man nicht mit einem anderen, höheren Gipfel, dem sogenannten Schneeberg, verwechseln muß. Der Vulkan von Toluca besteht: wie der Pic von Orizaba, Puy de Chaumont in der Auvergne und Aegina, aus einer Association von Oligoklas und Hornblende. Nach dieser kurzen Angabe sind, was sehr zu beachten ist, in der langen Reihe der Vulkane, welche sich von Meer zu Meer erstrecken, nicht zwei zunächst auf einander folgende Glieder von gleicher mineralogischer Zusammensetzung.

X. Das nordwestliche Amerika.

(nördlich vom Parallel des Rio Gila).

In dem Abschnitt, welcher von der vulkanischen Thätigkeit auf den ostasiatischen Inseln handelt, ist mit besonderer Wichtigkeit der bogenartig gekrümmten Richtung der Erhebungs-Spalte gedacht worden, aus der die *Aleuten* emporgestiegen sind und die einen unmittelbaren Zusammenhang zwischen dem *asiatischen* und *amerikanischen* Continent, zwischen den zwei vulkanischen

Halbinseln *Kamtschatka* und *Aliaska*, offenbart. Es ist hier der Ausgang oder vielmehr die nördliche Grenze eines mächtigen Busens des Stillen Meers: welches von den 150 Längengraden, die es unter dem Aequator von Osten nach Westen einnimmt, zwischen den Endspitzen der eben genannten zwei Halbinseln sich auf 37 Längengrade verengt. Auf dem amerikanischen Festlande, dem Littoral nahe, ist eine Zahl mehr oder weniger thätiger Vulkane den Seefahrern erst seit 70 bis 80 Jahren bekannt geworden; aber diese Gruppe lag bisher wie isolirt, unzusammenhangend mit der Vulkan-Reihe der mexicanischen Tropengegend oder den Vulkanen, welche man auf der Halbinsel von Californien vermuthete. Die Einsicht in diese wichtige geognostische Verkettung ist jetzt, wenn man eine Reihe ausgebrannter Trachytkegel als Mittelglieder aufzählt, für eine Lücke von mehr als 28 Breitengraden zwischen Durango und dem neuen Washington territory, nördlich von West-Oregon, aufgefunden; und die physische Erdbeschreibung verdankt diesen wichtigen Fortschritt den, auch wissenschaftlich so wohl geordneten Expeditionen, welche die *Regierung der Vereinigten Staaten* zu Aufsuchung der geeignetsten Wege von den Mississippi-Ebenen nach den Küsten der Südsee ausgerüstet hat. Alle Theile der Naturgeschichte haben zugleich dabei Vortheil gezogen. Große Landesstrecken sind in der nun durchforschten terra incognita dieses Zwischenraumes sehr nahe den Rocky Mountains an ihrem östlichen Abfall, bis in weite Entfernung vom westlichen Abfall, mit Erzeugnissen ausgebrannter oder noch thätiger Vulkane (wie in dem *Cascaden*-Gebirge) bedeckt gefunden worden. So sehen wir also: von Neu-Seeland ausgehend, auf einem langen Wege erst in Nordwesten durch Neu-Guinea, die Sunda-Inseln, die Philippinen und Ost-Asien, bis zu den Aleuten aufsteigend; dann hinabsteigend gegen Süden in das nordwestliche, mexicanische, mittel- und südamerikanische Gebiet bis zur Endspitze von Chili: *den gesammten Umkreis des Meerbeckens des Stillen Oceans*, in einer Erstreckung von 6600 geographischen Meilen, mit einer Reihe erkennbarer Denkmäler vulkanischer Thätigkeit umgeben. Ohne in das Einzelne genauer geographischer Orientirung und der vervollkommneten Nomenclatur einzugehen, war eine solche kosmische Ansicht nicht zu begründen.

Es bleibt uns von dem hier bezeichneten Umkreise des großen Meerbeckens (man sollte sagen, da es nur *Eine, überall commnnicirende Wassermasse auf der Erde* giebt: des größten unter den Theilen der *einigen* Masse, welche zwischen Continente *eindringen*) noch die Länderstrecke zu beschreiben übrig, welche von dem Rio Gila bis zu Norton's und Kotzebue's Sunden reicht. Analogien, die man hergenommen aus Europa von den Pyrenäen oder der Alpenkette, aus Südamerika von den Cordilleren der Andes von Süd-Chili bis zum fünften Grade nördlicher Breite in Neu-Granada, haben, durch phantastische Kartenzeichnungen unterstützt, die irrige Meinung verbreitet, als könne das mexicanische Hochgebirge oder sein höchster Rücken *mauerartig* unter dem Namen einer *Sierra Madre* von Südost nach Nordwest verfolgt werden. Der gebirgige Theil von Mexico aber ist eine breite, mächtige *Anschwellung*, welche sich allerdings in der eben angegebenen Richtung zwischen zwei Meeren in fünf- bis siebentausend Fuß Höhe *zusammenhangend* darbietet; auf der sich aber, wie am Caucasus und in Inner-Asien, *nach partiellen, sehr verschiedenartigen Richtungen*, höhere vulkanische Bergsysteme bis über 14000 und 16700 Fuß erheben. Die Reihung dieser partiellen Gruppen, auf nicht unter sich parallelen Spalten ausgebrochen, ist in ihrer Orientirung meist unabhängig von der idealen Achse, welche man durch die ganze Anschwellung des wellenförmig verflachten Rückens legen kann. Diese so merkwürdigen Verhältnisse der Bodengestalt veranlassen eine Täuschung, welche den malerischen Eindruck des schönen Landes erhöht. Die mit ewigem Schnee bedeckten Bergcolosse scheinen wie aus einer Ebene emporzusteigen. Man verwechselt räumlich den Rücken der sanften Anschwellung, die *Hochebene*, mit den Ebenen des Tieflandes; und nur das Klima, die Abnahme der Temperatur, erinnert unter demselben Breitengrade an das, was man gestiegen ist. Die oft erwähnte Erhebungs-Spalte der Vulkane von Anahuac (in der ost-westlichen Richtung zwischen 19° und 19°¼ Breite) schneidetfast rechtwinklig die allgemeine Anschwellungs-Achse.

Die hier bezeichnete Gestaltung eines beträchtlichen Theils der Erdoberfläche, den man durch sorgfältige Messungen erst seit dem Jahre 1803 zu ergründen begonnen; ist nicht zu verwechseln mit solchen Anschwellungen, welche man von zwei mauerartig begrenzenden Gebirgsketten, wie in *Bolivia* um den See Titicaca und in Inner-Asien zwischen dem *Himalaya* und *Kuen-lün,* umschlossen findet. Die erstgenannte, *südamerikanische* Anschwellung, welche gleichsam den Boden (die Sohle) eines Thales bildet, hat nach Pentland im Mittel 12054; die zweite, *tibetische,* nach Capt. Henry Strachey, Joseph Hooker und Thomas Thomson über 14070 Fuß Höhe über dem Meere. Der Wunsch, den ich vor einem halben Jahrhundert in meiner sehr umständlichen *Analyse de l'Atlas géographique et physique du royaume de la Nouvelle-Espagne* (§ XIV) geäußert habe: daß mein Profil der Hochebene zwischen Mexico und Guanaxuato durch Messungen über Durango und Chihuahua bis Santa Fé del Nuevo Mexico fortgesetzt werden möge; ist jetzt vollständig erfüllt. Die Länge des Weges beträgt, nur ¼ auf die Krümmungen gerechnet, weit über dreihundert geographische Meilen; und das Charakteristische dieser, so lange unbeachteten Erdgestaltung (das *Sanftwellige der Anschwellung* und die Breite derselben im Queer-Durchschnitt, bisweilen 60 bis 70 geogr. Meilen erreichend) offenbart sich durch den Umstand, daß hier ein Parallelen-Unterschied von vollen 16° 20' (von Mexico nach Santa Fé), ohngefähr gleich dem von Stockholm und Florenz, auf dem Rücken des Tafellandes, ohne Vorrichtung von Kunststraßen, auf vierrädrigen Wagen überschritten wird. Die Möglichkeit eines solchen Verkehrs war den Spaniern schon am Ende des 16ten Jahrhunderts bekannt: als der Vicekönig, Conde de Montereyvon Zacatecas aus die ersten Ansiedlungen anordnete.

Zur Bekräftigung dessen, was über die Höhenverhältnisse zwischen der Hauptstadt Mexico und Santa Fé del Nuevo Mexico im allgemeinen gesagt worden ist, schalte ich hier die Haupt-Elemente der barometrischen Nivellirungen ein, die von 1803 bis 1847 vollbracht worden sind. Ich lasse die Punkte in der Richtung von Norden nach Süden folgen, damit die nördlichsten, in der Reihung *obenan* gestellt, der Orientirung unserer Karten leichter entsprechen:

Santa Fé del Nuevo Mexico (lat. 35° 41') Höhe 6611 Par. Fuß, Ws

Albuquerque (lat. 35° 8') Höhe 4550 F., Ws

Paso del Norte am Rio Grande del Norte (lat. 29° 48') Höhe 3557 F., Ws

Chihuahua (lat. 28° 32') 4352 F., Ws

Cosiquiriachi 5886 F., Ws

Mapimi im Bolson de Map. (lat. 25° 54') 4487 F., Ws

Parras (lat. 25° 32') 4678 F., Ws

Saltillo (lat. 25° 10') 4917 F., Ws

Durango (lat. 24° 25') 6426 F., nach Oteiza

Fresnillo (lat. 23° 10') 6797 F., Bt

Zacatecas (lat. 22° 50') 8456 F., Bt

San Luis Potosi (lat. 22° 8') 5714 F., Bt

Aguas calientes (lat. 21° 53') 5875 F., Bt

Lagos (lat. 21° 20') 5983 F., Bt

Villa de Leon (lat. 21° 7') 5755 F, Bt

Silao 5546 F., Bt

Guanaxuato (lat. 21° 0' 15") 6414 F., Ht

Salamanca (lat. 20° 40') 5406 F., Ht

Celaya (lat. 20° 38') 5646 F., Ht

Queretaro (lat. 20° 36' 39") 5970 F., Ht

San Juan del Rio im Staat Queretaro (lat. 20° 30') 6090 F., Ht

Tula (lat. 19° 57') 6318 F., Ht

Pachuca 7638 F., Ht

Moran bei Real del Monte 7986 F., Ht

Huehuetoca, nördliches Ende der großen Ebene von Mexico (lat. 19° 48'): 7068 F., Ht

Mexico (lat. 19° 25' 45") 7008 F., Ht

Toluca (lat. 19° 16') 8280 F., Ht

Venta de Chalco, südöstliches Ende der Ebene von Mexico (lat. 19° 16'): 7236 F., Ht

San Francisco Ocotlan, westliches Ende der großen Ebene von Puebla: 7206 F., Ht

Cholula, am Fuß der alten Treppen-Pyramide (lat. 19° 2'): 6480 F., Ht

la Puebla de los Angeles (lat. 19° 0' 15") 6756 F., Ht

(Das Dorf *las Vigas* bezeichnet das östliche Ende der Hochebene von Anahuac, lat. 19° 37'; die Höhe des Dorfes ist 7332 F., Ht)

Während vor dem Anfang des 19ten Jahrhunderts kein einziger Höhenpunkt in ganz Neuspanien barometrisch gemessen war, ist es jetzt möglich gewesen hier in der Richtung von Norden nach Süden, in einer Zone von fast 16½ Breitengraden, zwischen den Städten Santa Fé und der Hauptstadt Mexico 32 hypsometrisch und meist auch astronomisch bestimmte Orte aufzustellen. Wir sehen die Bodenfläche der breiten mexicanischen Hochebene im Mittel *zwischen 5500 und 7000 Fuß* Höhe *wellenförmig* schwanken. Der niedrigste Theil des Weges von Parras bis Albuquerque ist noch 1000 Fuß höher als der höchste Theil des Vesuvs.

Von der großen, aber sanften *Anschwellung* des Bodens, deren culminirenden Theil wir eben betrachtet haben und welche von Süden nach Norden, von dem tropischen Theile bis zu den Parallelen von 42° und 44°, in ost-westlicher Ausdehnung dermaßen zunimmt, daß das Great Basin, westlich vom großen Salzsee der Mormonen, im Durchmesser über 85 geographische Meilen bei 4000 Fuß mittlerer Höhe hat; sind die *mauerartig* darauf stehenden Gebirgsketten sehr verschieden. Die Kenntniß dieser Gestaltung ist eine der Hauptfrüchte von *Frémont's* großen hypsometrischen Untersuchungen in den Jahren 1842 und 1844. Die Anschwellung ist von einer anderen Epoche als das späte Aufsteigen dessen, was man *Gebirgszüge* und Systeme verschiedener Richtung nennt. Wo ohngefähr unter dem 32ten Breitengrade nach den jetzigen Grenzbestimmungen die Gebirgsmasse von Chihuahua in das westliche Gebiet der Vereinigten Staaten (in die von Mexico abgerissenen Provinzen) eintritt, führt dieselbe schon den etwas unbestimmten Namen der Sierra Madre. Eine bestimmte Bifurcation zeigt sich aber erst in der Gegend von Albuquerque. Bei dieser Bifurcation behält die *westliche* Kette die allgemeine Benennung der *Sierra Madre*; die *östliche* erhält von lat. 36° 10' an (etwas nordöstlich von Santa Fé) bei amerikanischen und englischen Reisenden den eben nicht glücklich gewählten, aber jetzt überall eingeführten Namen des *Felsgebirges*, der *Rocky Mountains*. Beide Ketten bilden ein Längenthal, in dem Albuquerque, Santa Fé und Taos liegen und welches der Rio Grande del Norte durchströmt. In lat. 38°½ wird das Thal durch eine ostwestliche, 22 geogr. Meilen lange Kette geschlossen. Ungetheilt setzen die Rocky Mountains in einer Meridian-Richtung fort bis lat. 41°. In diesem Zwischenraum erheben sich etwas östlich die Spanish Peaks, Pike's Peak (5440 F.), den Frémont schön abgebildet hat, James Peak (10728 F.) und die 3 Park Mountains: welche drei hohe *Kesselthäler* einschließen, deren Seitenwände mit dem östlichen Long's Peak oder Big Horn bis 8500 und 10500 Fuß emporsteigen.An der östlichen Grenze zwischen dem Middle und North Park verändert die Gebirgskette auf einmal ihre Richtung und wendet sich von lat. 40°¼ bis 44° in einer Erstreckung von ohngefähr 65 geogr. Meilen von Südost nach Nordwest. In diesem Zwischenraume liegen der South Pass (7028 F.) und die berühmten, so wunderbar spitz gezackten Wind River Mountains, mit Frémont's Peak (lat. 43° 8'), welcher die Höhe von 12730 F. erreicht. Im Parallel von 44°, nahe bei den Three Tetons, wo die nordwestliche Richtung aufhört, beginnt wieder die Meridian-Richtung der Rocky Mountains. Sie erhält sich bis gegen Lewi's and Clarke's Pass: der in lat. 47° 2', lg. 114°½ liegt. Dort hat die Kette des Felsgebirges noch eine ansehnliche Höhe (5608 F.), aber wegen der vielen tiefen Flußbetten gegen Flathead River (Clarke's Fork) hin nimmt sie bald an regelmäßiger Einfachheit ab. Clarke's Fork und Lewis oder Snake River bilden den großen Columbia-Fluß, der einst einen wichtigen Weg für den Handel bezeichnen wird. (*Exploration for a Railroad from the Mississippi river to the Pacific Ocean*, made in 1853–1854 Vol. I. p. 107)

Wie in Bolivia die östliche, von dem Meere entferntere Andeskette, die des Sorata (19974 F.) und Illimani (19843 F.), keine jetzt noch entzündete Vulkane darbietet; so ist auch gegenwärtig in den westlichsten Theilen der Vereinigten Staaten die vulkanische Thätigkeit auf die Küstenkette von Californien und Oregon beschränkt. Die lange Kette der *Rocky Mountains*, verschiedentlich 120 und 200 geogr. Meilen vom Littoral der Südsee entfernt, ohne alle Spur noch ausdauernder Entzündung: zeigt dennoch, gleich der östlichen Kette von Bolivia im Thal von Yucay, an *beiden* Abfällen vulkanisches Gestein, ausgebrannte Krater, ja Obsidian einschließende Laven und Schlackenfelder. In der hier nach den vortrefflichen Untersuchungen von Frémont, Emory, Abbot, Wislizenus, Dana und Jules Marcou geographisch beschriebenen Gebirgskette der Rocky Mountains zählt der Letztgenannte, ein ausgezeichneter Geologe, drei Gruppen alt-vulkanischen Gesteins an beiden Abfällen auf. Die frühesten Beweise von dem Vulcanismus in dieser Gegend verdanken wir auch hier dem Beobachtungsgeiste von Frémont seit den Jahren 1842 und 1843 (*Report of the Exploring Expedition to the Rocky Mountains* in 1842, *and to Oregon and North California* in 1843–44 p. 164, 184–187 und 193).

Am östlichen Abfall der Rocky Mountains, auf dem südwestlichen Wege von *Bent's Fort* am Arkansas-Flusse nach *Santa Fé* del Nuevo Mexico, liegen zwei ausgebrannte Vulkane, die Raton Mountainsmit Fisher's Peak und (zwischen Galisteo und Peña blanca) der Hügel el Cerrito. Die Laven der ersteren überdecken die ganze Gegend zwischen dem *oberen Arkansas* und dem Canadian River. Der Peperino und die vulkanischen Schlacken: welche man schon in den Prairies zu finden anfängt: je nachdem man sich, von Osten kommend, den Rocky Mountains mehr nähert, gehören vielleicht alten Ausbrüchen des Cerrito oder gar der mächtigen Spanish Peaks (37° 32') an. Dieses östliche vulkanische Gebiet der isolirten Raton Mountains bildet eine Area von 20 geogr. Meilen Durchmesser; sein Centrum liegt ohngefähr in lat. 36° 50'.

Am *westlichen* Abfall nehmen die sprechendsten Zeugen alter vulkanischer Thätigkeit einen weit größeren Raum ein: welchen die wichtige Expedition des Lieut. *Whipple* in seiner ganzen Breite von Osten nach Westen durchzogen hat. Dieses vielgestaltete Gebiet, doch nördlich von der Sierra de Mogoyon volle 30 geogr. Meilen lang unterbrochen, ist enthalten (immer nach Marcou's geologischer Karte) zwischen lat. 33° 48' und 35° 40'; es sind also *südlichere* Ausbrüche als die der Raton Mountains. Ihr Mittel fällt fast in den Parallel von Albuquerque. Das hier bezeichnete Areal zerfällt in zwei Abtheilungen: die dem Kamm der Rocky Mountains nähere des Mount Taylor; welche bei der Sierra de Zuñiendet; und die westlichere Abtheilung, Sierra de San Francisco genannt. Der 11500 Fuß hohe Kegelberg Mount Taylor ist strahlförmig umgeben von Lavaströmen, die: als Malpais noch jetzt von aller Vegetation entblößt, mit Schlacken und Bimsstein bedeckt, sich mehrere Meilen weit hinschlängeln; ganz wie in der Umgebung des Hekla. – Ohngefähr 18 geogr. Meilen in Westen von dem jetzigen Pueblo de Zuñi erhebt sich das hohe vulkanische Gebirge von San Francisco selbst. Es zieht sich, mit einem Gipfel, den man auf mehr als 15000 Fuß Höhe geschätzt hat, südlich vom Rio Colorado chiquito hin: wo weiter nach Westen Bill William Mountain, der Aztec Pass (5892 F.) und Aquarius Mountains (8000 F.) folgen. Das vulkanische Gestein endet nicht beim Zusammenfluß des Bill William Fork mit dem großen Colorado, nahe bei dem Dorfe der Mohave-Indianer (lat. 34°¼, lg. 116° 20'); denn noch jenseits des Rio Colorado bei dem Soda-See sind mehrere ausgebrannte, noch offene Eruptiv-Krater zu erkennen.So sehen wir also hier in dem jetzigen Neu-Mexico in der vulkanischen Gruppe von der Sierra de San Francisco bis etwas westlich vom Rio Colorado grande oder el occidente (in den der Gila fällt), in einer Strecke von 45 geogr. Meilen, das alt-vulkanische Gebiet der Auvergne und des Vivarais sich wiederholen, und der geologischen Forschung ein neues und weites Feld eröffnen.

Ebenfalls am westlichen Abfall, aber 135 geogr. Meilen nördlicher, liegt die dritte alt-vulkanische Gruppe der Rocky Mountains, die des Frémont's Peak's und der gedoppelten *Dreiberge:* welche in Kegelgestalt und Sinn der Benennung Trois Tetons und Three ButtesDie französischen Benennungen, von canadischen Pelzjägern eingeführt, sind im Lande und auf englischen Karten allgemein gebräuchlich. Die relative Ortslage der ausgebrannten Vulkane ist nach den neuesten Bestimmungen folgende: Frémont's Peak Br. 43° 5', Lg. 112° 30'; Trois Tetons Br. 43° 38', Lg. 113° 10'; Three Buttes Br. 43° 20', Lg. 115° 2'; Fort Hall Br. 43° 0' Lg. 114° 45'. sich sehr ähnlich sind. Die ersteren liegen westlicher als die letzteren, daher der Gebirgskette ferner. Sie zeigen weit verbreitete, vielfach zerrissene, schwarze Lava-Bänke mit verschlackter Oberfläche.

Der Kette der Rocky Mountains parallel und in dem nördlichen Theile seit lat. 46° 12' noch jetzt der Sitz vulkanischer Thätigkeit, laufen theils einfach, theils gedoppelt mehrere *Küstenketten* hin: zuerst von San Diego bis Monterey (32°¼ bis 36°¾) die speciell so genannte Coast Range, eine Fortsetzung des Landrückens der Halbinsel Alt- oder Unter-Californien; dann, meist 20 geogr. Meilen von dem Littoral der Südsee entfernt, die Sierra Nevada (de Alta California) von 36° bis 40°¾; dann, von den hohen Shasty Mountains im Parallel der Trinidad-Bai (lat. 41° 10') beginnend, die *Cascaden*-Bergkette (Cascade Range): welche die höchsten noch entzündeten Gipfel enthält und in 26 Meilen Entfernung von der Küste von Süden nach Norden bis weit hinaus über den Parallel der Fuca-Straße streicht. Dieser letzteren Kette gleichlaufend (lat. 43°–46°), aber 70 Meilen vom Littoral entfernt, erheben sich, im Mittel sieben- bis achttausend Fuß hoch, die *Blue Mountains*.– Im mittleren Theile von Alt-Californien, etwas mehr nach Norden: nahe der östlichen Küste oder dem Meerbusen, in der Gegend der ehemaligen Mission de San Ignacio, etwa in 28° N.B, liegen der erloschene Vulkan oder „die Vulkane“ de las *Virgenes*, die ich auf meiner Karte von Mexico angegeben habe. Dieser Vulkan hatte 1746 seinen letzten Ausbruch; über ihn und die ganze Gegend fehlt es an sicheren Nachrichten.

Schon in der Coast Range nahe bei dem Hafen von San Francisco, an dem von Dr. Trask untersuchten Monte del Diablo (3446 F.): und in dem goldreichen Längenthale des Rio del Sacramento, in einem eingestürzten Trachyt-Krater, der Sacramento Butt genannt wird und den Dana abgebildet; ist alt-vulkanisches Gestein aufgefunden worden. Weiter nördlich enthalten die Shasty oder Tshastl Mountains Basalt-Laven; Obsidian, dessen die Eingeborenen sich zu Pfeilspitzen bedienen; und die talkartigen Serpentine, welche an vielen Punkten der Erde als den vulkanischen Formationen nahe verwandt auftreten. Aber der eigentliche Sitz noch jetzt bestehender Entzündung ist das *Cascaden*-Gebirge: in welchem, mit ewigem Schnee bedeckt, mehrere Pics sich bis 15000 Fuß erheben. Ich lasse diese hier von Süden nach Norden folgen; die gegenwärtig entzündeten, mehr oder weniger thätigen Vulkane sind, wie bisher geschehen, mit einem Sternchen bezeichnet. Die unbezeichneten hohen Kegelberge sind wahrscheinlich theils ausgebrannte Vulkane, theils ungeöffnete trachytische Glockenberge:

Mount *Pitt* oder *M'Laughlin:* lat. 42° 30', etwas westlich vom See Tlamath; Höhe 8960 F.;

Mt *Jefferson* oder *Vancouver* (lat. 44° 35'), ein Kegelberg;

Mt *Hood* (lat. 45° 10'): mit Gewißheit ein ausgebrannter Vulkan, von zelliger Lava bedeckt; nach Dana mit dem, nördlicher in der Vulkan-Reihe gelegenen Mt Saint Helen's zwischen 14000 und 15000 Fuß hoch, doch etwas niedrigerals dieser; Mt Hood ist erstiegen worden im August 1853 von Lake, Travaillot und Heller;

Mt *Swalalahos* oder Saddle Hill, in Süd-Süd-Ost von Astoria: mit einem eingestürzten, ausgebrannten Krater;

Mt *Saint Helen's**, nördlich vom Columbia-Strome (lat. 46° 12'): nach Dana nicht unter 14100 Fuß hochAeltere Varianten der Höhen sind nach Wilkes 9550, nach Simpson 12700 Fuß.; noch entzündet, immer rauchend aus dem Gipfel-Krater; ein mit ewigem Schnee bedeckter Vulkan von sehr schöner, regelmäßiger conischer Gestalt; am 23 November 1842 war ein großer Ausbruch, der nach Frémont alles weit umher mit Asche und Bimsstein bedeckte;

Mt *Adams* (lat. 46° 18'): fast ganz in Osten von dem Vulkan St. Helen's; über 28 geogr. Meilen von der Küste entfernt, wenn der eben genannte, noch entzündete Berg nur 19 dieser Meilen absteht;

Mt *Reignier**, auch Mt *Rainier* geschrieben: lat. 46° 48'; ost-süd-östlich vom Fort Nisqually, am Pugets-Sund, der mit der Fuca-Straße zusammenhängt: ein brennender Vulkan, nach Edwin Johnson's Wegkarte von 1854 hoch 12330 englische oder 11567 Pariser Fuß; er hatte heftige Eruptionen 1841 und 1843;

Mt *Olympus* (lat. 47° 50'), nur 6 geogr. Meilen südlich von der, in der Geschichte der Südsee-Entdeckungen lange so berühmten Straße San Juan de Fuca;

Mt *Baker**: ein mächtiger, im Gebiet von Washington (lat. 48° 48') aufsteigender, noch jetzt thätiger Vulkan, von großer (ungemessener?) Höhe und rein conischer Form;

Mt *Brown* (15000 F.?) und etwas östlicher Mt *Hooker* (15700 F.?) werden als hohe, altvulkanische Trachytberge in Neu-Caledonien, unter lat. 52°¼ und lg. 120° und 122°, von Johnson angegeben: also wegen eines Abstandes von mehr als 75 geogr. Meilen von der Küste merkwürdig;

Mt *Edgecombe**: auf der kleinen Lazarus-Insel nahe bei Sitka (lat. 57° 3'), dessen heftigen feurigen Ausbruch von 1796 ich zu einer früheren Stelle (*Kosmos*) unten erwähnt habe. Cap. Lisiansky, welcher ihn in den ersten Jahren des jetzigen Jahrhunderts erstieg, fand den Vulkan damals unentzündet; die Höhebeträgt nach Ernst Hofmann 2852 F., nach Lisiansky 2628 F.; nahe dabei sind heiße Quellen, die aus Granit ausbrechen, wie auf dem Wege von den Valles de Aragua nach Portocabello;

Mt *Fairweather*, cerro de Buen Tiempo: nach Malaspina 4489 mètres oder 13802 Fuß hoch, in lat. 58° 45'; mit Bimsstein bedeckt; wahrscheinlich noch vor kurzem entzündet, wie der Elias-Berg;

Vulkan von Cook's Inlet (lat. 60° 8': nach Admiral Wrangel 11320 Fuß hoch; von diesem gelehrten Seefahrer wie von Vancouver für einen thätigen Vulkan gehaltenNach einem Manuscripte, das ich im Jahre 1803 in den Archiven von Mexico habe benutzen dürfen, ist in der Expedition von Juan Perez und Estevan José Martinez im Jahr 1774 die ganze

Küste von Nutka bis zu dem später so genannten Cook's Inlet besucht worden (a. a. O. T. II. 1827 p. 296–298).;

Elias-Berg: lat. 60° 17', lg. 138° 30' nach den Handschriften Malaspina's, die ich in den Archiven in Mexico fand, 5441 mètres oder 16749 Par. Fuß hoch: nach der Karte von Cap. Denham 1853 bis 1856 ist die Höhe nur 14044 Par. Fuß.

Was in der nordwestlichen Durchfahrts-Reise von M'Clure (lat. 69° 57', long. 129° 20') östlich vom Ausfluß des Mackenzie-Flusses, *die Vulkane der Franklins-Bucht* genannt wird, scheint ein Phänomen sogenannter *Erdfeuer* oder heißer, Schwefeldämpfe ausstoßender Salsen zu sein. Ein Augenzeuge, der Missionar Miertsching, Dolmetscher der Expedition auf dem Schiff Investigation, fand 30 bis 40 Rauchsäulen, welche aus Erdspalten oder kleinen, kegelförmigen Erhebungen von vielfarbigem Letten aufstiegen. Der Schwefelgeruch war so stark, daß man sich den Rauchsäulen kaum auf 12 Schritte nahen konnte. Anstehendes Gestein oder feste Massen waren nicht zu finden. Lichterscheinungen waren Nachts vom Schiffe aus gesehen worden; keine Schlamm-Auswürfe, aber große Hitze des Meeresbodens wurden bemerkt: auch kleine Becken schwefelsauren Wassers. Die Gegend verdient eine genaue Untersuchung, und das Phänomen steht als der vulkanischen Thätigkeit in dem californischen Cascaden-Gebirge des Cerro de Buen Tiempo oder des Elias-Berges ganz fremd da. (*M'Clure, discovery of the N. W. Passage* p. 99; *Papers relative to the Arctic Expedition* 1854 p. 34; *Miertsching's Reise-Tagebuch*, Gnadau 1855, S. 46.)

Ich habe bisher in ihrem innigen Zusammenhange geschildert die vulkanischen *Lebensthätigkeiten* unseres Planeten, gleichsam die *Steigerung* des großen und geheimnißvollen Phänomens einer Reaction des geschmolzenen Inneren gegen die mit Pflanzen- und Thier-Organismen bedeckte Oberfläche. Auf die fast bloß *dynamischen* Wirkungen des *Erdbebens* (der *Erschütterungswellen*) habe ich die *Thermalquellen* und *Salsen:* d. i. Erscheinungen folgen lassen, welche, mit oder ohne Selbstentzündung, durch die den Quellwassern und Gas-Ausströmungen mitgetheilte, bleibende *Temperatur-Erhöhung* wie durch chemische *Mischungs-Verschiedenheit* erzeugt werden. Der höchste und in seinen Aeußerungen complicirteste Grad der *Steigerung* wird in den *Vulkanen* dargeboten: da diese die großen und so verschiedenartigen Processe *krystallinischer* Gesteinbildung auf trockenem Wege hervorrufen, und deshalb nicht bloß auflösen und zerstören, sondern auch schaffend auftreten und die Stoffe zu neuen Verbindungen umgestalten. Ein beträchtlicher Theil sehr neuer, wo nicht der neuesten Gebirgsschichten ist das Werk vulkanischer Thätigkeit: sei es, wenn noch jetzt an vielen Punkten der Erde aus eigenen, kegel- oder domförmigen *Gerüsten* geschmolzene Massen sich ergießen; oder daß in dem Jugendalter unseres Planeten, ohne Gerüste, aus einem Netze offener Spalten neben den Sedimentschichten basaltisches und trachytisches Gestein unmittelbar entquoll.

Die Oertlichkeit der *Punkte*, in welchen ein Verkehr zwischen dem flüssigen Erd-Inneren und der Atmosphäre sich lange offen erhalten hat, habe ich sorgfältigst in den vorstehenden Blättern zu bestimmen gestrebt. Es bleibt jetzt übrig die Zahl dieser Punkte zu summiren, aus der reichen Fülle der in sehr fernen historischen Zeiten thätigen Vulkane die jetzt noch entzündeten auszuscheiden, und sie nach ihrer Vertheilung in *continentale* und *Insel-Vulkane* zu betrachten. Wenn alle, die ich in der Summirung als *untere* Grenzzahl (nombre limite, limite inférieure) glaube annehmen zu dürfen, *gleichzeitig* in Thätigkeit wären: so würde ihr Einfluß auf die Beschaffenheit des Luftkreises und seine klimatischen, besonders electrischen Verhältnisse gewiß überaus bemerkbar sein; aber die *Ungleichzeitigkeit* der Eruptionen vermindert den Effect und setzt demselben sehr enge und meist nur locale Schranken. Es entstehen bei großen Eruptionen um den Krater, als Folge der Verdampfung, *vulkanische Gewitter*, welche, von Blitz und heftigen Regengüssen begleitet, oft verheerend wirken; aber ein solches atmosphärisches Phänomen hat keine allgemeine Folgen. Denn daß die denkwürdige Verfinsterung (der sogenannte *Höherauch*), welcher viele Monate lang vom Mai bis August des Jahres 1783 einen bedeutenden Theil von Europa und Asien, wie Nord-Afrika in Erstaunen setzte (wogegen auf hohen schweizer Gebirgen der Himmel rein und ungetrübt gesehen wurde), von großer Thätigkeit des isländischen Vulcanismus und der Erdbeben von Calabrien verursacht worden sei: wie man bisweilen noch jetzt behauptet; ist mir wegen der Größe der Erscheinung sehr unwahrscheinlich: wenn gleich ein gewisser Einfluß der Erdbeben, wo sie viel Raum umfassen, auf den ungewöhnlichen Eintritt der Regenzeit, wie im Hochlande von Quito und Riobamba (Februar 1797) oder im südöstlichen Europa und Kleinasien (Herbst 1856), eher anzunehmen sein möchte als der isolirte Einfluß einer vulkanischen Eruption.

In der hier folgenden Tabelle zeigt die erste Ziffer die Anzahl der in den vorigen Blättern aufgeführten Vulkane an; die zweite, in Parenthesen eingeschlossene Zahl deutet auf den Theil derselben, welcher noch seit der neueren Zeit Beweise der Entzündung gegeben hat.

Zahl der Vulkane auf dem Erdkörper.

I	*Europa* (Kosmos Bd. IV.)	7	(4)
II	Inseln des *atlantischen Meeres*	14	(8)
III	*Afrika*	3	(1)
IV	*Asien*, das continentale:	25	(15)

	a)		*westlicher Theil* und das *Innere*	11	(6)
	b)		Halbinsel *Kamtschatka*	14	(9)
V			*ost-asiatische* Inseln	69	(54)
VI			*süd-asiatische* Inseln	120	(56)
VII			*indischer* Ozean	9	(5)
VIII			*Südsee*	40	(26)
IX			*Amerika*, das continentale:	115	(53)
	a)		*Südamerika:*	56	(26)
		α)	*Chili*	24	(13)
		β)	*Peru* und *Bolivia*	14	(3)
		β)	*Quito* und *Neu-Granada*	18	(10)
	b)		*Central-Amerika*	56	(26)
	c)		*Mexico*, südlich vom rio Gila	6	(4)
	d)		*Nordwest-Amerika*, nördlich vom Gila	24	(5)
			Antillen	5	(3)
				407	(225)

Das Resultat dieser mühevollen Arbeit, welche mich lange beschäftigt hat, da ich überall zu den Quellen (den geognostischen und geographischen Reiseberichten) aufgestiegen bin, ist gewesen: daß von 407 aufgeführten Vulkanen noch in der neueren Zeit sich 225 als entzündet gezeigt haben. Die früheren Angaben der Zählung*thätiger Vulkane* sind bald um 30, bald um 50 geringer ausgefallen: schon darum, weil sie nach anderen Grundsätzen angefertigt wurden. Ich habe mich für diese Abtheilung auf diejenigen Vulkane beschränkt, welche noch Dämpfe ausstoßen oder *historisch* *gewisse* Eruptionen gehabt haben im 19ten oder in der letzten Hälfte des 18ten Jahrhunderts. Es giebt allerdings Unterbrechungen von Ausbrüchen, die über vier Jahrhunderte und mehr hinausgehen; aber solche Erscheinungen gehören zu den seltensten. Man kennt die langsame Folge der großen Ausbrüche des Vesuvs in den Jahren 79, 203, 512, 652, 983, 1138 und 1500. Vor der großen Eruption des Epomeo auf Ischia vom Jahr 1302 kennt man allein die aus den Jahren 36 und 45 vor unserer Zeitrechnung: also 55 Jahre vor dem Ausbruch des Vesuvs.

Strabo, der, 90 Jahr alt, unter Tiberius (99 Jahre nach der Besetzung des Vesuvs durch Spartacus) starb und auf den keine historische Kenntniß eines älteren Ausbruchs gekommen war, erklärt doch den Vesuv für einen alten, längst *ausgebrannten* Vulkan. „Ueber den Orten“ (Herculanum und Pompeji), sagt er, „liegt der Berg *Vesuios*, von den schönsten Feldgütern umwohnt, außer dem Gipfel. Dieser ist zwar großentheils eben, aber unfruchtbar insgesammt, der Ansicht nach aschenartig. Er zeigt spaltige Höhlen von rußfarbigem Gestein, wie wenn es vom Feuer zerfressen wäre: so daß man vermuthen darf, diese Stelle habe ehemals gebrannt und Schlundbecher des Feuers gehabt; sei aber erloschen, als der Brennstoff verzehrt war.“ (*Strabo* lib. V p. 247 Casaub.) Diese Beschreibung der primitiven Gestaltung des Vesuvs deutet weder auf einen *Aschenkegel* noch auf eine *kraterähnliche Vertiefung*des alten Gipfels, welche, umwallt, dem *Spartacus**Vellejus Paterculus*, der unter Tiberius starb, nennt (II, 30) allerdings den Vesuv als den Berg, welchen Spartacus mit seinen Gladiatoren besetzte, während bei *Plutarch* in der Biographie des Crassus cap. 11 bloß von einer felsigen Gegend die Rede ist, die einen einzigen schmalen Zugang hatte. Der Sklavenkrieg des Spartacus war im Jahr 681 der Stadt Rom, also 152 Jahre vor dem Plinianischen Ausbruch des Vesuvs (24 August 79 n. Chr.). Daß Florus: ein Schriftsteller, der unter Trajan lebte und also, den eben bezeichneten Ausbruch kennend, wußte, was der Berg in seinem Inneren verbirgt, denselben cavus nennt: kann, wie schon von Anderen bemerkt worden ist, für die frühere Gestaltung nichts erweisen. (*Florus* lib. I cap. 16: Vesuvius mons, Aetnaei ignis imitator; lib. II cap. 20: Fauces cavi montis.) und seinen Gladiatoren zur Schutzwehr dienen konnte.

Auch Diodor von Sicilien (lib. VI. cap. 21,5), der unter Cäsar und Augustus lebte, bezeichnet bei den Zügen des Hercules und dessen Kampfe mit den Giganten in den phlegräischen Feldern „den jetzt so genannten Vesuvius als einen λόφος, welcher, dem Aetna in Sicilien vergleichbar, einst viel Feuer ausstieß und (noch) Spuren der alten Entzündung aufweist.“ Er nennt den ganzen Raum zwischen Cumä und Neapolis die phlegräischen Felder, wie Polybius (lib. II cap. 17) den noch größeren Raum zwischen Capua und Nola: während Strabo (lib. V pag. 246) die Gegend bei Puteoli (Dicäarchia), wo die große Solfatare liegt, mit so vieler localer Wahrheit beschreibt und Ἡφαίστου ἀγορά nennt. In späterer Zeit ist gemeinhin auf diese Gegend der Name ta jlegraia pedía beschränkt, wie noch jetzt die Geognosten die mineralogische Zusammensetzung der Laven der phlegräischen Felder der aus der Umgegend des Vesuvs entgegenstellen.

Dieselbe Meinung, daß es in alten Zeiten unter dem Vesuv gebrannt und daß dieser Berg alte Ausbrüche gehabt habe, finden wir in dem Lehrbuch der Architectur des Vitruvius (lib. II cap. 6) auf das bestimmteste ausgedrückt in einer Stelle, die bisher nicht genug beachtet worden ist: “Non minus etiam memoratur, antiquitus crevisse ardores et abundavisse sub Vesuvio monte, et inde evomuisse circa agros flammam. Ideoque nunc qui spongia sive *pumex Pompejanus* vocatur, exoctus ex alio genere lapidis, in hanc redactus esse videtur generis qualitatem. Id autem genus spongiae, quod inde eximitur, non in omnibus locis nascitur, nisi circum Aetnam et collibus Mysiae, qui a Graecis κατακεκαυμένοι nominantur. Da nach den Forschungen von Böckh und Hirt kein Zweifel mehr darüber herrschen kann, daß Vitruv unter August gelebt hat: also ein volles Jahrhundert vor der Eruption des Vesuvs, bei welcher der ältere Plinius den Tod fand; so bietet die angeführte Stelle und der Ausdruck pumex Pompejanus (die Verbindung von *Bimsstein* und *Pompeji*) noch ein besondres geognostisches Interesse in Hinsicht auf die Streitfrage dar: ob nach der scharfsinnigen Vermuthung Leopolds von Buch Pompeji nur bedeckt worden sei durch die bei der ersten Bildung der Somma gehobenen, bimssteinhaltigen Tuffschichten, welche, von submariner Bildung, die ganze Fläche zwischen dem apenninischen Gebirge und der westlichen Küste von Capua bis Sorrent, von Nola bis über Neapel hinaus, in söhligen Schichten bedecken; oder ob der Vesuv, ganz gegen seine jetzige Gewohnheit, *aus seinem Inneren* den Bimsstein selbst ausgestoßen habe?

Carmine Lippi, in dem Briefe, welcher an den Cavaliere Francesco Avellino (1843) gerichtet ist: haben auf die merkwürdige Erscheinung aufmerksam gemacht, daß ein Theil der Bimssteine von Pompeji und der Somma kleine Kalkstücke einschließen, die ihre Kohlensäure nicht verloren haben: was, wenn dieselben einem großen Drucke in feuriger Bildung ausgesetzt gewesen sind, nicht viel Wunder erregen kann. Ich habe selbst Gelegenheit gehabt Proben dieser Bimssteine in den interessanten geognostischen Sammlungen meines gelehrten Freundes und akademischen Collegen, des Dr. Ewald, zu sehen. Die Gleichheit der mineralogischen Beschaffenheit an zwei entgegengesetzten Punkten mußte die Frage veranlassen: ob, was Pompeji bedeckt, wie Leopold von Buch will, bei dem Ausbruch des Jahrs 79 von den Abhängen der Somma herabgestürzt ist; oder ob der neu geöffnete Krater des Vesuvs, wie Scacchi behauptet, Bimsstein gleichzeitig nach Pompeji und an die Somma geworfen habe? Was zu den Zeiten des Vitruvius, unter Augustus, als pumex Pompejanus bekannt war, leitet auf Vor-Plinianische Ausbrüche; und nach den Erfahrungen, welche wir über die Veränderlichkeit der Bildungen in verschiedenem Alter und bei verschiedenen Zuständen vulkanischer Thätigkeit haben, ist man wohl eben so wenig berechtigt absolut zu läugnen, der Vesuv habe von seiner Entstehung an nie Bimsstein hervorbringen können: als absolut anzunehmen, Bimsstein, d. h. der fasrige oder poröse Zustand eines pyrogenen Minerals, könne sich nur bilden, wo Obsidian oder Trachyt mit glasigem Feldspath (Sanidin) vorhanden sei.

Wenn auch nach den angeführten Beispielen von der Länge der Perioden, in denen die Wiederbelebung eines schlummernden Vulkans erfolgen kann, viel Ungewißheit übrig bleibt; so ist es doch von großer Wichtigkeit die geographische Vertheilung der entzündeten Vulkane für eine bestimmte Zeit zu constatiren. Von den 225 Schlünden, durch welche in der Mitte des neunzehnten Jahrhunderts das geschmolzene Innere der Erde mit dem Luftkreise in vulkanischem Verkehr steht, liegen 70, also ein Drittel, auf den *Continenten;* und 155, oder zwei Drittel, auf der *Inselwelt*. Von den 70 *Continental-*Vulkanen gehören 53 oder ¾ zu *Amerika*, 15 zu *Asien*, 1 zu Europa, und 1 oder 2 zu der uns bisher bekannt gewordenen Feste von Afrika. In den süd-asiatischen Inseln (*Sunda-*Inseln und *Molukken*) wie in den *Aleuten* und *Kurilen*, welche zu den ost-asiatischen Inseln gehören, liegt auf dem engsten Raume die größte Menge der Insel-Vulkane. In den Aleuten sind vielleicht mehr, in neuen historischen Zeiten thätige Vulkane enthalten als in dem ganzen Continent von Südamerika. Auf dem gesammten Erdkörper ist der Streifen, welcher sich zwischen 75° westlicher und 125° östlicher Länge von Paris wie von 47° südlicher und 66° nördlicher Breite von Südost nach Nordwest in dem mehr westlichen Theile der Südsee hinzieht, der vulkanreichste.

Will man den großen *Meeresgolf*, welchen wir die *Südsee* zu nennen pflegen, sich kosmisch von dem Parallel der Berings-Straße und dem von Neu-Seeland, der zugleich auch der Parallel von Süd-Chili und Nord-Patagonien ist, begrenzt vorstellen; so finden wir – und dieses Resultat ist sehr merkwürdig – im Inneren des Beckens und um dasselbe her (in seiner continentalen asiatischen und amerikanischen Begrenzung) von den 225 entzündeten Vulkanen der ganzen Erde 198 oder nahe an ⅞. Die den Polen nächsten Vulkane sind nach unserer jetzigen geographischen Kenntniß: in der nördlichen Hemisphäre der Vulkan Esk auf der kleinen Insel Jan Mayen, lat. 71° 1' und long. 9° 51' westl. von Paris; in der südlichen Hemisphäre der, röthliche, selbst bei Tage sichtbare Flammen ausstoßende Mount Erebus, welchen im Jahr 1841 Sir James Roßauf seiner großen südlichen Entdeckungsreise 11633 Pariser Fuß hoch fand: ohngefähr 225 F. höher als der Pic von Teneriffa; in lat. 77° 33' und long. 164° 38' östlich von Paris.

Die große Frequenz der Vulkane auf den Inseln und in dem Littoral der Continente hat früh die Geognosten auf die Untersuchung der Ursachen dieser Erscheinung leiten müssen. Ich habe schon an einem anderen Orte der verwickelten Theorie des Trogus Pompejus unter August gedacht, nach welcher das Meerwasser das vulkanische Feuer anschürt. Chemische und mechanische Ursachen von der Wirksamkeit der Meeresnähe sind angeführt worden bis zu den neuesten Zeiten. Die alte Hypothese von dem Eindringen des Meerwassers in den vulkanischen Heerd schien in der Epoche der Entdeckung der Erdmetalle durch Davy eine festere Begründung zu erhalten; aber der große Entdecker gab die Hypothese: zu welcher selbst Gay-Lussac, trotz der Seltenheit oder des gänzlichen Mangels des Hydrogen-Gases, sich hinneigte, bald selbst auf. Mechanische oder vielmehr dynamische Ursachen: seien sie gesucht in der Faltung der oberen Erdrinde und der Erhebung der *Continente*, oder in der local minderen Dicke des starren Theils der Erdkruste: möchten meiner Ansicht nach mehr Wahrscheinlichkeit gewähren. Man kann sich vorstellen, daß an den Rändern der aufsteigenden Continente, welche jetzt die über der Meeresfläche sichtbaren *Littorale* mit mehr oder minder schroffen Abhängen bilden, durch die gleichzeitig veranlaßten Senkungen des nahen Meeresgrundes Spalten verursacht worden sind, durch welche die Communication mit dem geschmolzenen Innern befördert wird. Auf dem Rücken der Erhebungen, fern von jenen *Senkungs-Arealen* des oceanischen Beckens, ist nicht dieselbe Veranlassung zum Entstehen solcher Zertrümmerung gewesen. Vulkane folgen dem jetzigen Meeresufer in einfachen, bisweilen doppelten, wohl auch dreifachen, parallelen Reihen. Kurze *Queerjöcher* verbinden sie, auf Queerspalten gehoben und *Bergknoten* bildend. Häufig (keinesweges immer) ist die dem Ufer nähere Reihe die thätigste: während die fernere, mehr innere, erloschen oder dem Erlöschen nahe erscheint. Bisweilen wähnt man nach bestimmter Richtung in einer und derselben Reihe von Vulkanen eine Zu- oder Abnahme der Eruptions-Häufigkeit zu erkennen, aber die Phänomene der nach langen Perioden wieder erwachenden Thätigkeit machen dies Erkennen sehr unsicher.

Da aus Mangel oder Unbeachtung sicherer Ortsbestimmungen sowohl der Vulkane als der ihnen nächsten Küstenpunkte viele ungenaue Angaben der *Meeresferne vulkanischer Thätigkeit* verbreitet sind, so gebe ich hier folgende Zahlen von *geographischen Meilen* (jeder zu 3807 Toisen, also 15=1°) an: In den Cordilleren von Quito liegt der ununterbrochen speiende *Sangay* am östlichsten; seine Meeresnähe ist aber doch noch 28 M. Sehr gebildete Mönche aus den Missionen der Indios Andaquies am Alto Putumayo haben mir versichert, daß sie am oberen Rio de la Fragua, einem Zufluß des Caqueta, östlich von der Ceja, einen nicht sehr hohen Kegelberg haben rauchen sehen;der Küsten-Abstand würde 40 Meilen betragen. Der mexicanische, im September 1759 aufgestiegene Vulkan von Jorullo hat 21 M. nächsten Küsten-Abstandes (Kosmos , der Vulkan Popocatepetl 33 M.; ein ausgebrannter Vulkan in der östlichen Cordillere von Bolivia, bei S. Pedro de Cacha, im Thal von Yucay (Kosmos), über 45 M.; die Vulkane des Siebengebirges bei Bonn und der Eifel 33 bis 38 M.; die der Auvergne, des Velay und Vivaraisnach Abtheilung in 3 abgesonderte Gruppen (Gruppe des Puy de Dôme bei Clermont mit den Monts-Dores, Gruppe des Cantal, Gruppe von le Puy und Mezenc) 37, 29 und 21 Meilen. Die ausgebrannten Vulkane von Olot: südlich von den Pyrenäen, westlich von Gerona, mit ihren deutlichen, bisweilen getheilten Lavaströmen, liegen nur 7 Meilen von den catalonischen Küsten des Mittelmeers entfernt; dagegen die unbezweifelten und allem Anscheine nach sehr frisch ausgebrannten Vulkane in der langen Kette der Rocky Mountains im nordwestlichen Amerika 150 bis 170 M. Entfernung von dem Littoral der Südsee zählen.

Ein sehr abnormes Phänomen in der geographischen Vertheilung der Vulkane ist die Existenz in historischer Zeit thätiger, vielleicht noch theilweise brennender Vulkane in der Gebirgskette des *Thian-schan* (des Himmelsgebirges), zwischen den zwei Parallelketten des Altai und des Kuen-lün: deren Existenz *Abel-*

Rémusat und *Klaproth* zuerst bekannt gemacht und welche ich in meinem Werke über Inner-Asien, auf die scharfsinnigen und mühevollen sinologischen Forschungen von Stanislas *Julien* gestützt, vollständiger habe behandeln können. Den Alpensee Issikul am nördlichen Abhange des Thian-schan, zu dem erst vor kurzem russische Reisende gelangt sind, habe ich schon auf der berühmten *catalanischen Karte von 1374* aufgefunden, welche unter den Manuscripten der Pariser Bibliothek als ein Kleinod bewahrt wird. *Strahlenberg* in seinem Werke, betitelt der *nördliche und östliche Theil von Europa und Asien* (Stockholm 1730 S. 327), hat das Verdienst den *Thian-schan* als eine eigene unabhängige Kette zuerst abgebildet zu haben, ohne die vulkanische Thätigkeit in derselben zu kennen. Er giebt ihm den sehr unbestimmten Namen *Mousart*: der, weil der Bolor mit dem allgemeinen, nichts individualisirenden, nur Schnee andeutenden Namen *Mustag* belegt wurde, noch ein Jahrhundert lang zu einer irrigen Darstellung und albernen, sprachwidrigen Nomenclatur der Gebirgsreihen nördlich vom Himalaya Anlaß gegeben hat, *Meridian-* und *Parallel-Ketten* mit einander verwechselnd. *Mousart* ist eine Verstümmlung des tatarischen Wortes *Muztag*: gleichbedeutend mit unserer Bezeichnung *Schneekette, Sierra Nevada* der Spanier; *Himalaya* in den Gesetzen des Manu: Wohnsitz (âlaya) des Schnees (hima); der *Sine-schan* der Chinesen. Schon 1100 Jahre vor Strahlenberg: unter der Dynastie der Sui, zu des Frankenkönigs Dagobert's Zeiten, besaßen die Chinesen, auf Befehl der Regierung construirt, Karten der Länder vom Gelben Flusse bis zum caspischen Meere, auf welchen der Kuen-lün und der Thian-schan abgebildet waren. Diese beiden Ketten, besonders die erstere, sind es ohnstreitig gewesen, die, wie ich an einem anderen Orte glaube erwiesen zu haben (*Asie centr.* T. I. p. 118–129, 194–203 und T. II. p. 413–425), als der Heerzug des Macedoniers die Hellenen in nähere Bekanntschaft mit dem Inneren von Asien setzte, die Kenntniß von einem Berggürtel unter ihren Geographen verbreiteten, welcher, den ganzen Continent in zwei Hälften theilend, sich von Kleinasien bis an das östliche Meer, von Indien und Scythien bis Thinä, erstreckte (*Strabo* lib. I pag. 68, lib. XI p. 490). Dicäarchus und nach ihm Eratosthenes belegten diese Kette mit dem Namen des *verlängerten Taurus*. Die Himalaya-Kette wird mit unter diese Benennung begriffen. „Was Indien gegen Norden begrenzt“, sagt ausdrücklich *Strabo* (lib. XV pag. 689), „von Ariane bis zum östlichen Meere, sind die äußersten Theile des *Taurus*: welche die Eingeborenen einzeln Paropamisos, Emodon, Imaon und noch anders benamen; der Macedonier aber Caucasus.“ Früher, in der Beschreibung von Bactriana und Sogdiana (lib. XI pag. 519), heißt es: „des Taurus letzter Theil, welcher Imaon genannt wird, berührt das indische (östliche?) Meer.“ Auf eine einig geglaubte, west-östliche, d. h. *Parallelkette*, bezogen sich die Namen: diesseits und jenseits des Taurus. Diese kannte *Strabo*, indem er sagt: „die Hellenen nennen die gegen Norden neigende Hälfte des Welttheils Asia diesseits des Taurus, die gegen Süden jenseits“ (lib. II p. 129). Zu den späteren Zeiten des Ptolemäus aber, wo der Handel überhaupt und insbesondere der Seidenhandel Lebhaftigkeit gewann, wurde die

Benennung Imaus auf eine Meridiankette, auf den *Bolor*, übertragen: wie viele Stellen des 6ten Buches bezeugen (*Asie centr.* T. I. p. 146–162). Die Linie, in welcher dem Aequator parallel das Taurus-Gebirge nach hellenischen Ansichten den ganzen Welttheil durchschneidet, wurde zuerst von Dicäarchus, dem Schüler des Stagiriten, ein *Diaphragma* (eine Scheidewand) genannt: weil durch senkrechte Linien, auf dasselbe gerichtet, die geographische Breite anderer Punkte gemessen werden konnte. Das Diaphragma war der Parallel von Rhodos, verlängert gegen Westen bis zu den Säulen des Hercules, gegen Osten bis zum Littoral von Thinä (*Agathemeros* in *Hudson's Geogr. gr. min.* Vol. II. p. 4). Der Theiler des Dicäarchus, gleich interessant in geognostischer als in orographischer Hinsicht, ging in das Werk des *Eratosthenes* über: wo er desselben im 3ten Buche seiner Erdbeschreibung, zur Erläuterung seiner Tafel der bewohnten Welt, erwähnt. Strabo legt solche Wichtigkeit auf diese Richtungs- und Scheidelinie des Eratosthenes, daß er (lib. I p. 65) „auf ihrer östlichen Verlängerung, welche bei Thinä *durch das atlantische Meer* gezogen wird, die Lage einer *anderen bewohnten Welt*, wohl auch mehrerer Welten“, für möglich hält: doch ohne eigentlich solche zu prophezeien. Das Wort *atlantisches* Meer kann auffallend scheinen, statt *östliches* Meer, wie gewöhnlich die Südsee (das Stille Meer) genannt wird; aber da unser indisches Meer südlich von Bengalen bei Strabo die *atlantische Südsee* heißt, so werden im Südosten von Indien beide Meere als zusammenfließend gedacht, und mehrmals verwechselt. So heißt es lib. II p. 130: „Indien, das größte und gesegnetste Land, welches am östlichen Meer und an der *atlantischen* Südsee endet“; und lib. XV p. 689: „die südliche und östliche Seite Indiens, welche viel größer als die andere Seite sind, laufen ins *atlantische Meer* vor“: in welcher Stelle, wie in der oben angeführten von Thinä (lib. I p. 65), der Ausdruck *östliches Meer* sogar vermieden ist. Ununterbrochen seit dem Jahre 1792 mit dem *Streichen* und *Fallen* der Gebirgsschichten und ihrer Beziehung auf die Richtung (Orientirung) der Gebirgszüge beschäftigt, habe ich geglaubt darauf aufmerksam machen zu müssen: daß im Mittel der Aequatorial-Abstand des Kuen-lün, in seiner ganzen Erstreckung wie in seiner westlichen Verlängerung durch den Hindu-Kho, auf das Becken des Mittelmeers und die Straße von Gibraltar hinweist (*Asie centr.* T. I. p. 118–127 und T. II. p. 115–118); und daß die *Senkung des Meeresbodens* in einem großen, vorzüglich am nördlichen Rande vulkanischen Becken wohl mit jener *Erhebung* und Faltung zusammenhangen könne. Mein theurer, vieljähriger und aller geologischen Richtungs-Verhältnisse so tief kundiger Freund, *Elie de Beaumont*, ist aus Gründen des *Loxodromismus* diesen Ansichten entgegen (*notice sur les Systèmes de Montagnes* 1852 T. II. p. 667). Der Abstand des Vulkans Pe-schan (Montblanc) mit seinen Lavaströmen und des noch brennenden Feuerberges (Ho-tscheu) von Turfan ist vom Littoral des Eismeeres und des indischen Meeres, fast gleich groß, etwa 370 und 380 Meilen. Dagegen ist die Entfernung, in welcher der Pe-schan, dessen Lava-Ausbrüche vom Jahr 89 unserer Zeitrechnung bis zum Anfang des 7ten Jahrhunderts in chinesischen Werken einzeln aufgezeichnet sind, sich von dem großen Alpensee Issikul am Abfall des Temurtutagh (eines westlichen Theils des Thian-schan) befindet, nur 43 Meilen; von dem nördlicher gelegenen, 37 Meilen langen See Ballasch beträgt sie 52 MeilenDer große Dsaisang-See: in dessen Nähe ich selbst, in der chinesischen Dsungarei, mich 1829 befand, ist 90 Meilen von den Vulkanen des Thian-schan entfernt. Binnenwasser fehlen also nicht: aber freilich doch nicht in solcher Nähe, als dem jetzt noch thätigen Vulkane, dem Demavend im persischen Mazenderan, das caspische Meer ist.

Wenn aber Wasserbecken, oceanische oder Binnenwasser, auch gar nicht zur Unterhaltung der vulkanischen Thätigkeit erforderlich sind; wenn Inseln und Küsten, wie ich zu glauben geneigt bin, nur reicher an Vulkanen sind, weil das Emporsteigen der letzteren, durch innere elastische Kräfte bewirkt, von einer nahen Depression im Meeresbeckenbegleitet ist, so daß ein *Erhebungs-Gebiet* an ein *Senkungs-Gebiet* grenzt und an dieser Grenze mächtige, tief eindringende Spaltungen und Klüfte veranlaßt werden: so darf man vermuthen, daß in der inner-asiatischen Zone zwischen den Parallelen von 41° und 48° die große *aralo-caspische Depressions-Mulde,* wie die bedeutende Zahl gereihter und ungereihter Seen zwischen dem Thian-schan und dem Altai-Kurtschum zu Küsten-Phänomenen hat Anlaß geben können. Man weiß aus Tradition, daß viele perlartig an einander gereihte kleine Becken (lacs à chapelet) einstmals ein einziges großes Becken bildeten. Größere Seen sieht man noch durch Mißverhältniß zwischen dem Niederschlag und der Verdunstung sich theilen. Ein der Kirghisen-Steppe sehr kundiger Beobachter, General *Genz* in Orenburg, vermuthete, daß eine hydraulische Verbindung zwischen dem Aral-See, dem Aksakal, dem Sary-Kupa und Tschagli vormals existirte. Man erkennt eine große Furche, von Südwest nach Nordost gerichtet, die man verfolgen kann über Omsk zwischen dem Irtysch und Obi durch die seereiche Barabinskische Steppe gegen die Moor-Ebenen der Samojeden, gegen Beresow und das Littoral des Eismeeres. Mit dieser Furche hängt vielleicht zusammen die alte, weit verbreitete Sage von einem *Bitteren Meere* (auch *getrocknetes Meer*, Han-hai genannt): das sich östlich und südlich von Hami erstreckte und in welchem sich ein Theil des *Gobi*, dessen salz- und schilfreiche Mitte der Dr. von Bunge durch genaue Barometer-Messung nur 2400 Fuß über der Oberfläche des Oceans erhoben fand, inselförmig emporhob.Seehunde, ganz denen ähnlich, welche in Schaaren das caspische Meer und den Baikal bewohnen, finden sich (und diese geologische Thatsache ist bisher nicht genug beachtet worden) über 100 geogr. Meilen östlich vom Baikal in dem kleinen Süßwasser-See *Oron* von wenigen Meilen Umfangs. Der See hängt zusammen mit dem Witim, einem Zufluß der Lena: in der keine Seehunde leben.*Pallas, Zoographia Rosso-Asiatica* 1811 p. 115. Die jetzige Isolirtheit dieser Thiere, ihre Entfernung von dem Ausfluß der Wolga (volle 900 geogr. Meilen) ist eine merkwürdige, auf einen alten und großen Wasser-Zusammenhang hindeutende, geologische Erscheinung. Sollten die vielfältigen Senkungen, denen in großer Erstreckung dieser mittlere Theil von Asien ausgesetzt gewesen ist, auf die Convexität der Continental-Anschwellung ausnahmsweise ähnliche Verhältnisse, als an den Littoralen, an den Rändern der Erhebungs-Spalte hervorgerufen haben?

Weithin in Osten, in der nordwestlichen Mantschurei, in der Umgegend von Mergen (wahrscheinlich in lat. 48°½ und long. 120° östlich von Paris), hat man aus sicheren, an den Kaiser Kanghi abgestatteten Berichten Kenntniß von einem ausgebrannten Vulkane erhalten. Der, Schlacken und Lava gebende Ausbruch des Berges *Bo-schan* oder *Ujun-Holdongi* (die neun Hügel), etwa 3 bis 4 Meilen in südwestlicher Richtung von Mergen, fand statt im Januar 1721. Die aufgeworfenen Schlackenhügel hatten nach Aussage der vom Kaiser Kanghi zur Erforschung ausgesandten Personen sechs geogr. Meilen im Umfange; es wurde auch gemeldet, daß ein Lavastrom, die Wasser des Flusses Udelin stauend, einen See gebildet habe. Im 7ten Jahrhundert unserer Zeitrechnung soll, nach weniger umständlichen chinesischen Berichten, der Bo-schan einen früheren feurigen Ausbruch gehabt haben. Die Entfernung vom Meere ist ohngefähr 105 geographische Meilen: also mehr denn dreimal größer als die Meeresnähe des Vulkans von Jorullo; ähnlich der des Himalaya. Wir verdanken diese merkwürdigen geognostischen Nachrichten aus der Mantschurei dem Fleiße des Herrn W. P. Waßiljew (*geograph. Bote* 1855 Heft 5 S. 31) und einem Aufsatze des Herrn Semenow (des gelehrten Uebersetzers von Carl Ritter's großer Erdkunde) im 17ten Bande der Schriften der kaiserlich russischen geographischen Gesellschaft.

Bei den Untersuchungen über die geographische Vertheilung der Vulkane und ihre größere Häufigkeit auf Inseln und Littoralen, d. i. Erhebungs-Rändern der Continente, ist auch die zu vermuthende große Ungleichheit der *schon erlangten Dicke der Erdkruste* vielfach in Betrachtung gezogen worden. Man ist geneigt anzunehmen, daß die Oberfläche der inneren geschmolzenen Masse des Erdkörpers den Punkten näher liege, wo die Vulkane ausgebrochen sind. Da aber viele mittlere Grade der Zähigkeit in der *erstarrenden* Masse gedacht werden können, so ist der Begriff einer solchen Oberfläche des Geschmolzenen schwer mit Klarheit zu fassen, wenn als Hauptursach aller Verwerfungen, Spaltungen, Erhebungen und muldenförmigen Senkungen eine *räumliche Capacitäts-Veränderung* der äußeren festen, schon erstarrten *Schale* gedacht werden soll. Wenn es erlaubt wäre nach den in den artesischen Brunnen gesammelten Erfahrungen wie nach den Schmelzgraden des Granits in arithmetischer Reihe, also bei Annahme gleicher geothermischer Tiefen-Stufen, die sogenannte Dicke der Erdkruste zu bestimmen:so fände man sie zu $5^2/_{10}$ geogr. Meilen (jeder zu 3807 Toisen) oder $^1/_{329}$ des Polar-Durchmessers;aber Einwirkungen des *Drucks* und der *Wärmeleitung* verschiedener Gebirgsarten lassen voraussetzen, daß die geothermischen Tiefen-Stufen mit zunehmender Tiefe selbst einen größeren Werth haben.

Trotz der sehr geringen Zahl von Punkten, an denen gegenwärtig das geschmolzene Innere unsres Planeten mit dem Luftkreise in thätiger Verbindung steht, ist doch die

Frage nicht ohne Wichtigkeit: in welcher Art und in welchem Maaße die vulkanischen *Gas-Exhalationen* auf die chemische Zusammensetzung der Atmosphäre und durch sie auf das, sich auf der Oberfläche entwickelnde, organische Leben einwirken? Zuerst muß man in Betrachtung ziehn, daß es weniger die Gipfel-Krater selbst als die kleinen Auswurfs-Kegel und die, große Räume ausfüllenden, so viele Vulkane umgebenden *Fumarolen* sind, welche Gas-Arten aushauchen; ja daß ganze Landstrecken auf Island, im Caucasus, in dem Hochlande von Armenien, auf Java, den Galapagos, Sandwich-Inseln und Neu-Seeland durch Solfataren, Naphtha-Quellen und Salsen sich ununterbrochen wirksam zeigen. Vulkanische Gegenden, welche man gegenwärtig unter die ausgebrannten zählt, sind ebenfalls als Gasquellen zu betrachten; und das stille Treiben der unterirdischen zersetzenden und bildenden Kräfte in ihnen ist der Quantität nach wahrscheinlich productiver als die großen, seltneren und geräuschvollen Ausbrüche der Vulkane, wenn gleich deren Lavafelder noch Jahre lang fortfahren sichtbar und unsichtbar zu dampfen. Glaubt man die Wirkungen dieser kleinen *chemischen Processe* darum vernachlässigen zu dürfen, weil das ungeheure Volum des durch Strömungen ewig bewegten Luftkreises um so geringe Bruchtheile durch einzeln unwichtig scheinendeZugaben in seiner primitiven Mischung wenig verändert werden könne; so erinnere man sich an den mächtigen Einfluß, welchen nach den schönen Untersuchungen von Percival, Saussure, Boussingault und Liebig drei oder vier Zehntausend-Theile von Kohlensäure unseres Luftkreises auf die Existenz des vegetabilischen Organismus haben. Nach Bunsen's schöner Arbeit über die vulkanischen Gas-Arten geben unter den Fumarolen in verschiedenen Stadien der Thätigkeit und der Localverhältnisse einige (z. B. am großen Hekla) 0,81 bis 0,83 Stickstoff und in den Lavaströmen des Berges 0,78, bei nur Spuren (0,01 bis 0,02) von Kohlensäure; andere auf Island bei Krisuvik geben dagegen 0,86 bis 0,87 Kohlensäure mit kaum 0,01 Stickstoffs.*Bunsen über die chemischen Prozesse der vulkanischen Gesteinsbildungen* in *Poggend. Annalen* Bd. 83. S. 242 und 246. Eben so bietet die wichtige Arbeit über die Gas-Emanationen im südlichen Italien und auf Sicilien von Charles Sainte-Claire *Deville* und *Bornemann* große Anhäufungen von Stickgas (0,98) in den Exhalationen einer Spalte tief im Krater von Vulcano, aber schwefelsaure Dämpfe mit einem Gemisch von 74,7 Stickgas und 18,5 Sauerstoffs dar: also der Beschaffenheit der atmosphärischen Luft ziemlich nahe. Das Gas, welches bei Catania in dem Brunnen Acqua Santa*Comptes rendus de l'Acad. des Sciences* T. XLIII. 1856 p. 366 und 689. Die erste genaue Analyse von dem Gas, welches mit Geräusch aus der großen Solfatare von Pozzuoli ausbricht und von Herrn Ch. Sainte-Claire Deville mit vieler Schwierigkeit gesammelt wurde, gab an schwefliger Säure (acide sulfureux) 24,5; an Sauerstoff 14,5 und an Stickstoff 61,4. aufsteigt, ist dagegen reines Stickgas, wie es zur Zeit meiner amerikanischen Reise das Gas der Volcancitos de Turbaco war.

Sollte die große Quantität Stickstoffs, welche durch die vulkanische Thätigkeit verbreitet wird, allein die sein, die den Vulkanen durch Meteorwasser zugeführt wird?

oder giebt es innere, in der Tiefe liegende Quellen des Stickstoffs? Es ist auch zu erinnern, daß die in dem Regenwasser enthaltene Luft nicht, wie unsere, 0,79: sondern, nach meinen eigenen Versuchen, nur 0,69 Stickstoffs enthält. Der letztere ist für die *Ammoniakal*-Bildung, durch die in der Tropengegend fast täglichen electrischen Explosionen, eine Quelle erhöhter Fruchtbarkeit.Der Einfluß des Stickstoffes auf die Vegetation ist gleich dem des Substrats der atmosphärischen Kohlensäure.

Boussingault hat in den Analysen der Gas-Arten der Vulkane, welche dem Aequator nahe liegen (Tolima, Puracé, Pasto, Tuqueres und Cumbal), mit vielem Wasserdampf, Kohlensäure und geschwefeltes Wasserstoffgas; aber keine Salzsäure, keinen Stickstoff und kein freies Hydrogen gefunden. Der Einfluß, den das Innere unsres Planeten noch gegenwärtig auf die chemische Zusammensetzung der Atmosphäre ausübt, indem er dieser Stoffe entzieht, um sie unter anderen Formen wiederzugeben; ist gewiß nur ein unbedeutender Theil von den chemischen Revolutionen, welche der Luftkreis in der Urzeit bei dem Hervorbrechen großer Gebirgsmassen aus offenen Spalten muß erlitten haben. Die Vermuthung über den wahrscheinlich sehr großen Antheil von Kohlensäure in der *alten* Luft-Umhüllung wird verstärkt durch die Vergleichung der Dicke der *Kohlenlager* mit der so dünnen Schicht von Kohle (sieben Linien Dicke), welche nach Chevandier's Berechnung in der gemäßigten Zone unsere dichtesten Waldungen dem Boden in 100 Jahren geben würden.

In der Kindheit der Geognosie, vor Dolomieu's scharfsinnigen Vermuthungen, wurde die Quelle vulkanischer Thätigkeit nicht unter den ältesten Gebirgsformationen, für die man damals allgemein den Granit und Gneiß hielt, gesetzt. Auf einige schwache Analogien der Entzündbarkeit fußend, glaubte man lange, daß die Quelle vulkanischer Ausbrüche und der Gas-Emanationen, welche dieselben für viele Jahrhunderte veranlassen, in den neueren, *über-silurischen*, Brennstoff enthaltenden Flözschichten zu suchen sei. Allgemeinere Kenntniß der Erdoberfläche, tiefere und richtiger geleitete geognostische Forschungen, und der wohlthätige Einfluß, welchen die großen Fortschritte der neueren Chemie auf die Geologie ausgeübt; haben gelehrt, daß die drei großen Gruppen vulkanischen oder eruptiven Gesteins (Trachyt, Phonolith und Basalt) unter sich, wenn man sie als große Massen betrachtet, im Alter verschieden und meist sehr von einander abgesondert auftreten; alle drei aber später als die plutonischen Granite, Diorite und Quarzporphyre: als alle silurische, secundäre, tertiäre und quartäre (pleistocäne) Bildungen an die Oberfläche getreten sind; ja oft die lockeren Schichten der Diluvial-Gebilde und Knochen-Breccien durchsetzen. Eine auffallende Mannigfaltigkeitdieser Durchsetzungen, auf einen kleinen Raum zusammengedrängt, findet sich, nach Rozet's wichtiger Bemerkung, in der Auvergne; denn wenn gleich die großen trachytischen Gebirgsmassen des Cantal, Mont-Dore und Puy de Dôme den Granit selbst durchbrechen, auch theilweise (z. B. zwischen Vic und Aurillac und am Giou de Mamon) große Fragmente von GneißGleich den granitartigen Stücken, eingehüllt im Trachyt vom Jorullo und Kalkstein einschließen: so sieht man doch auch

Trachyt und Basalte den Gneiß, das Steinkohlen-Gebirge der Tertiär- und Diluvial-Schichten gangartig durchschneiden. Basalte und Phonolithe, nahe mit einander verwandt, wie das böhmische Mittelgebirge und die Auvergne beweisen, sind beide neuerer Formation als die Trachyte, welche oft von Basalten in Gängen durchsetzt werden.Die Phonolithe sind aber wiederum älter als die Basalte; sie bilden wahrscheinlich nie Gänge in diesen: da hingegen dikes von Basalt oft den Porphyrschiefer (Phonolith) durchschneiden. In der Andeskette von Quito habe ich die Basalt-Formation räumlich weit von den herrschenden Trachyten getrennt gefunden: fast allein am Rio Pisque und im Thal von Guaillabamba.

Da in der vulkanischen Hochebene von Quito alles mit Trachyt, Trachyt-Conglomeraten und Tuffen bedeckt ist: so war es mein eifrigstes Bestreben irgend einen Punkt zu entdecken, an dem man deutlich erkennen könne, auf welcher älteren Gebirgsart die mächtigen Kegel- und Glockenberge aufgesetzt sind oder, um bestimmter zu reden, welche sie durchbrochen haben. Einen solchen Punkt bin ich so glücklich gewesen aufzufinden, als ich im Monat Juni 1802 von Riobamba nuevo aus (8898 Fuß über dem Spiegel der Südsee) eine Ersteigung des Tunguragua auf der Seite der Cuchilla de Guandisava versuchte. Ich begab mich von dem anmuthigen Dorfe Penipe über die schwankende *Seilbrücke* (puente de maroma) des Rio Puela nach der isolirten hacienda de Guansce (7440 Fuß): wo im Südost, dem Einfluß des Rio Blanco in den Rio Chambo gegenüber, sich eine prachtvolle Colonnade von schwarzem, pechsteinartigem *Trachyt* erhebt. Man glaubt von weitem den Basalt-Steinbruch bei Unkel zu sehen. Am Chimborazo, etwas über dem Wasserbecken von Yana-Cocha, sah ich eine ähnliche, höhere, doch minder regelmäßige Säulengruppe von Trachyt. Die Säulen südöstlich von Penipe sind meist fünfseitig, von nur 14 Zoll Durchmessers, oft gekrümmt und divergirend. Am Fuß dieser schwarzen, pechsteinartigen Trachyte von Penipe (unfern der Mündung des Rio Blanco) sieht man in diesem Theil der Cordillere eine sehr unerwartete Erscheinung: grünlich weißen Glimmerschiefer mit eingesprengten Granaten; und weiter hin, jenseits des seichten Flüßchens Bascaguan, bei der Hacienda von Guansce, nahe dem Ufer des Rio Puela, den Glimmerschiefer wahrscheinlich unterteufend: Granit von mittlerem Korn, mit lichtem, röthlichem Feldspath, wenig schwärzlich grünem Glimmer und vielem gräulich weißen Quarz. Hornblende fehlt. Es ist kein Syenit. Die Trachyte des Vulkans von Tungurahua: ihrer mineralogischen Beschaffenheit nach denen des Chimborazo gleich, d. i. aus einem Gemenge von Oligoklas und Augit bestehend, haben also hier Granit und Glimmerschiefer durchbrochen. Weiter gegen Süden, etwas östlich von dem Wege von Riobamba nuevo nach Guamote und Ticsan, kommen in der vom Meeresufer abgewandten Cordillere die ehemals so genannten uranfänglichen Gebirgsarten: Glimmerschiefer und Gneiß, gegen den Fuß der Colosse des Altar de los Collanes, des Cuvillan und des Paramo del Hatillo überall zu Tage. Vor der Ankunft der Spanier, ja selbst ehe die Herrschaft der Incas sich so weit nach Norden erstreckte, sollen die

Eingeborenen hier metallführende Lagerstätten in der Nähe der Vulkane bearbeitet haben. Etwas südlich von San Luis beobachtet man häufig Quarzgänge, die einen grünlichen Thonschiefer durchsetzen. Bei Guamote, an dem Eingange der Grasebene von Tiocaxa, fanden wir große Massen von Gestellstein, sehr glimmerarme Quarzite von ausgezeichneter linearer Parallel-Structur, regelmäßig mit 70° gegen Norden einschießend. Weiter südlich bei Ticsan unweit Alausi bietet der Cerro Cuello de Ticsan große Schwefelmassen bebaut in einem Quarzlager, dem nahen Glimmerschiefer untergeordnet, dar. Eine solche Verbreitung des Quarzes in der Nähe von Trachyt-Vulkanen hat auf den ersten Anblick etwas befremdendes. Aber meine Beobachtungen von der Auflagerung oder vielmehr dem Ausbrechen des Trachyts aus Glimmerschiefer und Granit am Fuß des Tungurahua (ein Phänomen, welches in den Cordilleren so selten als in der Auvergne häufig ist) haben 47 Jahre später die vortrefflichen Arbeiten des französischen Geognosten Herrn Sebastian Wisse am *Sangay* bestätigt.

Dieser colossale Vulkan, 1260 Fuß höher als der Montblanc: ohne alle Lavaströme, die auch Charles Deville dem eben so thätigen Stromboli abspricht, aber wenigstens seit dem Jahre 1728 in ununterbrochener Thätigkeit schwarzer, oft glühend leuchtender *Stein-Auswürfe;* bildet eine *Trachyt-Insel* von kaum 2 geogr. Meilen Durchmessermitten in Granit- und Gneiß-Schichten. Ganz entgegengesetzte Lagerungsverhältnisse zeigt die vulkanische Eifel, wie ich schon oben bemerkt habe: sowohl bei der Thätigkeit, welche sich einst in den, in devonische Schiefer eingesenkten *Maaren* (oder Minen-Trichtern); als der, welche sich in den lavastrom-gebenden Gerüsten offenbart: wie am langen Rücken des Mosenberges und Gerolsteins. Die Oberfläche bezeugt hier nicht, was im Inneren verborgen ist. Die Trachytlosigkeit vor Jahrtausenden so thätiger Vulkane ist eine noch auffallendere Erscheinung. Die augithaltigen Schlacken des Mosenberges, welche den basaltartigen Lavastrom theilweise begleiten, enthalten kleine gebrannte *Schieferstücke*, nicht Fragmente von Trachyt; in der Umgebung fehlen die Trachyte. Diese Gebirgsart wird in der Eifel nur ganz isolirtsichtbar, fern von Maaren und lavagebenden Vulkanen: wie im Sellberg bei Quiddelbach und in dem Bergzuge von Reimerath. Die Verschiedenheit der Formationen, welche die Vulkane durchbrechen, um in der oberen Erdrinde mächtig zu wirken, ist geognostisch eben so wichtig als das *Stoffhaltige*, das sie hervorbringen.

Die Gestaltungs-Verhältnisse der *Felsgerüste*, durch welche die vulkanische Thätigkeit sich äußert oder zu äußern gestrebt hat, sind endlich in neueren Zeiten in ihrer oft sehr complicirten Verschiedenartigkeit in den fernesten Erdzonen weit genauer erforscht und dargestellt worden als im vorigen Jahrhundert, wo die ganze *Morphologie* der Vulkane sich auf Kegel- und Glockenberge beschränkte. Man kennt jetzt von vielen Vulkanen den *Bau*, die *Hypsometrie* und die *Reihung* (das, was der scharfsinnige Carl Friedrich Naumann die Geotektoniknennt) auf das befriedigendste oft da, wo man noch in der größten Unwissenheit über die Zusammensetzung ihrer Gebirgsart, über die Association der Mineral-Species geblieben ist, welche ihre Trachyte charakterisiren und von der

Grundmasse abgesondert erkennbar werden. Beide Arten der Kenntniß, die *morphologische* der Felsgerüste und die *oryctognostische* der Zusammensetzung, sind aber zur vollständigen Beurtheilung der vulkanischen Thätigkeit gleich nothwendig: ja die letztere, auf Krystallisation und chemische Analyse gegründet, wegen des Zusammenhanges mit plutonischen Gebirgsarten (Quarzporphyr, Grünstein, Serpentin) von größerer geognostischer Wichtigkeit. Was wir von dem sogenannten Vulcanismus des Mondes zu wissen glauben, bezieht sich der Natur dieser Kenntniß nach ebenfalls allein auf Gestaltung.Bei der fortschreitenden Vervollkommnung unserer Kenntnisse von der Gestaltung der Oberfläche des Mondes von Tobias Mayer an bis Lohrmann, Mädler und Julius Schmidt ist im ganzen der Glaube an die großen Analogien zwischen den vulkanischen Gerüsten der Erde und des Mondes eher vermindert als vermehrt worden: nicht sowohl wegen der Dimensions-Verhältnisse und früh erkannten Anreihung so vieler Ringgebirgs-Formen als wegen der Natur der *Rillen* und der nicht schattenwerfenden *Strahlen-Systeme* (Licht-Radiationen) von mehr als hundert Meilen Länge und ½ bis 4 Meilen Breite: wie am Tycho, Copernicus, Kepler und Aristarch. Auffallend ist es immer, daß schon Galilei, in seinem Briefe an den Pater Christoph Grienberger sulle Montuosità della Luna, Ringgebirge: deren Durchmesser er für größer hielt, als sie sind, glaubte mit dem umwallten Böhmen vergleichen zu dürfen; und daß der scharfsinnige Robert Hooke in seiner Micrographie den auf dem Mond fast überall herrschenden Typus kreisförmiger Gestaltung schon der Reaction des Inneren des Mondkörpers auf das Aeußere zuschrieb. Bei den Ringgebirgen des Mondes haben in den neueren Zeiten das Verhältniß der Höhe der Centralberge zu der Höhe der Umwallung oder der Kraterränder, wie die Existenz parasitischer Krater auf der Umwallung selbst mich lebhaft interessirt. Das Ergebniß aller sorgfältigen Beobachtungen von Julius Schmidt, welcher mit der Fortsetzung und Vollendung der Mond-Topographie von Lohrmann beschäftigt ist, setzt fest: „daß kein einziger Centralberg die Wallhöhe seines Kraters erreicht, sondern daß derselbe mit seinem Gipfel wahrscheinlich in allen Fällen noch bedeutend unter derjenigen Oberfläche des Mondes liegt, aus welcher der Krater ausgebrochen ist. Während der Schlackenkegel im Krater des Vesuvs, der am 22 October 1822 aufgestiegen ist, nach Brioschi's trigonometrischer Messung die Punta del Palo, den höchsten nördlichen Kraterrand (von 618 Toisen über dem Meere), um 28 Fuß überragt und in Neapel sichtbar war; liegen auf dem Monde viele von Mädler und dem Olmützer Astronomen gemessene Centralberge volle 1000 Toisen tiefer als der mittlere Umwallungsrand: ja 100 Toisen unter dem, was man in derselben Mondgegend für das nähere mittlere Niveau halten kann (*Mädler* in *Schumacher's Jahrbuch* für 1841 S. 272 und 274, und Julius *Schmidt: der Mond* 1856 S. 62). Gewöhnlich sind die *Centralberge* oder *Central-Massengebirge* des Mondes vielgipflig: wie im Theophilus, Petavius und Bulliald. Im Copernicus liegen 6 Centralberge, und einen eigentlichen centralen Pic mit scharfer Spitze zeigt allein der Alphons. Dies Verhältniß erinnert an die Astroni in den phlegräischen Feldern, auf deren domförmige Centralmassen Leopold von Buch mit Recht viel Wichtigkeit legte. „Diese Massen brachen nicht aus (so wenig als die im Centrum der Mond-Ringgebirge); es entstand keine dauernde Verbindung mit dem Inneren, kein Vulkan: sondern vielmehr gleichsam ein Modell der großen, so vielfältig über die Erdrinde verbreiteten, trachytischen, nicht geöffneten Dome, des Puy de Dôme und des Chimborazo" (*Poggendorff's Annalen* Bd. 37. 1836 S. 183). Die Umwallung der Astroni hat eine überall geschlossene elliptische Form, welche nirgend mehr als 130 Toisen über dem Meeresspiegel erreicht. Die Gipfel der centralen Kuppen liegen 103 Toisen tiefer als das Maximum des südwestlichen Kraterwalles. Die Kuppen bilden zwei unter sich parallele, mit dichtem Gesträuch bekleidete Rücken (Julius *Schmidt, Eruption des Vesuvs* S. 147 und *der Mond* S. 70 und 103). Zu den merkwürdigsten Gegenständen der ganzen Mondfläche gehört aber das Ringgebirge Petavius: in welchem der ganze innere Kraterboden convex, blasen- oder kuppelförmig expandirt, und doch mit einem Centralberge gekrönt ist. Die Convexität ist hier eine dauernde Form. In unseren Erd-Vulkanen wird nur bisweilen (temporär) die Bodenfläche des Kraters durch die Kraft unterer Dämpfe fast bis zur Höhe des Kraterrandes gehoben; aber so wie die Dämpfe durchbrechen, sinkt die Bodenfläche wieder herab. Die größten Durchmesser der Krater auf der Erde sind die Caldeira de Fogo, nach Charles Deville zu 4400 Toisen (1,08 geogr. Meile); die Caldeira von Palma, nach Leopold von Buch zu 3100 T.: während auf dem Monde Theophilus 50000 T. und Tycho 45000 Toisen, letztere beiden also 13 und 11,3 geographische Meilen, im Durchmesser haben. Parasitische Nebenkrater, auf einem Randwalle des großen Kraters ausgebrochen, sind auf dem Monde sehr häufig. Der Kraterboden dieser Parasiten ist gewöhnlich leer, wie auf dem zerrissenen großen Rande des Maurolycus; seltener ist ein kleiner Centralberg, vielleicht ein Auswurfs-Kegel, darin zu sehen: wie in Longomontanus. Aus einer schönen Skizze des Aetna-Krater-Systems, welches mir mein Freund, der Astronom Christian Peters (jetzt in Albany in Nordamerika), aus Flensburg im August 1854 schickte, erkennt man deutlich den parasitischen Rand-Krater (Pozzo di Fuoco genannt), der sich im Januar 1833 an der Ost-Süd-Ost-Seite bildete und bis 1813 mehrere starke Lava-Ausbrüche hatte.

Wenn, wie ich hoffe, das, was ich hierüber die Classification der vulkanischen Gebirgsarten oder, um bestimmter zu reden, über die Eintheilung der Trachyte *nach ihrer Zusammensetzung* vortrage, ein besonderes Interesse erregt; so gehört das Verdienst dieser Gruppirung ganz meinem vieljährigen Freunde und sibirischen Reisegefährten, *Gustav Rose*. Eigene Beobachtung in der freien Natur und die glückliche Verbindung chemischer, krystallographisch-mineralogischer und geognostischer Kenntnisse haben ihn besonders geschickt gemacht neue Ansichten zu verbreiten über den Kreis der Mineralien, deren verschiedenartige, aber oft wiederkehrende Association das Product vulkanischer Thätigkeit ist. Er hat, zum Theil auf meine Veranlassung, mit aufopfernder Güte, besonders seit dem Jahre 1834 die Stücke, welche ich von dem Abhange der Vulkane von Neu-Granada, los Pastos, Quito und dem Hochlande von

Mexico mitgebracht, wiederholentlich untersucht und mit dem, was aus anderen Weltgegenden die reiche Mineralien-Sammlung des Berliner Cabinets enthält, verglichen. Leopold von Buch hatte, als meine Sammlungen noch nicht von denen meines Begleiters Aimé Bonpland getrennt waren (in Paris 1810–1811, zwischen seiner Rückkunft aus Norwegen und seiner Reise nach Teneriffa), sie mit anhaltendem Fleiße microscopisch untersucht; auch schon früher während des Aufenthaltes mit Gay-Lussac in Rom (Sommer 1805) wie später in Frankreich von dem Kenntniß genommen, was ich in meinen Reisejournalen an Ort und Stelle über einzelne Vulkane und im allgemeinen sur l'affinité entre les Volcans et certains porphyres dépourvus de quarz im Monat Juli 1802 niedergeschrieben hatte.Ich bewahre als ein mir überwerthes Andenken einige Blätter mit Bemerkungen über die vulkanischen Producte der Hochebenen von Quito und Mexico, welche der große Geognost mir vor jetzt mehr als 46 Jahren zu meiner Belehrung mittheilte. Da Reisende, wie ich schon an einem anderen Orteumständlicher entwickelt, nur immer die Träger des unvollständigen Wissens ihrer Zeit sind, und ihren Beobachtungen viele der leitenden Ideen, d. h, der Unterscheidungs-Merkmale fehlen, welche die Früchte eines fortschreitenden Wissens sind; so bleibt dem materiell Gesammelten und geographisch Geordneten fast allein ein langdauernder Werth.

Will man, wie mehrfach geschehen, die Benennung *Trachyt* (wegen der frühesten Anwendung auf das Gestein von Auvergne und des Siebengebirges bei Bonn) auf eine vulkanische Gebirgsart beschränken, welche Feldspath, besonders Werner's glasigen Feldspath, Nose's und Abich's *Sanidin* enthalte; so wird dadurch die, zu höheren geognostischen Ansichten führende, innige Verkettung des vulkanischen Gesteins unfruchtbar zerrissen. Eine solche Beschränkung konnte den Ausdruck rechtfertigen, „daß in dem labradorreichen Aetna kein Trachyt vorkomme"; ja meine eigenen Sammlungen beweisen sollen, „daß kein einziger der fast zahllosen Vulkane der Andes aus Trachyt bestehe: daß sogar die sie bildende Masse *Albit* und deshalb, da man damals (1835) allen *Oligoklas* irrig für Albit hielt, alles vulkanische Gestein mit dem allgemeinen Namen *Andesit* (bestehend aus Albit mit wenig Hornblende) zu belegen sei." Wie ich selbst nach den Eindrücken, welche ich von meinen Reisen über das, trotz einer mineralogischen Verschiedenheit innerer Zusammensetzung, allen Vulkanen Gemeinsame zurückgebracht: so hat auch Gustav Rose, nach dem, was er in dem schönen Aufsatz über die Feldspath-Gruppe Oligoklas wurde zuerst von Breithaupt als neue Mineral-Species aufgestellt (*Poggendorff's Annalen* Bd. VIII. 1826 S. 238). Später zeigte es sich, daß Oligoklas identisch sei mit einem Mineral, welches *Berzelius* in einem in Gneiß aufsetzenden Granitgange bei Stockholm beobachtet und wegen der Aehnlichkeit in der chemischen Zusammensetzung Natron Spodumen genannt hatte (*Poggendorff's Ann.* Bd. IX. 1827 S. 281). entwickelt hat, in seiner Classification der Trachyte Ortheklas, Sanidin, den Anorthit der Somma, Albit, Labrador und Oligoklas verallgemeinernd als den feldspathartigen Antheil der vulkanischen Gebirgsarten betrachtet. Kurze Benennungen, welche Definitionen enthalten sollen, führen in der

Gebirgslehre wie in der Chemie zu mancherlei Unklarheiten. Ich war selbst eine Zeit lang geneigt mich der Ausdrücke: *Orthoklas-* oder *Labrador-* oder *Oligoklas-Trachyte* zu bedienen, und so den glasigen Feldspath (Sanidin) wegen seiner chemischen Zusammensetzung unter der Gattung Orthoklas (gemeinem Feldspath) zu begreifen. Die Namen waren allerdings wohlklingend und einfach, aber ihre Einfachheit selbst mußte irre führen: denn wenn gleich Labrador-Trachyt zum Aetna und zu Stromboli führt, so würde der Oligoklas-Trachyt in seiner wichtigen zwiefachen Verbindung mit Augit und Hornblende die weit verbreiteten, sehr verschiedenartigen Formationen des Chimborazo und des Vulkans von Toluca fälschlich mit einander verbinden. Es ist die Association eines feldspathartigen Elementes mit einem oder zwei anderen, welche hier, wie bei gewissen Gang-Ausfüllungen (Gang-Formationen), charakterisirend auftritt.

Folgendes ist die Uebersicht der Abtheilungen, welche seit dem Winter 1852 *Gustav Rose* in den Trachyten *nach den darin eingeschlossenen,* abgesondert erkennbaren *Krystallen* unterscheidet. Die Hauptresultate dieser Arbeit, in der keine Verwechslung des Oligoklases mit dem Albit statt findet, wurden 10 Jahre früher erlangt, als mein Freund bei seinen geognostischen Untersuchungen im Riesengebirge fand, daß der Oligoklas dort ein wesentlicher Gemengtheil des Granits sei: und, so auf die Wichtigkeit des Oligoklas als wesentlichen Gemengtheils der Gebirgsarten aufmerksam gemacht, ihn auch in anderen Gebirgsarten aufsuchte. Diese Arbeit führte zu dem wichtigen Resultate (*Poggend. Ann.* Bd. LXVI. 1845 S. 109), daß der Albit nie der Gemengtheil einer Gebirgsart sei.

Erste Abtheilung. „Die Grundmasse enthält nur Krystalle von glasigem Feldspath, welche tafelartig und in der Regel groß sind. *Hornblende* und *Glimmer* treten darin entweder gar nicht oder doch nur äußerst sparsam und als ganz unwesentliche Gemengtheile hinzu. Hierher gehört der Trachyt der phlegräischen Felder (Monte Olibano bei Pozzuoli), der von Ischia und von la Tolfa; auch ein Theil des Mont-Dore (grande Cascade). Augit zeigt sich in kleinen Krystallen in Trachyten des Mont-Dore, doch sehr selten; in den phlegräischen Feldern neben Hornblende gar nicht; eben so wenig als Leucit: von welchem letzteren aber doch Hoffmann über dem Lago Averno (an der Straße nach Cumä) und ich am Abhange des Monte NuovoFragmente von Leucitophyr, von mir am Monte nuovo gesammelt, sind von Gustav Rose beschrieben in Fried. Ueber die Trachyte des Monte di Procida der Insel desselben Namens und der Klippe S. Martino. Der Trachyt der Insel Ischia enthält im Arso oder Strom von Cremate (1301) glasigen Feldspath, braunen Glimmer, grünen Augit, Magneteisen und Olivin (S. 528); keinen Leucit. (im Herbst 1822) einige Stücke gesammelt haben. Leucitophyr in losen Stücken ist häufiger in der Insel Procida und dem daneben liegenden Scoglio di S. Martino."

Zweite Abtheilung. „Die Grundmasse enthält einzelne *glasige Feldspath*-Krystalle und eine Menge kleiner, schneeweißer *Oligoklas*-Krystalle. Die letzteren sind oft regelmäßig mit dem glasigen Feldspath verwachsen und bilden eine Hülle um den Feldspath: wie dies bei G. Rose's *Granitit* (der Hauptmasse des Riesen- und Iser-Gebirges; Granite mit rothem Feldspath, besonders reich an Oligoklas und an Magnesia-Glimmer, aber ohne allen weißen Kali-Glimmer) so häufig ist. Hornblende und Glimmer, und in einigen Abänderungen Augit treten zuweilen in geringer Menge hinzu. Hierher gehören die Trachyte vom Drachenfels und von der Perlenhardt im Siebengebirge bei Bonn, viele Abänderungen des Mont-Dore und Cantal; auch Trachyte von Kleinasien (welche wir der Thätigkeit des Reisenden Peter von Tschichatscheff verdanken), von Afiun Karahissar (wegen Mohn-Cultur berühmt) und Mehammed-kjöe in Phrygien, von Kajadschyk und Donanlar in Mysien: in denen glasiger Feldspath mit vielem Oligoklas, etwas Hornblende und braunem Glimmer gemengt sind.“

Dritte Abtheilung. „Die Grundmasse dieser *diorit-artigen Trachyte* enthält viele kleine *Oligoklas*-Krystalle mit schwarzer *Hornblende* und braunem *Magnesia-Glimmer*. Hierher gehören die Trachyte von Aegina, dem Kozelniker Thal bei Schemnitz, von Nagyag in Siebenbürgen, von Montabaur im Herzogthum Nassau, vom Stenzelberg und von der Wolkenburg im Siebengebirge bei Bonn, vom Puy de Chaumont bei Clermont in Auvergne und von Liorant im Cantal; der Kasbegk im Caucasus, die mexicanischen Vulkane von Toluca *u*nd Orizaba; der Vulkan von Puracé und, als Trachyte aber sehr ungewiß, die prächtigen Säulen von Pisojebei Popayan. Auch die Domite Leopolds von Buch gehören zu dieser dritten Abtheilung. In der weißen, feinkörnigen Grundmasse der Trachyte des Puy de Dôme liegen glasige Krystalle, die man stets für Feldspath gehalten hat, die aber auf der deutlichsten Spaltungsfläche immer gestreift, und Oligoklas sind; Hornblende und etwas Glimmer finden sich daneben. Nach den vulkanischen Gesteinen, welche die königliche Sammlung Herrn Möllhausen, dem Zeichner und Topographen der Exploring Expedition des Lieut. Whipple, verdankt, gehören auch zu der dritten Abtheilung, zu den diorit-artigen Toluca-Trachyten: die des Mount Taylor zwischen Santa Fé del Nuevo Mexico und Albuquerque, wie die von Cieneguilla am westlichen Abfall der Rocky Mountains: wo nach den schönen Beobachtungen von Jules Marcou schwarze Lavaströme sich über die Jura-Formation ergießen.“ Dieselben Gemenge von Oligoklas und Hornblende, die ich im aztekischen Hochlande, im eigentlichen Anahuac, aber nicht in den Cordilleren von *Südamerika* gesehen, finden sich auch weit westlich von den Rocky Mountains und von Zuñi: beim Mohave river, einem Zufluß des rio Colorado. (S. *Marcou*, *Résumé of a geological reconnaissance from the Arkansas to California*, July 1854, p. 46–48; wie auch in zwei wichtigen französischen Abhandlungen: *Résumé explicatif d'une carte géologique des Etats-Unis* 1855 p. 113–116 und *Esquisse d'une Classification des Chaînes de montagnes de l'Amérique du Nord* 1855: Sierra de S. Francisco et Mount-Taylor p. 23.) Unter den Trachyten von Java, welche ich der Freundschaft des Dr. Junghuhn verdanke, haben wir ebenfalls die der dritten Abtheilung erkannt, in drei vulkanischen Gegenden: denen von Burung-agung, Tjinas und Gunung Parang (District Batugangi).

Vierte Abtheilung. „Die Grundmasse enthält *Augit* mit *Oligoklas:* der Pic von Teneriffa; die mexicanischen Vulkane Popocatepetl

259,7 lignes (ancien pied de Paris)

259,5

259,9

259,9

260,0

259,9

Les deux derniers tubes seuls avoient été purgés d'air au feu, par Mr. Bellardoni, ingénieur d'instrumens à Mexico. Comme l'exactitude de l'expérience dépend en partie de la propreté intérieure des tubes vides, si faciles à transporter, il est utile de les fermer hermétiquement à la lampe." Da in Gebirgsgegenden die Höhenwinkel nicht vom Meeresufer aus unternommen werden können, und die trigonometrischen Messungen gemischter Natur und zu einem beträchtlichen Theile (oft zu $^1/_2$ oder $^1/_{2,7}$ der ganzen Höhe) barometrisch sind; so ist die Höhenbestimmung der Hochebene, in welcher die Standlinie (base) gemessen wurde, von großer Wichtigkeit. Weil correspondirende Barometer-Beobachtungen am Meere selten oder meist nur in allzu großer Entfernung erlangt werden, so sind Reisende nur zu oft geneigt, was sie aus Beobachtungen weniger Tage geschlossen, die zu verschiedenen Jahreszeiten von ihnen angestellt wurden, für die mittlere Höhe des Luftdruckes der Hochebene und an dem Meeresufer zu halten. "Dans la question de savoir, si une mesure faite au moyen du baromètre peut atteindre l'exactitude des opérations trigonométriques, il ne s'agit que d'examiner, si dans un cas donné les deux genres de mesures ont été faites dans des circonstances également favorables, c'est-à-dire en remplissant les conditions que la théorie et une longue expérience ont prescrites. Le géomètre redoute le jeu de réfractions terrestres, le physicien doit craindre la distribution si inégale et peu simultanée de la température dans la colonne d'air aux extrémités de laquelle se trouvent placés les deux baromètres. Il est assez probable que près de la surface de la terre le décroissement du calorique est plus lent qu'à de plus grandes élévations; et pour connoître avec précision la densité moyenne de toute la colonne d'air, il faudroit, en s'élevant dans un ballon, pouvoir examiner la température de chaque tranche ou couche d'air superposée." (*Humboldt, Recueil d'Observ. Astron.* Vol. I. p. 138 und S. 371 in der Abh. über die Refraction und die Barometer-Messungen.) Wenn die barometrische Messung der Herrn Truqui und Craveri dem Gipfel des Popocatepetl nur 16100 Par. Fuß giebt, dagegen Glennie 16780 Fuß; so stimmt dagegen die neu bekannt gemachte eines Reisenden, welcher die Umgegend von Mexico wie die Landschaften Yucatan und Chipa durchforscht hat, des Gymnasial-Professors Carl *Heller* zu Olmütz, bis auf 30 Fuß mit der meinigen überein.

und Colima; die südamerikanischen Vulkane Tolima (mit dem Paramo de Ruiz), Puracé bei Popayan, Pasto und Cumbal (nach von Boussingault gesammelten Fragmenten), Rucu-Pichincha, Antisana, Cotopaxi, Chimborazo

Analyse von Rammelsberg (Höhe 17916 Par. Fuß, specif. Gewicht 2,806)						
		Sauerstoff				
Kieselsäure	59,12			30,70		2,33
Thonerde	13,48			6,30	}	
Eisen-Oxydul	7,27	1,61	}		}	1
Kalkerde	6,50	1,85	}		}	
Talkerde	5,41	2,13	}	6,93	}	
Natron	3,46	0,89	}			
Kali	2,64	0,45	}			
	97,88					

Analyse von Abich (Höhe 15180 Par. Fuß, specif. Gewicht 2,685)						
		Sauerstoff				
Kieselsäure	65,09	. .		33,81		2,68
Thonerde	15,58	. .		7,27	}	
Eisen-Oxyd	3,83	. .		1,16	}	1
Eisen-Oxydul	1,73	. .		0,39	}	

Kalkerde	2,61	. .		0,73	}	
Talkerde	4,10	. .		1,58	}	
Natron	4,46	. .		1,14	}	
Kali	1,99	. .		0,33	}	
Glüh-Verlust und Chlor	0,41					
	99,80					

Oligoklas	58,66
Augit	34,14
Kieselsäure	4,08

Namen der Vulkane		Structur und Farbe der Masse	Kieselsäure in der ganzen Masse		Kieselsäure im Feldspath allein
Chimborazo	{	halb verglast, bräunlich grau	65,09 Abich	}	58,26
	{	halb glasig und schwarz	63,19 Deville	}	
	{	krystallinisch dicht grau	62,66 Deville	}	

Antisana	{	grau-schwarz	64,26 Abich	}	58,26
	{	....	63,23 Abich	}	
Cotopaxi	{	glasig und bräunlich	69,28 Abich	}	
	{	körnig	63,98 Abich	}	
Pichincha		schwarz, glasig	67,07 Abich		
Puracé		fast bouteillen-grün	60,80 Deville		55,40
		———	——		——
Guadeloupe		grau, körnig und zellig	57,95 Deville		54,25
Bourbon		krystallinisch grau, porös	50,90 Deville		49,06

Chimborazo-Gestein	
Kieselsäure	65,09 Abich (specif. Gewicht 2,685) 63,19 Deville 62,66 derselbe 59,12 Rammelsberg (specif. Gew. 2,806)“

, Tunguragua; und Trachytfelsen, welche von den Ruinen von Alt-Riobamba bedeckt sind. In dem Tunguragua kommen neben den Augiten auch vereinzelt schwärzlich grüne Uralit-Krystalle von ½ bis 5 Linien Länge vor, mit vollkommener Augit-Form und Spaltungsflächen der Hornblende (s. *Rose, Reise nach dem Ural* Bd. II. S. 353).“ Ich habe von dem Abhange des Tunguragua in der Höhe von 12480

Fuß ein solches Stück mit deutlichen Uralit-Krystallen mitgebracht. Nach Gustav Rose's Meinung ist es auffallend verschieden von den sieben Trachyt-Fragmenten desselben Vulkans, die in meiner Sammlung liegen; und erinnert an die Formation des *grünen Schiefers* (schiefriger Augit-Porphyre), welche wir so verbreitet am asiatischen Abfall des Urals gefunden haben (a. a. O. S. 544).

Fünfte Abtheilung. „Ein Gemenge von *Labrador*und *Augit*Ein vieljähriger und fleißiger Erforscher der Aetna-Trachyte, Sartorius von Waltershausen, macht die wichtige Bemerkung: „daß die Hornblende dort vorzugsweise den älteren Massen angehört: den Grünstein-Gängen im Val del Bove, wie den weißen und röthlichen Trachyten, welche das Fundament des Aetna in der Serra Giannicola bilden. Dort werden schwarze Hornblende und hell-lauchgrüne Augite neben einander gefunden. Die neueren Lavaströme schon von 1669 an (besonders von 1787, 1809, 1811, 1819, 1832, 1838 und 1842) zeigen Augite, aber nicht Hornblende. Diese scheint unter einer langsameren Abkühlung zu entstehen." (*Waltershausen über die vulkanischen Gesteine von Sicilien und Island* 1853 S. 111–114.) In den augithaltigen Trachyten der vierten Abtheilung in der Andeskette habe ich, neben den häufigen Augiten, theils gar keine: theils, wie am Cotopaxi (auf einer Höhe von 13200 Fuß) und am Rucu-Pichincha bei 14360 Fuß, sparsam, deutliche schwarze Hornblende-Krystalle gefunden., ein doleritartiger Trachyt: Aetna, Stromboli; und, nach den vortrefflichen Arbeiten über die Trachyte der Amillen von Charles Sainte-Claire Deville: die Soufrière de la Guadeloupe, wie auf Bourbon die 3 großen Cirques, welche den Pic de Salazu umgeben."

Sechste Abtheilung. „Eine oft graue Grundmasse, in der Krystalle von *Leucit* und *Augit* mit sehr wenig Olivin liegen: Vesuv und Somma; auch die ausgebrannten Vulkane Vultur, Rocca Monfina, das Albaner Gebirge und Borghetto. In der älteren Masse (z. B. in dem Gemäuer und den Pflastersteinen von Pompeji) sind die Leucit-Krystalle von beträchtlicher Größe und häufiger als der Augit. Dagegen sind in den jetzigen Laven die Augite vorherrschend und im ganzen Leucite sehr selten. Der Lavastrom vom 22 April 1845 hat sie jedoch in Menge dargeboten. In den Leucit-Krystallen der Rocca Monfina hat Pilla die Oberfläche mit Wurmröhren (Serpuleae) bedeckt gefunden: was auf eine unterseeische vulkanische Bildung deutet. Ueber das Leucit-Gestein der Eifel im Trachyt des Burgberges bei Rieden; das von Albano, Lago Bracciano und Borghetto nördlich von Rom. Im Centrum großer Leucit-Krystalle hat Leop. von Buch meist das Bruchstück eines Augit-Krystalls gefunden, um welches sich die Leucit-Krystallisation gebildet hat: „was, wie schon früher bemerkt, bei der leichten Schmelzbarkeit des Augits und der Unschmelzbarkeit des Leucits sonderbar genug ist. Häufiger noch sind Stücke der Grundmasse selbst des Leucit-Porphyrs als Kern eingeschlossen." Olivin findet sich zugleich in Laven: wie in den Höhlungen der Obsidiane, deren ich aus Mexico vom Cerro del Jacal mitgebracht habe und doch zugleich auch im Hypersthen-Fels von Elfdalen (*Berzelius* 6ter *Jahresbericht*, 1827, S. 302), den man lange für Syenit gehalten. Einen ähnlichen Contrast in der Natur der

Fundörter bietet der Oligoklas dar, welcher in den Trachyten noch entzündeter Vulkane (Pic von Teneriffa und Cotopaxi), und doch zugleich auch im Granit und Granitit von Schreibersau und Warmbrunn im schlesischen Riesengebirge vorkommt (Gustav Rose über die zur Granitgruppe gehörigen Gebirgsarten in der *Zeitschrift der Deutschen geol. Gesellschaft zu Berlin* Bd. I. S. 364); nicht so der Leucit in plutonischem Gesteine: denn die Angabe, daß Leucit im Glimmerschiefer und Gneiß der Pyrenäen bei Gavarnie eingesprengt gefunden werde (eine Angabe, die selbst Hauy wiederholt hat), ist durch mehrjährige locale Untersuchungen von Dufrénoy (*traité de Minéralogie* T. III. p. 399) als irrig befunden worden. Fragmente von Trachyten der *ersten Abtheilung*, glasigen Feldspath enthaltend, (Leopolds von Buch *eigentliche Trachyte*) finden sich eingebacken in den Tuffen des Monte Somma; auch einzeln unter der Bimsstein-Schicht, welche Pompeji bedeckt. Die Leucitophyr-Trachyte der sechsten Abtheilung sind sorgfältig von den Trachyten der ersten Abtheilung zu trennen, obgleich auch in dem westlichsten Theile der phlegräischen Felder und auf der Insel Procida Leucite vorkommen: wie schon früher erwähnt worden ist."

Der scharfsinnige Urheber der hier eingeschalteten Classification der Vulkane nach Association der einfachen Mineralien, welche sie uns zeigen, vermeint keinesweges die Gruppirung dessen erschöpft zu haben, was die in wissenschaftlich geologischem und chemischem Sinne im ganzen noch so überaus unvollkommen durchforschte Erdfläche darbieten kann. Veränderungen in der Benennung der associirten Mineralien, wie Vermehrung der *Trachyt-Formationen* selbst sind zu erwarten auf zwei Wegen: durch fortschreitende Ausbildung der Mineralogie selbst (in genauerer specifischer Unterscheidung gleichzeitig nach Form und chemischer Zusammensetzung), wie durch Vermehrung des meist noch so unvollständig und so unzweckmäßig Gesammelten. Hier wie überall, wo das Gesetzliche in kosmischen Betrachtungen nur durch vielumfassenden Vergleich des Einzelnen erkannt werden kann, muß man von dem Grundsatz ausgehen: daß alles, was wir nach dem jetzigen Zustande der Wissenschaften zu wissen glauben, ein ärmlicher Theil von dem ist, was das nächstfolgende Jahrhundert bringen wird. Die Mittel diesen Gewinn früh zu erlangen liegen vervielfältigt da; es fehlt aber noch sehr in der bisherigen Erforschung des trachytischen Theils der gehobenen, gesenkten oder durch Spaltung geöffneten, überseeischen Erdfläche an der Anwendung gründlich erschöpfender Methoden.

Aehnlich in Form, in Construction der Gerüste und *geotektonischen* Verhältnissen: haben oft sehr nahe stehende Vulkane nach der Zusammensetzung und Association ihrer Mineralien-Aggregate einen sehr verschiedenen individuellen Charakter. Auf der großen Queerspalte, welche von Meer zu Meer fast ganz von West nach Ost eine von Südost nach Nordwest gerichtete Gebirgskette, oder besser gesagt ununterbrochene Gebirgs-Anschwellung durchschneidet, folgen sich die Vulkane also: Colima (11262 Par. Fuß), Jorullo (4002 Fuß), Toluca (14232 Fuß), Popocatepetl (16632 Fuß) und Orizaba (16776 Fuß). Die einander am nächsten stehenden sind ungleich in der charakterisirenden Zusammensetzung; Gleichartigkeit der Trachyte zeigt sich *alternirend.* Colima und Popocatepetl bestehen aus Oligoklas mit Augit und haben also Chimborazo- oder Teneriffa-Trachyt; Toluca und Orizaba bestehen aus Oligoklas mit Hornblende und haben also Aegina- und Kozelnik-Gestein. Der neu entstandene Vulkan von Jorullo, fast nur ein großer Ausbruch-Hügel, besteht beinahe allein aus basalt- und pechsteinartigen, meist schlackigen Laven: und scheint dem Toluca-Trachyt näher als dem Trachyt des Colima.

In diesen Betrachtungen über die individuelle Verschiedenheit der mineralogischen Constitution nahe gelegener Vulkane liegt zugleich der Tadel des unheilbringenden Versuchs ausgesprochen einen Namen für eine Trachyt-Art einzuführen, welcher von einer über 1800 geographische Meilen langen, großentheils vulkanischen Gebirgskette hergenommen ist. Der Name *Jura-Kalkstein,* den ich zuerst eingeführt habe, ist ohne Nachtheil, da er von einer *einfachen,* ungemengten Gebirgsart entlehnt ist: von einer Gebirgskette, deren Alter durch Auflagerung organischer Einschlüsse charakterisirt ist; es würde auch unschädlich sein Trachyt-Formationen nach einzelnen Bergen zu benennen: sich der Ausdrücke *Teneriffa-* oder *Aetna-Trachyte* für bestimmte *Oligoklas-* oder *Labrador-Formationen* zu bedienen. So lange man geneigt war unter den sehr verschiedenen Feldspath-Arten, welche den Trachyten der Andeskette eigen sind, überall Albit zu erkennen; wurde jedes Gestein, in dem man Albit vermuthete, *Andesit* genannt. Ich finde den Namen der Gebirgsart, mit der festen Bestimmung: „Andesit werde durch *vorwaltenden Albit* und *wenig Hornblende* gebildet", zuerst in der wichtigen Abhandlung meines Freundes Leopold von Buch vom Anfang des Jahres 1835 *über Erhebungscratere und Vulcane.*Diese Neigung überall *Albit* zu sehen hat sich fünf bis sechs Jahre erhalten, bis man bei unpartheiisch erneuerten und gründlicheren Untersuchungen die trachytischen Albite als Oligoklase erkannte.Schon 1840 beschrieb Abich (*über die Natur und die Zusammensetzung der Vulkan-Bildungen* S. 46) Oligoklas-Trachyte aus dem Gipfel-Gestein des Kasbegk und einem Theile des Ararats; auch 1835 äußerte Gustav Rose mit Vorsicht (*Poggend. Ann.* Bd. 34. S. 30), daß er bis dahin bei seinen Bestimmungen nicht auf den Oligoklas und Periklin Rücksicht genommen habe, die doch *wahrscheinlich* ebenfalls als Gemengtheil vorkommen". Der ehemals viel verbreitete Glaube, daß ein bestimmtes Vorherrschen des Augits oder der Hornblende auch auf eine bestimmte Species aus der Feldspath-Reihe: auf glasigen Orthoklas (Sanidin), auf Labrador oder Oligoklas, schließen lasse; scheint sehr erschüttert durch Vergleichung der des Chimborazo- und Toluca-Gesteins, von Trachyten der 4ten und 3ten Abtheilung. In der Basalt-Formation kommen oft Hornblende und Augit gleich häufig vor; das ist keinesweges der Fall bei den Trachyten: aber sehr vereinzelt habe ich Augit-Krystalle in Toluca-Gestein; einige Hornblende-Krystalle in Theilen des Chimborazo-, Pichincha-, Puracé- und Teneriffa-Gesteins gefunden. Olivine, die so überselten in den Basalten fehlen, sind in Trachyten eben so eine große Seltenheit, als sie es in den Phonolithen sind: und doch sehen wir bisweilen in einzelnen Lavaströmen sich Olivine neben Augiten in Menge bilden. Glimmer ist im ganzen sehr ungewöhnlich im Basalt: und doch enthalten einzelne Basaltkuppen des, von Reuß, Freiesleben und mir zuerst beschriebenen, böhmischen Mittelgebirges ihn in Menge. Die ungewöhnliche Vereinzelung gewisser Mineralkörper und die Gründe ihrer gesetzlichen specifischen Geselligkeit hangen wahrscheinlich von vielen noch nicht ergründeten Ursachen des Drucks, der Temperatur, der Dünnflüssigkeit, der Schnelligkeit der Erkaltung zugleich ab. Die specifischen Unterschiede der Association sind aber in den gemengten *Gebirgsarten* wie in den *Gangmassen* von großer Wichtigkeit: und in geognostischen Beschreibungen, welche in der freien Natur, im Angesicht des Gegenstandes, haben entworfen werden können, muß man nicht verwechseln: was ein vorherrschendes oder wenigstens ein sehr selten fehlendes, was ein sich nur sparsam, wie zufällig zeigendes *Glied der Association* ist. Die Verschiedenheit, die in den Elementen eines Gemenges, z. B. in den Trachyten, herrscht; wiederholt sich, wie ich bereits oben erinnert habe, auch in den Gebirgsarten selbst. Es giebt in beiden Continenten große Länder, in denen Trachyt- und Basalt-Formationen sich gleichsam abstoßen, wie Basalte und Phenolithe; andere Länder, in welchen Trachyte und Basalte in beträchtlicher Nähe mit einander abwechseln. Gustav Rose ist zu dem Resultate gelangt überhaupt zu bezweifeln, daß Albit in den Gebirgsarten als ein wirklicher, wesentlicher Gemengtheil vorkomme; danach würde zufolge der älteren Ansicht vom *Andesit* dieser in der *Andeskette* selbst fehlen.

Die mineralogische Beschaffenheit der Trachyte wird auf unvollkommnere Weise erkannt, wenn die porphyrartig eingewachsenen Krystalle aus der Grundmasse nicht abgesondert, nicht einzeln untersucht und gemessen werden können: und man zu den numerischen Verhältnissen der Erdarten, Alkalien und Metall-Oxyde, welche das Resultat der Analyse ergiebt, wie zu dem specifischen Gewichte der zu analysirenden, scheinbar amorphen Masse seine Zuflucht nehmen muß. Auf eine überzeugendere und mehr sichere Weise ergiebt sich das Resultat, wenn die Grundmasse sowohl als die Haupt-Elemente des Gemenges einzeln, orycognostisch und chemisch, untersucht werden können. Letzteres ist z. B. der Fall bei den Trachyten des Pics von Teneriffa und denen des Aetna. Die Voraussetzung, daß die Grundmasse aus denselben kleinen, ununterscheidbaren Bestandtheilen bestehe, welche wir in den großen Krystallen erkennen, scheint keinesweges fest begründet zu sein: weil, wie wir schon oben gesehen, in Charles Deville's scharfsinniger Arbeit die amorph scheinende Grundmasse meist mehr Kieselsäure darbietet, als man nach der Gattung des Feldspaths und der anderen sichtbaren Gemengtheile erwarten sollte. Bei den Leucitophyren zeigt sich, wie Gustav Rose bemerkt, selbst in dem specifischen Unterschiede der vorwaltenden Alkalien (der eingewobenen kalihaltigen Leucite) und der, fast nur natronhaltigen Grundmasse ein auffallender Contrast.

Aber neben diesen Associationen von Augit mit Oligoklas, Augit mit Labrador, Hornblende mit Oligoklas, welche in der von uns angenommenen Classification der

Trachyte aufgeführt worden sind und diese besonders charakterisiren: finden sich in jedem Vulkane noch andere, leicht erkennbare, *unwesentliche* Gemengtheile: deren Frequenz oder stete Abwesenheit in verschiedenen, oft sehr nahen Vulkanen auffallend ist. Ein häufiges oder durch lange Zeitepochen getrenntes Auftreten hängt in einer und derselben Werkstatt wahrscheinlich von mannigfaltigen Bedingungen der Tiefe des Ursprungs der Stoffe, der Temperatur, des Drucks, der Leicht- und Dünnflüssigkeit, des schnelleren oder langsameren Erkaltens ab. Die specifische Association oder der Mangel gewisser Gemengtheile steht gewissen Theorien, z. B. über die Entstehung des Bimssteines aus glasigem Feldspath oder aus Obsidian, entgegen. Diese Betrachtungen: welche gar nicht der neueren Zeit allein angehören, sondern schon am Ende des 18ten Jahrhunderts durch Vergleichung der Trachyte von Ungarn und von Teneriffa angeregt waren, haben mich, wie meine Tagebücher bezeugen, in Mexico und den Cordilleren der Andes mehrere Jahre lang lebhaft beschäftigt. Bei den neueren, unverkennbaren Fortschritten der Lithologie haben die unvollkommneren Bestimmungen der Mineral-Species, die ich während der Reise machte, durch Gustav Rose's jahrelang fortgesetzte oryctognostische Bearbeitung meiner Sammlungen verbessert und gründlich gesichert werden können.

Glimmer.

Sehr häufig ist schwarzer oder dunkelgrüner Magnesia-Glimmer in den Trachyten des Cotopaxi, in der Höhe von 2263 Toisen zwischen Suniguaicu und Quelendaña, wie auch in den unterirdischen Bimsstein-Lagern von Guapulo und Zumbalica am Fuß des Cotopaxi, doch 4 deutsche Meilen von demselben entfernt. Auch die Trachyte des Vulkans von Toluca sind reich an Magnesia-Glimmer, der am Chimborazo fehlt. In unserem Continent haben sich Glimmer häufig gezeigt: am Vesuv (z. B. in den Ausbrüchen von 1821–1823 nach Monticelli und Covelli); in der Eifel in den alt-vulkanischen Bomben des Laacher Sees; im Basalt von Meronitz, des mergelreichen Kausawer-Berges und vorzüglich der Gamayer Kuppe Glimmerreicher Basalt, wie an der Gamayer Kuppe im böhmischen Mittelgebirge, ist eine Seltenheit. Ich habe diesen Theil des böhmischen Mittelgebirges im Sommer 1792 gemeinschaftlich mit Carl Freiesleben: meinem nachmaligen schweizer Reisebegleiter, der einen so wesentlichen Einfluß auf meine geognostische und bergmännische Ausbildung gehabt hat, besucht. Bischof bezweifelt jede Entstehung des Glimmers auf pyrogenem Wege, und hält ihn für ein Umwandlungs-Product auf nassem Wege des böhmischen Mittelgebirges; seltener im Phonolith, wie im Dolerit des Kaiserstuhles bei Freiburg. Merkwürdig ist, daß nicht bloß in den Trachyten und Laven beider Continente kein weißer (meist zweiachsiger) Kali-Glimmer, sondern nur dunkel gefärbter (meist einachsiger) Magnesia-Glimmer erzeugt wird; und daß dieses ausschließliche Vorkommen des Magnesia-Glimmers sich auf viele andere Eruptions- und plutonische Gesteine: Basalt, Phonolithe, Syenit, Syenit-Schiefer, ja selbst auf Granitite erstreckt: während der eigentliche Granit gleichzeitig weißen Kali-Glimmer und schwarzen oder braunen Magnesia-Glimmer enthält.

Glasiger Feldspath.

Diese Feldspath-Gattung, welche eine so wichtige Rolle in der Thätigkeit europäischer Vulkane spielt: in den Trachyten erster und zweiter Abtheilung (z. B. aus Ischia, in den phlegräischen Feldern oder dem Siebengebirge bei Bonn); fehlt in dem Neuen Continent, in den Trachyten thätiger Vulkane, wahrscheinlich ganz: was um so auffallender ist, als Sanidin (glasiger Feldspath) wesentlich den silberreichen, quarzlosen mexicanischen Porphyren von Moran, Pachuca, Villalpando und Acaguisotla angehört: von denen die ersteren mit den Obsidianen vom Jacal zusammenhangen.

In den jetzigen Vesuv-Laven ist glasiger Feldspath sehr selten; nicht so in den alten Laven, z. B. in denen des Ausbruchs von 1631, neben Leucit-Krystallen. Sehr häufig ist auch Sanidin zu finden im Arso-Strom von Cremate auf Ischia vom Jahr 1301, ohne allen Leucit: nicht mit dem älteren, von Strabo beschriebenen (bei Montagnone und Rotaro) zu verwechseln. So wenig glasiger Feldspath in den Trachyten des Cotopaxi oder anderer Vulkane der Cordilleren überhaupt zu finden ist, eben so wenig erscheint er in den unterirdischen Bimsstein-Brüchen am Fuß des Cotopaxi. Was man darin ehemals als Sanidin beschrieben hat, sind Krystalle von Oligoklas.

Hornblende und Augit.

Bei der Charakteristik von 6 verschiedenen Abtheilungen der Trachyte ist schon bemerkt worden, wie dieselben Mineral-Species, welche (z. B. Hornblende in der 3ten Abtheilung oder dem Toluca-Gestein) als *wesentliche* Gemengtheile auftreten, in anderen Abtheilungen (z. B. in der 4ten und 5ten Abtheilung, im Pichincha und Aetna-Gestein) vereinzelt oder sporadisch erscheinen. Hornblende habe ich, wenn auch nicht häufig, in den Trachyten der Vulkane von Cotopaxi, Rucu-Pichincha, Tungurahua und Antisana neben Augit und Oligoklas; aber fast gar nicht neben den beiden eben genannten Mineralien am Abhange des Chimborazo bis über 18000 Fuß Höhe gefunden. Unter den vielen vom Chimborazo mitgebrachten Stücken ist Hornblende nur in zweien und in geringer Menge erkannt. Bei den Ausbrüchen des Vesuvs in den Jahren 1822 und 1850 haben sich Augite und Hornblend-Krystalle (diese bis zu einer Länge von fast 9 Pariser Linien) durch Dampf-Exhalationen auf Spalten *gleichzeitig* gebildet. Am Aetna gehört, wie Sartorius von Waltershausen bemerkt, die Hornblende vorzugsweise den älteren Laven zu. Da das merkwürdige, im westlichen Asien und an mehreren Punkten von Europa weit verbreitete Mineral, welches Gustav Rose *Uralit* genannt hat, durch Structur und Krystallform mit der Hornblende und dem Augit nahe verwandt ist;so mache ich gern hier von neuem auf das erste Vorkommen von Uralit-Krystallen im Neuen Continent aufmerksam; es wurden dieselben von Rose in einem Trachytstück erkannt, das ich am Abhange des Tungurahua 3000 Pariser Fuß unter dem Gipfel abgeschlagen habe.

Leucit.

Leucite: welche in Europa dem Vesuv, der Rocca-Monsina, dem Albaner Gebirge bei Rom, dem Kaiserstuhl im Breisgau, der Eifel (in der westlichen Umgebung des Laacher Sees in Blöcken, nicht im anstehenden Gestein wie am Burgberge bei Rieden) ausschließlich angehören; sind bisher noch nirgends in vulkanischen Gebirgen des Neuen und dem asiatischen Theile des Alten Continents aufgefunden worden. Daß sie sich oft um einen Augit-Krystall bilden, hat schon Leopold von Buch im Jahr 1798 aufgefunden und in einer vortrefflichen Abhandlungbeschrieben. Der Augit-Krystall, um welchen nach der Bemerkung dieses großen Geologen der Leucit sich bildet, fehlt selten: scheint mir aber bisweilen durch einen kleinen Kern oder Brocken von Trachyt ersetzt zu sein. Die ungleichen Grade der Schmelzbarkeit zwischen den Kernen und der umgebenden Leucit-Masse setzen der Erklärung der Bildungsweise in der Umhüllung einige chemische Schwierigkeiten entgegen. Leucite waren theils lose nach Scacchi, theils mit Lava gemengt in neuen Ausbrüchen des Vesuvs von 1822, 1828, 1832, 1845 und 1847 überaus häufig.

Olivin.

Da Olivin in den alten Laven des Vesuvs(besonders in den Leucitophyren der Somma); in dem Arso von Ischia, dem Ausbruch von 1301: gemengt mit glasigem Feldspath, braunem Glimmer, grünem Augit und Magneteisen; in den Lavaströme entsendenden Vulkanen der Eifel (z. B. im Mosenberge westlich von Manderscheid, und im südöstlichen Theile von Teneriffa in dem Lava-Anbruch von Guimar im Jahre 1704 sehr häufig ist: so habe ich in den Trachyten der Vulkane von Mexico, Neu-Granada und Quito sehr eifrig, aber vergebens, danach gesucht. Unsere Berliner Sammlungen enthalten allein von den vier Vulkanen: Tungurahua, Antisana, Chimborazo und Pichincha 68 Trachytstücke, deren 48 von mir und 20 von Boussingault mitgebracht sind.In den Basalt-Formationen der Neuen Welt ist Olivin neben Augit eben so häufig als in Europa; aber die schwarzen, basaltartigen Trachyte vom Yana-Urcu bei Calpi am Fuß des Chimborazo, so wie die räthselhaften, welche man la reventazon del volcan de AnsangoA. a. O. S. 202 und nennt: enthalten keinen Olivin. Nur in dem großen, braunschwarzen Lavastrom mit krauser, schlackiger, blumenkohlartig aufgeschwollener Oberfläche: dem folgend, wir in den Krater des Vulkans von Jorullo gelangten; fanden wir keine Olivinkörner eingewachsen.Die so allgemeine *Seltenheit des Olivins* in den neueren Laven und dem größten Theil der Trachyte erscheint minder auffallend, wenn man sich erinnert, daß, so wesentlich auch Olivin für die Basaltmasse zu sein scheint, doch (nach Krug von Nidda und Sartorius von Waltershausen) in Island und im deutschen Rhöngebirge der *olivinfreie* Basalt nicht von dem *olivinreichen* zu unterscheiden ist. Den ersteren ist man gewohnt von alter Zeit her Trapp und Wacke, seit neuerer Zeit Anemasitzu nennen. Olivine, bisweilen kopfgroß in den Basalten von Rentières in der Auvergne, erlangen auch in den Unkler Steinbrüchen, welche der Gegenstand meiner ersten Jugendarbeiten gewesen sind, bis 6 Zoll Durchmesser. Der schöne, oft verschliffene Hypersthenfels von Elfdalen in Schweden: ein körniges Gemenge von Hypersthen und Labrador, das Berzelius als Syenit beschrieben hat; enthält auch Olivin, wie (noch seltener) im Cantal der Phonolith des Pic de Griou. Wenn nach Stromeyer Nickel ein sehr constanter Begleiter des Olivins ist, so hat Rumler darin Arsenik entdeckt: ein Metall, das in der neuesten Zeit weit verbreitet in so vielen Mineralquellen und selbst im Meerwasser gefunden worden ist. Des Vorkommens der Olivine in Meteorsteinen und künstlichen, von Sefström untersuchten Schlackenhabe ich schon früher gedacht.

Obsidian.

Schon als ich mich im Frühjahr und Sommer 1799 in Spanien zu der Reise nach den canarischen Inseln rüstete, herrschte bei den Mineralogen in Madrid: Hergen, Don José Clavijo und anderen, allgemein die Meinung von der alleinigen Bildung des Bimssteins aus Obsidian. Das Studium herrlicher geognostischer Sammlungen von dem Pic von Teneriffa wie die Vergleichung mit den Erscheinungen, welche Ungarn darbietet, hatten diese Meinung begründet: obgleich die letzteren damals meist nach den neptunistischen Ansichten aus der Freiberger Schule gedeutet vorgetragen worden waren. Die Zweifel über die große Einseitigkeit dieser Bildungs-Theorie, welche sehr früh meine eigenen Beobachtungen auf den canarischen Inseln, in den Cordilleren von Quito und in der Reihe mexicanischer Vulkane in mir erregten, trieben mich an, meine ernsteste Aufmerksamkeit auf zwei Gruppen von Thatsachen zu richten: auf die Verschiedenartigkeit der *Einschlüsse* der Obsidiane und Bimssteine im allgemeinen, und auf die Häufigkeit der Association oder gänzliche Trennung derselben in wohl untersuchten, thätigen Vulkan-Gerüsten. Meine Tagebücher sind mit Angaben über diesen Gegenstand angefüllt; und die specifische Bestimmung der eingewachsenen Mineralien ist durch die vielfachsten und neuesten Untersuchungen meines, immer bereitwilligen und wohlwollenden Freundes (Gustav Rose) gesichert worden.

In Obsidian wie in Bimsstein kommen sowohl glasiger Feldspath als Oligoklas, oft beide zugleich vor. Als Beispiele sind anzuführen die mexicanischen Obsidiane, von dem Cerro de las Navajas am östlichen Abfall des Jacal von mir gesammelt; die von Chico mit vielen Glimmer-Krystallen; die von Zimapan in SSW der Hauptstadt Mexico, mit deutlichen kleinen Quarzkrystallen gemengt; die Bimssteine vom Rio Mayo (auf dem Gebirgswege von Popayan nach Pasto), wie vom ausgebrannten Vulkan von Sorata bei Popayan. Die unterirdischen Bimsstein-Brüche unfern Llactacungaenthalten vielen Glimmer, Oligoklas und, was in Bimsstein und Obsidian sehr selten ist, auch Hornblende; doch ist die letzte auch im Bimsstein des Vulkans von Arequipa gesehen worden. Gemeiner Feldspath (Orthoklas) kommt im Bimsstein nie neben dem Sanidin vor, eben so fehlen darin die Augite. Die Somma, nicht der Kegel des Vesuvs selbst, enthält Bimsstein, welcher erdige Massen kohlensauren Kalkes einschließt. Von derselben merkwürdigen Abänderung eines talkartigen Bimssteins ist Pompeji überschüttet.Obsidiane in wirklichen lavaartigen Strömen sind selten; sie gehören fast allein dem Pic von Teneriffa, Lipari und Volcano an.

Gehen wir nun zu der Association von Obsidian und Bimsstein in einem und demselben Vulkan über, so ergeben such folgende Thatsachen: Pichincha hat große Bimsstein-Felder und keinen Obsidian. Der Chimborazo zeigt, wie der Aetna: dessen Trachyte doch eine ganz andere Zusammensetzung haben (sie enthalten Labrador statt Oligoklas), weder Obsidian noch Bimsstein: eben diesen Mangel habe ich bei der Besteigung des Tungurahua bemerkt. Der Vulkan Puracé bei Popayan hat viel Obsidian in seinen Trachyten eingemengt und nie Bimsstein hervorgebracht. Ungeheure Flächen, aus denen der Ilinissa, Carguairazo und Altar aufsteigen, sind mit Bimsstein bedeckt. Die unterirdischen Bimsstein-Brüche bei Llactacunga wie die von Huichapa südöstlich von Queretaro; wie die Bimsstein-Anhäufungen am Rio Mayo, die bei Tschegem im Caucasus und bei Tolloin Chile, fern von thätigen Vulkan-Gerüsten: scheinen mir zu den Ausbruch-Phänomenen in der vielfach gespaltenen ebenen Erdfläche zu gehören. Auch ein andrer chilenischer Vulkan, der von Antuco: von welchem Pöppig eine, so wissenschaftlich wichtige als sprachlich anmuthige Beschreibung gegeben hat, bringt wohl, wie der Vesuv, *Asche*, klein geriebene Rapilli (Sand) hervor; aber keinen Bimsstein, kein verglastes oder obsidianartiges Gestein. Wir sehen ohne Anwesenheit von Obsidian oder glasigem Feldspath bei sehr verschiedenartiger Zusammensetzung der Trachyte Bimsstein entstehen und nicht entstehen. Bimsstein, wie der geistreiche Darwin bemerkt, fehlt dazu ganz im Archipel der Galapagos. Wir haben schon an einem anderen Orte bemerkt, daß dem mächtigen Vulkan Mauna Loa in den Sandwich-Inseln wie den einst Lavaströme ergießenden Vulkanen der Eifel die Aschenkegel fehlen. Obgleich die Insel Java eine Reihe von mehr als 40 Vulkanen zählt, von denen an 23 jetzt thätig sind: so hat Junghuhn doch nur zwei Punkte in dem Vulkan Gunung Guntur, unfern Bandong und dem großen Tengger-Gebirge, auffinden können, wo Obsidian-Massen sich gebildet haben. Es scheinen dieselben nicht Veranlassung zur Bimsstein-Bildung geworden zu sein. Die Sandmeere (Dasar), welche auf 6500 Fuß mittlerer Meereshöhe liegen, sind nicht mit Bimsstein: sondern mit einer Rapilli-Schicht bedeckt, die als obsidianartige, halb verglaste Basaltstücke beschrieben werden. Der, nie Bimsstein ausstoßende Vesuv-Kegel hat vom 24ten bis 28ten October 1822 eine 18 Zoll dicke Schicht sandartiger Aschen, zerriebener Trachyt-Rapilli gegeben, welche nie mit Bimsstein verwechselt worden ist.

Die Höhlungen und Blasenräume des Obsidians, in denen, wahrscheinlich aus Dämpfen niedergeschlagen, sich, z. B. am mexicanischen Cerro del Jacal, Olivin-Krystalle gebildet haben; enthalten in beiden Hemisphären bisweilen eine andere Art von Einschlüssen, welche auf die Weise ihres Ursprungs und ihrer Bildung zu führen scheinen. Es liegen in den breiteren Theilen dieser langgedehnten, meist sehr regelmäßig parallelen Höhlungen Brocken halb zersetzten, erdigen Trachyts. Verengt setzt sich die

Leere schweifartig fort, als hätte sich durch vulkanische Wärme eine gasartige elastische Flüssigkeit in der noch weichen Masse entwickelt. Diese Erscheinung hatte besonders im Jahr 1805: als Leopold von Buch, Gay-Lussac und ich die Thomson'sche Mineralien-Sammlung in Neapel besuchten, des Ersten Aufmerksamkeit auf sich gezogen. Das Aufblähen der Obsidiane durch Feuer, welches schon im griechischen Alterthum der Beobachtung nicht entgangen war sagt dies vom „liparischen Stein (Λιπαραῖος)“., hat gewiß eine ähnliche Gas-Entwickelung zur Ursach. Obsidiane gehen nach Abich um so leichter durch Schmelzen in zellige, nicht parallel-fasrige Bimssteine über, je ärmer sie an Kieselsäure und je reicher sie an Alkalien sind. Ob aber das Anschwellen allein der Verflüchtigung von Kali oder Chlor-Wasserstoff-Säure zuzuschreiben sei, bleibt nach Rammelsberg's Arbeitensehr ungewiß. Scheinbar ähnliche Phänomene des Aufblähens mögen in obsidian- und sanidin-reichen Trachyten, in porösen Basalten und Mandelsteinen, im Pechstein, Turmalin und dem sich entfärbenden dunkelbraunen Feuerstein stoffartig sehr verschiedene Ursachen haben; und eine auf eigene, genaue Versuche gegründete, so lange und vergebens erwartete Forschung ausschließlich über die entweichenden gasartigen Flüssigkeiten würde zu einer unschätzbaren Erweiterung der chemischen Geologie der Vulkane führen, wenn zugleich auf die Einwirkung des Meerwassers in unterseeischen Bildungen und auf die Menge des gekohlten Wasserstoffs der beigemengten organischen Substanzen Rücksicht genommen würde.

Die Thatsachen, welche ich am Ende dieses Abschnittes zusammengestellt habe: die Aufzählung der Vulkane, welche Bimssteine ohne Obsidian, und bei vielem Obsidian keinen Bimsstein hervorbringen; die merkwürdige, nicht constante, aber sehr verschiedenartige Association des Obsidians und Bimssteins mit gewissen anderen Mineralien; haben mich früh schon, während des Aufenthalts in den Cordilleren von Quito, zu der Ueberzeugung geführt, daß die Bimsstein-Bildung Folge eines chemischen Processes ist, der in Trachyten sehr heterogener Zusammensetzung, ohne nothwendig vorhergehende Vermittelung des Obsidians (d. h. ohne Präexistenz desselben in großen Massen), verwirklicht werden kann. Die Bedingungen, unter denen ein solcher Proceß großartig gelingt, sind (ich wiederhole es hier!) vielleicht minder in der Stoff-Verschiedenheit des Materials als in der Graduation der Wärme, des durch die Tiefe bestimmten Druckes, der Dünnflüssigkeit und der Dauer der Erstarrung gegründet. Die denkwürdigen, wenn gleich seltenen Erscheinungen, welche die Isolirtheit riesenhaft großer unterirdischer Bimsstein-Brüche, fern von allen *vulkanischen Gerüsten* (Kegel- und Glockenbergen), darbietet: leiten mich zugleich zu der Vermuthung, daß ein nicht unbeträchtlicher, ja vielleicht dem Volum nach der größere Theil der vulkanischen Gebirgsarten nicht aus aufgestiegenen vulkanischen Gerüsten, sondern ans Spalten-Netzen der Erdoberfläche ausgebrochen ist und oft viele Quadratmeilen schichtenweise bedeckt hat. Zu diesen gehören wohl auch die alten Trappmassen der unter-silurischen Formation des südwestlichen Englands: durch deren genaue chronometrische Bestimmung mein edler Freund, Sir Roderick Murchison, unsere Kenntniß von der geologischen Construction des Erdkörpers auf eine so umfassende Weise erweitert und erhöht hat.